KB214929

김정형의 『창조론』은 이른바 '창조과학'과 '진화론' 그리고 '지적설계' 정도로 알려진 논의들이 사실은 '기원' 논쟁에만 치우쳐 정작 창조주 하나님에 대해 지금껏 잘 드러내지 못했음을 보여준다. 아울러 창조를 이해하는 다양한 입장 가운데 내가 어디쯤 서 있는지, 나의 왼편에는 무엇이 있고 나의 오른편에는 무엇이 있는지, 그리고 내가 어떤 입장까지 포용할 수 있는지를 가늠하게 한다. 무엇보다도 창조론의 핵심과 중심에 세계가 언제, 어떻게 만들어졌는가의 문제가 아니라 하나님과 그가 지으신 세계, 하나님과 세상의 상호 관계라는 다양한 차원이 개입되어 있다는 지극히 당연하고 중요한 사실을 깨닫게 한다. 창세기를 비롯한 성경의 저자들이 고대의 우주관과 과학적 이해에 토대하여 하나님의 성품과 섭리에 대해 이토록 놀라운 이해를 우리에게 전해준 것을 생각하면, 오늘 우리의 과제는 고대의 우주관과 과학적 이해를 숭상할 것이 아니라 우리 시대의 우주관과 과학적 이해에 기초하여 하나님의 섭리와 성품을 증언하는 것임은 지극히 마땅하다고 하겠다. 현대 과학 및 생물학의 성과는 거부하고 맞설 대상이 아니라 기독교 신앙을 고백하고 표현함에 있어 바탕으로 삼아야 할 우리 시대의 컨텍스트다. 그리고 그러한 현대 과학의 핵심에는 인간 중심의 사고에 경종을 울린 진화론이 자리 잡고 있다. 그러므로 진화론은 우리가 수용 여부를 결정할 대상이 아니라 우리가 딛고 서서 우리 신앙을 돌아보아야 하는 현실이라고 하겠다. 저자는 현대 과학의 토대 위에서 창조세계의 중심이 사람이 아니라 삼위일체 하나님이며 그 하나님이 사람으로 성육신하셨다는 점에서 인간의 특별함을 설파한다. 본서는 창조 신앙에 대한 이해의 토대를 다지고 그 폭을 넓혀주는 가운데, 창조에 대한 기원 논쟁이 아니라 어떻게 창조 신앙을 살아낼 것인가에 대한 진지한 질문으로 우리를 초대한다.

김근주 기독연구원 느헤미야 교수

이 책은 진화론이냐 창조 신앙이냐를 따지는 해묵은 논쟁을 종식시킬 만한 설득력 있는 변증서다. 이제까지 제시된 여러 창조가설은 창조의 목적, 즉 인간을 비롯한 피조물이 왜 지구상에 생겨났는지를 해명하는 데 실패해왔다. 다윈의 진화론과 그 후에 발전된 여러 진화론도 인간이 500-700만 년 전에 침팬지 영장류로부터 분리되어 진화한 것에 관한 이유를 설명하지 못하고 있다. 특히 자연주의적 진화론은 진화의 과정에 대한 여러 가지 설명을 제시할 뿐이다. 생명의 목적과 의미를 해명하는 것은 자연과학의 범위를 넘어서는 과제다. 오직 성경과 기독교신학만이 창조의 목적을 가르쳐준다. 창조주 하나님이 누군지, 인간이 하나님의 형상으로 창조되었다는 말의 의미가 무엇인지, 인간이 창조된 목적이 무엇인지를 말해준다.

저자는 이제까지 나타난 여러 창조가설과 기독교의 창조론을 구분하여 기독교의 창조론이 지닌 외연과 깊이를 잘 드러내준다. 아울러 자연과학과의 무익한 논쟁을 피하면서 자연과학의 영역 바깥에 있는 기독교 창조론의 고유한 의미를 효과적으로 부각시킨다. 이 책은 따뜻한 시선을 품고 다양한 창조설과 대화하는 가운데 기독교 신학에 고유한 창조론을 변증한다. 저자는 대체로 생명과학 분야에서 이뤄진 진화론적 설명모델을 인정하면서 현대 과학을 품는 기독교창조론의 풍요로운 함의를 잘 드러내고 있다. 자연과학도 하나님에 관한 진리의 한 영역임을 인정하지만 저자는 일부 과학자들의 무신론적 환원주의를 잘 비판한다. 특히 뒷부분에 나오는 〈진화론은 무신론의 근거가 될 수 없다〉의 논의는 진화론의 이름으로 반기독교적 무신론을 선전하는 리처드 도킨스류의 통속적 진화론적 무신론의 허점을 잘 짚어준다. 기독교를 공격하는 대적자들의 손에 있는 무기를 빼앗아 적들의 논리를 반박하는 학문적 글쓰기의 진수를 보여준다.

김회권 숭실대학교 기독교학과 교수

김정형 교수의 『창조론』은 그 부제인 "과학 시대 창조 신앙"이 말해주듯, 현대의 우주론과 생명과학의 맥락을 염두에 두고서 창조 신앙의 의미가 무엇인지를 설득력 있게 기술한다. 창조와 진화의 대립과 갈등, 대화와 공명의 가능성을 폭넓게 다룰 뿐 아니라, 기독교의 창조론 자체가 지니는 성서신학적 배경과 교의학적·현대신학적 논의를 함께 취급한다. 이와 더불어 현대 과학의 주요 쟁점이 신학적 논제에 가하는 충격은 무엇이며, 이에 대한 기독교 신앙의 응답은 무엇인지를 일목요연하게 보여준다. 본서가 취급하는 주제의 폭과 깊이는 과학 시대의 창조 신앙을 모색하며 사유하는 그리스도인들을 만족시키기에 부족함이 없을 것이라고 확신한다.

박영식 서울신학대학교 교수, 『창조의 신학』 저자

글은 사람의 지문과 같다. 똑같은 지문이 없듯이 똑같은 글도 없다. 사람들이 걸어온 길이 저마다 다르듯이 글도 각자가 걸어온 다른 길을 보여준다. 그래서 글에는 글 쓴 사람의 정체성이 드러난다. 김정형의 『창조론: 과학 시대 창조 신앙』은 글쓴이를 올곧게 드러낸다. 이 책은 창조론에 관한 여타의 책들과는 결이 약간 다르다. 구성과 내용, 글쓰기 방식에서 그렇다. 저자는 현대 과학, 특히 생명과학이 제시하는 생명 이해 및 신학적 창조론과의 대화를 시도한다. 그래서 이 책은 전통적 창조론, 현대 과학의 생명 이해, 현대신학의 창조론을 중심으로 얼개가 짜여 있다. 이렇게 서로 다른 주제 사이에 다리 놓기를 시도하는 방식으로 책이 구성된 셈이다. 따라서 이 책은 창조론의 역사적 전개과정이나 그 신학적 논의만을 개관하는 것이 아니라, 현대 과학과의 대화를 시도하는 창조론을 담으려하기 때문에, 이 책의 내용 중에는 진화생물학을 중심으로 한 생명 이해에 대한 논의도 포함되어 있다. 저자는 창조론이라는 무거운 신학적 주제를 전개해나가면서, 이러한 복잡하고 다양한 내용을 자신만의 글쓰기 방식으로 엮어내고 있다. 독자들을 향해 말을 건네는 듯한 자전적 이야기로 시작하여, 자칫 낯설고 딱딱하게 비쳐질 수도 있는 신학적·과학적 내용을 온화한 글쓰기 방식으로 전달한다. 그러므로 김정형의 『창조론』은 과학 시대의 신앙 및 신앙과 과학의 관계에 대해 궁금증과 고민을 지닌 사람들에게 주는 반가운 선물이다. 그것도 공장에서 대량으로 찍어낸 것이 아닌, 손으로 한 땀 한 땀 정성 들인 한정품과 같은 귀한 선물이다. 또한 자연과학이 보여주는 생명 세계에서 창조신앙의 길을 걷는 이들에게는 지도나 나침반과 같은 선물이라고 하겠다. 그러니 이 책을 두 손에 펼쳐들고 천천히 음미할 것을 제안한다.

신재식 호남신학대학교 교수

과학과 신학을 함께 다루는 과학신학은 아직 한국교회에 생소한 분야라고 하겠다. 본서의 저자인 김정형 교수는 이 분야를 전문적으로 연구하는 과학신학자다. 이 책은 그의 어린 시절 시작된 신앙의 여정에서부터 신학자가 되기까지의 과정을 담담하게 서술하는 자전적 이야기에서 출발하여 성서의 창조 신앙을 논하고 그 토대 위에서 현대 생명과학과의 대화를 시도한다. 이 책은 창조를 과학적으로 설명하려는 창조설(creationism)이 아니라 성서와 과학을 바탕으로 바람직하고 균형 잡힌 신학적 이해를 추구하는 창조신학(doctrine of creation)을 담고 있다. 특히 20세기 주요 신학자들을 다룬 부분은 독자에게 흥미로운 시각을 열어준다. 자연주의 입장 아래 과학과 신학의 통합을 시도한 아서 피콕과 종말론의 시각에서 과학과 신학을 아우르는 판넨베르크를 상보적으로 분석하면서 조심스럽게 미래를 전망하는 대목이 가장 흥미롭게 다가온다. 창조론에 대한 바른 이해를 위해 좋은 영양분을 공급할 반가운 책을 독자들에게 적극 추천한다.

우종학 서울대학교 물리천문학부 교수, "과학과 신학의 대화" 대표

오늘날 기독교 신학은 창조신앙과 구속신앙의 관계를 재정립해야 하는 시대적 과제를 지니고 있다. 전통적으로 기독교 신학에서는 구속신앙의 관점에서 창조신앙을 이해함으로써 창조신앙이 구속신앙으로 환원되거나 구속신앙 안으로 흡수되는 경향이 있었으며, 이러한 경향은 20세기 초의 개신교 신학에서 더욱 두드러지게 나타났다. 그러나 이러한 신학은 이제 더는 가능하지 않다. 오늘날 신학의 지평은 인간의 차원을 넘어 자연과 전 우주적 창조세계의 차원으로 확장되었다. 이러한 신학적 지평의 확장은 주로 두 가지 요인에서 기인한다. 하나는 자연의 파괴로 인한 생태계의 위기이며, 다른 하나는 자연과학의 발전으로 말미암은 과학적 세계관의 대두다.

김정형의 『창조론』은 오늘날의 과학적 세계관과의 대화를 통해 성서와 기독교 전통의 창조론을 현대인이 이해할 수 있는 언어로 재구성하고, 더 나아가 창조론의 신학적 의미를 확장하려고 한다. 이 책에서 저자는 현대 과학이 기독교 신앙과 공명할 뿐 아니라 그것을 더욱 풍성하게 할 수 있음을 보여준다. 다시 말해서 과학과 신앙을 상호 대립적이거나 경쟁적인 관계로 여기지 않으면서, 다윈의 진화론을 포함한 생명과학과의 대화를 통해 현대 과학과 진화론을 진지하게 고려하는 창조론을 제시하려는 것이다. 따라서 이 책은 한편으로는 성서에 대한 문자주의적 해석에 사로잡혀 있는 창조과학적 근본주의와, 다른 한편으로는 유물론적 관점에서 과학을 잘못 이해하거나 오용하는 무신론적 이데올로기에 맞서 바람직한 대안을 찾고자 하는 이들에게 탄탄한 과학신학의 길을 제시한다. 그 길은 다름 아닌 과학을 품는 창조론이다. 그러니 이 책을 읽는 독자에게 요청하고픈 것이 하나 있다. 그것은 열린 마음이다.

윤철호 장로회신학대학교 조직신학 교수

단도직입적으로 말해서, 과학 시대의 기독교적 세계관에 대해 고민하는 사람이라면 이 책을 반드시 읽어야 할 것이다. 무엇보다 저자의 신앙 여정 이야기와 더불어 신학과 과학에 대한 밀도 있는 논의를 "현대 과학을 품은 신실한 창조론자"의 관점에서 엮어낸 구성은 참으로 탁월하다. 친구와 함께 걷는 가벼운 산책길 같던 신학 여정 이야기가 3-4부에 이르러 울창한 밀림을 탐험하는 분위기로 바뀌기는 하지만, 밀림 지대를 헤쳐나가기가 힘에 부친다면, 저자의 제안대로 1-2부와 5부를 답사하는 것만으로도 충분할 것이다.

저자는 "창조와 구속의 관계를 중심으로 창조에서 종말까지 기독교 세계관의 근본 논리를 재구성"하려는 야심찬 기획을 제시한다. 왜냐하면 "과학 시대의 기독교 신앙은 빅 히스토리를 품고서 그것을 예수 그리스도와 하나님 나라의 복음이라는 관점에서 재해석해낸 기독교적인 세계관을 발전"시켜야 할 과제가 있기 때문이다. 저자의 이러한 말들을 음미하다보면, 설령 그의 입장에 동의하지 않는 경우라 하더라도, 창조론을 중심으로 한 그의 신학 작업이 다름 아닌 복음에 대한 열정에서 비롯된 것임을 인정하게 되기 마련이다. 흔히 세계관을 안경에 비유하고는 하는데, 그렇다면 이 책은 마치 3D 안경을 쓰는 것 같은 느낌을 선사한다고 하겠다. 2차원에서는 결코 양립할 수 없어 보이는 네모와 동그라미가 3차원에서는 원통으로 통합되듯이, 지금까지 2차원의 평면적인 사고의 틀 속에 갇혀서 신앙과 과학 사이에 선택을 강요받아온 이들에게 이 책은 3차원의 입체적인 세상을 열어줄 것이다. 그런 뜻에서 우리는 저자의 말마따나 "현대 과학을 품은 신실한 창조론자"가 될 수 있다!

어느 시대이든 하나님의 창조는 결코 포기할 수 없는 기독교의 근본 진리이자 핵심적인 신앙고백이다. 그러나 그 고백이 당대의 과학을 무시하는 방식으로 표현될 수는 없다. 왜냐하면 신학은 동어반복을 되풀이하는 외로운 독백이 아니라 세상을 품는 자신감 있는 대화여야 하기 때문이다. 그리고 그것은 바로 "복음을 소통"하는 일일 것이다. 그런 뜻에서 이 책은 타자의 이야기를 경청하고 그들과 공유할 수 있는 것을 분별하면서, 그 토대 위에 기독교의 진리를 세우고 함께 나누는 바람직한 자세를 잘 보여준다. "태초에 하나님이 천지를 창조하시니라"(창1:1)라는 말씀을 믿고 고백하는 그리스도인이라면 그러한 신앙고백이 현대 과학 시대 속에서 어떻게 적용되고 어떠한 의미를 지닐 수 있는지 고민하고 모색하는 것이 마땅하며, 그러한 탐색의 여정에 이 책이 큰 도움을 주리라 확신한다. 요컨대, 예수 그리스도를 통한 십자가와 부활의 복음을 사랑하며 그 복음이 과학 시대에도 여전히 창조와 구속과 종말의 복음으로 역사할 것을 믿는 사람이라면 김정형의 『창조론』을 반드시 읽어야 할 것이다.

전성민 밴쿠버기독교세계관대학원 원장

과학과 기술이 세계에서 가장 앞섰다고 여겨지는 미국에서도 지구가 편평하다고 믿는 사람들이 아직 수백만 명이나 된다고 한다. 이러한 인지편향은 누구에게나 있을 수 있으며 이는 그 사람의 세계관에서 기인하는 경향이 있다고 한다. 이러한 인지편향은 교수/학습의 과정에도 큰 영향을 끼치므로 잘못 형성된 지(知)는 시간이 지나도 변하지 않게 된다. 올바른 증거를 제공하여 인지갈등을 유발하려고 하더라도 그것이 새롭고 올바른 지(知)를 형성하기는커녕 도리어 주어진 정보를 잘못된 지(知)를 강화하는 데 오용하는 경우를 종종 보게 된다.

이러한 관점에서 볼 때, '신학과 과학'에 관한 본서는 다른 서적들의 접근 방식과는 사뭇 다르다고 하겠다. 다른 서적들은 주로 창조과학 혹은 이와 대조되는 유신진화론과 같은 '창조설'과 관련된 내용들을 다루면서 동일한 증거에 대해 서로 어떤 면이 다르거나 같은지를 비교하는 식이었다. 그러나 본서는 '창조설' 대신에 오히려 기독교에서 정작 중시해야 할 '창조론'을 조명하는 가운데, 현대 과학시대의 세계관을 품는 균형 잡힌 창조 신앙을 갖는 것이 얼마나 중요한지를 기술하고 있다. 일반적으로 창조의 주제에 접근함에 있어 현대 천문학의 빅뱅우주론, 현대 물리학의 양자역학 내지 상대론이나 복잡계이론 등을 언급하는 경우가 대부분이며, 진화론을 필두로 한 생명과학의 이론을 다루는 경우는 비교적 드물다고 하겠다. 그러나 본서는 오히려 생명과학의 진화론을 상세히 취급하면서 이 진화론을 현대 과학 시대의 세계관을 구성하는 매우 중요한 이론으로 제시한다. 아울러 이러한 진화론적 세계관을 반영하는 가운데 하나님의 구원사를 포괄하는 창조사적 창조론을 전개하는 점이 특별히 주목할 만하다.

본 추천인은 지난 35년 동안 창조과학과 관련하여 적잖은 고난을 받아왔음에도 불구하고 오히려 유신진화론 내지 진화적 창조론을 옹호하는 글에 내심 더 끌려왔으나, 이제 본서를 읽는 가운데 도리어 기독교의 '창조론'에 더 큰 관심을 기울여야 하며 이러한 '창조론'을 교회에서도 교육해야 할 필요성을 느끼게 되었다. 바로 이 점에서 '신학과 과학'을 연구하는 신학자뿐만 아니라 일반 성도들에게도 『창조론』의 일독(一讀)을 권하는 바이다.

최승언 서울대학교 지구과학교육과 명예교수

한국교회에는 바로 이런 책이 필요했다. 창조냐 진화냐, 창조과학이냐 창조신학이냐를 따지는 이분법적 논의의 와중에 말 못할 고민에 쌓여 있던 많은 신앙인에게 김정형의 『창조론』은 해갈이 될 만한 단비 같은 책이다. 기독교신학의 근간인 창조교리는 과학시대에 큰 도전에 직면해있지만, 목회자들은 이런 성도들의 고민에 적절한 답을 제공하지 못하는 경우가 많다. 그렇다고 신학자의 사변적 논의가 성도의 입장에서 그다지 도움이 되지도 않았을 것이다. 그래서 교회 안의 수많은 젊은이와 지식인과 과학자 등은 신앙과 과학 사이에서 홀로 외롭게 싸워야만 했다. 이 책은 이러한 갈등을 몸소 체험하고 경험해낸 한 젊은 신학자의 삶과 학문에 걸친 여정을 통해 이 고민의 길에 동반자가 되어준다. 이러한 문제는 물론 책 한권으로 해결할 수 있는 종류의 것은 아니다. 다만 그 고민의 길 위에 함께 할 동반자가 있다는 것만으로도 큰 위안을 받는다. 그 동반자가 바로 필자가 신뢰하는 김정형 교수라면 이보다 더 좋을 수 없을 것이다. 신앙과 과학 사이에서 갈등하는 모든 이에게 이 책을 추천한다.

홍국평 연세대학교 신과대학·연합신학대학원 교수

창조론

새물결플러스

목차

들어가는 말

기독교에 있어 창조 신앙은 절대적으로 중요하다. 흔히 기독교를 구원의 종교라고 말하고, 기독교 신앙을 구속 신앙으로 규정하기도 하지만, 이러한 태도는 기독교의 본질에 대한 협소한 이해를 반영한다. 창조 신앙이 없는 구속 신앙은 왜곡될 수밖에 없다. 오늘날 구약성서와 신약성서 분야를 비롯해서 신학 전반에 걸쳐 창조와 구원의 관계에 대해 근본적인 재검토가 이루어지고 있다는 사실은 매우 고무적이다.

창조 신앙은 기독교가 역사적으로 출현한 이래로, 아니 야웨 신앙이 이스라엘 백성의 삶을 규정한 때부터 지금까지 언제나 변함없이 중요한 위치를 차지해왔다. 다만 시대와 문화가 달라지고 세계관이 변화하면서 창조 신앙을 표현하는 방식에도 많은 변화가 있었다. 시대를 불문하고 모든 신학자는 당대의 세계관을 진지하게 성찰하면서 창조 신앙의 핵심을 그 시대의 눈높이에 맞게 새롭게 고백하고 선포할 의무가 있다. 오늘날 우리 역시 우리 시대를 지배하는 과학적 세계관을 진지하게 고려하면서 성서와 기독교 전통의 창조론을 현대인이 이해할 수 있는 언어로 재구성할 필요가 있다.

본서의 주제는 창조론이다. 여기서 창조론은 기독교의 전통 교리에 해당하는 것으로, 창조에 관한 교리(the doctrine of creation)를 말한다. 본서에서 나는 오늘 우리가 살고 있는 시대 곧 과학 시대를 진지하게 고려하면서 전통적 창조론의 확장을 추구하려고 한다. 그런 점에서 본서는 과학 시대의 창조 신앙을 다룬다. 특별히 자연과학의 다양한 분과 중에서 생명과학과 대화하는 가운데 창조 교리를 풍성하게 발전시킬 계기를 제시하고자 한다.

한국교회의 적잖은 그리스도인들은 성서와 기독교 전통의 창조론(the doctrine of creation)을 성서문자주의자나 창조과학자가 말하는 창조설(creationism)과 혼동하는 경우가 많다. 창조설은 창조자 하나님과 창조세계의 관계를 다루는 창조론과는 근본적으로 다른 사상이다. 아마도 영어의 'creationism'이 '창조론'으로 번역되었기 때문에 이런 오해가 팽배해진 것이 아닌가 추정된다. 그래서 일부 학자들이 성서와 기독교 전통의 창조론을 성서문자주의자나 창조과학자가 주장하는 창조설과 구분하기 위해 '창조 교리', '창조 신학', '창조 신앙' 등의 표현을 선호하는 것은 충분히 이해할 만하다. 하지만 '창조론'이란 용어가 성서와 기독교 전통의 창조 교리를 가리키는 말로서 더 오랜 역사를 갖고 있다는 사실을 고려할 때, 'creationism'을 '창조론'이라고 번역하지 않고 '창조설'로 번역하는 것도 한 방법이 될 것이다.[1] 이 책에서 나는 후자의 방식을 선택했다.

이와 관련해서 나는 본서를 통해 한국교회의 창조 신앙이 창조설을 넘어 창조론으로 나아갈 것을 제안한다. 여기서 나는 우주·지구·생명의 기원과 역사에 초점을 맞추어 창조 신앙을 설명하려는 모든 시도를 창조설로 정의한다. 말하자면, 내가 창조설을 넘어서야 한다고 주장할 때에는, 성서문자주의자의 성서적 창조설(biblical creationism)과 창조과학자의 과학적 창조설(scientific creationism)뿐 아니라, 최근 이에 대한 대안으로 제시되고 있는 점진

---

1 2016년 creationism의 역사에 관한 고전적 저작인 Ronald L. Numbers, *The Creationists*(『창조론자들: 과학적 창조론에서 지적 설계론까지』, 새물결플러스 역간)가 우리말로 번역되었는데, 여기서는 일반적인 관행을 따라 'creationism'을 '창조론'으로, 'creationist'를 '창조론자'로 번역했었다. 이 책의 번역자인 신준호 박사는 최근 'creationism'을 '창조설'로, 'creationist'를 '창조설 주창자'로 새롭게 번역할 것을 제안했다. 필자는 이 제안에 공감하여 본서 전체에 걸쳐 새로운 번역어를 일관되게 사용하려고 한다.

적 창조설(progressive creationism)과 진화적 창조설(evolutionary creationism)까지 함께 염두에 두고 있다.[2] 이 책에서 나의 일차적인 목표는 다양한 창조설 사이의 논쟁을 넘어서 성서와 기독교 전통에 충실한 창조론을 제시하는 것이다. 나의 바람은 우주·지구·생명의 기원과 역사에 관한 한 서로 다른 창조설을 지지한다 하더라도 가능한 대로 많은 그리스도인들이 성서와 기독교 전통의 창조론에 담긴 핵심 진리에 관해 서로 공감대를 형성하도록 돕는 것이다. 본서를 통해 내가 가장 소망하는 것은 논쟁에서의 승리가 아니라 논쟁을 넘어선 연합과 친교다.

한편으로 오늘날 우리가 살고 있는 과학 시대를 진지하게 생각할 때, 단순히 창조설 논쟁을 넘어 성서와 기독교 전통의 창조론에 담긴 핵심 진리를 회복하는 것만으로는 충분하지 않다. 그래서 본서의 후반부에서 나는 과학 시대를 살아가는 현대인들과 소통하기 위해서 현대 과학을 완전히 무시하거나 배척하는 창조론이 아니라, 현대 과학을 적극적으로 품는 창조론이 필요하다는 점을 역설할 것이다.

아마도 누군가는 내가 방금 성서와 기독교 전통의 창조론 안에서 창조설 논쟁을 극복하자고 주장했던 것을 스스로 뒤집는 것이 아닌가 하고 반문할 수 있을 것이다. 하지만 이 책에서 내가 현대 과학을 품는 창조론의 필요성을 역설할 때, 나의 주된 관심은 현대 과학을 품지 못하는 다른 창조설 주창자들의 주장을 논박하는 것보다 과학 시대를 사는 현대인들에게 예수 그리스도의 복음을 소통하는 일에 있다. 창조설 논쟁을 넘어서서 성서와 기독교 전통의 창조론을 회복하자는 제안이 창조론의 다양한 스펙트럼에 걸쳐 있는 모든 창조론자를 향한 것이었다면, 현대 과학을 품는 창조론을 현대적으로 재구성해야 할 필요성을 강조하는 것은 현대 과학의 세계관을 사실로

---

2 창조설(creationism)의 다양한 스펙트럼에 관해서는 본서의 제3장을 참고하라.

받아들이는 현대인들을 특별히 염두에 둔 것이다.

역설적으로 들릴지 모르겠지만, 나는 창조설의 다양한 스펙트럼에 관한 한 오늘날 한국교회의 모든 그리스도인이 반드시 현대 과학을 품어야 한다고 보지 않는다. 기성 세대 중에는 현대 과학을 품지 않으면서도 성서적이고 전통적인 창조 신앙과 섭리 신앙을 이미 삶 속에서 훌륭하게 실천하고 계시는 그리스도인이 많이 있다. 말하자면, 어떤 창조설을 따르든 신실한 창조론자가 될 수 있다. 다른 한편으로 창조설의 다양한 입장 중 사실에 가장 근접한 견해를 갖고 있다 할지라도, 만약 그것이 지적인 차원에만 머물러 있다면, 그것은 성서와 기독교 전통의 창조론을 삶 속에서 온전하게 살아내지 못하는 것이라고 말할 수 있다. 거꾸로 과학적 세계관이 낯설게 다가오는 기성 세대 그리스도인이 성서문자주의나 창조과학의 창조설을 견지하면서도 창조 신앙과 섭리 신앙을 성실하게 살아내고 있다면, 창조설에 관한 입장을 바꾸라고 그 사람을 설득할 마음이 별로 없다.

다만 누군가 성서문자주의나 창조과학의 창조설을 절대적 진리라고 믿고 과학 시대를 사는 현대인들에게 그것을 강요하려고 한다면, 나는 몹시 불편한 마음을 느끼며 거기에 저항하게 될 것이다. 그 이유는 세 가지다. 첫째는 내가 개인적으로 현대 과학의 성취를 인정하지 않는 창조설의 타당성을 더 이상 수긍할 수 없기 때문이고, 둘째는 성서와 기독교 전통에서 훨씬 더 중요한 의미를 지닌 창조론에 관한 논의에 있어 성서문자주의와 창조과학의 창조설이 기여하는 바가 거의 없기 때문이고, 셋째는 과학 시대를 사는 현대인들에게 성서와 기독교 전통의 창조론을 소통하는 데 있어 반과학적이고 반지성적인 태도가 오히려 큰 걸림돌이 되기 때문이다.

이와 관련해서 나는 아우구스티누스(Augustine of Hippo)가 창세기에 대한 주석을 다섯 번이나 고쳐 쓰면서 남긴 글이 1600년이 더 지난 오늘날 한국사회의 현실에도 적용될 수 있다고 생각한다.

> 통상적으로, 비그리스도인도 땅과 하늘, 이 세상의 다른 요소들, 별의 운동과 궤도, 별의 크기와 상대적 위치, 일식과 월식의 예측, 해와 계절의 순환, 동물과 나무와 돌 등에 관해서 얼마간의 지식을 갖고 있으며, 이 지식이 이성과 경험으로부터 확실하다고 생각한다. 이때 혹 어떤 그리스도인이 성서의 의미를 제시한다고 하면서 이러한 주제에 관해서 말도 안 되는 이야기를 하는 것을 어떤 불신자가 듣게 된다면, 그것은 부끄럽고 위험한 일이다. 사람들이 그리스도인의 무지를 드러내 보여주면서 조롱하고 경멸하는 그러한 당혹스러운 상황을 만들지 않기 위해서 우리는 모든 수단을 강구해야 한다.[3]

과학 혁명 이후 현대 과학이 이룩한 성취를 인정하지 않는 창조과학이 과학 혁명 이전의 전통적 세계관에 익숙한 기성 세대에게 나름의 신앙적 유익을 가져다줄는지 몰라도, 과학 시대를 살아가는 다음 세대에게는 거의 유익을 끼치지 못할 뿐 아니라 오히려 해로울 수도 있다는 것이 나의 판단이다. 따라서 과학적 세계관을 당연한 것으로 받아들이는 현대인들에게 과학을 배척하는 것만이 성서와 기독교 전통의 창조론에 충실한 그리스도인에게 허용된 유일한 길이 아님을 알려주고, 과학을 품으면서도 신실한 창조론자가 될 수 있음을 보여주는 것이 절실하게 필요하다. 나는 이 책을 통해 현대 과학이 기독교 신앙과 공명할 뿐 아니라 그 신앙을 더 풍성하게 할 수도 있음을 입증하고자 한다.

본서는 들어가는 말, 맺는말, 부록을 제외하고 크게 다섯 부로 구성되어 있다. 제1부는 창조론과 현대 과학이 갈등을 빚고 있다는 오해를 극복해야

---

3 St. Augustine, *The Literal Meaning of Genesis*, trans. John Hammond Taylor (New York: Paulist, 1982), 42-43.

함을 역설하고, 제2부는 현대 과학의 탐구 영역 너머에 있는 독자적 영역으로서 성서와 기독교 전통에 속한 창조론의 핵심 진리를 밝히고, 제3부는 현대 과학 중에서도 특히 생명과학과 대화를 전개하고, 제4부와 제5부에 이르러 현대 과학을 품는 창조론의 재구성을 시도한다.

본서의 전체 구조는 소박한 창조 신앙에서 성숙한 창조 신앙으로 나아가는 여정을 따르고 있다. 이 책은 나의 개인적인 신학 여정에 대한 소개 및 성서와 기독교 전통의 창조론(첫 번째 순진성)에서 출발해서, 현대 과학과 대화하는 비판적 계기를 거친 다음, 잘못된 전이해가 교정되고 더욱 풍성해진 창조론(두 번째 순진성)으로 돌아오는 구조를 갖고 있는 까닭이다.[4] 이 때문에 첫 번째와 두 번째 순진성에 해당하는 제1~2부, 제5부에 비해 비판적 계기에 해당하는 제3~4부의 내용이 더 어렵게 느껴질 수 있다. 생명과학과 본격적인 대화에 들어선 창조론의 논의가 어렵다고 느끼는 독자는 첫 번째 순진성과 두 번째 순진성을 비교하는 것만으로도 이 책의 대략적인 논지를 파악할 수 있을 것이다.

일반적으로 한국교회의 그리스도인들은 창조론보다는 구속 교리 중심의 구원론을 강조하는 신앙생활에 익숙하고, 다른 일반인들과 마찬가지로 자연과학 이론에 별다른 관심이 없을 뿐 아니라, 특별히 생명과학에 대해서는 막연한 거부감이나 두려움마저 갖고 있다. 한국교회 일반의 이러한 상황을 고려할 때, 현대 과학과 대화하는 가운데 전통적 창조론을 확장시키고 과학 시대 창조 신앙을 발전시키겠다는 목표는 상당히 도전적인 과제로 보일 수 있다. 하지만 최근 나는 이 일을 지지하고 격려하는 사람들을 많이 만나며 힘을 얻을 수 있었다. 최근 2-3년 동안 학교 수업만이 아니라, 학회를

4 Paul Ricoeur, *Interpretation Theory: Discourse and the Surplus of Meaning* (Texas: Texas Christian University Press, 1976), 74-75를 참고하라.

비롯한 학술대회, 기독교학교교육 관계자 모임, 지역교회의 젊은 부부 모임, 교사대학, 청소년·청년 연합집회, 선교단체 모임 등에 초청을 받아 과학 시대 창조론에 대해 강의할 수 있는 기회가 있었다. 이러한 모임들에 참석하면서 나는 최근 한국교회 안에 현대 과학을 배척하는 문화에 대해 자성하는 분위기가 조금씩 형성되고 있으며, 현대 과학을 품으려고 애쓰는 신실한 창조론자들의 목소리가 점점 더 설득력을 얻고 있다는 사실을 확인할 수 있었다. 나는 본서가 한국사회와 한국교회 안에서 진행되고 있는 중요한 하나의 흐름에 일정 부분 기여할 수 있기를 소망한다.

내가 이 책을 쓰면서 가장 염두에 두고 있는 독자들은 과학 시대를 살면서 신앙과 과학 간의 갈등 때문에 여전히 고민 중에 있는 사람들이다. 조금 더 구체적으로 말하면, 과학 시대 속에서 현대 과학을 진지하게 받아들여야 한다고 생각하지만 그것을 기독교 신앙과 어떻게 조화시킬 수 있는지에 관해 아직 확신이 서지 않는 사람들, 현대 과학이 가져온 세계관 변화가 전통적인 신앙과 충돌하는 지점에서 아직 돌파구를 찾지 못한 이들을 염두에 두고 나는 이 책을 집필했다.

나는 이 책을 펼치는 독자들이 현대 과학을 진지하게 받아들이는 성서적이고 전통적인 창조론자, 성경의 영감과 권위를 인정하면서도 생명과학에 대해 마음이 열린 복음적 그리스도인, 현대 과학의 방법론적 자연주의를 긍정하면서 동시에 자연 세계 속에서 하나님의 창조적인 섭리 활동을 인정하는 신실한 신앙인, 다윈 이후의 세계관 변화를 인정하면서도 무신론자들보다 더 설득력 있는 형이상학적 입장을 내어놓는 냉철한 지성인을 만나게 되길 바란다. 물론 독자들은 나의 이런 바람을 냉정하게 평가할 것이다. 여전히 부족한 점에 대해서는 독자들의 지적을 겸허하게 듣고 나 자신을 더욱 발전시키는 계기로 삼고자 한다.

마지막으로 이 책이 출판되기까지 도움을 주신 모든 분께 감사의 인사를 드리고 싶다. 먼저 내가 이 주제에 대해 관심을 갖고 생각을 발전시키도록 도움을 주신 장로회신학대학교 신학대학원과 GTU 박사과정의 교수님들께 감사를 드린다. 학교에서 나의 수업에 참여하면서 솔직한 고민과 질문을 던져준 학생들에게도 고마운 마음을 전한다. 그 밖에 과학 시대의 창조신앙에 대해 강의할 수 있는 기회를 준 여러 단체와 교회의 책임자들에게 감사한다. 이 책의 출간을 위해 수년 전부터 많은 배려를 해주신 새물결플러스 출판사 대표 김요한 목사님에게 감사 인사를 드린다. 끝으로 이 책의 마무리 작업을 하는 동안 가정의 모든 일을 감당한 아내와, 아빠와 함께 보내는 시간을 양보해 준딸에게 고맙다는 인사를 전하고 싶다.

2019년 10월

아차산 자락에서

김정형

일러두기

이 책의 내용 중 일부는 이미 논문 형태로 출간되었다. "과학 시대 기독교 창조신학의 세 가지 전략." 「선교와 신학」 48 (2019.6), 111-141 [본서의 2-5장에 포함]; "Toward a Theology of Cosmic Hope: From Theo-anthropology to Theo-cosmology," *Neue Zeitschrift für Systematische Theologie und Religionsphilosophie* 60, no. 4 (December 2018), 518-530 [신학과 과학의 대화를 주제로 다룬 박사학위 논문에서 핵심적인 신학적 주장들을 발췌하여 재구성한 논문으로서, 일부 내용이 축약된 형태로 국내 기획논문집에 수록됨; "종말론과 과학의 대화," 한국조직신학회 편, 『종말론』 (서울: 대한기독교서회, 2012), 285-300; 본서의 5장에 포함]; "과학 시대의 도전과 기독교교육의 과제," 「한국기독교신학논총」 110 (2018.10), 323-352 [본서의 17장에 포함]; "Christian Anthropology in an Age of Science: Between Anthropocentrism and Non-Anthropocentrism," *The Expository Times* 129, no. 12 (September 2018), 547-553 [본서의 19장에 포함]; "무신론적 진화론에 대한 기독교신학의 이중적 응답," 「신학사상」 167 (2014.12), 116-144 [이 글의 내용을 수정한 글이 최근 "무신 진화론에 대한 비판적 고찰," 「온신학」 5 (2019), 125-150에 수록되었음; 본서의 11장과 부록에 포함]; "Naturalistic versus Eschatological Theologies of Evolution," *Perspectives on Science and Christian Faith* 65, no. 2 (June 2011), 95-107 [이 논문의 한글 번역은 "자연주의적 진화신학과 종말론적 진화신학 비교연구"라는 제목으로 제6차조직신학자 전국대회(2011. 4. 9)에서 발표됨; 본서의 14-16장에 포함]; "현대 과학의 관점에서 본 자연의 역사와 하나님의 섭리," 최윤배 편, 『기독교사상과 문화』 2권 (서울: PUTS, 2007), 209-228 [본서의 18장에 포함]. 필자는 위의 글들을

자유롭게 발췌하거나 수정해서 사용하였다. 하지만 처음부터 끝까지 그대로 가져온 글은 거의 없다. 책 전체의 뚜렷한 초점과 원활한 글 흐름을 위해 기존 글을 이런저런 모양으로 변형시킬 수밖에 없었다. 때로는 처음 글을 발표할 때와 생각이 바뀐 경우도 있다. 이로 인해 위의 발표 글들의 경우 매번 구체적인 출처를 표기하지 못했음을 미리 알린다. 이밖에 본서에는 포함되지 않았지만 신학과 과학의 대화와 관련해서 필자가 지금까지 출판한 논문들은 다음과 같다. "Six Different Theological Responses to the Scientific Prediction of the Decaying Universe." *Theology and Science* 17, no. 2 (April 2019), 273-286 [박사학위 논문 제2장의 핵심 내용을 요약 정리한 논문]; "Creation and Redemption: A Critical Study of Friedrich Schleiermacher's Doctrine of Creation." *Korean Journal of Christian Studies* 87 (2013.4), 157-173; "Christian Hope in Dialogue with Natural Science." In *God and the Scientist: Exploring the Work of John Polkinghorne*, 153-174, eds. Fraser Watts and Christopher Knight (Farnham: Ashgate, August 2012); "Toward a Comprehensive Theology of Divine Action," *Theology and Science* 10, no. 1 (February 2012), 95-101.

■ 이 저서는 2016년 정부(교육부)의 재원으로 한국연구재단의 지원을 받아 수행된 연구임 (NRF-2016S1A6A4A01017847).

"내가 땅의 기초를 놓을 때에
네가 어디 있었느냐
네가 깨달아 알았거든 말할지니라"

욥기 38:4

제1부

땅 고르기:
열린 마음으로

제1장

창조론자, 과학에 마음을 열다

지금으로부터 7년 전인 2012년 가을 어느 날의 일이다. 아내에게서 뜻밖의 연락이 왔다. 아기를 임신했다는 것이다. 결혼한 지 5년도 더 지난 때였다. 그해 봄 성지순례를 하면서 받은 합환채의 신비한 능력 때문이었을까? 여하튼 무척이나 반갑고 기쁜 소식이었다. 집 가까운 산부인과에 가서 이제 막 잉태된 지 한 달 남짓한 아기의 심장 소리를 듣고 초음파로 아기의 '모습'을 보았다. 우리는 아기를 잉태한 계절을 기념하여 그 아기에게 가을이라는 태명을 붙였고, 태어날 아기를 생각하며 엄마가 만든 곰 인형은 하늘이라고 불렀다.

우리 부부는 그 후 정기적으로 병원을 방문할 때마다 손과 발이 자라고 얼굴에 눈과 코가 생기는 등 가을이가 성장하는 모습을 지켜보면서 설레는 마음으로 출산일을 기다렸다. 그렇게 9개월이 지난 어느 날 드디어 가을이가 우리 부부의 품에 안겼다. 신비스러운 경험이었다. 도대체 이 생명은 어디에서 온 것일까? 이 질문은 7년이 지난 지금도, 아니 시간이 갈수록 더욱 더, 새 생명을 창조하신 하나님의 신비로 우리를 초대한다.

가을이의 임신 소식을 접한 다음 우리 부부는 태교와 관련한 책을 하나 구입해서 읽었다. 그 책은 엄마의 뱃속에서 아기가 자라는 과정을 간략하게 설명하면서 각 시기별로 엄마와 아기에게 필요한 내용을 기록하고 있었다. 과학에 관심이 많은 나는 엄마의 뱃속에서 아기가 자라는 과정을 조금 더 자세하게 알고 싶은 마음에 다른 자료도 찾아보았다. 그중에서 가장 기억에 남는 것은 임신에서 출산까지 전 과정을 역동적인 그래픽으로 재구성한 동영상 자료였다. 그 동영상은 수정란이 처음 생성되는 과정, 수정란이 세포분열을 거듭하며 이동하다가 자궁에 착상하는 과정, 분열된 세포들이 분화하면서 심장 등 각 기관을 형성하는 과정, 아기의 팔과 다리가 자라는 과정, 아기의 뇌 세포가 만들어지는 과정 등 엄마의 뱃속에서 일어나는 전체 과정을 흥미진진하게 보여주었다. 나는 그 동영상을 보면서 생명의 탄생이 참으로 신비하다고 느끼는 동시에, 생명 탄생의 전 과정을 이토록 세밀하게 재구성한 현대 과학의 발전에 경탄하지 않을 수 없었다.

현대 과학은 가을이가 엄마 뱃속에서 어떤 과정을 거치며 태어나고 자랐는지에 관해 많은 지식을 전달해 주었다. 하지만 현대 과학이 밝혀낸 이 모든 지식에도 불구하고 우리 부부가 가을이를 하나님이 주신 선물, 하나님께서 창조하신 특별한 작품으로 이해하는 데 전혀 거리낌이 없었다. 오히려 현대 과학이 알려주는 놀라운 지식 덕분에 가을이의 탄생은 우리에게 더 큰 신비로 다가왔다.

가을이의 임신과 출산 과정을 통해서 나는 하나님의 창조의 신비를 긍정하는 일과 현대 과학의 발전을 수용하는 일이 서로 깊이 연관되어 있음을 확신하게 되었다. 나아가 현대 과학의 도움으로 나는 창조의 신비를 더 깊고 더 풍성하게 이해하게 되었다. 이때 내가 얻은 확신이 이 책의 논의 전체를 이끌어가는 핵심적인 관점을 형성하고 있다.

부모님의 서원기도와 신실한 청소년 시절

내가 태중에 있을 때 부모님은 태어날 자식을 하나님의 종으로 바치겠다고 다짐하는 서원기도를 드렸다. 1970년대 중반, 신앙의 열심이 남달랐던 두 분은 집안의 장손으로 태어난 아들이 집안을 돌보는 것보다 하나님의 교회를 섬기는 일에 헌신하기를 소망했다. 청소년 시절 교회에서 찬양과 말씀을 통해 은혜를 듬뿍 받은 나는 부모님의 서원을 나의 결단으로 받아들였다.

나는 지금은 포항시에 편입되었지만 당시에는 경상북도 영일군에 속해 있던 송라면의 농촌 마을에서 어린 시절의 대부분을 보냈다. 우리 가족은 마을에서 조금 벗어난 외딴 집에서 살았다. 우리 집과 이웃한 강둑 너머에는 우기가 찾아오면 시내가 흘렀다. 집에서 서쪽 방향으로 눈을 돌리면 12폭포로 이름난 내연산이 우뚝 솟아 있는데, 해질녘의 석양이 무척이나 아름다웠다. 동쪽으로는 다리 위에서 멀리 동해 바다가 보였다. 그때의 풍경이 나의 뇌리에 새겨진 때문일까? 나는 고등학교를 졸업하고 고향을 떠난 이후로 마음이 복잡할 때면 동해 바다를 찾아가 큰 위로를 얻곤 했다.

나의 고향과 어린 시절에 대한 이야기는 사실 창조 신앙이나 현대 과학과 직접적인 연관이 없다. 다만 성년이 된 지금까지도 나의 무의식 저 깊은 곳에서 나의 정체성을 형성하고 있기에 처음 만나는 누군가에게 나를 소개할 때 자주 이 이야기를 들려준다.

지금 돌이켜보면, 부모님은 줄곧 경제적 어려움을 겪고 계셨다. 하지만 큰 아들인 나에게 그런 사정을 결코 내색한 적이 없다. 부모님은 내가 집안의 경제적 형편을 염려하여 진로를 선택하기보다는, 부모님의 서원을 따라 교회를 섬기는 하나님의 종이 되기를 바랐다. 나는 부모님의 간절한 바람과 각별한 배려 덕분에 나의 진로에 관해서 내적으로 큰 갈등 없이 성장할 수 있었다. 아마도 그 덕분에 어린 시절 나의 고향에 대한 기억은 무척이나 전원적이고 낭만적인 풍경으로 가득한지도 모르겠다.

당시 시골에는 놀러 갈 만한 곳이 그리 많지 않았다. 산이나 바다나 냇가나 들판이나 운동장 등 야외로 나가지 않으면, 대부분의 시간을 교회 건물 안에서 보냈던 것 같다. 교회 안에서 공부도 하고, 게임도 하고, 탁구도 치고, 찬양도 하고, 관계 맺는 법과 리더십도 배웠다. 헌신적으로 교회를 섬기시는 부모님의 모습은 자연스럽게 내가 본받아야 할 신앙의 모델로 자리 잡았고, 이러한 분위기 속에서 나는 교회를 섬기는 목사직을 동경하게 되었다.

초등학교 6학년이 되었을 때, 어머니는 담임선생님의 강권에 못 이겨 나와 동생을 데리고 포항 시내로 이사를 갔다. 그때부터 나와 동생의 유학 생활이 시작되었다. 하지만 주중에는 시내에서 학교를 다니고 주말에는 어김없이 고향 교회를 찾았다. 고등학교 3학년이 되었을 때에도, 학교에서 자율학습이라는 미명 아래 모든 학생에게 주일에도 출석을 강요했지만, 목사가 되기를 꿈꾸던 나는 적어도 주일만큼은 시골집과 교회에서 보내는 것이 무척 만족스럽고 행복했다. 오전 일찍 중고등부 예배를 드린 다음 어른들과 함께 대예배에 참석했다. 설교 노트를 갖고 다니며 수업 시간에 노트 필기하듯 목사님의 설교를 받아 적는 것도 내게는 즐거운 일이었다.

굴곡이 전혀 없었던 것은 아니다. 고등학교 2학년 진학을 앞두고 계열을 선택하는 일로 상당한 고민에 빠진 적이 있다. 아버지는 신학을 전공하기 전에 철학을 공부하면 좋겠다고 말씀했다. 하지만 나는 국어·문학·역사·사회 등 인문계열의 과목보다 수학·물리·지구과학 등 자연계열의 과목을 더 좋아했다. 고민 끝에 나는 대학까지만 자연계열에서 공부한 다음 신학대학원에 가겠다며 아버지를 설득하고 자연계열을 선택했다. 하지만 얼마 지나지 않아 생각이 바뀌었다. 수학과 과학에 흥미를 느끼기는 했지만 자연계열의 과목에서 의미를 발견하기 힘들었고 그 분야를 계속 공부해야 할 동기를 찾기 어려웠기 때문이다. 결국 나는 계열 교차 지원을 통해 대학 학부 과정으로 철학과에 진학했다.

혼돈의 시기를 거쳐 근본주의 신앙으로

하지만 대학 입학과 동시에 나는 전혀 예상하지 못했던 혼돈 속으로 빠져 들어갔다. 입학식 전 인문대 학생회에서 신입생 오리엔테이션을 주최했다. 둘째 날 저녁 전체 일정이 끝나고 전공별 모임 시간을 갖게 되었다. 선배들은 자신들이 지난 해 들었던 동일한 질문('도대체 왜 철학과에 진학했나?')을 신입생들에게 던졌다. 이어서 신입생들과 선배들이 삼삼오오 흩어져서 이야기를 이어갔다. 마치 소그룹 성서공부 모임에 참석한 것 같은 느낌이었다. 내가 속해 있던 그룹은 정말 그랬다. 2학년에 올라가는 두 선배가 목사를 꿈꾸는 신입생을 앞에 두고 성서의 권위 문제에 관해 열띤 토론을 벌였기 때문이다. 한 명은 목사님의 딸이었고, 다른 한 명은 권사님의 아들이었다. 오리엔테이션 직후 작성한 첫 번째 주일 설교노트에는 설교에 대한 요약은 찾아볼 수 없고 생뚱맞은 질문만 한가운데 적혀 있었다. "성서는 과연 하나님의 말씀인가?"

이 질문은 나의 어린 시절부터 소중하게 간직해 온 기독교 신앙의 근본에 균열을 가져오기 시작했다. 돌아보면 이후로 대학 시절 내내 나는 이 질문과 씨름했다. 처음에는 이 질문에 대한 긍정적인 대답을 찾지 못해 어둠 속에서 방황했다. 마치 칠흑 같은 어둠이었다. 그 어둠이 얼마나 심했던지 죽음이 가까이 있다고 느낄 정도였다. 아직 1997년 IMF 사태가 일어나기 전이었던 당시에 캠퍼스에는 나와 같이 방황하는 신입생들이 적지 않았다. 그리고 그 당시는 그런 낭비 혹은 낭만이 허락되던 시절이었다.

이듬해 여름 나는 오랜 방황 끝에 다시 기독교 신앙을 회복했다. 하지만 그때 나의 믿음은 작은 바람만 불어도 쉬 꺼져버릴 작은 촛불과도 같았다. 그래서인지 한편으로는 스스로 믿음과 의심의 문제를 초월적 존재자에게 맡겨버렸다고 생각하면서도, 다른 한편으로는 가까스로 회복한 믿음이 다시 흔들리지 않도록 토대를 견고히 할 필요를 절실하게 느끼고 있었던 것 같다.

한국교회의 보수적 신학 전통에 결정적 영향을 미친 소위 구 프린스턴 학파에 속한 신학자들의 글이 나의 관심을 끈 것은 바로 이러한 이유 때문이었을 것이다.[1] 벤자민 워필드(Benjamin Warfield)의 칼빈주의 신학, 그레샴 메이천(Grasham Machen)의 보수주의 성서학, 코넬리어스 반 틸(Cornelius van Til)의 전제주의 변증학 등을 혼자 공부하면서, 나는 성서의 모든 문자가 하나님의 영감을 받아 기록되었기 때문에 신앙적 차원에서만이 아니라 역사적 차원과 과학적 차원에서도 전혀 오류가 없다는 주장을 진지하게 받아들였다. 특히 이성에 대한 믿음 역시 성서에 대한 믿음과 마찬가지로 정당화될 수 없는 전제에 근거한다고 보는 반 틸의 전제주의(presuppositionalism) 입장은 세속적 캠퍼스 안에서 이성을 강조하는 근대주의의 도전에 맞서 성서의 권위를 변호할 수 있는 확실한 토대가 될 수 있다고 판단했다. 이 토대 위에서 나는 대학 입학 전까지 내가 붙잡고 있던 기독교 신앙의 체계 전체를 다시 회복할 수 있으리라 믿고 있었다.

혹자는 세속 대학에서 철학을 전공하는 대학생이 어떻게 이런 입장을 가질 수 있는지 의아하게 생각할 것이다. 뒤집어 생각하면, 대학 시절 나의 고민은 캠퍼스와 철학과의 지배적인 분위기를 공개적으로 거스를 만큼 치

---

1 사실 당시에는 다른 신학적 대안을 딱히 찾아볼 수 없었다. 혼자 끙끙대고 고민하면서 기독교 서점을 찾아갔을 때 접하는 책들이 대부분 이러한 입장에 서 있었다.

열하고 전투적이었다. 당시 내가 스스로 생각한 확신은 내면에서 자연스럽게 생겨난 것이 아니라 안팎의 다양한 도전들 앞에서 스스로 변증하고 지켜내야 했던, 다분히 억지스러운 것이었다. 그것은 건전한 의미의 확신이 아니라 스스로를 세뇌시키는 자기 확신 내지 자기 최면에 가까웠다. 나는 캠퍼스에서 벌어지고 있는 세계관 전쟁 혹은 영적 전쟁에 참여하고 있다고 생각하면서, 전투적 영성으로 스스로를 무장했다.

패러다임의 위기

대학 시절 세계관 전쟁에서 내가 지키려고 했던 최후의 방어선은 하나님의 말씀으로서 성서의 오류 없음에 대한 믿음이었다. 하지만 신입생 오리엔테이션에서 이미 겪었던 것처럼 철학과 선배들이나 동기들은 이 주장에 대해 직설적으로 문제를 제기하기 일쑤였고, 나는 이에 맞서 성서무오설에 대한 나의 믿음을 방어하기 위해 고군분투하는 한편, 종교학 분야에서 개설된 '영어성서강독'(故 김영무 교수)이나 '현대 문화와 기독교'(이정배 교수) 등의 과목을 통해 내가 갖고 있던 성서관과 다른 성서관을 접하는 일이 잦아졌다.

자연스럽게 나는 성서에 대해 학문적 관심을 갖게 되었고, 도서관을 자주 드나들며 성서 전반 및 성서 각 권에 대한 여러 편의 해설서들을 탐독했다. 그러다가 근대 이후 성서에 대한 비평적 연구를 수용하는 책을 만나면 당혹스러운 느낌을 억누르기 힘들었다. 성서 각 권의 저자와 기록 연대 및 역사적 배경과 형성과정 등에 대한 성서학자들의 연구는 기독교의 영향권 밖에 있는 세속적 합리주의자들의 문제제기와는 또 다른 차원에서 내가 가진 기독교 신앙에 도전을 주었다. 하지만 내가 고수해온 기존의 패러다임이 흔들릴 위기를 알리는 다양한 징후에도 불구하고, 나는 근대 비평적 성경연구 결과를 거부하는 소수 성서학자들의 연구를 붙들고서, 근본주의 신학 전통의 성서무오설을 포기할 생각을 감히 하지 못했다. 아마도 차마 그것을 감행할 용기가 나지 않았을 것이다.

패러다임의 전환

결정적인 계기는 공군장교로 군복무를 하던 중에 있었다. 나에게 있어 패러다임 전환의 핵심은 성서관의 변화였다. 대학 신입생 오리엔테이션 때부터 마음속에 품고 있었던 질문에 긍정적으로 대답할 수 있는 또 다른 길이 있다는 믿음이 기존의 성서관을 대신해 새로운 성서관을 받아들일 수 있는 용기를 주었다. '성서는 하나님의 말씀이다'는 명제를 포기하는 것이 아니었다. 동일한 명제가 전혀 새로운 의미에서, 이전보다 훨씬 더 심오한 진리를 담고서 나에게 다가왔다.

나는 대학을 졸업하자마자 장로회신학대학교 신학대학원에 입학했다. 입학 통지서를 받아 든 채 곧바로 휴학원을 제출하고 군복무를 시작했다. 아직 신학을 제대로 공부하지 않은 상태였지만, 나는 군복무 기간 내내 휴학 중인 신학생이라는 자기 정체성을 놓지 않았다. 나는 대학 시절부터 성서와 신학에 대한 학문적 관심이 많았기 때문에 신학대학교에서 사용하는 교과서들을 구입해 스스로 선행학습을 시작했다. 조만간 복학해서 다니게 될 신학교에서 사용하는 교과서들은 대학 시절 혼자 도서관 서가를 뒤적이다 손에 들어온 신학 서적과는 다른 권위를 갖고 나를 찾아왔다. 나는 이전과는 달리 열린 마음을 갖고서 그 교과서들을 탐독했다.

그때 읽었던 교과서 가운데 특별히 두 권의 책이 당시 나의 신앙 여정에서 매우 중요한 길잡이가 되었다. 하나는 미국의 대표적인 성서학자 버나드 앤더슨(Bernhard W. Anderson)이 쓴 『구약성서이해』이고,[2] 다른 하나는 프린스턴 신학교의 다니엘 밀리오리(Daniel L. Migliore) 교수가 쓴 고전적인 조직신학 개론서인 『이해를 추구하는 신앙』이다.[3]

앤더슨의 책에서 지금도 내 뇌리에 강렬한 인상으로 남아 있는 것이 하나 있다. 앤더슨은 구약성서의 여러 책들 가운데 창세기가 아니라 출애굽기를 먼저 다룬다. 창세기의 내용은 야웨 문서와 엘로힘 문서를 취급하는 5장("이스라엘 서사시의 형성")에 가서야 처음으로 소개되고, 이후 13장("바벨론의 물가에서")에서 제사장 문서를 다루면서 다시금 언급된다.[4] 창세기에 대한 상세한 설명보다 창세기가 구약성서 입문서의 전체 구성 가운데 차지하는 위치가 나에게 더 큰 의미로 다가왔다. 왜냐하면 이 책에서 창세기의 설명에 배정한 위치는 저자가 근대 이후 성서에 대한 비평적 연구 결과를 수용하고 전제하고 있음을 보여주었기 때문이다. 대학 졸업을 전후한 시기에 나는 근본주의 성향의 변증학 입장에서 근대주의와 대결하는 방식에 대해 회의적인 태도를 품고 있었는데, 구약학계에서 구약신학을 강조하며 상대적으로 보수적인 노선에 있는 구약학자가 근대주의 역사비평의 결과를 인정할 뿐 아니라 그것을 자기 저술의 근간으로 삼고 있다는 사실을 발견하면서 나는 근대 이후의 새로운 성서관을 받아들이고 그 속에서 성서를 새롭게 해석하

---

2 Bernhard W. Anderson, *Understanding the Old Testament*, Prentice-Hall, 1986), 버나드 W. 앤더슨 지음, 강성열, 노항규 옮김, 『구약성서 이해』 (서울: 크리스챤다이제스트, 1994).

3 Daniel L. Migliore, *Faith Seeking Understanding: An Introduction to Christian Theology* (Grand Rapids: Eerdmans, 1991). 한편, 2004년 출간된 이 책의 개정증보판은 2012년 한글로 번역 출간되었다. 다니엘 L. 밀리오리 지음, 신옥수, 백충현 옮김, 『기독교 조직신학 개론: 이해를 추구하는 신앙』 (서울: 새물결플러스, 2012).

4 창세기 등 모세오경에 대한 문서비평의 결과로서 4문서설(JEDP)에 대해서는 대한성서공회 편, 『관주 해설 성경전서: 독일성서공회 해설』, 모세오경에 대한 해설을 참고하라.

고 이해해야 할 동기를 찾게 되었다.

그다음으로 나는 다니엘 밀리오리의 조직신학 개론서를 통해 교리신학적 관점에서 새로운 성서관을 보다 명확하게 정립할 수 있었다. 사실 그 책은 대학 시절 '종교학 개론'(김흡영 교수) 수업 시간에 처음 접했었다. 하지만 당시에는 내가 방황하고 있던 터라 그러한 문제의식이 마음에 와 닿지 않아 수업을 끝까지 듣지 않았다. 그다음에는 '현대문화와 기독교' 수업 시간에 이정배 교수로부터 하나님의 말씀의 삼중성에 관한 칼 바르트(Karl Barth)의 견해에 대해 배웠지만, 나는 수업 내용에 강하게 반발했다. 학기 마지막 수업 시간에 학생들에게 자유발언의 기회가 주어졌을 때, 나는 200명에 가까운 학생들 앞에 나아가 마이크를 잡고 (심지어 교수님의 만류를 뿌리치면서까지) 열정적으로 수업 내용을 반박하고 축자영감에 근거한 성서무오설을 변호했었다. 나 스스로는 평소에 소심한 편이라고 생각하는데, 그때 그런 용기가 어디서 솟아났는지 지금도 잘 이해되지 않는다.

하지만 이번에는 상황이 달랐다. 대학 시절부터 접하기는 했지만 계속해서 거부하고 있던 성서관을 신학교에서 공식적으로 사용하는 교재를 통해 다시 만났기 때문이다. 이 성서관은 단지 조직신학자 한 사람의 권위가 아니라 프린스턴 신학교와 장로회신학대학교의 권위를 덧입고 나에게 다가왔다. 신학대학원 휴학생으로서 자기 정체성을 인식하고 있던 나는 밀리오리가 소개하는 성서관을 수용하고 하나님의 말씀의 삼중적 의미를 진지하게 성찰하기 시작했다. 나의 신학적 사고를 규정하는 궁극적 규범이 기록된 하나님의 말씀인 성서로부터 계시된 하나님의 말씀인 예수 그리스도에게로 옮겨졌다.

신기하게도 나는 이 과정을 거치는 동안 나를 억누르고 있던 무거운 중압감에서 해방되는 기쁨을 느꼈다. 그것은 아마도 패러다임 전환이라는 질적 성장의 고통스러운 시기가 끝나고, 새로운 패러다임 안에서 양적 성장을 체험하는 행복한 시간이 찾아왔기 때문일 것이다. 그때부터 나의 신학함은 단순히 실존적인 고민을 해결하기 위한 고통스러운 탐색이 아니라, 전에는 알지 못했던 새로운 세계의 신비를 탐험하는 신나는 모험으로 바뀌었다.

신나는 신학 모험

나는 군대에서의 훈련 기간과 복무 기간 그리고 이후의 짧은 휴식을 포함하여 만4년이라는 긴 시간을 휴학 중인 신학생 신분으로 보냈다. 이 시기에 나의 신앙 여정에 결정적인 변화가 있었다. 성서를 바라보는 관점이 달라졌고, 신학함의 자세가 바뀌었다. 이러한 변화는 복학 후 신학교 생활에 매우 긍정적인 영향을 미쳤다. 신앙의 패러다임 전환이 없었다면, 신학대학원 과정은 대학 시절 못지않은 내적 갈등의 연속이 되었을 것이다. 하지만 이제는 근대 역사비평 이후 발전된 성서 연구의 다양한 방법론을 습득하면서 현대 신학의 다양한 조류와 열린 마음으로 대화할 준비가 되어 있었다.

복학 후 장로회신학대학교에서 보낸 4년(캐나다 낙스 칼리지에서 교환학생으로 보낸 1년 포함)은 나의 신앙 여정에서 가장 창조적이고 가장 풍성한 기간이었다. 자료비평, 양식비평, 편집비평, 정경비평, 수사비평, 독자반응 비평, 이데올로기비평 등 다양한 성서해석방법을 배우고, 울리히 츠빙글리(Ulrich Zwingli)와 장 칼뱅(Jean Calvin) 등 고전적 개혁신학자들을 비롯하여 프리드리히 슐라이에르마허(Friedrich Schleiermacher), 칼 바르트(Karl Barth), 위르겐 몰트만(Jürgen Moltman) 등 19세기와 20세기를 대표하는 현대 개혁신학자들의 글을 읽고, 상관관계 신학, 해석학적 신학, 과정 신학, 여성 신학, 해방 신학, 흑인 신학, 제3세계 신학, 상황 신학, 포스트모던 신학, 포스트자유주의 신학, 신복음주의 신학, 에큐메니컬 신학 등 현대 신학의 다양한 흐름을 접할 수 있었다. 신학과 과학의 대화를 처음 마주한 것도 이 시기였다. 나는 새로운 관점을 접할 때마다 부정적인 단점을 비판하기보다는 긍정적인 측면을 배우려고 노력했다. 모든 면에서 완벽한 신학을 만나지는 못했지만, 모든 신학에서 각각의 고유한 통찰을 배우며 감격하고 흥분했다.

시간이 흐르면서 나는 신학의 규범을 성서의 문자적 의미에서 찾지 않고 성서가 지시하는 예수 그리스도의 복음에서 찾아야 한다는 확신을 더욱 견고히 하게 되었으며, 성서의 문자를 절대시하고 성서 자체를 우상화했던 과거의 패러다임과 결별했다. 또한 예수 그리스도의 복음에 대한 이해가 하나님 나라의 복음을 통해 더욱 구체화되고 풍성해졌다. 아울러 예수 그리스도와 하나님 나라의 복음에 대한 이해가 깊어질수록, 성서에 대한 역사적·문학적 연구를 넘어 신학적 성서 해석에 더 큰 관심을 갖게 되었다. 그때부터 성서는 나에게 마치 노다지처럼 보였다. 성서의 문자들 아래 거대한 광맥이 흐르고 있음을 깨달았기 때문이다. 예수 그리스도와 하나님 나라의 복음은 성서 전체를 관통하는 광맥 곧 성서적 진리의 핵심을 일컫는 말이 되었다. 나는 성서의 문자적 의미를 결코 무시하지 않으면서도 성서의 문자에 지나치게 얽매이지 않게 되었다. 역사적·문학적·신학적 해석을 통해 성서의 문자가 지시하는 심오한 의미를 묵상하면서, 나는 이전과는 다른 의미에서 성서의 영감과 권위를 인정하게 되었다.

현대 과학과 대화를 시작하다

지금까지 내가 경험한 신앙의 패러다임 전환에 대해 비교적 자세하게 서술한 것은 사실 현대 과학과 대화하면서 나의 신학적 사고가 어떻게 발전했는지를 소개하기 위한 서론에 불과하다. 지금까지의 서론은 과학과 본격적으로 대화를 시작할 당시 나의 신학적 입장이 어떠했는지를 압축적으로 보여주기 위한 것이다. 어떤 신학적 입장을 갖고서 과학과 대화하는가에 따라 그 대화의 방식과 결과는 매우 다를 수밖에 없다. 개중에는 과학과 대화하는 것 자체를 거부하는 극단적인 입장도 있기 때문이다. 따라서 현대 과학과 대화하는 신앙인 혹은 신앙 공동체는 대화를 시작하기에 앞서 먼저 자신의 신학적 입장에 대한 반성적 고찰을 반드시 거쳐야 한다. 이런 의미에서 신학과 과학의 대화에서 가장 어려운 일은 현대 과학 이론을 이해하는 것이 아니라, 비판적 성찰을 통해 자신의 신학적 입장을 분명하게 이해하고 정립하는 것이다.

내가 신학과 과학의 대화라는 현대 신학의 중요한 흐름을 처음 접한 것은 군복무를 마치고 복학을 준비하던 2002년 초의 일이다. 그때 학보 「신학춘추」에서 주관하는 서평공모전이 열렸고, 나는 이안 바버(Ian Barbour)가 쓴 『과학이 종교를 만날 때』[5]에 대한 서평을 써서 제출했다. 아직 본격적으로 신학을 공부하기 전에 쓴 글이지만, 여기에 담긴 나의 입장은 17년이 지난 지금까지도 거의 변하지 않았다.

> 이안 바버는 신앙인들에게 과학이 종교의 대적이 아니라 우리의 신앙 이해에 있어 아주 유용한 도구가 될 수 있다고 말한다. 또한 유물론자들에게는 그들의 신념(유물론)이 과학에 근거를 둘 수 없음을 폭로함으로써 종교와 대화할 것을 촉구한다. 나는 이안 바버의 책에서 골수 유물론자도 아니고, 골수 기독교인(여기서는 근본주의 신앙인을 말한다)도 아니고, 그렇다고 배회하는 사람도 아닌, 새로운 부류의 사람을 만났다. 그는 대립적으로만

5 Ian Barbour, *When Science Meets Religion: Enemies, Strangers, or Partners?*, 이언 바버 지음, 이철우 옮김, 『과학이 종교를 만날 때』(서울: 김영사, 2002).

보이던 종교와 과학 사이에 화해의 다리를 놓는 사람, 어정쩡한 위치에서 양편을 기웃거리는 것이 아니라 오히려 가장 중심에 서서 양극단을 포용하려는 사람이었다. 바버의 책은 나에게 문화와 역사뿐 아니라 자연과 우주까지도 하나님의 섭리 안에서 바라볼 수 있는 눈을 열어주었다. 내가 속한 신앙 전통을 부정하지 않으면서도 현대 과학의 첨단 이론들을 적극 수용할 수 있다는 사실, 또한 새로운 발견과 이론들이 이제껏 우리가 해결할 수 없었던 어려운 신학적 문제들의 해결에 단초를 제공해 줄 수 있다는 사실을 일깨워주었다. 세속 문화와 학문의 거대한 벽에 부딪혀 고립되고 사유화된 신앙 영역 속에 머무르고 있는 사람이 있다면 이 책을 한번 읽어보라고 권하고 싶다.

휴학 기간에 신앙의 패러다임 전환을 경험하지 않았다면, 아마도 나는 바버의 책을 읽고 이러한 생각을 하지 못했을 것이다. 나는 대학 시절 기독교 세계관 운동을 통해 신앙과 학문 간의 대화에 참여할 때와는 사뭇 다른 입장에서 현대 과학을 바라보고 있었다. 대학 시절에도 '모든 진리는 하나님의 진리다'라는 명제를 접하기는 했지만, 혹여나 세속 학문이 성서의 권위를 비롯한 전통적 신앙의 규범을 위협하지 않을까 경계하는 마음 때문에 진심으로 마음을 열지 못했다. 하지만 이제는 성서 자체가 아니라 성서가 증언하고 있는 예수 그리스도의 복음이라는 보다 확실한 반석 위에서 현대 과학 이론에 대해 보다 열린 마음을 품게 되었다.

그러던 중 신학과 과학의 관계에 대한 이해가 심화되는 계기가 찾아왔다. 때마침 신대원 첫해 2학기에 '신학, 과학, 윤리의 대화'(현요한, 김철영 교수)라는 특별 강의가 개설되었다. 그 즈음 미국 버클리에 소재한 신학과자연과학연구소(CTNS)는 템플턴 재단의 후원을 받아 전 세계에 신학과 과학의 대화에 관련된 강좌의 개설을 지원했는데, 장로회신학대학교도 지원 대상에 포함되었다. 한 학기 동안 다수의 자연과학자들이 강사로 참여한 이 수업은 나에게 여러 모로 특별한 기회로 다가왔다.

해당 수업의 기말 과제로 나는 "현대 과학의 관점에서 본 자연의 역사와 하나님의 섭리"라는 제목의 소논문을 제출했다. 여기서 나는 아서 피콕(Arthur Peacocke), 존 폴킹혼(John Polkinghorne), 로버트 존 러셀(Robert John Russell) 등 이안 바버와 함께 20세기 후반에 신학과 과학의 대화를 주도했던 대표적인 과학신학자들(과학자 출신 신학자들)의 글을 읽고 분석했다. 나는 신학과 과학의 접촉점을 태초의 창조보다는 그 이후의 역사에서 찾아야 한다고 보았는데, 그 이유는 태초의 창조가 현대 과학의 탐구 영역 밖에 있기 때문이다. 말하자면 현대 과학 이론과 대화 가능한 기독교 교리는 태초의 창조 교리보다는 섭리론 혹은 계속 창조의 교리라고 생각했다.

수업을 통해 나는 현대 과학이 밝혀주는 자연의 역사에 깊은 인상을 받았고, 그것을 하나님의 섭리라는 관점에서 이해할 수 있지 않을까 생각했다. 이러한 문제의식에 따라 나는 자연 세계 내 하나님의 활동 방식을 다루는 이론들에 초점을 맞추어 연구를 진행했다. 나는 피콕, 폴킹혼, 러셀 그리고 현요한의 글을 읽으면서, 한편으로 자연 세계가 하나님의 활동에 열려 있는 체계라는 점과, 다른 한편으로 하나님의 활동이 자연 세계의 규칙성을 깨뜨리지 않으면서도 객관적으로 일어날 수 있다는 사실을 인식하게 되었다. 논문의 결론에서 나는 세계 내 하나님의 활동 방식에 대한 새로운 이해를 바탕으로 한국교회에 널리 퍼져 있는 통속적 섭리 이해에 대한 반성을 시도했다.

'신학과 과학'을 전공하다

신학대학원 과정 중 현대 과학과 만날 수 있었던 것은 참으로 특별한 일이었다. 그때까지만 해도 나는 내가 신학과 과학의 대화를 주제로 박사학위논문을 쓰게 될 줄은 전혀 예상치 못했었다. 신학대학원 과정 중 나의 신학적 관심은 성서문자주의 입장을 포기한 이후 하나님의 계시된 말씀으로서 예수 그리스도를 어떻게 이해할 것인지, 그리고 성서의 문장을 문맥과 상관없이 직접적인 증거 본문으로 제시하는 방법이 아니라면 다른 어떤 방법으로 신학을 전개해야 하는지 등 주로 그리스도론과 신학방법론에 관한 것이었다.

신학대학원을 졸업하고 그해 미국 캘리포니아 버클리에 소재한 연합신학대학원(GTU)의 박사과정에 진학할 때만 하더라도 나는 그곳에 신학과자연과학연구소(CTNS)가 있다는 사실을 거의 인지하지 못하고 있었다. 오히려 나는 하나님 나라 복음의 관점에서 구원론을 재구성하는 작업에 관심을 갖고 있었다. 첫 학기를 보내면서 미국 루터교회의 대표적인 조직신학자 테드 피터스(Ted Peters) 교수에게 지도교수를 맡아줄 것을 부탁하기 위해 그를 찾았을 때에도 상황은 별반 다르지 않았다. 내가 하나님 나라 신학에 관심이 있다고 말하자, 그는 종말론과 과학의 관계에 대해 연구해볼 것을 나에게 권면했다. 그리고 CTNS의 창립자이자 공동소장인 로버트 존 러셀 교수가 이 주제에 대해 깊이 연구하고 있다는 말도 덧붙였다. 그제야 나는 신학대학원 수업에서 내가 러셀 교수의 글을 읽고 논문을 썼다는 사실을 기억해냈다. GTU의 박사과정은 학제간 연구를 필수로 요구하고 있었기 때문에, 나는 한동안 망설이다가 현실적인 여건을 고려해서 지도교수의 제안을 받아들이게 되었다.

창조와 구속의 관계

이후 GTU에서의 나의 연구는 내가 처음 계획했던 것과는 다른 방향으로 전개되었다. 박사과정 첫 학기 연구는 현대 신학자들의 복음 이해, 볼프하르트 판넨베르크(Wolfhart Pannenberg)의 종말론적 신론, 칼 바르트와 위르겐 몰트만의 종말론 비교 등 비교적 내가 처음 갖고 있던 신학적 관심을 반영했다면, 두 번째 학기부터는 상당히 다른 주제에 연구 초점이 맞추어졌으며, 특히나 본서에서 다루는 주제와 관련해서 주목할 만한 분기점이 되었다. 나는 '19세기 신학의 역사'(George Griener)라는 수업을 들으면서 프리드리히 슐라이에르마허의 창조론에 관한 소논문을 작성하고, '진화·악·종말론'(Ted Peters & Robert John Russell) 수업을 위해서 피에르 테야르 드 샤르댕(Pierre Teilhard de Chardin)의 진화신학에 대한 소논문을 작성했다. 두 논문을 작성하면서 나는 생명과학에서 논의되는 진화론의 신학적 수용 가능성에 대해 처음으로 진지하게 고민하기 시작했다. 사실 신학대학원 시절부터 현대 과학에 대해 어느 정도 열린 태도를 갖고 있기는 했지만, 신학을 공부하는 과정 중에 현대 과학 이론을 본격적으로 공부할 기회가 없었을 뿐 아니라, 한국 교회 안에서 논란이 많은 진화론에 대해서는 여전히 조심스러운 태도를 가질 수밖에 없었다.

우선 슐라이에르마허의 창조론에 대한 연구를 통해 나는 창조와 구속의 관계에 대한 전통적인 이해와 다른 패러다임을 발견했다. 슐라이에르마허의 신학은 다윈의 『종의 기원』(1859)이 출간되기 전에 이루어졌지만, 진화론을 수용할 수 있는 신학적 틀을 이미 갖추고 있었다. 전통적인 신학은 태초의 세계 창조와 창조 이후 세계의 보존을 철저하게 구분했다. 하지만 슐라이에르마허는 두 개념을 결합하면서 창조적 보존 혹은 계속 창조의 개념을 도입했다. 이것은 창조가 아직 완결되지 않았음을 내포한다. 또한 그는 구속을 타락 이전 창조세계의 복원으로 보기보다는 역사의 발전을 통해 창조가 완성되는 사건으로 이해했다. 슐라이에르마허의 이러한 창조 이해는 한편으로 세계 내 죄와 악의 실재를 정당하게 다루지 못하는 약점이 있지만, 다른 한편으로 하나님께서 창조세계와 맺는 관계를 하나의 역동적인 역사로 이해할 수 있는 길을 열어주는 장점이 있었다.

슐라이에르마허의 창조론을 비평하기 위해 나는 영국의 대표적인 개혁 신학자 콜린 건튼(Colin Gunton)의 모델을 활용했다. 건튼은 기독교 사상사에서 창조와 구속 혹은 창조와 종말의 관계를 이해하는 세 가지 모델을 구분한다.[6] 그것은 복원, 진화, 변혁의 모델이라고 부를 수 있다. 오리게네스(Origen)와 아우구스티누스(Augustine)로 대표되는 고전 신학에 따르면, 창조는 태초에 완결되었고 완벽했으며, 구속은 죄로 인해 상실한 타락 이전 태초의 창조세계를 회복하는 것으로 이해된다(복원 모델). 프리드리히 헤겔(Friedrich Hegel)과 찰스 다윈(Charles Darwin)의 영향하에 발전한 근대 신학은 태초의 창조는 완벽하지 않았으므로 장차 완성에 도달할 것이며, 타락은 창조가 완성에 이르는 과정의 한 부분으로 이해된다(진화 모델). 마지막 모델은 창조를 태초에 완결된 사건으로 보지 않고 미래에 완성될 하나의 기획(혹은 프로젝트)으로 본다는 점에서는 진화 모델과 유사하지만, 이 기획의 완성을 위해서는 죄와 악이 구속되어야 함을 강조한다는 점에서 진화 모델과 구분된다(변혁 모델). 건튼은 마지막 모델을 대표하는 고전적인 신학자로 이레나이우스(Irenaeus of Lyon)를 언급한다.

나는 이상의 세 가지 모델을 활용해 슐라이에르마허의 창조론을 비판적으로 검토하면서, 창조-타락-구속으로 이어지는 기독교의 전통적 세계관

---

6 Colin Gunton, *The Triune Creator: A Historical and Systematic Study* (Grand Rapids, MI: Eerdmans, 1998), 11-12.

에 대한 새로운 이해 가능성을 발견했다. 이후 나는 건튼의 표현을 사용하여 창조를 삼위일체 하나님의 거대한 기획 혹은 프로젝트로 이해하게 되었다. 말하자면 삼위일체 하나님의 창조 프로젝트는 창조부터 종말까지 하나님께서 세상과 관계 맺으시는 역사 전체를 가리키는데, 그것은 태초에 시작되었으며(태초의 창조), 지금도 계속되고 있고(계속 창조), 장차 완성될 것이다(새 창조). 이 프로젝트가 진행되는 과정에서 죄와 악이 (확실하게 알 수 없는 기원과 경로를 통해) 세상에 들어왔고, 이 프로젝트의 완성을 위해서는 죄와 악의 구속을 통한 창조세계의 변혁이 반드시 필요하다. 지금도 나는 이러한 변혁 모델이 창조와 구속, 창조와 종말에 관한 성서적 증언의 논리를 가장 충실하게 반영한다고 생각한다.

진화론에 대한 관심

슐라이에르마허의 창조론에 대한 연구가 창조와 섭리, 창조와 구속 등 기독교 세계관의 근본 논리에 대한 나의 신학적 성찰을 풍성하게 했다면, 테야르의 진화신학에 대한 연구는 나에게 진화론적 세계관을 신학적 사유 안으로 과감하게 수용한 선구적인 사례 연구를 통해 진화론의 신학적 수용 가능성을 본격적으로 검토하는 계기가 되었다.

테야르는 예수회 소속의 가톨릭 신부로서 저명한 고생물학자이자 지질학자였다. 그는 다윈 이후 진화론이 가져온 세계관 혁명을 진지하게 수용하면서 우주 전체가 진화하는 과정에 있다고 보았다. 그리고 진화하는 우주의 관점에서 창조론, 죄론, 그리스도론, 구원론, 종말론, 인간론 등 기독교 교리 전반을 창조적으로 재해석했다. 그러나 전통적 교리에 대한 테야르의 재해석은 당시 가톨릭교회의 지도자들이 보기에 너무도 급진적이고 도발적이었다. 누군가 테야르가 남긴 개인적인 노트를 교황청에 전달했고, 그로 인해 테야르는 파리 가톨릭대학(Catholic Institute of Paris)의 교수직을 내려놓고 중국을 비롯해 세계 전역을 돌아다니며 지질학 연구에만 몰두해야 했다. 그는 진화론적 세계관에 근거한 자신의 신학적 성찰에 관해 강의하거나 출판하는 것이 금지되었다. 그럼에도 그는 예수회의 지도를 따르며 가톨릭교회 안에 머물렀으며, 말년을 고향에서 보내고 싶다는 마지막 소원마저 받아들여지지 않았지만 끝까지 가톨릭교회의 권위에 순종했다.

테야르의 독특한 진화론적 사상 중 상당 부분은 현대 생명과학에서 이미 폐기되었기에, 진화론적 세계관에 근거해서 창의적으로 발전시킨 그의 신학 사상은 몇 가지 근본적인 한계를 안고 있었다. 그럼에도 나는 당대의 과학적 비전과 신학적 이해를 조화시키고 종합하고자 했던 그의 시도에 매우 깊은 인상을 받았다. 또한 창조·성육신·구속 등 창조세계 속 하나님의 다양한 경륜적 활동의 통일성, 십자가 구속의 긍정적 측면의 재발견 등에 관한 그의 통찰은 슐라이에르마허의 창조론에 대한 비판적 연구를 통해 내가 배운 내용들과 상당히 공명했다.

현대 과학을 품는 창조론의 가능성

슐라이에르마허와 테야르의 신학을 연구하면서 문제의식이 심화된 나는 이듬해 박사과정 종합시험을 준비하면서 종말론과 섭리의 문제를 다루기로 결정했다. 나의 주된 관심은 창조와 구속의 관계를 중심으로 창조에서 종말까지 기독교 세계관의 근본 논리를 재구성하는 데 있었다. 그리고 이 관심사를 발전시키는 과정에서 현대 과학의 진화론적 세계관과 대화를 시도했다.

특별종합시험의 한 영역으로 나는 몰트만의 창조론을 선택했다. 몰트만은 『창조 안에 계신 하나님』에서 기원론적 관점의 창조론과 대비되는 메시아적-종말론적인 관점의 창조론을 발전시킨다. 몰트만의 해석에 따르면, 창조는 아직 완결되지 않았고 새 창조의 완성을 향해 나아가는 중에 있다. 또한 몰트만은 종말론적 창조론의 연장선상에서 계속 창조의 교리를 긍정하고, 계속 창조 교리의 관점에서 현대 생명과학의 진화론을 수용한다. 하지만 몰트만의 창조론은 테야르의 창조론과 다소 차이가 있다. 몰트만은 진화론적 세계관 안에서 테야르가 발전시킨 우주적 그리스도론이 악과 구속의 문제를 지나치게 안일하게 다루고 있다고 지적하면서, 진화 과정에 동반되는 악과 고통의 구속이라는 주제를 보다 진지하게 고려하는 대안적 신학을 발전시킨다. 몰트만의 종말론적 창조론은 건튼이 언급한 변혁 모델의 창조론과 근본적으로 동일한 논리 구조를 갖고 있다. 건튼의 변혁 모델과 함께 몰트만의 종말론적 창조론은 이후 내가 박사학위논문을 작성할 때 나에게 가장 중요한 신학적 통찰을 제공해주었다.

나는 특별종합시험의 또 다른 영역으로 진화론과 직접 대화하면서 신학적 사고를 전개한 현대 신학자 두 사람을 선택해서 그들의 사상을 비교 분석했다. 내가 선정한 두 사람은 생화학자 출신의 영국 성공회 신학자 아서 피콕과 독일 개신교의 대표적인 조직신학자 볼프하르트 판넨베르크였다. 두 사람은 현대생물학의 진화론을 수용하는 현대 신학자 그룹의 대표적인 인물들이다. 하지만 두 사람의 신학적 입장은 서로 조금씩 다른 점이 있었다. 나는 각각에 자연주의적 진화신학과 종말론적 진화신학이라는 이름을 붙였다. 그리고 각자의 신학적 입장에서 전제하는 형이상학적 실재 이해, 진화하는 세계에 대한 신학적 이해, 진화 과정 중 악의 문제에 대한 신학적 응답 등을 분석한 다음 양자를 비교했다. 이러한 연구는 진화론을 수용하는 신학적 입장이 하나가 아니라 다양할 수 있음을 알려 주었다. 또한 결국 핵심적 이슈는 과학적 문제가 아니라 신학적 문제에 있음을 다시금 환기시켜 주었다.

과학과 무신론 사이에서

박사과정에 진학해서 신학과 과학의 대화라는 주제를 본격적으로 연구한 이후로 2009-2010년은 필자의 기본적인 관점이 형성되는 결정적인 시기였다. 이 시기에 나는 특별종합시험을 준비하는 것 외에 지도교수였던 테드 피터스와 마르티네즈 휼릿(Martinez Hewlett)이 공저한 책, 『하나님과 진화를 동시에 믿을 수 있는가』의 한글 초역을 마무리했다.[7] 그리고 국제과학종교학회(International Society for Science and Religion, ISSR)에서 주최한 존 폴킹혼 80세 기념 국제논문대회에 폴킹혼과 몰트만의 우주적 종말론을 비교하는 논문을 작성해서 제출했다.[8] 이 과정에서 나는 현대 과학의 이론을 전반적으로 수용하면서, 창조에서 종말에 이르기까지 삼위일체 하나님이 세계와 관계 맺으시는 역사 전체를 포괄적으로 이해할 수 있는 신학적 틀을 발전시키는 일에 매진했다. 성서신학·조직신학·생태신학·과학신학 등 다양한 분야의 현대 신학자들이 이미 이 분야에 선구적 공헌을 했다는 사실을 알게 되면서 나는 크게 고무되었다. 이러한 배경에서 나는 우주적 지평에서 종말

---

7 Ted Peters and Martinez Hewlett, *Can We Believe in God and Evolution?*, 테드 피터스·마르티네즈 휼릿 지음, 천사무엘·김정형 옮김, 『하나님과 진화를 동시에 믿을 수 있는가 - 당혹한 이들을 위한 안내서』 (서울: 동연, 2015).

8 이 글은 논문대회에서 공동대상을 수상했으며, 2년 뒤 폴킹혼 기념논문집에 수록되었다. Junghyung Kim, "Christian Hope in Dialogue with Natural Science," in *God and the Scientist: Exploring the Work of John Polkinghorne*, eds. Fraser Watts and Christopher Knight (Farnham: Ashgate, 2012), 153-174.

론적 창조론의 재구성을 진지하게 모색하는 박사학위논문을 제출했다. 논문에서 생명과학을 직접적으로 다루지는 않았지만 생명과학의 진화론을 신학적으로 논의할 수 있는 큰 틀을 마련했다고 스스로 평가하고 있다.

박사학위를 취득하고 귀국한 후 나는 피콕과 판넨베르크의 진화신학에 대한 연구의 후속으로 진화론을 무신론의 근거로 주장하는 진화무신론에 대한 신학적 응답을 모색했다. 나의 기본적인 생각은 진화론과 무신론 사이에 아무런 논리적 필연성이 없기 때문에 진화론이 무신론의 직접적인 근거가 될 수 없으며, 따라서 과학 이론으로서 진화론에 대해서는 신학적 수용 가능성을 열어 놓고 검토하되 종교적 이데올로기로서의 무신론을 용납해서는 안 된다는 것이었다.

창조론을 다시 찾다

지금까지 소개한 신앙 여정을 이렇게 간단히 요약할 수 있다. 나는 한때 근대주의에 전투적으로 맞서는 근본주의 변증학에 헌신했었다. 하지만 성서관의 변화 등 다양한 계기를 통해 현대 과학에 대해 열린 마음을 품게 되었고, 현대 과학과 진지하게 대화하는 가운데 우주적 지평에서 폭넓은 신학적 사고를 발전시켜왔다. 강조하고 싶은 점은 이 과정에서 내가 전통적인 창조론을 포기하지 않았다는 사실이다. 오히려 나는 과거에 생각했던 것보다 성서와 기독교 전통에 더 충실한—말하자면, 더 성서적이고 더 전통적인—창조론을 만나게 되었고, 현대 과학과 대화하면서 과거에는 상상도 하지 못했던 훨씬 더 폭넓고 풍성한 창조론을 전개하게 되었다.

본서는 신학과 과학의 대화를 주제로 다룬 나의 첫 번째 책이다. 지금까지 이야기로 풀어 서술했던 나의 연구 내용 중 상당 부분은 독자들이 이 책의 본문을 통해 다시 만나게 될 것이다. 본격적인 논의에 앞서 내가 현대 과학에 대한 반감과 두려움을 극복하고 열린 마음을 갖게 되었다는 이야기를 길게 서술한 목적은 이 책에 담긴 내용들이 나름대로 꽤나 오랜 사연을 지니고 있음을 밝히기 위한 것이다. 이 책을 펼쳐 든 독자들이 나의 관점에 전적으로 동의하지는 못한다 하더라도 나의 고민에 어느정도 공감할 수 있기를 바란다.[9]

---

9 최근 기독교의 여러 목사와 신학자와 과학자들이 자전적인 글을 통해 현대 과학과 기독교 신앙의 갈등 때문에 씨름했던 이야기를 들려주고 있다. Kathryn Applegate et al., eds., *How I Changed My Mind About Evolution,* 리처드 마우 외 지음, 캐서린 애플게이트, 짐 스텀프 엮음, 안시열 옮김, 『진화는 어떻게 내 생각을 바꾸었나』 (서울: IVP, 2019). 무신론자였다가 기독교인이 된 저명한 유전학자 프랜시스 콜린스의 이야기도 흥미롭다. Francis Collins, *The Language of God: A Scientist Presents Evidence for Belief,* 프랜시스 S. 콜린스 지음, 이창신 옮김, 『신의 언어』 (서울: 김영사, 2009), 17-38.

제2장

오해를 바로잡다

현대 과학을 단호하게 거부하는 그리스도인들과 종교를 거부하는 과학자들 양편 모두는 아마도 앞 장에서 서술한 나의 신앙 여정에 대해 못마땅한 생각이 들 것이다. 다른 한편으로 과학 시대를 살면서 현대 과학을 거부하기 힘들다고 판단하지만 전통적인 신앙 교육을 받은 상황에서 어찌할 바를 모르는 사람들의 마음속에는 아직 해결되지 않은 여러 가지 의문이 떠오를 것이다. 이 장에서 나는 전자의 사람들이 필자에게 던질 수 있는 질문과 후자의 사람들이 마음속에 품을 수 있는 질문을 미리 예시하면서, 내가 생각하는 나름의 대답에 대해 간략하게 진술하려고 한다. 이 작업은 진화론을 핵심으로 하는 현대 생명과학과 본격적인 대화를 시작하기에 앞서 불필요한 오해와 장애물을 제거하기 위한 것이다.

모든 생명은 하나님께서 직접 특별하게 창조하신 것이 아닌가요?

많은 그리스도인은 하나님께서 모든 생물종을 지금의 형태대로 직접 특별하게 창조하셨다고 믿으며, 따라서 지구상의 모든 생명이 공통조상으로부터 진화했다는 생명과학자들의 주장이 터무니없다고 여긴다. 하지만 이것은 성서의 창조론에 관한 널리 퍼진 오해에 해당한다. 소위 특별 창조 이론은 하나님께서 모든 생물종을 창세기 1장에 언급된 순서를 따라, 지금의 모습대로, 직접 특별하게 창조했다고 주장한다. 아마도 이 이론의 주창자들은 하나님께서 말씀으로 빛을 만드신 이야기(창 1:3)나 하나님께서 손수 흙을 빚어 아담을 만드신 이야기(창 2:7)를 하나님의 창조 방식을 설명하는 근본 모델로 생각하는 것 같다.

하지만 조금만 생각해보면, 하나님께서 토기장이처럼 손수 흙을 빚어 사람의 모양을 만드셨다고 묘사하는 창조 이야기는 창조자 하나님의 활동을 마치 피조물에 불과한 인간의 활동처럼 보이게 한다. 이것은 전형적인 신인동형론적 묘사다. 인간의 인식과 언어의 근본적인 한계를 생각할 때, 하나님에 대한 이러한 묘사는 충분히 이해할 만하고 또한 허용될 수 있다. 하지만 이러한 묘사 방식을 문자 그대로 이해하고서 에덴동산에서 하나님이 실제로 토기장이처럼 손수 흙을 빚어 인간의 몸을 창조했다고 주장한다면, 그것은 신학 언어의 근본 성격과 한계를 오해한 것이라고 할 수 있다.[1]

성서에 따르면 하나님께서 세상을 창조하실 때 특별 창조와 직접 창조의 방식을 고집하지 않으셨다. 다양한 생물종을 만드시는 하나님의 창조 방식은 다양했다. 예를 들어, 하나님께서 땅에게 명하여 풀과 채소와 나무를 내라고 명령하시자, 땅이 풀과 채소와 나무를 내었다(창 1:11). 여기서 하나님이 식물을 직접 창조하지 않고 땅을 통해 간접적으로 창조하고 있다는 점

---

1 구약성서학자 버나드 앤더슨은 성서의 언어와 과학의 언어를 구분해서 다루어야 한다는 점을 강조한다. "한편으로 시문이 산문으로 환원될 수 없듯이 종교적(신화적-시적: mythopoeic) 언어는 과학의 언어로 변환될 수 없다. 다른 한편으로, 방법론적으로 신을 다루지 않는 과학의 언어는 창조주와 창조주의 설계를 다루는 종교의 언어와 동일시될 수 없다." Bernhard W. Anderson, *From Creation to New Creation: Old Testament Perspectives* (Minneapolis: Fortress, 1994), 102.

에 주목하라.[2] 다시 말해서, 하나님은 분명히 말씀으로 식물계를 창조하셨지만, 그 과정에 땅도 하나님의 창조 사역에 동참하여 식물계의 창조를 중재한 것으로 나타난다. 이러한 견해는 하나님이 피조물인 땅에게 창조의 능력과 책임을 위탁하는 말씀을 하신 것으로 해석할 수도 있다. 요컨대 창세기 1장에 나오는 식물계의 창조는 말씀하시는 하나님과 창조력을 위임받은 땅의 공동 작업으로 이루어졌다고 하겠다. 다른 말로 하면 식물계는 하나님의 직접적인(im-mediate) 창조의 산물이 아니라, 피조물인 땅을 통해 매개된(mediated) 창조의 산물인 것이다.

성서에 기록된 하나님 창조의 다양한 방식을 인정한다면, 더욱이 하나님께서 앞서 창조한 피조물을 매개로 다른 피조물을 창조하실 수 있는 가능성을 진지하게 고려한다면, 하나님께서 단세포 생물로부터 소위 고등 생물에 이르기까지 지구상에 존재한 모든 생물종을 매번 직접 특별하게 창조하셨다는 생각을 고수할 이유가 없어진다. 하나님께서 앞서 창조한 생물종을 통해 새로운 생물종을 창조하실 수 있다고 보는 매개된 창조 개념은 공통조상으로부터 생물종이 분화되어 출현하게 되었다는 진화론의 주장과 충돌하지 않는다. 오히려 매개된 창조 개념은 공통조상 이론을 수용하는 신학적 틀을 제공할 수 있고, 공통조상 이론은 매개된 창조 개념을 더욱 구체화하고 풍성하게 하는 계기가 될 수 있다.

2 대한성서공회 편, 『관주·해설 성경전서: 독일성서공회 해설』(대한성서공회, 2008)의 창세기 1:9-13에 대한 해설을 참고하라.

진화론은 단지 하나의 '이론'에 불과한 것이 아닌가요?

한국교회 안에는 진화론이 단지 하나의 '이론'(theory)에 불과하다고 생각하는 사람들이 많이 있다. 진화론은 아직 확실하게 입증되지 않은, 가설 수준의 이론이기 때문에 과학적으로도 신뢰할 수 없다는 것이다. 하지만 이것은 한국교회 안에 널리 퍼져 있는 진화론에 관한 오해에 속한다.

1957년 소련이 쏘아 올린 최초의 인공위성 스푸트니크호는 당시 소련과 냉전 관계에 있던 미국의 과학 교육 전반에 대한 반성을 불러일으켰다. 그 결과 1925년 소위 원숭이 재판 이후 중고등학교 교과과정에서 배제되었던 생명과학의 진화론이 다시 교과과정 속으로 편입되었다. 그러자 성서적 창조설(biblical creationism) 주창자들은 즉각 반발하면서 대안을 모색했다. 그때 등장한 것이 창조과학(creation science)으로 알려진 과학적 창조설(scientific creationism)이다.

1920년대 성서적 창조설 주창자들은 진화론 교육이 청소년의 기독교 신앙을 해친다는 점을 부각하면서, 정교분리의 원칙에 호소하여 진화론 교육 반대 운동을 전개했다. 하지만 1960년대에 접어들면서 연방 정부가 과학교육 강화정책을 추진하면서 상황이 돌변했다. 이에 창세기의 문자주의적 해석에 근거한 창조설을 주장하는 사람들은 창조설의 과학적 근거를 강조하면서 성서적 창조설을 과학적 창조설로 발전시켰다. 그리고 중고등학교 과학 수업 시간에 진화론과 함께 과학적 근거를 가진 창조과학을 병행해서 가르칠 것을 요구했다. 하지만 이 요구는 1980년대 들어 법정에서 기각되었고, 과학 수업 시간에 특정 종교의 입장을 대변하는 창조과학을 가르치는 것이 금지되기에 이르렀다. 정교분리의 원칙은 이제 과학 교육 안에 특정 종교의 입장이 들어올 수 없다는 의미로 해석되었으며, 무엇보다도 창조과학은 과학의 기준에 부합하지 않는다는 판단이 내려졌던 것이다.

창조과학 주창자들은 종교적 색채를 띤 창조라는 단어를 사용하지 않으면서 진화론과 맞서는 과학 이론을 찾아 나섰고, 얼마 지나지 않아 지적설계라는 이름 아래 대안적인 과학 이론을 내세우기 시작했다. 지적설계 이론은 생명의 역사를 철저하게 자연주의적 관점에서 설명하는 진화론의 한계를 지적하면서, 생명 현상 가운데 '환원 불가능한 복잡성'이나 '특화된 복잡성'은 초자연적인 지적 설계자의 존재를 입증하는 근거가 된다고 주장한다. 지적설계 이론가들의 주장은 중고등학교 과학 수업 시간에 더 이상 진화론을 가르치지 말라는 것이 아니었다. 그들의 요구는 진화론과 함께 대안적 이론을 병행해서 가르침으로써 학생들이 두 이론 중 하나를 선택하게 하자는 것이었다. 하지만 지적설계 이론가들의 요구 역시 2005년 연방법원에서 기각되었다. 그 이유는 지적설계 이론이 과학 이론의 기준에 부합하지 않는다는 것이었다.

중고등학교 교과과정에서 진화론을 배제하려는 시도가 무산되고, 진화론과 함께 대안 이론(처음에는 창조과학, 이후에는 지적설계)을 병행해서 가르치려는 시도마저 무산되자, 진화론을 결코 수용할 수 없는 창조설 주창자들은 진화론의 과학적 한계를 강조하는 방식의 운동을 강화했다. 이 운동에서 자주 등장하는 구호가 바로 '진화론은 하나의 이론에 불과하다'는 것이다.

여기서 사용된 '이론'이라는 단어는 중력 '이론'에서와 같이 과학적으로 확고한 근거를 가진 주장이라는 뜻이 아니라, 아직 과학적으로 근거가 입증되지 않은 가설이라는 의미로 사용된다. 말하자면 진화론 교육 반대자들은 과학 시간에 진화론을 가르치되, 진화론의 과학적 한계를 함께 가르쳐야 한다고 주장하는 것이다. 하지만 이러한 주장은 과학 이론의 성격과 과학적 연구 방법의 특성에 대한 몰이해를 반영하고 있을 뿐 아니라, 진화론이 오늘날 과학 이론으로서 차지하고 있는 확고한 위상에 대한 무지와 더불어 진화론에 대한 맹목적 반대를 대변하고 있다.

오늘날 진화론은 지구상의 생명 현상에 대한 다양한 사실(화석기록·해부학·발생학·생물지리학)과 다양한 법칙(멘델의 유전법칙, 하디-와인버그 법칙) 등을 가장 일관되고 포괄적인 방식으로 설명하므로, 과학자들 사이에 거의 이견이 없는 확고한 이론으로 자리 잡고 있다.[3] 물론 진화 과정의 세부적 경로(계통발생학)나 진화 메커니즘의 세부 내용(자연선택 외에 유전자 부동이나 볼드윈 효과 등에 대한 고려)을 둘러싸고 여전히 과학자들 간에 논쟁과 탐구가 계속되고 있는 것도 사실이다. 하지만 이러한 계속적인 논쟁과 탐구는 진화론의 과학적 신뢰성을 떨어뜨리기보다 오히려 그것을 강화해주는 측면이 있다. 왜냐하면 논쟁의 대부분이 '변화를 동반한 계통'(descent with modification)이라는 진화론의 핵심 주장을 토대로 삼아 전개되기 때문이다. 또한 다윈이 『종의 기원』(1859)을 출간한 이후 80여 년간의 치열한 논쟁을 거쳐 다윈주의 진화론이 정설로 자리 잡게 된 것과, 1930-40년대 이후 지금까지 이어져온 과학자들의 비판적 탐구와 치열한 논쟁에도 불구하고 진화론 그 자체는 아직껏 논박되거나 반증되지 않았다는 사실을 고려한다면, 진화론의 과학적 근거가 얼마나 확고한지 짐작할 수 있다. 요컨대 진화론은 생명 현상과 관련해서 현재까지 발견된 과학적 사실들을 가장 포괄적으로 잘 설명하고(설명능력), 아직 탐구되지 않은 영역에서 새로운 사실들을 예측하며(예측능력), 그러한 예측에 대한 다양한 방식의 검증을 통해 새로운 지식을 생산해 냄으로써(생산능력), 오늘날 생명과학 분야에서 폭넓은 합의를 얻고 있으며, 이에 따라 확고한 지위를 인정받고 있다.

진화론을 가설 수준에 머물러 있는 하나의 이론으로 보아야 한다는 그리스도인들의 주장을 접할 때면, 나는 기독교 신학자로서 당혹스러움을 느낀다. 왜냐하면 진화론에 대해서는 국가·인종·성별·문화·종교·연령을 초

---

3 본서의 제3부, 특히 제9장의 내용을 참고하라.

월하여 전 세계 대다수 과학자들 사이에 의견의 일치를 보이는 반면, 창조와 관련된 성서 구절에 관해서는 신학적 전통과 교회의 분위기 및 개인의 성향에 따라 다양한 해석이 존재하기 때문이다. 조금 떨어져서 보다 객관적인 시야를 확보할 수 있다면, 참으로 논란이 되는 것은 진화론의 과학적 위상이 아니라, 성서 구절에 대한 올바른 해석의 문제라고 하겠다.

어떤 이들은 과학 수업 시간에 진화론에 대한 과학적 논쟁을 가르침으로써 진화론의 맹점을 학생들에게 일깨워주어야 한다고 말하지만(사실 이것은 진화론을 둘러싼 논쟁의 본질을 제대로 포착하지 못한 것이다), 논쟁을 가르치라는 주장은 사실 창세기 해석을 둘러싼 신학적 논쟁에 더욱 해당된다고 할 수 있다. 우리는 교회 안에서 과학적 논쟁이 아니라 신학적 논쟁을 다룰 필요가 있다. 교회 안에서 우리는 하나의 정답을 주입하기보다는 우리 안의 논쟁을 솔직하게 드러내어 놓고 다음 세대가 그 논쟁에 참여하도록 초청해야 할 것이다.

과학을 맹신하는 것은 위험하지 않나요?

필자가 표준(빅뱅) 우주론과 진화론을 전제하고 이야기를 나누다 보면, 한국 교회 안에서 적잖은 사람들이 당신은 과학을 맹신하는 것이 아니냐는 식의 반문을 한다. 그들의 논리는 진화론이 오늘날 정상 과학의 일부로 인정되고는 있지만 앞으로 새로운 과학 혁명을 통해 지금의 과학 이론이 폐기되거나 새로운 이론으로 대체될 가능성이 다분하며, 따라서 표준 우주론과 진화론을 이미 확립된 이론으로 간주하고 그것과 진지한 대화를 시도하는 일은 위험하다는 것이다.

2011년 여름 나는 박사학위논문 작성을 마무리하고 최종 심사를 앞두고 있었다. 마침 "자연 속에서 만난 하나님"라는 주제로 워싱턴 인근에서 열린 한국기독과학자회 연례모임에 초청받았고, 나는 설레는 마음으로 주제에 대한 강의를 이어 나갔다. 강의가 끝난 다음 이어진 질의응답 시간에 누군가 나에게 과학을 너무 맹신하는 것 아니냐는 질문을 제기했다. 그 후 비슷한 질문을 여러 곳에서 다시 들을 수 있었다. 맹신은 근거 없이 맹목적으로 믿는다는 말인데, 과학을 맹신한다는 건 무슨 의미일까? 나의 발언 중 어떤 부분이 과학을 맹신하는 것처럼 비쳐졌을까?

어떤 이들은 과학 혁명의 구조에 대한 토머스 쿤(Thomas S. Kuhn)의 논의를 가져와서, 지금의 과학 이론이 언제든지 새로운 이론으로 대체될 수 있다는 식의 주장을 펼친다. 따라서 현재의 과학 이론을 절대시하거나 너무 맹신해서는 안 된다는 것이다. 특히 진화론과 같이 아직 과학적으로 근거가 확실치 않은 이론에 대해서는 더욱 주의해야 한다고 역설한다. 이런 주장은 과학의 진보에 대한 생각을 일절 거부하는 극단적 상대주의 입장을 대변하는 것이다. 하지만 과연 우리는 지금의 과학 이론이 언젠가 모두 다른 이론으로 대체되리라고 생각할 수 있을까? 예컨대 둥근 지구 이론은 어떠한가? 지구가 둥글다는 생각이 나중에 다른 과학적 근거 때문에 뒤집힐 가능성이 과연 얼마나 될까? 과학 혁명이 일어나면서 천동설이 폐기되었는데, 그렇다면 또 다른 과학 혁명을 통해 지동설이 폐기될 가능성은 또한 얼마나 될 것인가?

극단적으로 말해서, 앞으로 과학이 더 혁명적으로 발전함에 따라 현재 교과서에 실려 있는 기존의 과학 이론이 모두 새로운 이론으로 대체된다고 가정해 보자. 그렇다 하더라도 나는 현대인과 대화하고 소통하기 위해서라면 그들이 상식으로 받아들이는 과학 이론을 수용하는 것이 반드시 필요하다고 생각한다. 이것은 과학을 맹신하는 것이 아니라, 효과적인 의사소통을 위해서 현대인의 눈높이에 스스로를 맞추는 전략적 선택이다. 사실 신학자로서 내가 진정으로 이야기하고 싶은 주제는 현대 과학 이론이 밝혀주는 우주와 생명의 구체적인 모습이 아니라, 우주와 그 안의 모든 생명을 창조하신 하나님의 성품과 목적에 관한 것이기 때문이다. 따라서 과학 혁명 이전의 세계관을 여전히 고수하고 있는 사람들을 향해 그들의 세계관 눈높이에 나 자신을 맞추듯이, 과학 시대의 세계관을 받아들이는 이들을 향해서도 그들의 세계관 눈높이에 나 자신을 맞추는 것은 너무도 당연한 일이다.

과학을 인정하는 것은 신앙을 타협하는 일이 아닌가요?

최근 들어 한국교회의 그리스도인들 가운데 창조와 진화의 문제에 새로이 관심을 갖는 이들이 늘어나고 있다는 사실은 매우 고무적이다. 20-30년 전과 비교해보아도 분위기가 많이 달라진 것을 느낀다. 진화론을 거부하는 창조과학자들의 입장 외에, 진화론을 부분적 내지 전적으로 수용하는 신학자들과 과학자들의 글이 자주 소개되고 논의되고 있다. 그런데 일각에서는 진화론을 수용하는 그리스도인들에 대해 신앙을 타협하고 있다는 날 선 비판을 제기하고 있다. 하지만 진화론을 수용하는 것이 과연 신앙의 타협인지 아닌지는 기독교 신앙의 본질 혹은 핵심을 어떻게 이해하고 있는가에 따라 판단이 달라질 것이다. 진화론의 수용이 전통적 신앙에 대한 타협으로 귀결될 수도 있지만, 오히려 살아 있는 전통의 확장으로 나아가는 계기가 될 수도 있다.

진화론을 수용하는 신학자들은 모두 자유주의 신학에 물든 사람들이라고 비판하는 소리를 이따금씩 듣게 된다. 이른바 자유주의 신학의 노선에 서 있는 그리스도인들이 보수적인 신학의 입장에 서 있는 그리스도인들보다 진화론에 대해 더 열린 태도를 보이는 경향이 있는 것도 사실이다. 하지만 진화론을 수용하는 그리스도인들의 신학적 스펙트럼은 흔히 생각하는 것보다 훨씬 더 넓고 다양하다. 단적인 예로 미국의 대표적인 복음주의 교육기관인 휘튼 대학(Wheaton College)에서는 20세기 중반 진화론을 둘러싸고 큰 논쟁이 벌어졌고, 그 결과 전반적인 분위기가 진화론을 거부하는 입장으로부터 돌아서기 시작했다. 이후 다수의 복음주의자들이 진화론에 대해 열린 마음을 가진 전향적인 입장으로 선회했다.[4]

그렇다면 진화론의 수용을 신앙의 타협이라고 주장하는 이들은 도대체 무슨 근거에서 그런 비판을 제기하는 것일까? 여기서 우리는 다시 성서문자주의자들과 창조과학자들이 주장하는 창조설을 만난다. 그들이 생각하는 정통 신앙의 근본에는 성서가 신앙과 구원의 문제만이 아니라 역사와 과학 등 모든 면에서 무오하다고 보는 경직된 성서 영감설이 자리하고 있다. 이러한 토대 위에서 그들은 성서가 지구의 젊은 나이에 대해서, 모든 생물종의 특별 창조에 대해서 구체적인 주장을 담고 있으며, 이것이 하나님의 말씀이기에 무오한 진리라고 강변한다. 이러한 내용을 중심으로 하는 창조설이 바로 그들이 지키고자 하는 정통 신앙의 핵심이고 본질이다.

하지만 창조설 중심의 이러한 정통 신앙에 대한 정의는 성서와 기독교 전통에서 정당화될 수 없다. 창세기에 대한 (자의적이고 선별적인) 문자주의적 해석에 기초한 창조설은 기독교 전통에서 정통으로 인정받은 적이 없다. 기

4 가장 대표적인 예 중 하나는 20세기 대표적인 복음주의 신학자 버나드 램(Bernard Ramm)이다. Bernard Ramm, *The Christian View of Science and Scripture* (Grand Rapids: Eerdmans, 1954); 『과학과 성경의 대화』, IVP 역간). 그는 스스로 점진적 창조론을 지지한다고 말하고 있지만, 유신 진화론에 대해서도 열린 마음을 갖고 있다. 위의 책, 348-349 참고. 본서의 제1장 각주 9)에서 소개한 Kathryn Applegate et al., eds., *How I Changed My Mind About Evolution* (『진화는 어떻게 내 생각을 바꾸었나』, IVP 역간)에는 미국의 대표적인 복음주의 신학교인 풀러신학교에서 총장으로서 오랜 기간 탁월한 리더십을 발휘한 리처드 마우(Richard J. Mouw, 20세기 후반부터 기독교 세계관 운동의 선구자 역할을 했던 칼빈 대학의 철학 교수 제임스 K. A. 스미스 등을 비롯하여 미국 복음주의권에 속한 25명의 기독 지성인들의 자전적 고백이 담겨 있다.

독교 전통에서 정통으로 인정받아온 것은 성서문자주의에 기초한 창조설이 아니라, 사도신경과 니케아-콘스탄티노플 신조 등 세계 교회가 함께 고백하는 신앙고백에 담긴 창조론이다.

> 나는 전능하신 아버지 하나님, 천지의 창조자를 믿습니다.—사도신경

> 우리는 전능하신 아버지, 유일하신 하나님, 하늘과 땅과 눈에 보이는 것과 눈에 보이지 않는 모든 것의 창조자를 믿습니다.—니케아-콘스탄티노플 신조[5]

물론 이 신앙고백들은 성서 전체의 증언에 비추어 해석되어야 한다. 다른 한편으로 초기 교회에서 신앙의 규범(*regula fidei*) 역할을 감당했던 이 신앙고백들은 성서 전체를 해석하는 열쇠가 된다. 따라서 정경으로 확정된 성서와 보편적 신앙고백은 해석학적 순환 속에 있다. 위의 보편적 신앙고백에 담긴 창조론에서 주목할 점은 신앙고백의 초점이 하나님께서 창조하신 세계의 구체적인 모습에 있지 않고, 세계를 창조하신 하나님께 있다는 사실이다. 신앙고백이 창조세계가 아니라 창조자 하나님을 향하고 있다는 점은 창조론의 핵심이 무엇인지를 분명하게 보여준다.

이에 비해 성서문자주의자들과 창조과학자들이 정통으로 내세우는 창조설은 정반대의 초점을 갖고 있다. 우리는 그들의 창조설에서 세계를 창조

---

5 니케아-콘스탄티노플 신조는 동·서방 교회가 분열되기 이전에 열린 처음 두 번의 에큐메니컬 공의회(325년 니케아, 381년 콘스탄티노플)에서 채택된 보편교회의 신조다. 이 신조는 서방교회에서만 사용된 사도신경에 비해 훨씬 더 보편적인 권위를 가진다. World Council of Churches, *Confessing the One Faith* (Geneva: WCC Publications, 1990); 이형기 옮김, 『하나의 신앙고백: 세계교회가 고백해야 할』 (서울: 한국장로교출판사, 1996), 7, 역자 서문 중에서.

하신 하나님의 성품이나 목적에 대해 거의 아무런 암시도 얻지 못한다(이것은 대안적인 견해로 제시되는 점진적 창조설과 진화적 창조설의 경우에도 크게 다르지 않다). 대신에 그들은 하나님께서 창조하신 세계의 과거 역사에 대한 정확한 지식에 관심을 기울인다. 다시 말해 그들이 정통으로 내세우는 창조설의 핵심 주장은 기독교 전통에서 인정하고 세계 교회가 함께 고백하는 정통 창조론의 핵심 진리를 비껴가는 셈이다.

이상의 논의에 비추어볼 때, 복음주의 그리스도인들과 자유주의 그리스도인들이 진화론을 받아들이면서 기독교 신앙을 세속 문화와 타협하거나 거기에 굴복했다고 보기 어렵다. 오히려 진화론을 비판하면서 특정한 창조설을 절대 진리로 내세우는 성서문자주의자들과 창조과학자들이 정통 창조론의 핵심을 왜곡하고 있다고 하겠다.

진화론은 근대 사회의 악을 초래한 근원이 아닌가요?

역사적으로 볼 때 진화론을 포함한 생물학의 연구가 과학적·메타과학적 성찰을 훨씬 넘어서 이데올로기적으로 활용된 사례가 매우 많이 있었다. 데니스 알렉산더(Denis Alexander)와 로널드 넘버스(Ronald Numbers)에 따르면, 생물학은 다른 어떤 분과학문보다도 이데올로기적 조작과 오용에 많이 노출되었다. 그 이유는 생물학이 인간을 연구 대상에 포함하기 때문이다.[6] 그 결과 생물학의 역사에서 특정한 이데올로기가 특정한 과학적 연구에 동기를 부여하거나 혹은 역으로 특정한 과학적 연구에 의해 이데올로기적 정당성

6 Denis R. Alexander and Ronald L. Numbers, "Introduction" to *Biology and Ideology from Descartes to Dawkins* (Chicago: The University of Chicago Press, 2010), 6.

을 확보하기도 하는 등의 사례를 많이 찾아볼 수 있다.

진화론이 진보 개념을 뒷받침한다는 통념이 진화론을 발전시키는 한 계기가 되었다면, 반대로 다윈주의가 도덕적·사회적·종교적 질서를 위협하는 이데올로기로 변모하면서 1920년대 이후 창조론자들을 중심으로 미국 내에서 다윈주의에 대한 강력한 반발이 일어났다. 다윈주의는 더 이상 단순히 생물 다양성의 기원을 설명하는 이론이 아니라 자연주의적이고 반종교적인 의제로 가득한 사상으로 간주되었다. 미국 내 학교에서 진화론을 가르치는 문제를 둘러싸고 불거진 모든 분쟁은 바로 이러한 배경을 갖고 있다.[7]

이처럼 생물학 특히 진화생물학이 우생학 등 자연과학의 범주 안에 포함되지 않는 다양한 이데올로기들과 밀접한 관련을 맺으며 발전하였음은 사실이다. 하지만 이것이 생물학의 과학적 지위를 부정하거나 폄하하는 근거가 될 수는 없다. 도리어 알렉산더와 넘버스는 생물학 이론의 제한된 범위를 강조할 필요가 있으며, 비생물학적 의제를 뒷받침하기 위해 과학적 지식을 이데올로기적으로 동원하는 것을 경계해야 한다고 말하면서 다음과 같이 주장한다.

> 오늘날 생물학과 이데올로기 사이의 지속적 교류가 줄어들고 있다는 표지는 어디에도 없다. 쌍방 간에 오가는 흐름이 과거 못지않게 강력히 지속되고 있다. 본 논문집이 말하고자 하는 메시지는 과학계에서 선한 양심으로 제시한 생물학적 사상이 결과적으로 과학적 탐구자가 애초 가지고 있던 목표와는 거리가 먼 비생물학적 방식으로 적용될 수 있다는 사실이다. 그러므로 생물학자는 자신이 특정한 장소와 문화에 밀접히 관련되어 있으며, 따라서 자신이 발견한 자료에 자신이 속한 특정한 문화적 전제를 덧입히기

---

7 위의 책, 12장.

쉬운 경향을 갖고 있음을 깨닫고, 자신의 발견이 함의하는 보다 광범위한 적용점에 관해 말하기 전에 신중을 기할 필요가 있다. 보다 현명한 태도는 특정한 과학적 질문에 대해 답하고 설명하기 위해 형성된 생물학적 이론이 처한 제한된 범위를 강조하는 것과 함께, 어떠한 종류의 비생물학적 의제이든지 그것을 과학적으로 정당화하려는 모든 이데올로기적 시도에 저항하는 것이다.[8]

요컨대 자연과학의 한 분야로서 생물학이 이데올로기적으로 오용된 사례가 아무리 많다 하더라도, 아니 오히려 그러한 사실 때문에, 우리는 생물학의 고유 영역을 모든 이데올로기적 오용으로부터 구분할 필요가 있다. 다시 말해서 우리는 생물학을 정치적으로 이용하거나 무신론의 근거로 삼으려는 모든 시도에 반대해야 한다. 그뿐 아니라, 생명 현상에 대한 연구 결과를 생물학의 고유 영역을 넘어 신 존재 증명의 근거로 삼으려는 시도에 대해서도 근본적인 재고가 필요하다.

---

8 Alexander and Numbers, "Introduction," 10.

제3장

창조와 진화 - 다양한 스펙트럼

최근 들어 상황이 많이 변하긴 했지만, 아직도 한국교회 안에서 진화론은 금기어로 여겨진다. 진화론이라는 단어를 언급하는 것조차 꺼리거나 금지하는 상황이기에, 진화론에 대한 건전한 질의응답이나 토론은 사실상 불가능하다. 그 이유는 진화론이 창조론의 반대말이자 무신론의 동의어로 간주되기 때문이다. 앞 장에서 다룬 질문은 대체로 창조론과 진화론이 서로 양립 불가능하다고 보는 입장에서 나온 것이다. 그럼에도 진화론의 등장 이후 기독교 신학의 역사를 개괄해본다면, 하나님의 창조와 생명 진화의 관계를 이해하는 방식이 매우 다양하다는 사실을 알게 된다. 아래에서는 창조와 진화의 관계에 대한 다양한 신학적 입장을 소개한 다음, 본서에서 필자가 취하는 입장을 분명히 밝히고자 한다.

기원에 관한 여섯 가지 입장

최근에 창조와 진화의 관계를 바라보는 다양한 입장에 대해 소개하는 제랄드 라우(Gerald Rau)의 책이 국내에 번역·출간되었다. 라우는 초자연적 존재의 인정 여부, 목적의 유무, 하나님의 간섭 여부, 공통조상 인정 여부, 우주의 나이 등을 기준으로 기원 문제와 관련한 여섯 가지 종교적 입장을 다음과 같이 상세하게 구분한다.[1]

- 자연주의적 진화(naturalistic evolution)
- 비목적론적 진화(non-teleological evolution)
- 계획된 진화(planned evolution)
- 인도된 진화(guided evolution)
- 오래된 지구 창조설(old creationism)
- 젊은 지구 창조설(young creationism)

우선 자연주의적 진화는 생물의 다양한 종이 공통조상으로부터 오랜 시간에 걸쳐 자연적 과정을 통해 우연히 형성되었다고 보는 입장이다. 이 입장에 따르면, 이 진화의 과정 중에 초자연적 존재의 간섭은 없었을 뿐 아니라 초자연적 창조자의 존재 자체가 부정된다. 비목적론적 진화는 초자연적 창조자의 존재를 인정하는 것 외에는 '자연주의적 진화'와 의견을 같이 한다. 이 입장은 초자연적 존재가 원창조 시에 생명의 진화에 필요한 모든 환경을 조성한 것은 인정하지만, 그 이후 공통조상으로부터 오랜 시간에 걸쳐 자연적 과정을 통해 다양한 종이 출현하는 동안 초자연적 존재가 어떤 목적을 갖고 간섭했다는 것은 부정한다.

계획된 진화는 초자연적 존재가 비록 공통조상으로부터 오랜 시간에 걸쳐 자연적으로 진행되는 진화의 과정 속에 간섭하지는 않았을지라도 진

1 Gerald Rau, *Mapping the Origins Debate: Six Models of the Beginning of Everything* (Nottingham: IVP, 2012; 『한눈에 보는 기원 논쟁』, 새물결플러스 역간), 41, 198-205.

화의 역사를 통해 고유한 목적을 성취한다고 본다. 반면에 인도된 진화는 생물의 다양한 종이 공통조상으로부터 오랜 시간에 걸쳐 출현했다는 사실은 인정하지만, 그 과정 속에 초자연적 존재가 고유한 목적을 성취하기 위해 특정 시기마다 간섭하여 갑작스러운 변화를 초래했다고 보는 입장이다.

오래된 지구 창조설을 주창하는 이들은 우주와 지구의 오랜 역사는 인정하지만, 공통조상 이론은 부정하면서 생물의 다양한 종은 고유한 목적을 가진 창조주가 간섭하여 창조한 결과라고 보고 있다. 반면에 젊은 지구 창조설은 창세기에 대한 문자주의적 해석에 따라 우주의 나이가 1만 년이 되지 않는다고 주장하면서, 생물의 모든 종이 최초의 6일 동안 현재와 같은 모습으로 창조되었다고 보는 입장이다.

기원에 관한 창조설 논쟁을 넘어서

라우의 흥미로운 분석에서 내가 우선 주목하는 것은, 그가 창조와 진화의 관계를 주로 기원 문제와 관련해서 다루고 있다는 점이다. 창조와 진화의 관계에 관심이 있는 이들이라면 아마도 기원론의 관점에서 출발하는 이런 식의 접근 방식에 친숙할 것이다.[2] 라우가 분석한 여섯 가지 입장 가운데 자연주의적 진화를 제외하면 나머지 입장은 모두 창조자 하나님의 존재를 인정하고 있다.[3] 본서에서 나는 창조자 하나님의 존재를 인정하면서 우주·지

---

2 Deborah B. Haarsma and Loren D. Haarsma, *Origins: Christian Perspectives on Creation, Evolution, and Intelligent Design* (Grand Rapids: Faith Alive Christian Resources, 2011; 『오리진: 창조, 진화, 지적설계에 대한 기독교적 관점들』, IVP 역간). 이 책은 진화에 관한 다양한 견해에 해당하는 젊은 지구 창조설, 점진적 창조설, 진화적 창조설을 다룬다(8장). 지적설계에 대해서는 별도로 취급한다(10장).

3 본서에서 필자의 일차적인 관심은 과학 시대 창조 신앙의 재구성에 있기 때문에, 창조주

구·생명의 기원에 관한 문제에 천착하는 모든 입장을 창조설(creationism)이라고 명명한다. 창조설을 이렇게 정의할 때, 기독교 사상사 속에 존재했던 다양한 창조설을 다음과 같이 분류할 수 있다.[4]

- 젊은 지구 창조설(young-earth creationism)
- 간극 창조설(gap creationism)
- 날-시대 창조설(day-age creationism)
- 점진적 창조설(progressive creationism)
- 진화적 창조설(evolutionary creationism)

이 스펙트럼을 통해 나는 다양한 입장 간의 차이점에 앞서 상호 간의 공통점을 강조하고자 한다.[5] 첫 번째 공통점은 모든 입장이 우주·지구·생명을 창조하신 하나님의 존재를 인정하고 있다는 것이고, 두 번째 공통점은 (각기 구체적인 내용에 있어서는 차이를 보이지만) 모두 우주·지구·생명의 기원에 대한 문제에 집중적인 관심을 보인다는 것이다. 이 두 공통점은 나름의 중

의 존재를 부정하는 무신론적 입장은 별도로 본서의 부록에서 논한다.

4 이 표는 미국의 과학 교육 전문가 유진 스캇(Eugene Scott)의 책에의 책에 나온 도표를 일부 수정한 것이다. Eugene C. Scott, *Evolution vs. Creationism: An Introduction* (Westport: Greenwood, 2004), 64, Figure 3.1. Scott의 책에 언급된 항목 중 기원의 문제와 관계가 없는 평평한 지구 창조설(Flat Earth Creationism)과 지구 중심 창조설(Geocentric Creationism), 진화적 창조설과 그다지 구분되지 않는 유신진화론(Theistic Evolutionism), 창조론에 대해 회의적인 불가지론적 진화주의(Agnostic Evolutionism) 및 유물론적 진화주의(Materialist Evolutionism)는 위의 표에서 제외했다.

5 한국교회 안에서 진화론에 대한 다양한 입장을 소개할 때 흔히 창조과학, 지적설계, 유신진화 등이 언급된다. 위의 표에서 '젊은 지구 창조설'은 창조과학의 전통적인 입장에 해당하고, '간극 창조설'과 '날-시대 창조설'은 지구의 오랜 나이를 수용하는 창조과학의 새로운 입장에 해당한다. '지적설계' 입장은 위의 스펙트럼 가운데 넓게 퍼져 있다. 지적설계 이론은 기본적으로 창조과학의 입장에 섰던 일군의 학자들에 의해 발전되었다. 그러나 마이클 비히(Michael Behe)와 같이 진화론을 대체로 수용하면서도 생명의 기원 등 매우 특별한 경우에 한해서 '지적설계'를 주장하는 학자도 있다.

요한 의의와 한계를 내포하고 있다.

위의 스펙트럼 상에서는 위로 갈수록 성서에 대한 문자주의적 해석에 더 충실한 입장인 반면, 아래로 갈수록 현대 과학 이론에 보다 수용적인 입장이다. 가장 위쪽에는 지구의 나이가 6천년부터 1만년 사이라고 생각하는 사람들이 포진해 있고(젊은 지구 창조설), 그 아래에는 지구의 나이가 오래된 것에 대한 지질학의 연구 결과를 받아들이지만 소진화를 포함하여 생명의 진화 과정 전체를 부정하는 사람들이 자리 잡고 있다(간극 창조설과 날-시대 창조설). 생명의 진화 역사를 받아들이는 사람들 가운데는 소진화는 인정하지만 대진화는 부정하면서 하나님의 초자연적인 특별 창조 행위를 통해 완전한 모습의 새로운 종이 주기적으로 출현했다고 주장하는 이들이 있는 반면(점진적 창조설), 하나님께서 초자연적 방식으로 간섭하지 않고서도 소진화와 대진화의 역사 전체를 인도하고 섭리하신다고 믿는 이들도 있다(진화적 창조설).

많은 이들이 이상의 다양한 창조설 입장 중에서 무엇이 참인지 궁금해하는 것도 충분히 이해할 만하다. 하지만 여기서 내가 우선적으로 강조하고 싶은 것은 창조설에 속한 다양한 입장 간의 논쟁이 창조론의 핵심 진리에 대한 논의로부터 비껴가는 경우가 많다는 사실이다. 성서와 기독교 전통의 창조론은 우주·지구·생명의 역사적 기원에 관한 교리가 아니다. 굳이 따지자면 기독교의 창조론은 궁극적 기원에 관한 교리다. 다시 말해서, 성서와 기독교 전통의 창조론은 창조설 논쟁에서 다루고 있는 역사적 기원의 문제에 그다지 관심을 두지 않는다. 이러한 이유에서 나는 창조와 진화에 관한 우리의 논의가 기원의 문제에 매여 있는 창조설 논쟁을 넘어, 성서와 기독교 전통의 창조론으로 나아가야 한다고 생각한다.

성서와 기독교 전통의 창조론에 관한 한, 나는 우주·지구·생명의 기원 및 역사에 대해 어떤 입장을 취하든지 간에 대다수의 그리스도인이 의

견을 같이할 수 있다고 생각한다. 따라서 다양한 창조설 간의 논쟁은 이러한 공통의 토대 위에서 진행되어야 한다. 창조설에 관한 입장이 서로 다르므로 상호 간에 열띤 토론을 펼치더라도, 토론에 참여하는 모든 그리스도인은 '전능하신 아버지, 유일하신 하나님, 천지의 창조자'에 대한 보편교회의 신앙고백에 동참하고 있다는 사실을 잊어서는 안 될 것이다. 어떤 의미에서 보자면 기원 문제에 집중하는 오늘날의 창조설 논쟁은 창조론의 핵심 진리에 비추어볼 때 상대적으로 비본질적인 문제에 천착한다고 하겠다. 그리스도인들이 창조설에 관해 다양한 의견을 갖고 있다 하더라도, 기독교 신앙의 핵심 진리에 관해서 하나의 신앙을 공유하고 있으므로, 이들 간에는 차이점보다 공통점이 훨씬 더 크다고 할 수 있다.

생명의 역사와 하나님의 활동

라우와 달리 창조와 진화의 관계를 단순히 기원의 문제에 국한하지 않고 하나님과 세계의 관계라는 보다 일반적인 관점에서 분석하는 이들이 있다. 예를 들어 미국 루터교회의 조직신학자이자 CTNS의 공동소장인 테드 피터스(Ted Peters)와 애리조나 대학교에서 진화론과 신다윈주의 진화론을 가르치는 분자생물학자 마르티네즈 휼릿(Martinez Hewlett)은 그들의 공저 『창조에서부터 새 창조까지의 진화』에서 진화와 관련한 여덟 가지 신학적 입장을 하나의 스펙트럼 위에 펼쳐 놓는다.[6] 여기서 그들은 각 입장이 생명의 역사

6 Ted Peters and Martinez Hewlett, *Evolution from Creation to New Creation*. 이 저서는 2005년 템플턴 재단에서 종교와 과학 분야의 탁월한 단행본에 수여하는 상(Templeton Book of Distinction Award)을 받았다. 저자들은 이 책을 대중적으로 다시 수정하여 출판하였다. Ted Peters and Martinez Hewlett, *Can We Believe in God and Evolution?*, 테드 피터스, 마르티네즈 휼릿 지음, 천사무엘, 김정형 옮김. 『하나님과 진화를 동시에 믿을 수 있

와 관련해서 하나님의 활동을 어떻게 이해하는가에 초점을 두고 있다. 이 스펙트럼의 왼쪽 끝에는 자연의 역사 속에 기적적으로 간섭하시는 하나님에 대한 믿음이 자리하고 있고, 스펙트럼의 오른쪽 끝에는 하나님의 존재를 부정하는 무신론이 위치해 있다. 주목할 점은 피터스와 휼릿이 하나님의 활동에 대한 다양한 입장들을 분석할 때 단순히 과거 기원의 문제에만 집중하지 않고 세계 속에서 활동하시는 하나님의 일반적인 섭리 방식에 관심을 갖는다는 사실이다.

간섭하시는 하나님	과학적 창조설	지적설계	성직자 서한 프로젝트	유신진화	이신론	자연주의	진화생물학(과학)	존재론적 유물론	**무신론**

스펙트럼의 오른쪽부터 조금 더 구체적으로 살펴보면, 과학의 한 분야로서 진화생물학은 하나님의 존재에 대해 긍정도 부정도 하지 않기 때문에 스펙트럼 상에서 상대적으로 오른쪽에 위치한다. 그 오른쪽에는 진화생물학의 과학적 한계를 넘어 유물론적 세계관을 주장하며 하나님의 존재 자체를 부정하는 존재론적 유물론이 자리하고 있다. 진화생물학의 바로 왼쪽에는 하나님의 활동을 진화의 과정 자체와 동일시하는 범신론적 성향의 자연주의가 자리하고 있다. 그리고 자연주의의 왼쪽에는 시계공이 시계를 설계하고 제작하듯이 하나님이 진화의 과정 전체를 설계하고 시작했지만 이후로 진화의 과정에는 더 이상 간섭하지 않는다고 보는 이신론이 자리하고 있다.

는가』 (서울: 동연, 2015).

스펙트럼의 왼쪽 가장자리에는 진화생물학이 주장하는 진화의 메커니즘만이 아니라 진화의 사실 또한 부정하며 성서의 창조 이야기가 과학적 근거를 가진다고 주장하는 과학적 창조설이 자리하고 있다. 과학적 창조설이 1980년대 초반 미국 아칸소주 법정에서 과학이 아니라는 이유에서 과학 수업 시간에 가르칠 수 없다는 판결을 받은 후에 등장한 지적설계는 과학적 창조설보다 오른쪽에 위치한다. 그 이유는 진화의 사실은 대체로 인정하지만 진화의 메커니즘에 대한 자연주의적 설명의 충분성은 부정하기 때문이다. 지적설계론자들은 생명 현상에서 확인되는 환원 불가능한 복잡성 혹은 특화된 복잡성의 경우는 진화의 역사 속에 지적설계자의 초자연적 간섭이나 영향 외에는 설명할 길이 없다고 주장한다.

성직자 서한 프로젝트는 과학적 창조설과 지적설계에 반하여 과학으로서 진화론과 성서에 기초한 기독교가 전적으로 양립 가능하다고 주장한다. 이 프로젝트는 미국 내 다양한 종교적 배경을 가진 성직자들 가운데 지적설계 운동에 반대하여 진화론을 최상의 과학으로 인정하는 이들이 공동으로 전개한 운동이다. 그중에서 기독교 성직자들이 서명한 편지 내용의 전문은 다음과 같다.

> 기독교 공동체 안에는 성서를 올바르게 해석하는 방법을 비롯하여 논쟁과 갈등의 영역들이 존재한다. 사실상 모든 기독교인들이 성서를 진지하게 생각하고 그것을 신앙과 실천의 문제에 있어 권위 있는 문서로 받아들이지만, 그중에 상당한 다수의 기독교인들은 성서를 과학 교과서처럼 문자적으로 읽지는 않는다. 창조, 아담과 하와, 노아의 방주 등 성서에 기록된 많은 아름다운 이야기들은 하나님과 인간 그리고 창조주와 창조세계 사이의 올바른 관계에 관한 무시간적 진리를 전달하고 있다. 종교적 진리는 과학적 진리와 그 성격이 다르다. 종교적 진리의 목적은 과학적 정보를 전달하

> 는 데 있지 않고 우리의 마음을 변화시키는 데 있다. 여기에 서명한 우리들은 다양한 전통에 속한 기독교 성직자들로서 성서의 무시간적 진리와 근대 과학의 발견이 조화롭게 공존할 수 있다고 믿는다. 우리는 진화론이 엄격한 검증을 거친 기초적인 과학적 진리로서 그 위에 인간의 많은 지식과 업적이 토대하고 있다고 믿는다. 이 진리를 거부하거나 이것을 단순히 "다양한 이론들 가운데 하나의 이론"으로 취급하는 것은 의도적으로 과학적 무지를 받아들이고 그러한 무지를 우리의 자녀들에게 대물림하는 것이다. 우리는 하나님의 선한 은사들 가운데 비판적으로 사고할 수 있는 인간의 능력 또한 포함되며, 따라서 이러한 은사를 충분히 활용하지 않는 것은 창조주 하나님의 뜻을 거스르는 일이라고 믿는다. 인간을 구원하고자 하는 하나님의 사랑에서 비롯된 계획이 하나님이 주신 이성능력의 충분한 활용을 배제한다고 주장하는 것은 하나님을 제한하는 교만한 행위에 해당한다. 우리는 학교 이사진들이 진화론을 인간 지식의 중요한 한 부분으로 가르치는 일을 지지함으로써 과학 교과과정의 순수성을 보전할 것을 요청한다. 우리는 과학은 과학으로, 종교는 종교로, 서로 구별되지만 동시에 서로를 보완하는 진리 형태로 남기를 원한다.[7]

마지막으로 피터스와 휼릿이 스스로 대변하고 있는 입장인 유신진화는 성직자 서한 프로젝트에서 더 나아가 진화론과 기독교 신학 사이에서 모종의 통합을 추구하는 한편, 이신론과 달리 진화 과정 속에서 하나님의 활동을 긍정하고 그 방식에 대한 이해를 추구한다. 피터스와 휼릿에 따르면 미국 성공회가 작성한 『창조교리문답』은 유신진화의 한 입장을 다음과 같이

---

7 '성직자 서한 프로젝트' 공식 홈페이지: http://www.theclergyletterproject.org/ (2018년 4월 15일 접속). 테드 피터스, 마르티네즈 휼릿, 『하나님과 진화를 동시에 믿을 수 있는가』, 156-157는 조금 다른 한글 번역을 제공한다.

명쾌하게 표현하고 있다.

> 진화하고 있는 우주에서 하나님은 자연 활동의 결과를 일방적으로 결정하지 않으신다. 다만 세상이 모든 다양한 가능성 안에서 스스로를 구현하도록 허용하신다. 말하자면 하나님은 확정된 계획이 아니라 목적을 갖고 계시며, 청사진이 아니라 목표를 갖고 계신다.…과학과 기독교 신학은 진리와 이해를 추구함에 있어 서로를 보완할 수 있다.[8]

또한 피터스와 휼릿은 유신진화 그룹을 대표하는 여러 명의 사상가를 소개한다. 그중에서 그들이 가장 먼저 소개하는 사람은 흔히 근본주의 신학자로 분류되는 19세기 프린스턴 신학교의 대표적인 신학자 벤자민 워필드(Benjamin B. Warfield)다. 워필드가 유신진화 그룹의 한 쪽 끝에 있다면, 다른 쪽 끝에는 20세기 전반기 진화론을 전폭적으로 수용하여 기독교 교리를 창조적으로 재구성하였고, 그 때문에 가톨릭교회의 제재를 받게 된 피에르 테야르 드 샤르댕(Pierre Teillard de Chardin)이 위치한다. 그 사이에는 하워드 반 틸(Howard van Till), 케네스 밀러(Kenneth Miller), 아서 피콕(Arthur Peacocke), 닐스 헨릭 그레거슨(Niels Henrik Gregersen), 벤첼 반 호이스틴(Wentzel van Huyssteen), 낸시 머피(Nancey Murphy), 데니스 에드워즈(Denis Edwards), 존 호트(John Haught), 로버트 존 러셀(Robert John Russell), 필립 헤프너(Philip Hefner) 등 다양한 전통과 다양한 전공의 기독교 사상가들이 소개된다.

한편으로 앞서 소개한 라우의 유형을 피터스와 휼릿의 유형과 비교한다면, 비목적론적 진화는 하나님의 특별 섭리를 거의 인정하지 않는 이신론

---

8 "A Catechism of Creation: An Episcopal Understanding," https://www.episcopalchurch.org/ files/CreationCatechism.pdf (2019년 7월 8일 접속).

에 가깝고, 계획된 진화는 하나님이 비간섭적인 방식으로 하지만 객관적으로 진화 역사를 섭리한다고 보는 유신진화에 가깝고, 인도된 진화는 하나님이 간헐적으로 객관적인 영역에서 간섭한다고 보는 지적설계에 가깝다고 말할 수 있다. 그런데 라우는 피터스와 휼릿과 달리 소위 존재론적 유물론과 구분되는 자연주의 혹은 자연주의적 신학의 가능성에 대해서는 진지하게 생각하지 않는 반면, 과학적 창조설 내 젊은 지구 창조설과 오래된 지구 창조설의 두 가지 입장 간의 차이를 중요시한다. 이 점에서 라우의 유형 분류가 피터스와 휼릿의 유형 분류와 상호보완적 관계 속에 있다고 이해할 수 있다.

창조와 진화 - 갈등을 넘어서

내가 볼 때, 창조와 진화의 관계를 이해하는 다양한 방식을 가장 포괄적으로 정리한 사람은 20세기 후반 종교와 과학 분야에 기여한 공로로 1999년 템플턴상을 수상한 이안 바버(Ian Barbour)다. 그는 종교와 과학이 관계 맺는 방식, 그중에서도 특별히 창조와 진화의 관계에 관한 다양한 견해를 크게 네 가지 유형으로 분류하고, 각 유형에 갈등·독립·대화·통합이라는 이름을 붙였다.[9]

첫째로 갈등(conflict) 유형의 대표적인 입장에는 두 가지가 있다. 하나는 프란시스 크릭(Francis Crick), 자크 모노(Jacques Monod), 에드워드 윌슨(Edward Wilson), 대니얼 데닛(Daniel Dennett), 리처드 도킨스(Richard Dawkins)

9 Ian G. Barbour, *Religion and Science: Historical and Contemporary Issues* (New York: HarperCollins, 1997), 77-105, 243-249; Barbour, *When Science Meets Religion* (New York: HarperCollins, 2000), 90-118.

등 몇몇 저명한 과학자들이 과학적 개념을 확장하여 포괄적인 유물론적 철학으로 발전시킨 과학적 유물론이다.[10] 다른 하나는 1925년 소위 원숭이 재판을 야기했던 성서적 창조설과 그 후속으로 1980년대 아칸소주 법정에 다시 등장한 과학적 창조설(창조과학)을 포함하여 성서의 문자적 해석을 고집하면서 현대 과학을 거부하는 성서문자주의다.[11] 이 두 가지에 더해서 바버는 20세기 후반 법학자 필립 존슨(Philip Johnson)과 생화학자 마이클 비히(Michael Behe) 등이 주장한 지적설계 이론을 갈등 유형에 포함시킨다.[12] 왜냐하면 그들은 진화무신론자들과 마찬가지로 신다윈주의 진화론이 형이상학적 자연주의와 뗄 수 없는 관계에 있으므로 유신론과 양립할 수 없다고 주장하기 때문이다.

둘째로 독립(independence) 유형에는 일반적으로 종교와 과학 간에 방법의 차이를 강조하는 입장과 언어의 차이를 강조하는 두 입장이 있다. 하지만 생물학과 관련해서는 보다 더 다양한 입장이 존재한다. 바버는 1980년대 초 창조과학자들의 문제제기에 맞서 '종교와 과학은 아무런 관계가 없다'고 선언한 미국과학학술원의 소책자, 과학과 종교의 독립된 교도권을 주장한 스티븐 제이 굴드(Stephen Jay Gould), 언어분석 전통에서 과학과 종교가 두 가지 다른 언어를 사용한다고 주장한 스티븐 툴민(Stephen Toulmin), 제1원인과 제2원인을 구분하고 제2원인의 세계를 과학의 고유 영역으로 인정하는 윌리엄 슈퇴거(William Stoeger) 등 가톨릭 신학자들, 진화론을 형이상학적 자연주의와 동일시하는 필립 존슨을 비판하면서 무신론의 형이상학적 자연주의와 과학의 방법론적 자연주의의 구분을 강조한 하워드 반 틸 등을

10 Barbour, *When Science Meets Religion*, 243.

11 Barbour, *When Science Meets Religion*, 243-244.

12 Barbour, *When Science Meets Religion*. 96-99.

이 유형에 포함시킨다.[13]

셋째로 바버는 대화(dialogue) 유형 안에 과학이 제기하는 한계 질문에 대한 종교의 대답, 종교와 과학의 방법론적 유사성, 자연 중심의 영성 등을 강조하는 학자들을 포함시킨다. 특히 생물학적 진화론의 토대가 되고 있는 복잡성과 자기 조직화, 정보의 전달, 하향식 인과관계 등의 개념이 자연 세계 내 하나님의 활동 가능성 혹은 활동 방식과 관련해서 신학과 과학의 대화를 위한 접점을 제공한다고 바버는 지적한다.[14]

넷째로 바버는 통합(integration) 유형 안에 자연신학, 자연의 신학, 체계적 통합 등 세 가지 세부유형을 구분한다. 먼저 바버는 "자연 안에 남아 있는 설계의 증거로부터 하나님의 존재를 추론할 수 있다"고 보는 입장을 자연신학(natural theology)으로 정의하고, 자연신학의 전통적인 대표자들로 목적론적 논증을 펼친 토마스 아퀴나스(Thomas Aquinas), 아이작 뉴턴(Isaac Newton), 로버트 보일(Robert Boyle), 윌리엄 페일리(William Paley), 리처드 스윈번(Richard Swinburne)을 언급한다.[15] 한편으로 다윈 이후 페일리 식의 설계 논증이 무력화된 이래로 최근에는 "과학이 기술하는 법칙과 과정 속에 설계가 내재되어 있다고 보는 보다 포괄적인 맥락의 목적론적 논증"이 등장했다.[16] 예를 들어, 복잡계의 자기 조직화에 대한 일리아 프리고진(Ilya Prigogine)과 스튜어트 카우프만(Stuart Kauffman)의 이론은 하나님을 자기 조직화 체계 곧 "법칙과 우연과 창발로 구성된 다층적인 창조적 과정"의 설계자로 볼 수 있는 여지를 만들었다.[17] 하지만 바버는 이 새로운 목적론적 논증이 자연의 신

13 Barbour, *When Science Meets Religion*. 99-103.

14 Barbour, *When Science Meets Religion*, 245.

15 Barbour, *When Science Meets Religion*, 98-99.

16 Barbour, *When Science Meets Religion*, 99.

17 Barbour, *When Science Meets Religion*, 246.

학의 한 부분으로서 그것을 지지하는 역할을 할 수는 있지만, 기본적으로 성서가 말하는 적극적으로 활동하시는 하나님과는 거리가 먼 이신론적인 존재를 묘사하고 있다고 지적한다.[18]

다음으로 통합 유형 안에 속하는 두 번째 세부유형인 자연의 신학(theology of nature)은 "신학의 주된 원천은 과학 밖에 있지만 과학적 이론이 창조와 인간 본성에 관한 교리 등 특정 교리의 재구성에 영향을 줄 수 있다"고 보는 입장이다.[19] 이 입장은 "자연을 역동적이고 상호 의존적이고 진화적인 과정으로 보는 새로운 관점"을 고려하여 계속 창조의 주제를 새롭게 재구성하려고 시도한다.[20] 바버에 따르면 하나님이 세계와 관계하시는 가능한 방법을 정보의 전달이라는 관점에서 재구성한 존 폴킹혼, 동일한 주제를 하향식 인과율 혹은 전체-부분 인과율의 관점에서 재해석한 아서 피콕, 진화적 관점에서 성육신, 죄와 악, 창조와 구속 등의 교리적 주제를 재구성한 테야르 드 샤르댕이 자연의 신학을 대표한다.[21]

마지막으로 통합 유형 안에 속하는 세 번째 세부유형인 체계적 종합(systematic synthesis)은 "과학과 종교 모두 포괄적인 형이상학의 발전에 기여할 수 있다"고 보고 "포괄적인 형이상학적 체계 안에서 진화와 창조의 종합"을 시도한다.[22] 바버는 알프레드 노스 화이트헤드(Alfred North Whitehead)의 과정철학으로부터 영향을 받은 찰스 핫숀(Charles Hartshorne), 존 캅(John Cobb), 찰스 버치(Charles Birch), 데이빗 그리핀(David Griffin) 등 과정신학자들이 이 입장을 가장 잘 대변한다고 본다.[23]

---

18 Barbour, *Religion and Science*, 247.

19 Barbour, *When Science Meets Religion*, 98.

20 Barbour, *When Science Meets Religion*, 247.

21 Barbour, *Religion and Science*, 247-248.

22 Barbour, *When Science Meets Religion*, 98.

23 Barbour, *When Science Meets Religion*, 104-105.

본서에서 내가 염두에 두고 있는 첫 번째 과제는 성서와 기독교 전통에 속한 창조론의 핵심 진리를 명확히 밝힘으로써, 우주·지구·생명의 기원에 대한 문제에 집중하는 창조설의 다양한 입장 사이의 논쟁에도 불구하고, 모든 그리스도인이 성서와 기독교 전통의 창조론에 있어서만큼은 충분히 의미 있는 공감대를 형성할 수 있음을 입증하는 것이다. 하지만 과학 시대를 살아가는 현대인들을 염두에 둘 때, 이것만으로 충분치 않다는 사실이 분명해진다. 그러므로 나는 현대 과학을 품는 창조론을 구체적으로 발전시키는 가운데 성서와 기독교 전통의 창조론을 확장하는 두 번째 과제에 착수하려고 한다.

이 두 번째 과제와 관련해서 나는 앞서 소개한 바버의 네 가지 모델을 빌려 나의 입장을 조금 더 구체적으로 설명하고자 한다.[24] 나는 갈등·독립·대화·통합 등 바버가 구분한 네 가지 관계 모델을 상호 배타적으로 이해할 필요가 없다고 생각한다. 어떤 면에서 기독교 신학과 현대 과학의 만남에 있어 논의되는 주제에 따라 이 네 가지 관계 모델이 각기 필요할 수 있기 때문이다. 따라서 신학과 과학의 관계를 구체적인 주제와 상관없이 획일적으로 확정하는 것은 위험할 수 있다. 다만 각 모델에 대한 바버의 분석을 따른다면, 나는 기본적으로 독립 모델과 대화 모델의 토대 위에서 통합 모델로 나아가는 것이 가장 바람직할 것이라고 생각한다. 나아가 통합 모델 중에서

---

24 테드 피터스는 과학주의, 과학 제국주의, 교회 권위주의, 과학적 창조설, 두 언어 이론, 가설적 공명, 윤리적 중첩, 뉴에이지 영성 등 과학과 종교를 연결하는 보다 다양한 방식을 소개한다. Ted Peters, *Science, Theology, and Ethics* (Aldershot: Ashgate, 2003), 16-22. 비슷한 내용의 글이 테드 피터스 엮음, 김흡영 옮김, 『과학과 종교: 새로운 공명』(서울: 동연, 2002), 32-49에 한국어로 번역되어 있다. 이 밖에도 과학과 종교를 관련시키는 방식에 대한 다른 분류방식이 많이 있지만, 필자가 판단하기에 바버의 유형은 여전히 유효할 뿐 아니라 타당성을 많이 지니고 있다.

도 특별히 '자연의 신학' 모델이 기독교 창조론의 핵심 진리를 보존하면서 동시에 현대 과학과 유의미한 대화의 창구를 열어줄 수 있는 가장 유력한 모델이라고 생각한다.

내가 판단할 때, 자연의 신학은 하나님을 아는 지식의 근거를 계시와 성서에 두면서도 과학의 발전을 긍정적으로 수용할 수 있는 최선의 방안이다. 자연의 신학은 고유한 신학적 주장의 근거를 계시와 성서에서 찾는다. 계시와 성서는 창조자와 구속자이신 삼위일체 하나님에 대한 권위 있는 지식을 제공해주는 반면, 과학은 하나님이 창조하신 세계의 역사와 현상에 대해 권위 있는 설명을 제시한다. 신학자는 하나님이 지은 창조세계의 신비를 밝혀줄 수 있는 과학의 발견과 이론을 적극 환영하고 그것을 자신의 신학적 작업 안에 통합시킬 수 있다. 이 과정에서 신학자는 과거 전통에 따른 그릇된 세계관을 수정할 수 있고, 그럼으로써 하나님의 창조와 구원에 대한 보다 온전한 이해에 다가갈 수 있다.

요컨대 과학 시대의 창조 신앙은 한편으로는 과학을 하나님에 관한 진리의 한 영역으로 인정하면서도, 다른 한편으로는 일부 과학자들의 무신론적·환원주의적 이데올로기를 배격하는 이중적 접근 방식을 취해야 한다. 우리는 '모든 진리는 하나님의 진리'라는 확고한 신념 아래 과학과 신학 간의 갈등과 배척을 조장하는 모든 시도를 극복하는 한편(제1부), 창조주 하나님과 창조세계 사이의 무한한 질적 차이와 자연과학의 방법론적 근본 한계를 강조하면서 과학의 탐구 영역을 벗어나 있는 창조론의 고유 영역을 강조할 필요가 있다(제2부). 나아가 과학이 탐구하는 자연이 하나님이 창조하신 세계와 다르지 않다는 인식에 따라 신학과 과학 간에 대화 가능성을 열어 두고(제3부), 궁극적으로는 과학이 제공하는 지식을 창조주 하나님을 아는 지식에 간접적으로 활용하는 방안을 적극적으로 모색할 필요가 있다(제4부와 제5부).

"내가 산을 향하여 눈을 들리라
나의 도움이 어디서 올까"

시편 121:1

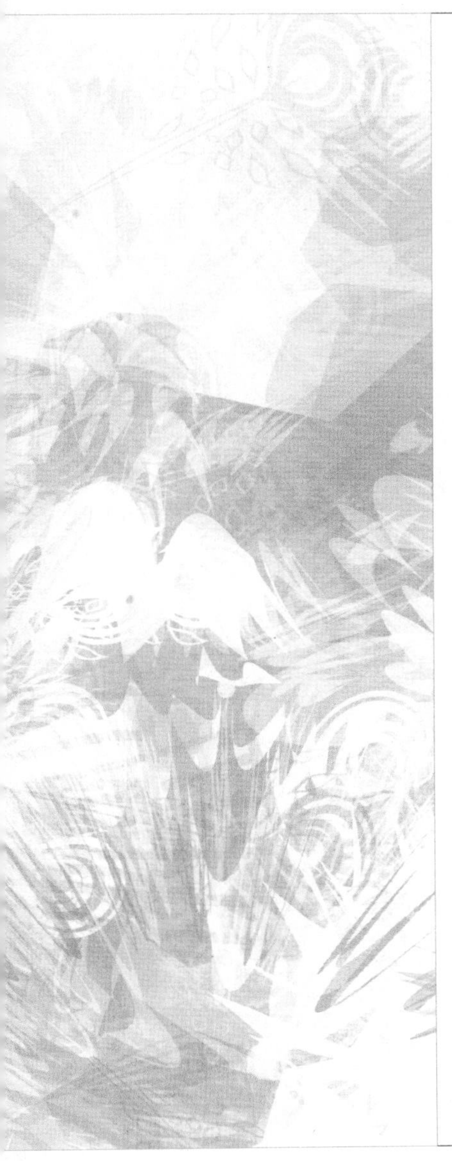

제2부

모퉁잇돌 놓기:
창조론의 핵심 진리

제4장

신·구약 성서의 창조론

창조론은 과학 시대가 도래하기 오래 전부터 이미 성서와 기독교 전통 안에서 핵심적인 교리로 자리 잡고 있었다. 근대 과학 혁명 이후 전통적인 창조론에서 당연시되었던 많은 생각들이 오류로 판명 나면서, 창조자 하나님의 존재 자체에 대해서도 회의적인 생각이 널리 퍼지게 되었다. 근대 이전의 창조론이 근대 과학 이전의 세계관을 전제하고 있음을 고려한다면, 이러한 결과는 어느 정도 이해할 수 있는 일이다. 하지만 이것은 결코 근대 과학의 발전에 따른 정당하고 필연적인 결과라고 할 수 없다. 왜냐하면 성서와 기독교 전통에 속한 창조론의 핵심 진리는 전근대적 세계관의 지속적 타당성 여부와 상관없이 과학적 세계관의 영역을 초월하는 기독교 신앙의 고유한 영역에 해당하는 것이기 때문이다. 말하자면 성서와 기독교 전통의 창조론은 근대 이후 발전한 과학적 세계관의 구체적인 내용과는 별개로 독립된 주제 영역을 갖고 있다. 이 장과 다음 장에서 나는 성서와 기독교 전통에 속한 창조론의 고유한 영역을 소개할 것이다.

최근 성서신학에서 가장 인상적인 흐름은 창조 주제에 대한 관심이 점차 늘어나고 있다는 사실이다. 월터 브루그만(Walter Brueggemann)은 1996년에 한 논문을 통해 창조의 상실과 회복이라는 관점에서 지난 세기 구약신학계에서 일어난 중요한 패러다임의 전환을 소개·분석하고 있다. 브루그만에 따르면 20세기 전반기에는 자연신학을 강력하게 비판한 칼 바르트(Karl Barth) 신학의 영향 아래 독일의 게르하르트 폰 라트(Gerhard von Rad)와 미국의 어니스트 라이트(G. Ernest Wright)의 주도로 창조 주제를 상대적으로 경시하는 구속사적 관점이 구약신학계를 지배했다.[1] 폰 라트는 그의 논문 "구약성서 창조론의 신학적 문제"(1936)에서, 선택과 구속에 주된 관심을 갖는 구약성서의 야웨 신앙에서 창조론은 구원론적 관심에 종속될 수밖에 없었고, 그 자체로 독립적인 지위를 얻은 적이 없다는 주장을 펼쳤다.[2] 비슷한 맥락에서 라이트는 역사적 종교로서 이스라엘 신앙이 자연 종교인 가나안 종교와 철저하게 구분되는 유일하고 독특한 신앙임을 강조하는 맥락에서 이스라엘이 자연에 거의 관심이 없었다고 주장했다.[3]

그러나 얼마 뒤 다수의 저명한 성서학자들이 폰 라트와 라이트의 주장

---

1 Walter Brueggemann, "The Loss and Recovery of Creation in Old Testament Theology," *Theology Today* 53, no 2 (1996), 178.

2 Gerhard von Rad, "The Theological Problem of the Old Testament Doctrine of Creation," in *Creation in the Old Testament*, ed. Bernhard Anderson (London: SPCK, 1984), 62. 폰 라트의 주장은 교의학 분야에서 Barth가 창조를 언약의 외적 근거로, 언약을 창조의 내적 근거로 규정하면서, 창조를 언약에 종속시키는 입장에 상응한다. Karl Barth, *Church Dogmatics* III/1, trans. Thomas F. Torrance and Geoffrey W. Bromiley (London: T&T Clark, 1986; 『교회 교의학 3/1 – 창조에 관한 교의』, 대한기독교서회 역간), 42, 229 참고.

3 Brueggemann, "The Loss and Recovery of Creation," 179 참고.

을 반박하는 설득력 있는 논증을 전개하기 시작했다. 브루그만은 대표적인 두 명의 구약신학자로 독일의 클라우스 베스터만(Claus Westermann)과 미국의 프랭크 무어 크로스(Frank Moore Cross)를 소개한다.[4] 베스터만은 창조와 역사를 이분법적으로 구분한 폰 라트의 입장을 비판하면서, 구약성서에서 "창조와 역사는 동일한 기원에서 출현해서 동일한 목표를 향해 움직인다"고 주장했다.[5] 크로스 역시 라이트의 이분법적 사고를 비판하면서, 이스라엘이 홍해를 건넌 후에 미리암이 부른 노래(출 15장) 안에 이미 혼돈의 물과 싸워 이기는 가나안 종교의 창조 신화가 전제되어 있다고 주장했다.[6]

창조와 역사를 이분법적으로 구분하는 사고를 극복하기 위한 시도에 더하여, 지혜문학에 대한 새로운 관심이 구약성서 신학에서 창조 중심의 새로운 패러다임이 출현하는 데 결정적인 영향을 미쳤다. 브루그만은 가장 대표적인 학자로 한스 하인리히 슈미트(Hans Heinrich Schmid)를 소개한다.[7] 슈미트는 창조 질서를 창조세계에 새겨진 하나님의 뜻으로 해석하면서, 창조 신학이 성서신학의 포괄적인 지평을 형성하고 있다는 주장을 펼쳤다.[8] 브루그만에 따르면, 이 밖에도 버나드 앤더슨(Bernhard W. Anderson), 월터 해럴슨(Walter Harrelson), 새뮤얼 테리언(Samuel Terrien), 롤프 크니림(Rolf P. Knierim),

---

4 Brueggemann, "The Loss and Recovery of Creation," 180-181.

5 Claus Westermann, "Creation and History in the Old Testament," in *The Gospel and Human Destiny*, ed. Vilmos Vajta (Minneapolis: Augsburg, 1971), 34.

6 Frank Moore Cross, *Canaanite Myth and Hebrew Epic: Essays in the History of the Religion of Israel* (Cambridge, MA: Harvard University Press, 1973), 143-144.

7 Brueggemann, "The Loss and Recovery of Creation," 183.

8 Hans Heinrich Schmidt, "Creation, Righteousness, and Salvation: 'Creation Theology' as the Broad Horizon of Biblical Theology" (1973), in *Creation in the Old Testament*, ed. Bernhard Anderson (London: SPCK, 1984), 110-111. 브루그만은 후기의 폰 라트 역시 1970년에 출간한 지혜문학 연구서에서 자신의 초창기 입장을 스스로 넘어서면서 지혜 신학이 창조 질서를 주제로 다루고 있음을 인정했다고 지적한다. Gerhard von Rad, *Wisdom in Israel* (Nashville: Abingdon, 1972) 참고.

존 레벤슨(Jon D. Levenson), 테렌스 프레타임(Terrence E. Fretheim), 제임스 바(James Barr) 등 다양한 구약학자들이 구속사 중심의 패러다임을 벗어나 창조 중심의 새로운 패러다임을 발전시켰다.[9]

창세기의 창조론

전통적으로 성서의 창조론에 대한 논의는 창세기에 기록된 내용에 집중해 왔다. 이러한 접근법은 성서의 창조론에 대한 이해를 협소하게 하는 단점이 있지만, 그럼에도 창세기의 창조론을 자세하게 다루는 것은 충분히 의미 있고 또한 신학적으로도 타당성이 있다고 하겠다. 창세기 1장의 창조 이야기는 정경으로 확정된 구약성서의 순서에서 가장 앞 부분에 편집되었지만, 사실 그 내용은 구약성서의 본문들 중에서 상대적으로 후대에 기록되었다. 물론 이러한 사실은 창조 주제가 구약성서의 역사에서 후대에 가서야 비로소 등장했음을 의미하지는 않는다. 창세기가 기록되기 이전부터 창조자 하나님에 대한 신앙은 이스라엘 신앙의 근본에 자리하고 있었다. 다만 이스라엘 역사의 전개와 함께 구약성서의 다양한 글들이 기록되는 과정에서 창조 주제에 대한 논의가 다양한 방향으로 확장되었던 것이다. 이러한 점에서 창세기 1장의 창조 이야기가 최종 편집된 구약성서의 맨 처음 부분에 위치하고 있다는 사실은 창조자 하나님에 대한 신앙이 이스라엘의 신앙에서 차지하는 결정적 의미를 상징적으로 보여준다는 점에서 정당성을 지닌다고도 할 수 있다.

창세기의 창조론을 올바로 이해하기 위해서는 창세기의 창조 기사가

9 Brueggemann, "The Loss and Recovery of Creation," 184-186.

고대 근동의 문화를 배경으로 완성되었다는 사실을 먼저 진지하게 고려할 필요가 있다. 그 이유 중 하나는 창조와 홍수 등 창세기에 등장하는 다양한 소재들이 이미 당시 고대 근동 지역에 널리 퍼져 있었기 때문이다. 19세기 후반 길가메시 서사시가 처음 발견되어 번역·소개되었을 때, 많은 그리스도인들이 그 이야기 속에서 성경에 기록된 에덴동산 및 노아의 홍수에 관한 이야기와 유사한 설화를 발견하고 큰 충격을 받은 일이 있었다. 그 후로 이와 유사한 설화들이 고대 근동은 물론이고 다른 문명권에서도 발견되었고, 창세기에 대한 기존 해석에 상당한 이의를 제기했다. 하지만 구약신학자들은 성경 이야기와 고대 근동 설화들 간의 유사점에도 불구하고 고대 근동의 지배적인 다신론 사상과 구분되는 확고한 유일신 사상 등 창세기가 가진 중요한 신학적 독특성을 강조하면서 창세기에 대한 보다 심오한 이해를 전개해나갔다.

성경 이야기와 고대 근동 설화들이 서로 상당히 유사하다는 사실이 성경의 권위를 중시하는 그리스도인들에게 적잖은 부담으로 작용하는 것은 부인할 수 없는 사실이다. 하지만 관점을 조금 달리하면, 우리는 이러한 사실을 긍정적인 시각에서 이해할 수 있다. 하나님의 말씀이 스스로 낮아져 예수 그리스도 안에서 피조물이 되신 것처럼, 하나님께서 성서 저자가 가진 언어와 문화의 눈높이에 맞추어 말씀하셨다고 생각할 수 있기 때문이다. 이 점에서 우리는 성경이 저 너머 초월적 세상의 일을 초월적 언어로 기술한 책이 아니라, 하나님께서 이 세상과 관계하시는 일을 이 세상의 언어로 기술한 책이라는 것을 기억해야 한다. 하나님은 이 땅 백성에게 당신의 영원한 진리를 전달하기 위해 그들이 쉽게 이해할 수 있는 언어를 사용하셨다.[10]

---

10 성서의 영감과 관련한 칼뱅의 '적응' 혹은 '맞춤'(accommodation)의 개념은 이러한 통찰을 잘 보존하고 있다. John Calvin, *Institutes of the Christian Religion*, trans. Henry Beveridge (Peabody: Hendrikson, 2008;『기독교강요』, CH북스 역간), I.11.1.

창세기의 문학 유형에 대한 양식비평의 결과에 따르면, 선민의 역사 이전 원역사를 다루는 창세기 1-11장은 주로 내러티브와 계보라는 두 가지 양식으로 구성되어 있다. 하지만 학자들 가운데 내러티브 개념을 규정하는 문제를 두고 여전히 논의가 진행 중이다. 구체적으로는 민담·전설·신화·민간설화·기원론·이야기·신학적 내러티브 등이 언급되고 있다.[11] 창세기의 문학 양식에 관해서 구약학자들 사이에 아직까지 보편적 공감대가 없다는 사실은 다소 아쉬울 수도 있다. 그럼에도 창세기 1-11장을 읽고 해석하는 최근 구약학계의 동향이 대체로 문학적 관점을 취하고 있다는 점은 시사하는 바가 매우 크다.

한편으로 창세기 1장에서 묘사된 창조세계의 구체적인 모습을 우리가 직접 그림으로 그린다면, 창세기에 나타난 지구 중심의 우주 그림은 오늘 우리가 알고 있는 우주(지구)의 모습과 차이가 많다는 사실을 금방 알아차리게 된다.[12] 창세기의 우주 그림에서 가장 먼저 눈에 띄는 것은 평평한 지구, 지구 중심의 천체 운행, 궁창 위를 움직이는 해와 달과 별의 위치, 궁창 위에 있는 물의 존재 등이다. 창세기의 이후 이야기와 연결해서 생각해보면, 해와 달과 별 위에 있던 많은 물이 노아의 홍수 때 지표면에 부어진 것으로 묘사된다. 어떤 창조과학자는 7년 대환란 이후 이 노아의 홍수 때 사라졌던 물층이 다시 회복될 것이라고 기대한다.[13] 오늘날의 상식에 비추어볼 때 창세

---

11 Bruce C. Birch, Walter Brueggemann, Terrence E. Fretheim, and David L. Petersen, *A Theological Introduction to the Old Testament*, 브루스 버치 외 지음, 차준희 옮김, 『신학의 렌즈로 본 구약개관』(서울: 새물결플러스, 2016), 73.

12 구글 이미지 홈페이지에서 "genesis cosmology"를 입력하면 창세기의 우주를 그린 다양한 이미지를 발견할 수 있다. 그중에서 특히 "Ancient Hebrew Conception of the Universe"라는 제목의 이미지를 보라(2019년 5월 20일 접속).

13 대표적인 창조과학자인 헨리 모리스의 다음 두 논문을 참고하라. Henry Morris, "Biblical Creationism and Modern Science," *Bibliotheca Sacra* 125, no. 497 (1968), 20-28; "Biblical Eschatology and Modern Science," *Bibliotheca Sacra* 125, no. 500 (1968),

기의 이러한 우주 그림을 그대로 수용하기란 쉬운 일이 아니다. 하지만 창세기 1장이 고대 근동의 세계관을 반영하고 있다는 사실을 인정한다면 상황은 달라질 것이다.[14]

우리는 성경 속에 고대 근동의 세계관 혹은 우주 그림이 담겨 있다는 사실을 직시하고 인정할 필요가 있다. 고대 근동의 우주 그림을 현대 과학의 우주관과 억지로 조화시키려는 시도는 성경이 어떤 책인지에 대한 몰이해를 반영하고 있으며, 결국 성경이 전하고자 하는 핵심 메시지를 왜곡하는 결과를 가져올 뿐이다. 우주와 인류의 기원에 관한 창세기의 기술이 의도하는 목적은 우주와 인류의 과거 역사에 대한 정확한 과학적·역사적 진리를 모든 시대의 사람들에게 전달하려는 것이 아니다. 창세기를 기록한 저자(들)의 궁극적 목적은 정확한 과학 이론이나 역사 이론을 제시하는 데 있지 않고, 당대의 일반적인 상식을 매개로 유일하신 창조주 하나님의 성품과 섭리에 대한 이해를 선포하는 데 있었다. 물론 그 저자(들)는 아마도 당시의 세계관을 의심없이 사실로 받아들였을 가능성이 높다. 하지만 당대의 세계관이 후대에 허위로 판명 난다고 해서 창세기의 본문이 전달하려고 했던 신학적 주장까지 타당성을 잃는 것은 아니다. 왜냐하면 창세기는 우주의 기원에 대한 과학적 내지 역사적 기술의 형식을 빌려서 하나님과 창조세계의 근본 관계에 대한 신학적 주장을 펼치고 있기 때문이다.

따라서 우리는 창세기에 담긴 우주적 세계관이 하나님의 영원한 진리에 속한다고 강변하기보다는, 창세기에 고대 근동의 세계관이 녹아 있음을 솔직하게 인정할 필요가 있다. 아울러 성경을 기록한 이들이 당시 사람들의 통상적 지식을 매개로 삼아온 세상 만물을 창조하신 유일하신 하나님에 대

291-299.

14 John H. Walton, *Genesis 1 as Ancient Cosmology*, 존 H. 월튼 지음, 강성열 옮김, 『창세기 1장과 고대 근동 우주론』(서울: 새물결플러스, 2017), 13-14 참고.

한 장엄한 선언을 본문 속에 적어넣었다고 설명하는 것이 더 설득력이 있다. 창세기 저자(들)는 창조주 하나님에 대한 신학적 관점과 자연 세계에 대한 당대의 과학적 지식을 결합하여, 피조물을 신성시하는 모든 우상숭배의 토대를 무너뜨리고, 유일하시고 자유하시고 자비로우신 창조주 하나님에 대한 고유한 창조 신앙을 당대의 독자들에게 역설했다. 이러한 관점에서 최근의 구약학자들은 다음과 같이 주장하기도 한다.

> 창세기 1-11장에 등장하는 모든 내용이 세계에 관한 오늘날의 지식과 전부 일치하지 않는다는 점이 명백해짐에 따라 몇 가지 난제가 발생한다.… 현대인들은 세계의 기원·발전·특성에 관한 과학적 사실을 배워왔다. 이러한 지식(예를 들어 빛의 속성, 지구의 나이)은 과거의 성서 저자들로서는 도저히 꿈도 꿀 수 없는 것이었다. 우리는 시간이 흐름에 따라 이용 가능해진 부가적인 지식들(예를 들어 진화의 형태들)을 편견 없이 다 받아들여야 하고, 그것들을 신학적이고 고백적인 증언과 통합시켜야만 한다.…창세기는 세계의 진상을 탐구하는 데 있어 신학적 지식과 과학적 지식을 통합시켜주는 방법을 보여주는 중요한 패러다임을 제시한다.[15]

말하자면 오늘 우리에게 중요한 질문은 창세기 저자가 활용한 고대 근동 배경의 우주 그림이 지속적으로 타당한가 아닌가 하는 것이 아니라, 창세기 저자가 자신의 신학적 관점에서 당대의 과학적 지식을 어떻게 통합해냈는가 하는 것이다. 이 점에서 창세기 저자의 작업은 창조론을 재구성하는 후대의 모든 저자가 본받아야 할 원형이라고 하겠다. 오늘날 창조론의 과제는 성경 기사가 증언하고 있는 창조주 하나님에 대한 핵심적인 신학적 선언

---

15 브루스 버치 외, 『신학의 렌즈로 본 구약개관』, 69.

을 오늘의 과학적 지식과 통합하여 과학 시대를 사는 현대인들에게 설득력 있게 제시하는 것이다.

시편의 창조론

우리는 창세기만이 아니라, 시편과 이사야 등 구약성서의 다른 본문에서도 창조론의 성서적 근거를 발견할 수 있다. 이 본문들은 창세기에서 찾아볼 수 없는, 창조 신앙이 지닌 보다 풍성하고 다양한 차원을 우리에게 보여준다. 독일의 성서학자 카를 뢰니히(Karl Lönig)와 에리히 쳉어(Erich Zenger)는 지금까지 교회와 신학이 창조 신학의 성서적 토대를 창세기 1-3장에 국한시키는 한편, 성서의 창조 신앙이 지닌 풍요로움과 다채로움에 대해 별로 관심을 기울이지 않았고 여태껏 그 주제를 진지하게 다룬 적이 없다는 사실을 지적한다.[16] 우리는 창세기에 집중된 편협한 창조 신학의 담론을 극복하고 성서 안에 들어 있는 다양하고 풍성한 창조 신학들을 회복할 필요가 있다.

성서학자들의 연구에 따르면 구약성서에서 가장 초기의 창조론은 시편에서 찾아볼 수 있다. 이스라엘 역사의 초기에 작성된 것으로 추정되는 시편 93편은 혼돈의 위협 속에서 세계를 견고하게 붙드시는 창조주 하나님의 모습을 노래한다.

> 여호와께서 다스리시니 스스로 권위를 입으셨도다. 여호와께서 능력의 옷

---

16 Karl Lönig and Erich Zenger, *To Begin with, God Created: Biblical Theologies of Creation* (Collegeville: Liturgical Press, 2000), 1.

을 입으시며 띠를 띠셨으므로 세계도 견고히 서서 흔들리지 아니하는도다. 주의 보좌는 예로부터 견고히 섰으며 주는 영원부터 계셨나이다. 여호와여, 큰 물이 소리를 높였고 큰 물이 그 소리를 높였으니 큰 물이 그 물결을 높이나이다. 높이 계신 여호와의 능력은 많은 물 소리와 바다의 큰 파도보다 크니이다. 여호와여, 주의 증거들이 매우 확실하고 거룩함이 주의 집에 합당하니 여호와는 영원무궁하시리이다(시 93:1-5).

여기서 시편 저자는 혼돈을 상징하는 바다의 신 얌무의 위협에 맞서 세계의 안녕을 보장하는 창조자 바알에 관한 당시 가나안 종교의 창조 신화를 차용하면서 또한 동시에 그것을 변형시키고 있다. 이때 시편 저자의 관심은 먼 과거에 있었던 '최초 창조'(*prima creatio*)가 아니라, 지금 여기서 혼돈의 세력으로부터 세계를 지키는 '계속 창조'(*creatio continua*)에 놓여 있다.[17] 이러한 맥락에서 시편 저자가 혼돈으로부터의 창조라는 주제를 세계를 다스리시는 하나님의 왕권 혹은 주권과 밀접하게 연관시켜 다루고 있음에 주목할 필요가 있다. 또한 혼돈의 위협으로부터 세계를 보존하고 갱신하는 창조자 하나님의 계속적 창조 활동이 왕을 중심으로 당시 이스라엘의 사회 질서를 지탱하고 보존하고 갱신하는 신적 섭리의 원형으로 이해되었다는 사실 역시 흥미롭다.[18] 하나님의 통치와 연관된 하나님의 '계속 창조' 혹은 '창조의 보존과 갱신'이라는 주제는 특히 포로기 이전 시편에서 두드러지게 나타난다.[19]

---

17 Reinhard G. Kratz and Hermann Spieckermann, "Schöpfer/Schöpfung: II. Altes Testament," *Theologische Realenzyklopädie*, vol. 30 (Berlin: Walter de Gruyter, 1999), 265.

18 Bernhard W. Anderson, "Introduction: Mythopoeic and Theological Dimensions of Biblical Creation Faith," in *Creation in the Old Testament*, ed. Bernhard Anderson (London: SPCK, 1984), 11.

19 Kratz and Spieckermann, "Schöpfer/Schöpfung," 265.

예를 들어 시편 29:10은 "여호와께서 홍수 때에 좌정하셨음이여 여호와께서 영원하도록 왕으로 좌정하시도다"라고 노래한다.

포로기 이후 시편들은 계속 창조만이 아니라 최초의 창조 곧 하나님의 세계 건설에 대해서도 관심을 발전시켰다.[20] 아마도 당시 시편 저자들은 왕정 질서가 무너져 내린 포로기의 위기에 직면해서 현재의 질서를 보존하시는 하나님의 계속 창조 활동에 대한 믿음만으로 새로운 미래에 대한 소망의 근거를 충분히 발견할 수 없었을 것이다. 여기서 태초에 질서를 세우신 창조자만이 새롭게 찾아온 혼돈의 위기 속에서 새로운 질서를 세울 수 있다는 생각이 발전되었다고 추측할 수 있다. 그 대표적인 예로 시편 89편을 들 수 있다.

> 주께서 바다의 파도를 다스리시며 그 파도가 일어날 때에 잔잔하게 하시나이다. 주께서 라합을 죽임 당한 자 같이 깨뜨리시고 주의 원수를 주의 능력의 팔로 흩으셨나이다. 하늘이 주의 것이요 땅도 주의 것이라. 세계와 그 중에 충만한 것을 주께서 건설하셨나이다(시 89:9-11).

위의 시편에서 흥미로운 점은 혼돈의 세력인 바다의 파도를 잔잔하게 하고 바다의 괴물 라합을 깨뜨리는, 혼돈으로부터의 계속 창조가 먼저 언급된 후에, 하늘과 땅과 그 속의 모든 것을 건설하시는 하나님의 최초 창조가 언급되고 있다는 사실이다. 말하자면 태초에 만물을 창조하신 하나님에 대한 신앙 속에서도 시편 저자의 관심은 여전히 혼돈의 세력으로부터 세상을 지키시는 하나님의 계속 창조 활동 및 하늘과 땅과 그 속의 모든 것에 대한 하나님의 소유권 주장에 있음을 미루어 짐작할 수 있다.

---

20 Kratz and Spieckermann, "Schöpfer/Schöpfung," 265.

포로기 이후 특히 창세기의 첫 번째 창조 이야기(창 1:1-2:3)가 기록된 이후 시편에서는 최초 창조에 관한 주제가 더욱 강조되고 있다.[21] 가장 대표적인 예는 시편 8편이다.

> 여호와 우리 주여, 주의 이름이 온 땅에 어찌 그리 아름다운지요. 주의 영광이 하늘을 덮었나이다. 주의 대적으로 말미암아 어린 아이들과 젖먹이들의 입으로 권능을 세우심이여. 이는 원수들과 보복자들을 잠잠하게 하려 하심이니이다. 주의 손가락으로 만드신 주의 하늘과 주께서 베풀어 두신 달과 별들을 내가 보오니, 사람이 무엇이기에 주께서 그를 생각하시며 인자가 무엇이기에 주께서 그를 돌보시나이까! 그를 하나님보다 조금 못하게 하시고 영화와 존귀로 관을 씌우셨나이다. 주의 손으로 만드신 것을 다스리게 하시고 만물을 그의 발 아래 두셨으니, 곧 모든 소와 양과 들짐승이며 공중의 새와 바다의 물고기와 바닷길에 다니는 것이니이다. 여호와 우리 주여, 주의 이름이 온 땅에 어찌 그리 아름다운지요(시 8:1-9).

창조자 하나님의 아름다운 이름을 찬양하는 이 짧은 시편은 창세기 1장에 기술된 최초 창조 이야기를 요약해서 소개하는 것처럼 보인다. 한편 시편 104편은 최초 창조의 과정을 창세기 1장보다 더 세세하고 역동적으로 노래한다. 예를 들어, 시편 저자는 하나님께서 물과 물을 나누어 땅이 드러나게 하셨다는 창세기의 언급을 다음과 같이 더욱 풍성한 언어로 기술하고 있다.

> 옷으로 덮음 같이 주께서 땅을 깊은 바다로 덮으시매 물이 산들 위로 솟아

---

21 Kratz and Spieckermann, "Schöpfer/Schöpfung," 266.

올랐으나, 주께서 꾸짖으시니 물은 도망하며 주의 우렛소리로 말미암아 빨리 가며, 주께서 그들을 위하여 정하여 주신 곳으로 흘러갔고 산은 오르고 골짜기는 내려갔나이다. 주께서 물의 경계를 정하여 넘치지 못하게 하시며 다시 돌아와 땅을 덮지 못하게 하셨나이다(시 104:6-9).

이 밖에도 우리는 시편 148편 등에서 창세기의 첫 번째 창조 이야기의 영향을 받아 태초의 창조 과정을 언급하는 다른 시편들을 확인할 수 있다. 비슷한 맥락에서 포로기 이후의 시편 저자들이 "천지를 지으신 여호와"(시 115:15; 121:2; 124:8; 134:3)라는 문구를 자주 사용한다는 사실 또한 주목할 필요가 있다.[22]

예언자 전통의 창조론

성서학자들의 연구에 따르면 예언자 전통에서는 하나님께서 세상을 창조하시고 지탱하신다는 생각이 포로기를 전후하여 본격적으로 발전하기 시작했다.[23] 예언자 전통에서는 포로기 이후에 가서야 창조 신앙이 비로소 강조되기 시작했다는 사실은 의미심장하다. 이것은 창조자 하나님에 대한 믿음이 그들을 포로 생활에서 건져 내실 구원자 하나님에 대한 믿음과 밀접하게 연관되어 있음을 시사한다. 말하자면 예언자 전통에서 창조자 하나님에 대한 주된 관심은 하나님의 최초 창조 못지않게 오히려 이스라엘 백성과 세계를 위해 새로운 미래를 열어주시는 하나님의 새 창조에 놓여 있었다. 지금의

22 Kratz and Spieckermann, "Schöpfer/Schöpfung," 266.

23 Kratz and Spieckermann, "Schöpfer/Schöpfung," 266.

세계를 창조하신 하나님에 대한 믿음은 하나님의 새 창조에 대한 소망과 관련해서 보다 확실한 근거를 제공해주었다.

예언자 전통의 창조론에서 가장 주목할 본문은 소위 제2이사야라고도 불리는 이사야 40-54장이다. 특히 이사야 40장은 포로기 창조론의 정수를 보여준다. 예언자는 태초에 하나님께서 땅의 기초를 창조하시고, 땅 위 궁창에 앉으셨으며, 하늘을 차일 같이 펴셨다고 노래한다(20-21절). 또한 만물을 창조하시고 모든 열방을 없는 것 같이 여기시는 하나님은 피조물에 불과한 우상들이나 이 세상의 귀인들 및 사사들과는 도저히 비교할 수 없는 거룩하신 분이라고 예언자는 선포한다(18-19, 23절). 이어서 예언자는 다음과 같이 말한다.

> 너희는 눈을 높이 들어 누가 이 모든 것을 창조하였나 보라. 주께서는 수효대로 만상을 이끌어 내시고 그들의 모든 이름을 부르시나니, 그의 권세가 크고 그의 능력이 강하므로 하나도 빠짐이 없느니라. 야곱아! 어찌하여 네가 말하며, 이스라엘아! 네가 이르기를 내 길은 여호와께 숨겨졌으며 내 송사는 내 하나님에게서 벗어난다 하느냐. 너는 알지 못하였느냐, 듣지 못하였느냐? 영원하신 하나님 여호와, 땅 끝까지 창조하신 이는 피곤하지 않으시며 곤비하지 않으시며 명철이 한이 없으시며 피곤한 자에게는 능력을 주시며 무능한 자에게는 힘을 더하시나니, 소년이라도 피곤하며 곤비하며 장정이라도 넘어지며 쓰러지되, 오직 여호와를 앙망하는 자는 새 힘을 얻으리니 독수리가 날개 치며 올라감 같을 것이요, 달음박질하여도 곤비하지 아니하겠고 걸어가도 피곤하지 아니하리로다(사 40:26-31).

여기서 모든 것을 창조하신 하나님의 큰 권세와 강한 능력에 대한 선포는 포로로 사로잡혀 온 하나님의 백성을 구원하실 수 있는 하나님의 능력에 대한 믿음의 근거를 제공하고 있다. 비록 이스라엘은 범죄함으로 인해 하나님의 심판을 받게 되었지만, 여전히 이스라엘의 하나님은 땅 끝까지 창조하신 영원한 하나님이고 지금도 열방을 다스리시는 능력의 하나님이시다. 이 신앙고백 안에 새로운 미래에 대한 소망의 근거가 자리하고 있다. 창조의 하나님이 곧 구원의 하나님이라는 이러한 확신은 이사야서의 다른 본문들에서 획기적으로 새로운 일, 곧 새 하늘과 새 땅에 대한 소망으로 발전한다(사 65:17; 66:22; 48:5).

율법·지혜문학·묵시문학의 창조론

창세기·시편·예언서 외에도 우리는 구약성서의 다른 본문에서도 창조자 하나님에 대한 신앙을 발견한다. 예를 들어, 이스라엘 백성을 이집트의 노예생활에서 해방하신 구원자 하나님을 찬양하는 미리암의 노래(출 15:1-18)는 혼돈의 물을 제어하고 다스리시는 창조자 하나님의 능력을 전제하고 있으며, 구약성서 신앙의 요약이라고 말할 수 있는 이른바 쉐마(신 6:4-5)는 창세기 1장에서 제시된 이스라엘 창조 신학의 핵심이라고 할 수 있는 유일신 신앙을 담고 있다.

앞에서도 지적했듯이, 최근 구약성서 신학에서 창조론에 대한 관심이 새롭게 부각된 가장 큰 이유는 지혜문학에 대한 새로운 연구 때문이다. 하나님의 창조 질서는 지혜문학이 그 신학적 사고를 전개하는 가장 포괄적인 지평이다. 지혜문학의 신학을 간단히 요약하면, 창조 질서를 따라 사는 사람은 하나님의 복을 받고, 창조 질서를 어지럽히는 사람은 그에 합당한 보응을 받는다는 것이다. 예를 들어, 잠언의 한 구절에서는 "공평한 저울과 접시 저울은 여호와의 것이요, 주머니 속의 저울추도 다 그가 지으신 것이니라"(잠 16:11)고 선언한다. 여기서 저울은 하나님께서 지으신, 하나님의 창조 질서를 반영한다. 다른 한편으로 잠언의 다른 구절에서는 "속이는 저울은 여호와께서 미워하시나, 공평한 추[저울]는 그가 기뻐하시느니라"(잠 11:1)고 말한다. 다시 말해서, 창조 질서를 존중하는 것은 하나님께서 기뻐하시는 일이지만, 이 창조 질서를 어기는 것은 하나님께서 싫어하시는 일이다. 결국 창조 질서를 따르는 사람이 복을 받고 창조 질서를 거스르는 사람이 심판을 받는다는 선언은 공평한 저울보다 한 단계 더 깊은 차원의 창조 질서를 반영한다. 이처럼 지혜문학의 신학은 이중적 차원의 창조 질서를 다양한 사례를 들어 강조하고 있다.

하지만 구약성서의 지혜문학은 이러한 창조 질서의 신학이 유효하게 적용되지 않는 애매모호한 현실의 문제에도 관심을 가진다. 욥기는 하나님의 선한 창조 질서에 전혀 어울리지 않는, 억울한 고통의 문제를 다루고 있다. 또한 전도서는 하나님의 창조세계 안에서 하나님의 뜻이 언제나 명확하게 드러나지는 않음을 부각하고 있다. 하지만 이처럼 전통적인 창조 질서의 신학에 회의적 시선을 보이는 후대의 지혜문학조차도 창조자 하나님에 대한 신앙을 철회하는 것이 아니라, 전통적인 창조 질서의 신학을 훨씬 더 깊은 차원으로 발전시키고 있음에 주목할 필요가 있다. 욥기와 전도서는 하나님의 뜻이 창조세계 가운데 명확하게 드러나지 않는 모호한 상황에도 불구하고, 애매한 고통의 궁극적 의미와 허무해 보이는 인생의 궁극적 목적마저 창조자 하나님 안에서 찾고 있기 때문이다(욥 38장; 전 12장).

마지막으로 구약성서 안에서 묵시사상의 발전은 구약성서의 창조론을 더욱 포괄적으로 발전시키면서 신약성서의 창조론을 준비하는 데 매우 중요한 기여를 하고 있다. '지금 세상'(old *aeon*)과 '다가올 세상'(new *aeon*)을 날카롭게 대비시키면서 지금 세상의 종말을 내다보는 묵시사상은 언뜻 보기에는 현재의 창조세계를 부정하는 듯이 보이지만, 사실은 하나님의 창조 질서를 계속 위협해 왔던 혼돈과 죽음의 세력에 대한 최종 심판을 선포하는 것이다. 요컨대 묵시문학에서 기대하는 이 세상의 종말 이후 새 하늘과 새 땅의 출현은 태초에 하나님께서 시작하신 창조 사역과 구원 사역의 완성을 의미한다고 하겠다.

창조 신앙의 다양한 차원들

지금까지 살펴본 것처럼, 하늘과 땅과 바다와 그 가운데 있는 모든 생명을 창조하신 하나님에 대한 신앙은 이스라엘의 역사 전반에 걸쳐 구약성서 신앙의 근본에 자리하고 있다. 동시에 구약성서에서 창조에 관한 논의는 시대와 문화와 장소에 따라 다양한 방식으로 발전하였으며, 이를 통해 창조론의 다양한 차원을 보여준다. 창조 신앙은 가나안 땅에서 우상들을 배격하고 유일하신 야웨 하나님만 섬기고자 분투하는 과정에서, 의로운 왕을 통해 하나님의 통치를 이 땅 가운데 구현하고자 애쓰는 과정에서, 포로로 잡혀간 절망적 상황 속에서 새 일을 행하시는 하나님께 소망을 두고 일어서는 과정에서, 허무해 보이는 인생의 의미와 목적을 찾아가는 과정에서 결정적인 역할을 수행하고 있다. 우리는 구약성서의 창조 신앙이 단순히 태초의 우주 기원에 대한 사변적 관심을 훌쩍 넘어서고 있음에 주목할 필요가 있다.

비슷한 맥락에서 버나드 앤더슨은 구약성서의 창조 신앙에서 다음과 같이 서로 다른 다섯 가지 차원을 구분한다.[24] (1) 특별한 한 민족의 창조와 보존(출애굽 전통, 모세 언약 전통), (2) 왕이 다스리는 사회적 질서의 원형으로

---

24 Anderson, "Introduction: Mythopoeic and Theological Dimensions of Biblical Creation Faith," 3-21.

서 우주적 질서의 창조(시온 전통, 다윗 언약 전통), (3) 구속 사건이나 사회적 질서와 무관한 우주적 질서의 창조(지혜 전통), (4) 우주의 기원이 되는 태초의 창조(제사장 전통), (5) 창조의 미래 완성으로서 종말론적 새 창조(제2이사야, 제3이사야, 묵시문학 전통). 앤더슨이 구분한 이상의 다섯 가지 차원은 성서의 창조 신앙이 얼마나 다채롭고 풍요로운지를 보여준다. 구약성서 창조론의 다양성과 풍요로움을 고려할 때, 성서신학자의 과제에 대한 앤더슨의 다음과 같은 설명은 매우 적절하다. "성서신학자의 과제는 이 다양한 차원들을 구분하고, 이러저러한 측면이 특정한 공동체 혹은 전승 안에서 어떤 특별한 관심을 받고 있는지 확인하고, 마지막으로 최종 정경 형태의 성서 안에서 그것들이 모두 어떻게 서로 연관되어 있는지 파악하는 것이다."[25]

테렌스 프레타임 역시 최근 성서신학자들의 연구를 바탕으로 구약성서의 창조론을 포괄적으로 다시 서술하면서 창조의 다양한 차원을 강조한다. 프레타임의 논의는 창조를 구약신학의 주요 주제로 회복시키는 것만이 아니라, 특별히 성서적 창조론의 종말론적 정향을 정당하게 다루었다는 점에서 최근의 창조론 논의에 중요한 기여를 했다고 하겠다. 프레타임은 구약성서 안에서 사용된 창조 관련 용어들을 꼼꼼하게 분석한 다음, 하나님의 창조 활동이 창조의 개시(태초의 창조), 창조의 지속(계속적 창조), 창조의 완성(새 창조) 등 세 가지 차원을 포괄한다고 결론을 내린다.[26] 다시 말해서, 구약성서에서 창조는 단순히 태초에 이미 완성된 어떤 사건만을 가리키는 것이 아니라, 하나님의 계속적인 창조와 종말에 있을 창조의 완성을 모두 포함한다. 다시 말해서, 구약성서의 창조론은 새 창조에서 이루어질 창조의 최종적 완

---

25 Anderson, "Introduction: Mythopoeic and Theological Dimensions of Biblical Creation Faith," 3.

26 Terrence Fretheim, *God and World in the Old Testament: A Relational Theology of Creation* (Nashville: Abingdon, 2005), 3-13.

성이 하나님께서 세계 안에서 세계와 관계하시는 전체 역사의 절정임을 시사하는 것이다.

신약성서의 창조론

신약성서 저자들이 대부분 구약성서의 신앙을 이어받고 있음을 고려하면, 그들이 구약성서의 창조론을 전제하고 있다고 충분히 가정할 수 있다. 이러한 가정은 실제로 신약성서의 여러 본문을 통해서 입증된다. 다만 시편과 이사야와 창세기와 지혜문학 등 구약성서의 창조 이야기가 그 창조세계를 묘사함에 있어 고대 근동 세계관의 구체적인 내용을 부분적으로 반영하고 있다면, 신약성서의 창조 관련 본문은 구약성서에 비해 보다 추상적인 언어로 창조세계를 묘사하는 경향이 있다. 신약성서 안에는 하나님을 "하늘과 땅과 물과 그 속의 모든 것"을 창조하신 분으로 묘사하는 구절도 있지만(행 4:24; 14:15; 계 5:13), 때로는 단순하게 "모든 것"(*ta panta*)을 창조하신 분으로 소개하기도 한다(고전 8:6; 골 1:15-17).[27] 이것은 헬레니즘 문명에서 발달한 철학 등 추상적인 사고의 영향으로 이해할 수 있다. 여기서 우리는 신약성서의 저자들이 구약성서의 전통 속에서 창조 신앙을 유일신 신앙과 결부시켜 이해하고 따라서 하나님 외에 눈에 보이는 것뿐 아니라 눈에 보이지 않는 모든 것까지 하나님께서 만드셨다는 점을 강조하고 있음을 기억할 필요가 있다. 그 밖에 태초의 창조 이야기를 상술하지는 않지만, 히브리서 저자는 "태초에 주께서 땅의 기초를 두셨으며 하늘도 주의 손으로 지으신 바

---

27 Cilliers Breytenbach, "Schöpfer/Schöpfung: II. Neues Testament," *Theologische Realenzyklopädie*, vol. 30 (Berlin: Walter de Gruyter, 1999), 285.

라"(히 1:10)고 기록한다. 또한 하나님이나 그리스도를 알파와 오메가로 묘사하는 구절들(계 1:8; 21:6; 22:13) 역시 구약성서의 창조 이야기를 전제하는 것으로 이해할 수 있다.

한편으로 구약성서와 마찬가지로 신약성서 역시 모든 것을 창조하신 하나님에 대한 믿음이 모든 것에 대한 하나님의 절대적 주권 및 그로부터 비롯하는 구원에 대한 확신의 근거가 됨을 역설한다. 산상수훈에서 예수께서 공중의 새와 들의 백합화를 돌보시는 하나님을 언급하며 제자들을 향해 염려하지 말라고 촉구하실 때(마 6:25-34), 거기에는 만물을 섭리하시는 창조자 하나님의 주권에 대한 믿음이 전제되어 있다. 로마서에서 바울은 우리 눈에 보이지 않는 모든 것, 심지어 죽음의 세력까지 창조자 하나님의 주권 아래 있음을 선언하며 구원의 확신을 강조한다.

> 내가 확신하노니 사망이나 생명이나 천사들이나 권세자들이나 현재 일이나 장래 일이나 능력이나 높음이나 깊음이나 다른 어떤 피조물이라도 우리를 우리 주 그리스도 예수 안에 있는 하나님의 사랑에서 끊을 수 없으리라(롬 8:38-39).

더 나아가 신약성서에서 창조자 하나님에 대한 믿음은 부활과 새 창조 등의 개념을 통해 하나님이 펼치시는 미래에 대한 소망의 근거가 된다(롬 4:17). 창조에 대한 믿음과 새 창조에 대한 소망의 연결은 이미 구약성서에서 이루어졌지만, 신약성서는 예수 그리스도의 부활에 대한 증언을 통해 이 연결고리를 더욱 확고하게 한다.[28]

구약성서의 창조론에 비해 신약성서의 창조론에서 더욱 두드러진 강조

---

28 뢰니히와 쳉어는 구원론과 기독론에 배타적으로 집중하는 신학적 태도를 비판하면서,

점은 묵시적 종말론에 관한 것이다. 신약성서의 신앙이 전반적으로 묵시적 종말론의 영향 아래 있음은 주지의 사실이다. 이것은 창조론에 대해서도 동일하다. 한편으로 앞에서도 언급했지만, 이 세상(*aeon*)의 끝에 대한 묵시적 기대를 기존의 창조 신앙에 대한 포기 혹은 그것의 변형으로 간주하는 것은 분명히 오해라고 하겠다. 이 세상의 끝에 대한 묵시적 기대는 도리어 하나님의 창조 질서를 계속 위협해온 혼돈과 죽음의 세력을 물리치는 결정적 승리에 대한 소망과 다르지 않으며, 따라서 태초에 하나님께서 계획하신 창조 프로젝트의 궁극적 완성을 지향하고 있는 것이다. 요컨대 신약성서의 창조론은 구약성서의 창조론과 마찬가지로 태초의 창조를 전제하지만 지금도 계속되는 하나님의 보존과 섭리, 장차 완성될 새 창조 등 현재와 미래에 있어 하나님의 창조 활동에 더 큰 강조점을 두고 있다고 결론 내릴 수 있다.

창조의 중재자로서 그리스도에 대한 사상 역시 신약성서의 또 다른 독특한 측면을 형성한다. 하지만 잠언 8장 등 구약성서 지혜문학의 창조론에 이미 태초에 일어난 하나님의 창조 사역을 중재하는 신적 존재에 대한 암시가 있었음을 고려할 때, 신·구약 성서의 창조론 간에 존재하는 차이점을 지나치게 강조하는 것은 지나친 오류라고 하겠다. 또한 우리가 신약성서에서 삼위일체론적 관점의 창조론을 발전시킬 수 있는 단초들을 발견할 수 있지만, 진정한 의미에서 삼위일체론적 창조론은 신약성서 시대 이후에 발전한 것으로 보인다.

"신적 삶에 참여하도록 함으로써 생명을 부여하는 하나님으로서 창조주 하나님에 대한 신앙고백이 다른 모든 신앙표현의 토대를 형성한다"고 주장한다. 나아가 기독론이 창조신학을 이해하는 해석학적 열쇠가 되는 것이 아니라, 오히려 예수 그리스도 안에서 이루어진 하나님의 구속 사역에 대한 신약성서의 선포를 창조주 하나님의 살아 있는 능력에 대한 유일무이한 설명으로 받아들일 것을 제안한다. "하나님께서 하나님의 백성인 이스라엘 및 교회와 함께 만들어가는 역사는 창조의 완성을 위해 봉사하며, 창조세계에 영향을 주지 않는 구원 사건은 없다." Lönig and Zenger, *To Begin with, God Created*, 2.

제5장

기독교 전통의 창조론

기독교의 창조 신앙은 근본적으로 온 세상 만물을 창조하고 섭리하시는 창조자 하나님에 대한 송영인 동시에 온 세상 만물이 오로지 하나님의 선한 의지에 따라 존재하는 한갓 피조물에 불과함을 인정하는 신앙고백이다. 창조자 하나님에 대한 이 신앙고백은 세상과 인간의 궁극적 기원이 하나님께 있을 뿐 아니라, 세상과 인간의 궁극적 운명 역시 하나님께 달려 있음을 내포한다. 삼위일체 하나님은 온 세상의 알파와 오메가, 처음이자 마지막이시다. 이것이 참된 의미에서 기독교 창조 신앙의 핵심 진리이며, 신학적 의미에서 참된 창조론의 중심 내용을 이룬다.

여기서 하나님이 온 세상의 궁극적 기원이 되신다는 우리의 신앙고백은 우주와 인간의 시간적 기원을 추적하는 역사적·과학적 연구와 상당히 다른 차원에 속해 있다. 하나님은 하늘에 계시고 우리는 땅에 있다. 하늘에 계신 창조주 하나님에 대한 신앙고백과 땅에서 펼쳐지는 우주와 생명의 역사에 대한 과학적 지식은 서로 연관되어 있기는 하지만, 그 둘은 서로 차원이 다른 두 영역을 대상으로 한다. 이 점에서 나는 다니엘 밀리오리(Daniel L. Migliore)의 다음 진술에 전적으로 공감한다. "하나님의 창조 활동의 기간과 단계와 과정에 대해 우리의 과거의 가정이 아무리 광범위하게 수정된다 하더라도, 이것은 창조자 하나님에 대한 우리 신앙의 중심적 주장에는 본질적인 영향을 미치지 못한다."[1]

창조의 다양한 차원들

성서와 기독교 전통에서 창조는 단순히 태초에 있었던 지나간 사건을 가리키지 않는다. 창조는 신학적으로 그것보다 훨씬 더 풍성하고 다차원적인 개념이다. 성서와 기독교 전통에 속한 창조론의 핵심 내용을 올바르게 이해하기 위해서는 우선 창조 개념이 다양한 차원에 걸쳐 있음을 이해할 필요가 있다. 우리말로 '창조'로 번역되는 영어 단어 'creation'과 독일어 단어 'Schöpfung'은 모두 하나님의 창조 활동을 지칭할 수도 있고, 그 결과 만들어진 창조세계를 가리킬 수도 있다. 이것은 창조론에서 다루어야 할 내용이 다양한 차원을 지니고 있음을 암시한다. 단순히 사전적 의미를 넘어서 좀 더 체계적인 분석을 시도할 경우, 우리는 다음과 같이 창조의 세 가지 차원을 구분할 수 있다.

창조의 첫 번째 차원은 무엇보다도 세계를 창조하고 섭리하시는 하나님의 존재다. 곧 창조자의 존재와 성품 및 의도 등이 창조론에서 다루는 첫 번째 주제 영역이다. 창조는 우선 신학적 개념으로서 창조세계와 구분되는 창조자 하나님의 존재를 전제한다. 창조자는 어떤 성품을 갖고 있으며 또 어떤 의도와 목적에서 자신과 다른 존재 방식을 지닌 세계를 창조하였는지 등이 창조의 첫 번째 차원과 관련해서 가장 중요한 질문이라고 하겠다.

---

1 Daniel L. Migliore, *Faith Seeking Understanding: An Introduction to Christian Theology*, 다니엘 L. 밀리오리 지음, 신옥수·백충현 옮김, 『기독교조직신학개론: 이해를 추구하는 신앙』, 전면 개정판 (서울: 새물결플러스, 2012), 202.

두 번째 차원은 하나님의 창조 활동에 따른 결과로서 출현한 창조세계다. 곧 창조세계의 기원·역사·형태 등이 창조론에서 다루는 두 번째 주제 영역이다. 하지만 이때 창조론에서 관심하는 창조세계의 기원·역사·형태는 언제나 창조자 하나님과의 관계 속에서 다뤄진다. 즉 창조자 하나님과의 관계를 떠난 창조세계의 기원이나 역사나 형태는 그 자체로 창조론의 고유한 주제 영역에 속하지 않는다는 말이다.

이러한 인식은 창조의 마지막 세 번째 차원을 암시한다. 그것은 창조자 하나님과 창조세계 사이의 상호 관계다. 이 상호 관계는 다시금 창조자의 입장과 창조세계의 입장으로 구분해서 살펴볼 수 있다. 즉 창조 개념에는 세계를 창조하고 섭리하시는 하나님께서 세계에 관여하시는 방식과 관련된 차원이 있고, 창조세계가 창조자이고 섭리자이신 하나님에게 의존하면서도 고유의 자율성을 성취하는 방식과 관련된 차원도 있다.

요컨대 성서와 기독교 전통에 충실한 창조론은 방금 구분한 창조의 다양한 차원을 정당하게 취급할 수 있어야 한다. 이것은 성서와 기독교 전통에서 창조의 다양한 차원들이 동등한 비중으로 고려되지 않음을 감안해야 한다는 의미다. 성서와 기독교 전통의 창조론은 언제나 창조자 하나님과의 관계 속에서 창조세계의 모습을 다룬다. 창조자 하나님과 무관한 창조세계의 기원이나 역사나 모습 자체가 창조론의 독립적인 주제 영역이 된 적은 거의 없다. 따라서 우리는 성서와 기독교 전통에 충실한 창조론을 소개할 때, 창조의 다양한 차원 가운데 창조자 하나님의 존재와 성품과 의도 및 창조자와 창조세계의 관계 등을 핵심 내용으로 삼아야 한다.[2]

---

2 "만물을 누가 창조하였는가에 대해서는 그리스도인들이 모두 같은 답을 하지만, 이 하나님이 만물을 어떻게 창조하셨는지에 대해서는 지난 수십 년 간 다양한 이견이 존재해 왔다." Deborah B. Haarsma and Loren D. Haarsma, *Origins: Christian Perspectives on Creation, Evolution, and Intelligent Design*, 데보라 하스마, 로렌 하스마 지음, 한국기독과학자회 옮김, 『오리진: 창조, 진화, 지적설계에 대한 기독교적 관점들』(서울: IVP, 2011),

창조자 하나님

창조의 다양한 차원 가운데 가장 중요한 것은 창조자 하나님이다. 기독교 전통에 따르면 세계를 창조하고 세계와 지속적으로 관계하시는 하나님은 성부·성자·성령 삼위일체의 하나님이다. 삼위일체 하나님은 세계 창조 '이전부터' 영원한 사랑의 친교 속에 계신다. 삼위일체 하나님은 넘쳐나는 사랑으로 세상을 창조하셨으며, 세상의 죄와 악에도 불구하고 은혜로 세상을 섭리하고 계신다. 하나님은 마지막 때에 창조 사역을 완성하신 후에, 지으신 만물 가운데 거하시며 모든 피조물의 전부가 되어 영광을 받으실 것이다. 삼위일체 하나님은 온 세상이 삼위일체 하나님의 영원한 친교 속에 참여하는 새 창조의 미래를 꿈꾸고 계신다.

서방 교회 전통의 사도신경과 동방 교회 전통의 니케아-콘스탄티노플 신조 등 고대 교회로부터 내려오는 고전적 신조에 따르면, 천지를 창조하신 하나님은 유일하신 하나님이고 전능하신 아버지시다. "우리는 전능하신 아버지, 유일하신 하나님, 하늘과 땅, 눈에 보이는 것과 눈에 보이지 않는 모든 것을 창조하신 분을 믿습니다"(니케아-콘스탄티노플 신조). 여기서 우리는 고전적 신조가 하나님께서 창조하신 세계의 과거 역사나 혹은 하나님께서 세계를 창조하신 물리적 방식에 대해 거의 관심을 두지 않는다는 사실에 주목할 필요가 있다. 이 신조의 주된 관심은 세계를 창조하신 하나님이 어떤 분인가 하는 점에 있다.

우선 세계를 창조하신 하나님은 한 분 하나님 곧 유일하신 주님이다. 이것은 성서적 신앙에 있어 매우 근본적인 전제가 된다. 오직 한 분이신 하나님, 유일하신 주님만이 계신다는 믿음은 성서적 신앙을 가진 사람들에게

33.

하나님 외에는 다른 어떤 것도 예배하거나 경배해서는 안 된다는 것을 의미한다. 만약 하나님이 아닌 어떤 피조물을 하나님처럼 예배한다면 그것은 우상숭배에 해당한다. 여기서 예배는 단지 입술의 고백이나 예배 참석만을 의미하는 것이 아니다. 여기서 예배는 창조자 하나님 외에 다른 무언가 혹은 다른 누군가를 더 사랑하거나 더 두려워하며 산다는 것을 뜻한다.[3] 따라서 성서적 신앙을 가진 사람들은 (심지어 제국을 호령하는 황제의 명령이라 할지라도) 하나님의 뜻에 반하는 모든 것에 저항하면서, 유일하신 하나님을 위해 자기의 목숨까지 내어놓곤 했다. 이러한 순교적 신앙은 "너는 마음을 다하고 뜻을 다하고 힘을 다하여 네 하나님 여호와를 사랑하라"(신 6:5)고 말씀하신 쉐마의 명령 속에 이미 내포되어 있다. 성서적 창조 신앙의 근본에는 이처럼 모든 우상숭배를 거부하는 순교적 신앙이 자리하고 있다. 이것은 단순히 세계의 과거 역사에 대한 지식을 갖는 것과는 전혀 다른 차원에 속한다.

또한 고전적 신조는 창조자 하나님을 전능하신 아버지라고 고백한다. 이 고백 역시 창조세계의 과거 역사에 대한 정확한 지식과 거의 관계가 없다. 이것은 창조자의 능력과 성품에 대한 고백이다. 창조자 하나님은 세상 만물을 창조하고 섭리하시는 전능하신 분(*pantokrator*)이다. 동시에 그분은 자신의 권능을 강압적으로 휘두르지 않고, 그것을 아버지와 같은 사랑으로 만물을 돌보는 데 사용하신다. 하지만 창조자 하나님을 전능하신 아버지라고 부르는 이 고백의 근거를 창조세계의 현재 모습에서 찾을 수는 없다. 창조세계 속에는 죄와 악이 보편적으로 역사하고 있으며, 성도들은 항상 죄악의 유혹에 노출된 채 살아간다. 눈에 보이는 창조세계는 전능하신 아버지께서 다스리시는 영역처럼 보이지 않는다. 지금의 창조세계는 마치 하나님이

---

3 Thomas Aquinas, *Sancti Thomae de Aquino Expositio in Symbolum Apostolorum*, 토마스 아퀴나스 지음, 손은실 옮김, 『토마스 아퀴나스 사도신경 강해설교』(서울: 새물결플러스, 2015), 69.

계시지 않은 세상처럼 보인다. 기독교 전통은 이러한 현실 인식을 부정하지 않는다. 오히려 바로 그러한 부정적인 현실 인식 속에서도 천지만물을 창조하고 섭리하시는 전능하신 아버지에 대한 신앙을 고백한다. 이것은 기독교 전통의 창조 신앙과 섭리 신앙이 단순히 하나님께서 행하신 과거의 역사에 대한 인식에만 매여 있을 수 없음을 의미한다. 기독교 전통의 창조 신앙 속에는 도리어 천지만물을 창조하고 섭리하시는 전능하신 아버지께서 지금의 창조세계를 지배하는 것처럼 보이는 죄와 악의 역사를 반드시 종식시킬 것이라는 묵시적·종말론적 소망이 담겨 있다. 이런 점에서 창조 신앙은 단순히 태초의 세계 기원에 대한 믿음에 그치지 않고, 종말에 완성될 하나님 나라의 소망까지 포함한다고 하겠다.

창조의 목적

기독교 전통은 고전적 신조들에 담긴 창조론의 토대 위에서 창조자와 창조세계의 관계에 대한 보다 깊은 신학적 이해를 발전시켜 왔다. 성서와 기독교 전통에서 세계가 정확히 언제, 어떻게 시작되었는지는 그리 중요한 관심사가 아니다. 성서와 기독교 전통에 충실한 창조론에서 가장 중요한 질문은 세상 만물을 창조하고 섭리하시는 하나님이 어떤 분인지, 하나님은 왜 세상을 창조하셨는지 등 창조자의 고유한 성품 및 창조의 목적에 관한 것이다.

하나님은 세상을 왜 창조하셨을까? 이 질문에 대해 현재 한국교회 안에서 통용되는 가장 흔한 대답 가운데 하나는 하나님께서 인간의 구원을 위해 세상을 창조하셨다는 것이다. 이 대답은 하나님께서 세상을 창조하신 목적의 핵심에 다른 모든 피조물과 구분되는 인간 존재 및 죄로 인해 타락한 인간의 상태를 전제한다. 하지만 이러한 인간 중심적이고 구원 중심적인 답변은 하나님께서 인간 외의 다른 피조물을 창조하신 목적에 대해서 충분히 만족할 만한 답변을 주지 못한다. 과연 세상의 창조는 단지 인간 구원의 역사를 전개하기 위한 무대를 제공하기 위한 것이었을까?

기독교 전통의 창조론에 따르면 창조의 토대는 성부·성자·성령 간에 넘쳐 흐르는 사랑이며, 창조의 목적은 삼위일체 하나님과 모든 피조물이 함께 만드는 공동체에 있다. 그 종말의 공동체에서 모든 피조물은 삼위일체 하나님의 신적 삶에 참여할 것이며, 삼위일체 하나님은 창조 프로젝트의 완성을 통해 영광을 받으실 것이다.[4] 다시 말해서, 창조는 인간의 구속보다 훨씬 더 큰 목적을 지향한다. 창조 프로젝트의 목적은 창조세계를 하나님의 거처로 만드는 것이기에(고전 15:28), 이 프로젝트의 완성은 단지 인간의 출현과 운명에만 의존하지 않는다. 하나님의 인간 창조는 다른 피조물의 창조와 마찬가지로 하나님의 전적인 주권에 속하는 순전한 은총의 행위다. 우리는 하나님께서 반드시 인간을 창조해야 했다고 말할 필요가 없다. 하나님께서 인간 없는 세계를 창조하셨다 하더라도 그것은 전혀 문제될 것이 없다. 하지만 하나님은 자유로운 은총 가운데 우리 인간을 창조하기로 결정하셨고, 다른 피조물과 더불어 우리 인간도 하나님께서 안식하시는 그날에 삼위일체 하나님과 더불어 누리는 복된 삶에 참여하도록 하셨다.

위르겐 몰트만(Jürgen Moltmann)은 하나님이 세상을 창조하신 목적이 인간에게 있지 않고, 오히려 인간의 의미와 목적이 하나님께 있음을 다음과 같이 인상적인 필치를 통해 기술하고 있다.

확실히 인간은 우리의 지식으로 볼 때 가장 고도로 발달한 생명체다. 하지

---

4 Colin Gunton, *The Triune Creator: A Historical and Systematic Study* (Edinburgh: Edinburgh University Press, 1998), 212.

만 '창조의 왕관'은 하나님의 안식이다. 인간이 창조된 것도 바로 이것, 곧 창조세계가 영원하고 다함 없으신 하나님을 찬양하며 이 찬양 가운데 자신의 기쁨을 누리고 표현하는 축제를 위한 것이다. 인간 실존의 영속적 의미는 창조세계가 하나님께 올려드리는 이 기쁨의 찬가에 참여한다는 사실에 있다. 이 찬가는 인간의 등장 이전부터 불리고 있었고, 인간 영역 밖에서도 불리고 있으며, 혹 인간이 이 행성에서 사라지게 되더라도 계속해서 불리게 될 것이다. 성서의 언어 이미지를 제하고 말하자면, 인간은 세계의 의미나 목적이 아니다. 인간은 진화의 의미나 목적이 아니다. 우주 발생은 인간의 운명에 매여 있지 않다. 오히려 그 역이 참이다. 곧 인간의 운명이 우주 발생에 매여 있는 셈이다. 신학적으로 말하자면 인간의 의미와 목적은 다른 모든 만물과 마찬가지로 하나님 안에서 찾을 수 있다.[5]

요컨대 인간이 삼위일체 하나님 안에서 영원한 삶에 참여하도록 초대받았다는 사실이 인간이 하나님의 창조세계 내에서 중심 위치를 차지한다거나 혹은 인간이 이 점에서 다른 피조물과 구별되는 특별한 존재임을 함축하지 않는다. 다시 말하지만 인간 역시 다른 피조물과 마찬가지로 하나님의 자유로운 은총 가운데 창조되었으며, 그들과 더불어 하나님이 베푸시는 안식의 잔치에 초대받았다. 기독교의 창조 신앙의 중심에 있는 것은 피조물 인간이 아니라 창조자 삼위일체 하나님이다. 이런 의미에서 기독교의 창조론은 철저한 인간중심주의적 사고와는 거리가 멀다고 하겠다.

다른 한편으로 창조의 목적에 관한 질문은 창조의 시제와 관련해서 중요한 함의를 가진다. 만약 하나님이 세상을 창조하신 목적이 이미 실현되었

---

5 Jürgen Moltmann, *God in Creation: A New Theology of Creation and the Spirit of God* (Minneapolis: Fortress, 1993), 196-197.

다면, 창조는 과거에 완결되었다고 할 수 있을 것이다. 전통적인 신학자들 중에는 태초에 완결된 창조 교리를 주장하는 사람들이 많이 있었다. 반면에 만약 하나님의 세상 창조 목적이 아직 실현되지 않았고 현재 실현되어가는 과정 중에 있다면, 우리는 계속 창조 내지 장차 있을 창조의 완성에 대한 교리를 주장할 수 있는 근거를 갖게 된다. 흥미로운 점은 오늘날에는 하나님의 창조가 태초 혹은 과거 어느 시점에 완결되었다고 보지 않는 신학자들이 현저하게 늘어나고 있다는 사실이다.[6]

창조의 모델

기독교 전통의 창조론에서 또 하나의 중요한 주제는 삼위일체 하나님의 창조 방식과 섭리 방식이다. 하나님의 창조 활동을 이해하기 위해서 신학자들은 다양한 모델을 제시해왔다. 가장 고전적인 대답에 해당하는 것은 하나님의 두 손 이론(이레나이우스)이다.[7] 하나님께서 아들과 성령을 통해 세상을 창조하신다는 것이다. 여기서 아들과 성령은 하나님이 세계 안에 내주하심을 의미하며, 따라서 하나님의 창조 활동이 단순히 세계 외부에서 비롯된 것이 아니라 세계 내부에서부터 이뤄지고 있음을 시사한다. 이러한 삼위일체적 창조 이해는 다른 종교나 철학의 전통에서는 찾아볼 수 없는 기독교만의 고유한 사상이다. 성부·성자·성령의 삼위일체 교리를 통해 기독교 전통은 세상을 초월하는 동시에 세상에 내주하시는 창조자 하나님에 대한 독특한 이해를 발전시킬 수 있었다.

---

6 Jürgen Moltmann, *The Future of Creation* (London: SCM, 1979), 116 참고.

7 Irenaeus, *Against Heresies*, V.6.1. http://www.newadvent.org/fathers/0103506.htm (2019년 7월 17일 접속).

한편으로 하나님의 창조 방식을 설명하기 위해 여러 유비가 등장했다. 하지만 그 어느 것도 하나님의 창조 방식을 완벽하게 설명하지 못한다. 따라서 우리는 하나의 유비를 절대적인 기준으로 삼기보다는 다양한 유비가 지닌 각각의 고유한 통찰과 한계를 동시에 고려할 필요가 있다.[8] 하나님의 창조 방식에 관한 다양한 유비 가운데 하나는 토기장이 모델이다. 하지만 토기장이 모델은 플라톤의 데미우르고스(demiurge)처럼 선재하는 질료를 전제하며 또한 창조주의 초월성과 피조물의 수동성을 지나치게 강조한다는 단점이 있다. 다른 하나는 시계조립공 모델이다. 하지만 이 모델에 따르면 하나님께서 태초에 모든 것을 완벽하게 설계해 두었기 때문에, 일단 세상을 창조하신 다음에는 하나님이 세상에 관여할 필요가 사라진다. 이 모델은 하나님이 굳이 개입하지 않아도 세상의 역사가 문제없이 흘러감을 말한다. 또 다른 유비는 건축설계사 모델이다. 건축설계사가 연극을 위한 무대를 제작하듯이, 이 모델은 창조를 인간의 구원이라는 드라마를 위한 무대 제작 정도로 이해한다. 또 하나는 유출 모델이다. 이에 따르면 신적 존재가 흘러 넘침으로 세계가 만들어졌다는 주장이다. 이것은 창조자와 창조세계 간의 긴밀한 유대 관계를 잘 설명할 수는 있지만, 세계 자체를 신적 존재로 보게 하는 오류에 빠지기 쉽다. 마지막으로 작곡가 모델이 있다. 즉흥적으로 작곡하면서 연주하는 음악가 모델은 하나님께서 창조 활동 자체를 즐기신다는 인상을 준다. 아울러 이 모델은 창조자인 하나님과 창조세계 사이의 긴밀한 상호 관계를 잘 설명해주는 장점이 있다.

이상으로 창조자 하나님과 창조세계가 관계 맺는 방식을 설명하는 다양한 모델을 살펴보았는데, 이를 통해 우리는 창조자의 초월성과 내재성 간

---

8 창조를 설명하는 다양한 모델에 관해서는 다음 글들을 참고하라. 밀리오리, 『기독교 조직신학 개론』, 203-207; Arthur Peacocke, *Theology for a Scientific Age* (Minneapolis: Fortress, 1993), 165 이하.

에 긴장과 균형을 유지할 필요가 있음을 깨닫게 된다. 아울러 창조자의 활동이 태초의 특정 시점에만 국한되지 않고 창조세계가 존속하는 전 기간에 걸쳐 전개되고 있음을 확인하는 것도 중요하다고 하겠다. 하나님은 태초에 세상을 창조하신 후에 세상을 떠나 홀로 저 높은 곳에 계신 분이 아니다. 하나님은 세상을 창조하신 이후 줄곧 세상과 관계하시며, 세상을 보존하고 동행하고 인도하신다.[9]

선한 창조

기독교 전통의 창조론에서 다루는 창조의 다양한 차원 중에는 하나님께서 창조하신 세계의 모습도 포함된다. 하지만 여기서 주의할 점은 세계 창조의 기간이나 과정 등은 창조론의 고유한 관심사 밖에 있다는 사실이다. 기독교 전통이 창조세계의 모습에 관심을 가질 경우는 거의 언제나 창조자 하나님과의 관계 속에서 바라본 세계의 모습이다.

다시 말해서, 세계와 세계 속의 모든 것은 하나님께서 창조하신 피조물로서 창조자 삼위일체 하나님과의 관계 속에 존재하고 있다. 세계는 한편으로 창조자의 주권적 은총에 의존하여 존재하고, 다른 한편으로 창조자의 은혜 안에 자율성과 독립성을 지닌다. 창조자 삼위일체 하나님은 선한 의지로 세계의 역사를 섭리하고, 세계는 창조자의 섭리에 자율적으로 응답한다. 하지만 창조자의 선한 뜻에서 비롯된 선한 창조세계는 그 고유의 자율성과 독

---

9 전통적으로 태초의 창조 이후 하나님의 섭리 활동에 관해서 보존(*conservatio*), 협력(*cooperatio, concursus*), 통치(*gubernatio*) 등 세 가지 방식이 제시되어왔다. Horst Georg Pöhlmann, *Abriss der Dogmatik*, 호르스트 게오르그 푈만 지음, 이신건 옮김, 『교의학』 (서울: 신앙과지성사, 2013), 217.

립성을 오용하여 타락한 상태에 빠져버렸으며, 창조자의 선한 뜻이 완전하게 성취될 미래를 소망하는 가운데 이 땅에서 탄식하고 있다. 창조자와 창조세계의 상호 작용 속에서 창조의 역사가 지속된다. 이런 점에서 창조는 세계와 관계하시는 삼위일체 하나님의 경륜이 역사적으로 펼쳐지는 가장 포괄적인 지평인 동시에 그것이 지향하는 목적이기도 하다.

기독교의 창조론 전통은 천지만물이 모두 하나님께서 창조하신 선한 피조물이라는 사실을 강조한다. 초기 교회가 영지주의와 마니교 등 이원론적 세계관의 도전에 응답하는 가운데 선한 창조 교리는 확고한 정통으로 자리 잡았다. 따라서 영은 선하고 물질은 악하다는 주장은 기독교 전통에서 배격된다. 인간의 영혼은 선하고 인간의 육체는 악하다는 생각도 마찬가지다. 영과 마찬가지로 물질도 하나님께서 창조하신 선한 피조물이고, 인간의 영혼과 마찬가지로 인간의 육체도 하나님께서 창조하신 선한 창조세계의 일부다.

아울러 기독교 전통은 하나님께서 창조하신 세상이 생명의 수여자이신 하나님께 지속적으로 의존하고 있음을 강조한다. 이런 의미에서 세상과 그 안의 만물은 우발적 존재다. 어떤 면에서 창조세계는 무로부터 와서 다시 무로 돌아간다. 하지만 다른 각도에서 보면 창조세계는 하나님으로부터 와서 하나님께로 돌아간다. 하나님은 창조세계의 알파이자 오메가가 되신다. 따라서 창조세계의 의미와 목적은 그 자체 안에 있지 않고, 오로지 창조자 하나님 안에서만 찾을 수 있다.

기독교 전통에 따르면 창조자 하나님은 세상을 순수하게 수동적인 존재로 만들지 않으셨다. 하나님은 피조물에게 자율성과 독립성을 허락하셨으며, 스스로를 조직하고 전에 없던 새로운 것을 창조할 수 있는 능력도 부여하셨다. 하나님은 유출과 같은 방식을 통해 자신의 분신 같은 존재를 만드신 것이 아니라, 자신과 전혀 다른 존재 방식에 속한 세계를 창조하셨다.

인간의 자유에서 절정에 이르는 피조물의 자율성은 창조세계의 고유한 속성에 해당한다. 하나님의 주권과 피조물의 자율성은 서로 충돌하지 않는다. 오히려 하나님의 영이 운행함을 통해 피조물은 더 온전한 자신의 모습을 찾게 된다. 하나님의 능력은 피조물의 능력을 제한하기보다 오히려 극대화하며, 피조물이 스스로 독립적이고 자율적인 존재가 되도록 그에 알맞은 토대를 제공한다.

인간, 하나님의 형상

기독교 전통의 창조론에 따르면, 하나님의 창조 작품 가운데 인간은 여러 면에서 특별한 피조물이다. 하나님의 형상으로 빚어진 인간은 하나님을 의식하고 하나님과 소통한다. 나사렛 예수 안에서 하나님은 수많은 피조물 가운데 인간이 되셨다. 인간은 창조자 삼위일체 하나님의 꿈을 알고 그 꿈을 이루는 일에 하나님의 동역자가 된다.

이처럼 하나님께서 창조하신 피조물 중에서 인간은 특별하다. 하지만 인간의 특별함이 다른 피조물의 고유한 가치를 부정하지 않는다. 오히려 인간의 특별함은 다른 피조물의 존재에 의존하고 있다. 창세기 1장에서 인간이 마지막 날에 창조된 것은 인간이 창조의 절정임을 알려주는 동시에, 앞서 창조된 다른 피조물이 없이는 생존할 수 없는 연약하고 의존적인 존재임을 암시한다. 인간은 하나님의 형상으로 지음 받았기에, 이 땅에서 다른 모든 피조물 앞에서 하나님의 뜻을 대변한다. 인간은 하나님과 소통하고 하나님의 뜻을 분별하여 이 땅 가운데 하나님을 대행한다. 동시에 인간은 땅의 먼지로 지음 받았기에, 하나님 앞에서 모든 피조물을 대표한다.

한편으로 하나님께서 창조하신 인간은 처음부터 모든 면에서 완벽한 존재가 아니었다. 인간은 생존을 위해 다른 피조물에게 의존하는 존재였을 뿐 아니라, 다양한 위협과 유혹에 노출되어 있었으며, 죄와 죽음의 세력을 이길 지혜와 능력을 아직 갖추지 못하고 있었다. 이런 의미에서 인간이 하나님의 형상대로 지음 받았다는 창세기의 진술은 최초 인간에 대한 진술이기보다는, 인간의 궁극적인 운명 곧 하나님께서 꿈꾸시는 인간의 이상적인 모습에 대한 약속이라고 보는 것이 더 적절하다. 신약성서에서 하나님의 형상 개념이 오로지 예수 그리스도에게만 적용된다는 사실(골 1:15; 롬 8:29)은 하나님의 형상 개념에 대한 이러한 종말론적 해석의 정당성을 지지한다.[10]

창조의 완성

기독교 전통에 따르면 창조자 하나님은 태초에 세계 창조를 시작하신 이후로 지금까지 줄곧 창조의 사역을 지속하고 계신다. 하나님은 창조세계가 새 창조를 통해 완성될 때까지 계속 창조 활동을 이어갈 것이다. 그러므로 그리스도인은 창조의 완성을 소망 중에 기다린다. 이 점에서 그리스도인의 소망은 창조세계 전체를 포괄하는 우주적·보편적 지평을 가진다.

창조의 완성을 향한 그리스도인들의 소망은 단지 창조세계의 미래를 향한 소망만을 말하지 않는다. 거기에 더하여 혹은 그보다 우선적으로 하나님이 펼쳐 나갈 창조 활동의 미래를 향한 소망을 가리킨다. 이러한 의미에서 우주적 희망은 세계를 창조하고 그 세계를 궁극적으로 완성하시는 하나

10 Wolfhart Pannenberg, *Systematic Theology*, vol. 2 (Grand Rapids: Eerdmans, 1994; 『판넨베르크 조직신학 2』, 새물결플러스 역간), 208 참고.

님에 대한 소망에 다름이 아니다. 다른 말로 하자면 우주적 희망은 단지 세계의 미래 상태에만 관계하는 것이 아니라, 오히려 하나님이 세계를 창조하기로 결정한 이후로 줄곧 의도해왔던 창조 목적의 궁극적 성취를 향하고 있다는 면에서 진정한 의미의 신학적 사안이라고 하겠다. 여기서 문제가 되는 것은 창조세계를 향한 하나님의 신실성과 더불어 스스로 시작한 일을 완성하고자 하는 하나님의 의지와 능력에 관한 것이다.

만약 창조세계의 완성이 없다면, 창조세계와 관련해서 하나님이 행하시는 역사의 완성으로서 새 창조가 없다면, 창조세계의 미래를 향한 소망이 없다면, 그것은 하나님의 창조 프로젝트가 실패함을 의미할 것이며, 아울러 하나님이 세계를 창조하신 사랑과 능력의 하나님이라는 기독교적 신념에 대해서까지 의문이 제기될 것이다. 그러나 그리스도인들은 신실하신 하나님이 태초에 시작하신 창조 사역을 마지막에 완성하실 것을 믿고 소망한다. "하나님은 죽은 자를 살리시며 없는 것을 있는 것으로 부르시는 이"(롬 4:17)시기 때문이다. 요컨대 삼위일체 하나님이 이루시는 창조 프로젝트의 완성 곧 새 창조를 향한 소망은 성서와 기독교 전통에 충실한 창조론의 핵심 진리 가운데 속한다고 하겠다.

"하나님이 이르시되 '땅은 풀과 씨 맺는 채소와

각기 종류대로 씨 가진 열매 맺는 나무를 내라' 하시니"

창세기 1:11

제3부

옥석 고르기:
생명과학과 대화하다

제6장

생명의 신비

생명의 탄생 과정은 말로 다 할 수 없이 신비롭다. 하지만 이때 우리가 느끼는 신비로움은 하나의 세포로부터 시작된 생명 탄생의 전 과정에 대한 과학적 설명과 충돌하지 않는다. 오히려 현대 과학의 미세한 관찰 덕분에 그것이 더욱 신비롭게 우리에게 다가온다. 한 사람의 생명이 탄생하고 성장하는 과정의 신비로움에 비하면 현대 생명과학이 밝혀내고 있는 지구상 생명의 역사는 더욱 신비롭고 더 큰 감탄을 자아낸다.

가장 단순한 유기체의 출현으로부터 오늘날과 같은 복잡한 생물권의 출현에 이르기까지 38억 년의 기간 동안 놀랍도록 다양한 형태와 구조를 지닌 유기체들이 새롭게 출현하였다. 생명의 역사 속에서 우리는 유기체와 환경 간의 역동적인 상호 작용, 예상치 못한 새로운 기관과 형태의 창발, 변화하는 환경 속에서 유기체들의 창조적 적응, 우주의 일부이면서 우주 전체를 의식하는 존재의 출현 등 광대한 우주 속에서 (현재까지 인류가 가진 지식의 범위 안에서는) 오직 지구에서만 찾아볼 수 있는 흥미로운 현상을 마주하게 된다. 나날이 발전을 거듭하고 있는 생명과학은 우리 인간을 포함하여 지구상에 존재하는 생명의 신비로움을 우리가 더욱 깊이 깨닫도록 도울뿐 아니라, 생명을 창조하신 하나님께 경외심으로 충만한 찬양을 돌리도록 우리를 초대한다.

생명과학과 창조론의 만남

성서와 기독교 전통의 창조론에 따르면, 모든 생명은 하나님으로부터 와서 하나님 안에 거하고 하나님께로 돌아간다. 하나님은 모든 생명의 알파와 오메가가 되신다. 신학적 생명 이해의 핵심은 모든 생명이 하나님께 속한다는 것이다. 모든 생명, 모든 유기체는 하나님이 창조하신 선한 창조의 일부다. 이 말은 모든 생명 현상이 선하다는 뜻은 아니다. 그럼에도 하나님은 인간에게 그러하듯 모든 유기체에 대해서도 근본적으로 긍정의 태도를 품고 계신다. 생명에 대한 이러한 기독교적 확신은 생명에 대한 과학적 이해를 초월하고 그것을 넘어서 있다. 생명에 대한 신학과 과학의 대화는 이렇듯 과학의 영역을 넘어서 있는 신학의 고유한 확신을 항상 염두에 두고 있어야 한다.

한편으로 생명과학이 탐구하는 생명은 모두 하나님께서 창조하신 세계의 일부다. 생명과학은 하나님으로부터 와서 하나님 안에 거하고 하나님께로 돌아가는 바로 그 생명을 탐구한다. 비록 과학이 하나님 안에서만 찾을 수 있는 생명의 본질을 파악하는 데까지 나아가지는 못할지라도, 하나님이 창조한 생명에 관한 중요한 진리를 밝혀줄 수 있으며, 그것을 통해 전통 가운데 잘못되거나 왜곡된 생명 이해를 교정하고 바람직한 이해를 심화시키는 계기를 제공할 수 있다.

또한 현대 생명과학이 밝혀주는 생명의 역사는 하나님이 생명을 창조해오신 계속적 섭리의 역사에 다름이 아니다. 이런 의미에서 현대 생명과학의 탐구 결과는 비록 간접적으로나마 신학적 성찰의 대상이 된다. 말하자면 오늘날 우리는 현대 생명과학이 제공하는 새로운 지식의 빛에 비추어 하나님이 창조하신 생명에 대한 새로운 신학적 성찰을 필요로 한다.

특히 오늘날 우리는 생명과학과 생명공학의 시대를 살고 있다. 17세기 과학 혁명이 천문학과 물리학 분야에서 촉발되었다면, 20세기 후반부터 과학 혁명을 주도하는 것은 생물학이다. 그렇다면 그리스도인으로서 우리는 현대 사회에 지대한 영향을 미치고 있는 생물학 혹은 생명과학을 어떻게 이해하고 받아들일 것인가? 하지만 이 질문에 대한 적절한 대답을 내놓기 위해서는 우선적으로 오늘날의 생명과학에 대한 기본적이고 정확한 지식을 필요로 한다. 생물학에 대해 막연한 거부감을 갖거나 원론적으로 생명과학 자체를 부정하는 그리스도인들 중에 현대 생명과학에 대한 기본적인 지식을 습득한 사람을 찾기가 쉽지 않다.

사실 생물학은 그리스도인들이 가장 멀리하는 학문 가운데 하나다. 물리학이나 화학 등 다른 자연과학 분야와 달리 생물학을 전문적으로 연구하는 그리스도인들을 만나기가 쉽지 않다. 특별히 한국의 상황에서는 더욱 그러하다. 자연과학을 전공하지 않은 대다수의 한국 그리스도인들은 생물학을 진화론과 동일시하고, 진화론을 창조론과 상반되는 이론 혹은 가설 정도로 여기고 있기 때문이다. 따라서 성서를 하나님의 말씀으로 받아들이는 경건한 그리스도인일수록 생물학을 공부하는 것 자체가 기독교 신앙에 반하는 것인 양 생물학 자체를 멀리하는 경향이 있다. 고등학교 생물 수업 시간은 물론이고 대학 학부 과정의 생물학 강의를 필수적으로 수강해야 하는 그리스도인들 가운데 신앙에 따라 정직한 답안을 쓰고 그래서 낮은 학점을 받은 이들이 있다는 이야기를 간혹 듣기도 한다. 안타까운 일이 아닐 수 없다.

과연 생물학은 경건한 그리스도인이라면 당연히 멀리하고 거부해야 하는 거짓 학문인가? 최근 나는 대학 수준의 생명과학 교과서를 정독하면서 경탄을 금할 수 없었다. 인간을 비롯한 생명 현상 전반에 대한 과학적 이해의 수준이 이토록 심화되었다는 사실을 알고서, 그간 헌신적으로 생명 현상 연구에 몰두했던 수천수만의 생물학자들에게 경의를 표하게 되었다. 그리고 생물학자들이 밝혀낸 생명 현상에 관한 새로운 사실을 곰곰이 생각하면서, 하나님과 인간에 대한 이해가 확장되는 것을 경험할 수 있었다. 나에게는 개인적으로 생물학이 기독교 신앙에 도전이나 해악이 되기보다는 큰 선물과 유익이 되었다고 고백한다. 이 장에 담긴 내용은 내가 생명과학과 생명신학을 함께 연구하면서 얻은 통찰을 한데 모아 놓은 것이다.

생명이란 무엇인가

우주의 역사는 빅뱅에서 시작해서 에너지와 물질의 분리, 기본 입자의 형성, 수소의 형성, 복잡하고 무거운 원소들의 형성, 무기분자의 형성, 유기분자의 형성 등 물리·화학적 수준에서 지속적으로 복잡성이 증가해온 과정을 보여준다. 생명의 역사는 그 연속선상에서 유기분자들 간의 보다 유기적이고 복잡한 상호 작용을 기반으로 하는 박테리아 등 핵이 없는 가장 단순한 단세포(원핵세포)의 출현, 핵을 가진 단세포(진핵세포)의 출현, 단세포들의 군집에서 세포들의 기능 분화에 따른 다세포 생물의 출현, 뇌를 가진 척추동물의 출현, 자의식을 가진 인간의 출현 등 단순히 물리·화학적 수준에서는 기대하기 어려운, 훨씬 더 복잡하고 다양하며 근본적으로 새로운 질서의 창발을 보여준다. 생명의 역사는 우주 역사의 연속선상에서 보다 복잡한 질서가 새롭게 생겨나는 과정을 담고 있다.

138억 년 전 빅뱅 직후 우주의 모습을 상상해보자. 거기에는 아무런 생명체도 존재하지 않았다. 아니 존재할 수조차 없었다. 지구와 같은 행성은커녕 지구에 에너지를 공급해주는 태양도 없었다. 분자는커녕 원자도 존재하지 않았다. 양성자와 중성자조차 존재하지 않았다. 그런데 시간이 지나면서 우주 안에는 양성자, 중성자, 무거운 원소들, 무기분자들이 생겨났다. 모두 전에 없던 새로운 것이다. 우주의 역사는 전에 없던 새로운 것이 출현하는 역동성을 보여준다.

생명의 역사는 우주의 역사 속에서도 더욱 특별한 면모에 해당한다. 45억 년 전 태양계 주변의 먼지가 모여 지구라는 행성이 처음 출현했을 때의 모습을 상상해보자. 그때에는 아직 대기층이 형성되지 않았고, 산소도 거의 없었다. 주변의 에너지를 활용해 스스로 생존하고 생식하며 환경에 반응하는 어떠한 생명체도 존재하지 않았다. 당연히 사람도, 포유류도, 조류도, 파충류도, 어류도, 곤충도, 식물도 없었다. 단세포도, 유전암호를 내장한 DNA도 없었다. 그런데 어느 순간부터 생명이라고 불릴 만한 새로운 현상이 지표면에 나타나기 시작했다. 처음에는 아주 단순한 모습의 생명체가 등장했지만, 시간이 흐르면서 조금씩 복잡한 생명체들이 등장했다. 지구상의 생명 현상은 복잡해지기만 한 것이 아니라 다양해지기도 했다. 생명의 역사 역시 전에는 볼 수 없었던 새로운 현상이 창발하는 역동적 역사를 보여준다. 생명의 역사는 그에 앞선 우주의 역사보다 훨씬 더 다채롭고 복잡하고 풍성하다.

생명과학은 이처럼 다채롭고 복잡하고 풍성한 생명 현상의 과거와 현재를 탐구한다. 생명 현상은 분명 우주 역사의 연속선상에서 출현했지만, 생명과학이 현재 우리에게 보여주는 세계의 모습은 물리과학이 보여주는 세계의 그림과 적잖은 차이를 보인다. 생명 현상의 창발적 속성은 그 기저에 있는 물리·화학적 과정으로 전적으로 환원될 수 없는 고유한 영역을 지시한다.[1] 아울러 생명의 역사가 변모시킨 지구의 모습 또한 불가역적일 뿐 아

---

1 다양한 학문 사이의 위계질서와 관련하여 아서 피콕이 제시하는 표를 참고하라. Arthur

니라 물리·화학의 법칙으로 충분히 설명할 수 없는 고차원적인 복잡성의 세계를 보여준다. 다시 말해서, 생명과학은 물리과학과 다르게 하나님이 지으신 창조세계의 또 다른 차원을 우리에게 열어 보여준다고 하겠다.

생명의 그물망

자연과학의 한 분야로서 생명과학이 탐구하는 생명 현상의 고유한 특징 중 하나는 생명 현상이 다양한 계층을 이루고 있고 그 계층들 간에 긴밀한 상호 의존적 관계가 형성되어 있다는 사실이다. 생명 현상을 구성하는 다양한 계층은 생명 현상의 물리·화학적 토대에서부터 살아 있는 모든 생물이 주변 환경과 조우하면서 만들어낸 포괄적인 생명권까지 아우른다.[2]

지구라는 생물권(biosphere) 안에는 지역별로 모든 생물과 무생물 및 환경을 포함하는 생태계(ecosystem)가 존재하고, 각각의 생태계에는 그 지역에 서식하는 생물 전체로서 군집(community)이 있다. 그리고 군집 아래에는 같은 종에 속하는 개체들의 모임으로서 개체군(population)이 있고, 개체군은 고유한 생명을 가진 하나하나의 생명체로서 유기체(organism)를 기본 단위로 삼아 형성된다. 각 생명체의 내부는 다시 순환계·소화계·신경계와 같

Peacocke, *Theology for a Scientific Age: Being and Becoming—Natural, Divine and Human* (Minneapolis: Fortress, 1993), 217. 로버트 존 러셀은 피콕의 표에 대해서 한편으로 두 세계(two worlds) 이론과 달리 아래 단계가 위 단계에 제한을 가한다(constrain)고 설명하고, 다른 한편으로 인식론적 환원주의에 반하여 위 단계는 아래 단계로부터 창발하며(emergent) 아래 단계로 환원될 수 없다고 설명한다. Robert John Russell, *Cosmology: From Alpha to Omega* (Minneapolis: Fortress, 2008; 『우주론: 알파에서 오메가까지』, 미래사목연구소 역간), 7.

2 Neil Campbell et al., *Biology: Concepts and Connections*, 닐 캠벨 외 지음, 김명원 옮김, 『생명과학: 개념과 현상의 이해』(서울: 바이오사이언스, 2007), 40-41.

은 기관계(organ system)로 구성되어 있고, 신경계와 같은 기관계는 뇌와 척수 등 여러 기관(organ)으로 이루어져 있다. 다시 각 기관은 여러 종류의 조직(tissue)으로 구성되며, 각 조직은 비슷한 기능을 가진 세포(cell)로 이루어져 특정한 기능을 수행한다. 그리고 세포는 다시 막(membrane)으로 둘러싸인 다양한 세포소기관(organelle)으로 조직되어 있고, 유전 정보를 담고 있는 DNA 등 분자들(molecules)이 생명의 가장 기초 단계를 구성한다. 그중에서도 현대 생명과학이 밝혀낸 세포의 세계는 놀랍기 그지없다.

> 세포는 생물의 구성 체계에서 특별한 위치를 차지한다. 세포는 생물의 구성 체계 중에서 생명의 모든 활동을 수행하는 가장 아래 단계이다. 세포는 세포의 내부 환경을 조절할 수 있으며 세포를 둘러싸고 있는 환경에 반응하여 에너지를 흡수하고 사용하며, 복잡한 구조를 발달시키고 유지한다. 새로운 세포를 만들어낼 수 있는 세포의 능력은 다세포 생물의 생식과 성장, 그리고 수선작용의 기본이 된다.[3]

세포의 세계는 생명 현상의 창발적 속성, 곧 물리·화학적 작용에 의존해 있지만 단순히 그것으로만 환원하여 설명하기에는 너무도 복잡하고 역동적이며 관계적인 속성을 보여준다.

이렇듯 다양한 계층으로 구성된 지구상의 생명은 아주 정교한 위계질서를 이루고 있을 뿐 아니라, 생물권을 구성하는 모든 계층과 구성요소 간의 서로 긴밀한 상호의존적 관계 속에서 존재한다.[4] 우리는 그 단적인 예를

---

3 닐 캠벨 외, 『생명과학』, 42.

4 James Lovelock, *Gaia: A New Look at Life on Earth*, 제임스 러브록 지음, 김기협 옮김, 『가이아』(서울: 김영사, 1996); Fritjof Capra, *The Web of Life: A New Scientific Understanding of Living Systems*, 프리초프 카프라 지음, 김용정 외 옮김, 『생명의 그물』 (서울: 범양사,

살아 있는 생물과 생물을 둘러싼 환경 사이에서 이루어지는 화학원소의 순환과 에너지의 흐름에서 찾아볼 수 있다.[5] 이산화탄소·산소·물·무기질·유기화합물 등은 생명체에 없어서는 안 될 가장 기본적인 물질이다. 그리고 이 물질은 산소·탄소·수소 등 다양한 화학원소로 이루어져 있다. 생태계를 가만히 들여다보면, 생명체에 꼭 필요한 이 화학원소들이 환경으로부터 생명체로 이동했다가 다시 환경으로 돌아가면서, 환경과 생명체 사이에서 끊임없이 순환하는 것을 알 수 있다. 한편 태양으로부터 광합성 생물을 통해 생태계에 들어온 빛에너지는 유기화합물의 화학에너지로 전환된 다음, 먹이 사슬을 통해 각각의 생명체에 전달되고, 마지막에는 열에너지로 전환되어 생태계를 떠난다. 요컨대 생명 현상의 기초가 되는 화학적 과정에 대한 이해를 통해 우리는 생명 현상 전체가 마치 하나의 그물망처럼 연결되어 있음을 깨닫게 된다.

생명 현상을 구성하는 다양한 위계들 간의 상호의존적 관계를 잘 보여주는 또 다른 예는 우리 인간의 몸이다. 인간의 몸은 산소(65.0%), 탄소(18.5%), 수소(9.5%), 질소(3.2%), 칼슘(1.5%), 인(1.0%), 칼륨(0.4%), 황(0.3%), 염소(0.2%), 나트륨(0.2%), 마그네슘(0.1%) 등 다양한 원소로 구성되어 있다.[6] 이 원소들은 함께 모여 물(H_2O)과 염화나트륨(NaCl) 등 화합물을 만드는데, 인간 몸의 약 60%가 물로 이루어져 있다. 또한 이 원소들은 탄수화물·지질·단백질·핵산 등 세포를 구성하는 네 가지 핵심 유기분자를 형성한다. 요컨대 이처럼 다양한 원소들은 생명 현상의 가장 기초가 되는 세포와

1998); 장회익 지음, 『물질, 생명, 인간』 (서울: 돌베개, 2009) 참고. 먹이 사슬은 생명의 그물망 구조를 보여주는 또 다른 예가 될 것이다. 닐 캠벨 외, 『생명과학』, 791.

5 닐 캠벨 외, 『생명과학』, 41. 생명의 화학적 이해에 관한 보다 상세한 내용은 제1부 세포의 생활에서 취급하고 있다(53-160).

6 닐 캠벨 외, 『생명과학』, 56.

세포 외 물질을 구성하고, 이것을 통해 인간의 몸을 형성하고 있다.

앞서 언급했듯이, 이 원소들은 환경으로부터 몸으로 들어온 다음 다시 환경으로 돌아간다. 한편으로 이 원소들로 구성된 인간 몸 속의 세포는 다양한 기능과 형태로 분화되어 있는데, 뇌를 구성하는 신경세포인 뉴런도 그중 하나다. 뇌를 구성하는 수천억 개의 뉴런들 간의 복잡한 상호 작용으로부터 의식이 창발한다.[7] 다시 말해서, 우리는 인간의 몸 속에서 무생물적인 물질(원소)로부터 생명 현상(세포)이 창발하고, 몸의 일부인 뇌의 전기·화학적 과정(뉴런)으로부터 마음(의식)이 창발하는 현상을 목도한다.

다른 한편으로 통시적인 관점에서 보면, 인간의 몸을 구성하는 세포는 지구상 최초 원핵세포의 출현으로 거슬러 올라가는 30억 년이 넘는 역사를 갖고 있으며, 인간의 몸을 구성하는 다양한 원소들은 그보다 더 오랜 역사를 갖고 있다. 이 원소들은 우주의 역사에서 죽어가는 별들, 폭발하는 초신성 내부에서 만들어진 다음 우주로 흩어졌다가 지구라는 행성 주위에 다시 모여 오늘날 우리 몸의 일부를 구성하기에 이르렀다. 말하자면 우리 몸의 역사는 단순히 어머니의 모태가 아니라 빅뱅으로부터 시작한다. 이것은 하나님의 놀라운 섭리의 결과가 아닐 수 없다.[8]

요컨대 인간의 몸은 한편에서 보면 우주에서 가장 단순하고 기본적인 입자의 단계에서부터 우주에서 가장 정교하고 복잡한 자의식의 단계에 이

---

7 인간의 뇌와 의식, 몸과 마음의 관계는 훨씬 더 미묘하고 복잡한 논의를 필요로 하지만, 오늘날 인간의 의식이 기본적으로는 다양한 원소로 구성된 뉴런 간의 전기화학적 작용과 밀접하게 연관되어 있다는 사실을 부정할 수 있는 사람은 많지 않을 것이다. 신경과학을 둘러싼 최근의 과학적·철학적·신학적 논의에 관해서는 Robert John Russell, Nancey Murphy, Theo C. Meyering, and Michael A. Arbib, eds., *Neuroscience and the Person* (Notre Dame, IN: University of Notre Dame Press, 2000); Nancy Murphy, *Bodies and Souls, or Spirited Bodies?* (Cambridge: Cambridge University Press, 2009); Philip Clayton, *Mind and Emergence* (Oxford: Oxford University Press, 2006)을 참고하라.

8 David Christian and Bob Bain, *Big History*, 데이비드 크리스천, 밥 베인 지음, 조지형 옮김, 『빅 히스토리: 한 권으로 읽는 모든 것의 역사』 (서울: 해나무, 2013), 132.

르기까지 다양한 계층의 실재를 포함할 뿐 아니라, 다른 한편에서 보면 빅뱅으로부터 시작해서 최초 원소의 출현을 거쳐 고도의 중추신경계 발달에 이르기까지 온 우주의 역사를 담고 있다. 인간의 몸이 지닌 이러한 특성은 생명 현상을 특징짓는 다양한 실재들 사이의 위계질서와 상호의존적 관계를 집약적으로 보여준다.[9] 이러한 이유에서 인간을 소우주(microcosmos)라고 부르는 것이 타당하다.

생명 현상의 다양성과 통일성

생명 현상에서 지구 생물권과 각 유기체를 구성하는 다양한 계층 사이의 위계질서 및 상호의존 관계에 더하여, 또 한 가지 주목할 만한 것이 바로 생명 현상의 다양성과 통일성이다. 창세기 1장을 포함해 성서에서 언급하는 생명 현상은 인간을 제외하면 주로 인간 주변에서 생존하면서 인간의 육안으로 관찰할 수 있는 식물과 동물이 대부분이다. 이것은 현대 생명과학이 탐구하고 있는 생명 현상의 다양성에 비추어볼 때 지극히 작은 부분에 불과하다. 현대 생명과학은 광학현미경과 전자현미경의 정교한 발달에 힘입어 미생물뿐 아니라 생명의 기본 단위인 세포 내 소기관을 이루는 분자의 구조까지 들여다볼 수 있게 되었다. 또한 산소가 필요 없는 혐기성동물 등 극한 환경에서 살고 있는 생물 등 과거에는 도저히 상상할 수 없었던 다양한 생명 현상에 대한 지식을 우리에게 전해주고 있다.

---

9 우리 몸속에 살고 있는 미생물의 숫자는 몸속 세포의 수보다 열 배나 더 많다. 더러 유해한 미생물도 있지만 유해하지 않거나 오히려 유익한 미생물이 훨씬 더 많다. 우리의 몸은 이처럼 수많은 미생물과 공존하는 가운데 살고 있으며, 또한 공존해야만 생존할 수 있다. 이것은 또 다른 차원에서 생명 현상의 상호의존적 그물망 구조를 잘 대변해준다.

현대 생명과학은 생물을 다양한 방식으로 구분하는데, 최근에는 세 영역(domain) 모델이 가장 일반적으로 사용된다.[10] 가장 기본적으로는 핵을 가진 세포(진핵세포)로 구성된 진핵생물(eukaryote)과 핵을 갖지 않은 세포(원핵세포)로 이루어진 원핵생물(prokaryote)로 구분된다. 원핵생물은 박테리아(Bacteria) 영역과 고대박테리아(Archaea) 영역으로 다시 나누어지고, 모든 진핵생물은 진핵생물 영역(Eukarya)을 이룬다. 진핵생물 영역은 아메바나 조류(algae)와 같이 단세포로 이루어진 원생생물계(Protista), 버섯 등으로 대표되는 균계(Fungi), 식물계(Plantae), 동물계(Animalia) 등 모두 네 개의 계(kingdom)로 나누어진다.

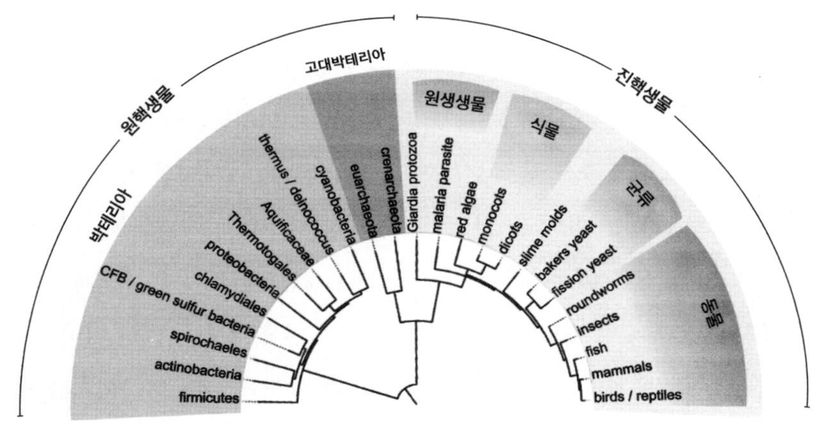

출처: https://simple.wikipedia.org/wiki/Evolution (2019년 5월 30일 접속)

생명과학이 탐구하는 생명 현상의 이러한 다양성에도 불구하고 모든 형태의 생물이 공통된 특징을 갖는다는 사실은 더욱 주목할 만하다. 가장 대표적으로 모든 생물은 무생물과 달리 세포를 기본 단위로 삼고 있다. 흔히 세포를 기본 단위로 하는 모든 생물의 공통된 특징으로 조직화, 조절, 성

10 닐 캠벨 외, 『생명과학』, 44-45.

장과 발생, 에너지 이용, 환경에 대한 반응, 생식, 진화 등 일곱 가지가 주로 언급된다.[11] 이상의 특징들은 생물학자들이 '생명이란 무엇인가?'라는 질문에 대해 생물학적 정의를 내릴 때 자주 언급되는 것들이다. 박테리아와 같이 지극히 작은 생물도 우리 인간과 마찬가지로 위의 일곱 가지 특징들을 공유한다는 사실 및 박테리아와 인간 모두 세포라는 기본 단위로 구성되어 있으며 나아가 동일한 유전암호를 갖고 있다는 사실은 모든 생물이 긴밀하게 상호 연관되어 있음을 암시한다.

최근 생명과학자들은 여러 갈래로 가지가 갈라지는 '생명의 나무' 이미지를 통해 생명의 역사와 유기체들 간의 관계를 설명하고 이해한다. '생명의 나무' 이미지는 과거와 현재의 모든 유기체들이 가장 단순한 유기체를 공통조상으로 가지면서 언제 어떤 식으로 분화되어 발전했는지 혹은 멸종하여 소멸되었는지 등을 한 눈에 보여준다. 이 이미지는 생물종 개념과 관련해서도 종이 불변하지 않고 변화한다는 점, 종과 종 사이의 경계가 언제나 명확하지 않다는 점 등을 강조함으로써, 본질주의적 종 개념에 근거한 전통적인 생물 분류 체계를 종 분화에 근거한 계통분류학적 생물 분류 체계로 전환하는 데 결정적인 공헌을 하고 있다. 이렇듯 생명의 나무 이미지는 다양한 방식으로 과거로부터 현재까지 존재해온 모든 생명 현상의 다양성과 통일성을 보여준다.

---

11 닐 캠벨 외, 『생명과학』, 43.

제7장

생명의 역사

앞서 살펴본 것처럼, 생명은 다양한 계층 간의 위계만이 아니라 종의 형태에 있어서도 놀라운 다양성을 선보이는 동시에, 생물들 간에는 물론이고 생물과 무생물 및 환경과의 사이에서도 상호 긴밀한 의존 관계를 맺으며 조화로운 통일을 이루고 있다. 분자에서 생물권까지, 박테리아에서 인간에 이르기까지 다양한 계층과 다양한 종들로 이루어진 생명 현상이 이렇듯 조화로운 통일을 이루고 있다는 사실은 참으로 놀랍다. 이렇듯 생명은 공시적인 차원에서 다양성과 통일성을 보여줄 뿐 아니라, 통시적인 차원에서도 다양성과 통일성을 보여준다. 오늘날 과학자들은 지질학 연구, 화석 기록 분석, 비교해부학, 비교발생학, 분자생물학, 유전체 분석 등에 의거하여 지구 환경의 변화에 따라 다양한 종들이 출현했던 역동적인 역사에 대해 대단히 상세한 내용을 알고 있다. 현대 생명과학에서 진화 개념은 이러한 생명의 역사가 지닌 역동성과 창조성 및 통일성을 매우 일관성 있게 설명하는 핵심 개념이다. 닐 캠벨 등에 따르면 "진화는 우리가 생명에 대해 알고 있는 모든 지식을 일관되게 설명해주는 생물학의 핵심 개념"인 것이다.[1]

---

1 Neil Campbell et al., *Biology: Concepts and Connections*, 닐 캠벨 외 지음, 김명원 옮김, 『생

이 장에서 우리는 지구상에 출현한 생명의 역사를 개괄적으로 살펴볼 것이다. 그런데 생명의 역사는 자그마치 38억 년에 달하고, 그것과 연관된 우주의 역사는 138억 년에 이른다. 이 광대한 시간의 규모를 대략적으로나마 어림잡기 위해서는 약간의 도움이 필요하다. 예를 들자면, 138억 년의 우주 역사를 상영시간이 138분(2시간 18분)인 영화 한 편에 비유할 수 있다.

이 비유에 따르면 빅뱅과 더불어 시작된 영화는 곧이어 최초의 별들이 태어나서 진화하다가 소멸하고 또다시 새로운 별들이 태어나는 장면을 보여준다. 영화가 시작되고 1시간 28분이 지날 무렵에 가서야 우리가 보고 있는 태양이 출현한다. 그로부터 5분 뒤인 1시간 33분 무렵에는 지구가 생성된다. 거기에 7분이 더 지나면 지구상에 최초의 생명체가 등장한다. 이때는 영화가 시작되고 1시간 40분이 지났을 무렵이다. 이후 23분간은 단세포 생물의 세상을 묘사한다. 영화 시작 후 2시간이 조금 더 지나면 분화된 세포를 가진 다세포 생물이 출현한다. 영화가 끝나기 5분 전 다양한 형태의 유기체들이 폭발적으로 등장하고, 공룡은 영화가 끝나기 2분 30초 전에 처음 등장했다가 1분 50초 후에 사라지고, 현생 인류인 호모 사피엔스는 영화가 끝나기 0.12초 전에 등장한다. 이 비유는 현생 인류의 역사에 비해 우주와 생명의 역사가 얼마나 장구한지, 반대로 우주의 역사에 비해 인류의 역사가 얼마나 짧은지를 인상적으로 보여준다.

명과학: 개념과 현상의 이해』(서울: 바이오사이언스), 47..

생명의 역사, 우주의 역사

생명의 역동적·창조적 역사를 구체적으로 들여다보기에 앞서 기억해야 할 중요한 사실은 생명의 역사가 우주의 역사 및 지구의 역사와 밀접하게 얽혀 있다는 점이다. 먼저 가장 단순한 형태의 원자도 존재하지 않았던 빅뱅 초기 우주의 모습과 최초 생명체가 처음 출현했을 당시 초기 지구의 모습을 비교해보면, 그 차이가 매우 크다는 것을 쉽게 알 수 있다. 최초 유기체가 출현하기 위해서는 적어도 탄소와 산소를 비롯한 다양한 원소가 존재해야 하고, 그 원소들 사이에 복잡한 화학 작용을 가능케 하는 환경이 주어져야 하며, 적정한 에너지와 물이 있어야 한다.[2] 말하자면 초기 우주의 역사와 초기 태양계의 역사에 관한 천체물리학자들과 지구과학자들의 연구는 지구상에 최초 생명이 출현하기 위한 기본 조건이 형성되기 위해 수십억 년의 준비 기간이 필요했음을 밝혀주고 있다.[3]

또한 지구상에 생명이 최초로 출현하게 된 계기만이 아니라 이후 생명의 역사가 수십억 년에 걸쳐 지속적으로 이루어지게 된 근본 조건(예컨대 태양으로부터 지속적이고 안정적인 에너지 공급 등)을 생각할 때, 우리는 우주의 역사를 떼어놓고서 생명의 역사를 말할 수 없음을 깨닫게 된다. 반대로 우주의 역사는 (혹 우주 다른 곳에서 생명이 먼저 출현했을 가능성도 배제할 수는 없지만) 지구상에 최초 생명의 출현으로 인해 전에 없던 새로운 단계로 접어들었으며, 생명의 역사가 우주의 역사에 근본적으로 새로운 차원을 덧입혔다고 말

---

2 데이비드 크리스천은 생명의 출현을 위한 골디락스의 조건을 간단하게 설명한다. David Christian and Bob Bain, *Big History*, 데이비드 크리스천, 밥 베인 지음, 조지형 옮김, 『빅 히스토리: 한 권으로 읽는 모든 것의 역사』(서울: 해나무, 2013), 216-221.

3 Stephen Hawking, *A Brief History of Time: From the Big Bang to Black Holes* (New York: Bantam, 1988), 1-5장의 내용 참고.

할 수 있다.

이처럼 생명의 역사는 우주의 역사를 배경으로 펼쳐지고 있는데, 이는 보다 직접적으로는 지구라는 어찌 보면 보잘것없는, 은하계 외곽에 자리잡은 한 행성의 역사와 밀접한 관계를 맺고 있다. 이와 관련해서 흥미로운 점은 생명의 역사가 지구의 역사를 전제할 뿐 아니라 지구의 역사를 형성하는 데도 상당한 영향을 끼쳤다는 사실이다. 한편으로 초기 지구의 환경은 최초 생명의 출현이 가능한 조건을 제공했고, 고생대 말기 대략 2억 5,000만 년 경(영화 종료 2분 30초 전) 판게아(Pangaea)라 불리는 초대륙의 생성과 이후 이어진 분열은 생물의 다양성과 지질학적 분포에 엄청나게 큰 영향을 미쳤다. 역으로 광합성을 하는 원핵생물의 출현과 번성으로 인해 대기 중에 산소가 다량으로 배출되었고, 이에 따라 지구의 대기 환경이 근본적으로 바뀌게 되었다. 이로써 산소가 풍부한 대기는 새로운 유기체가 다양하게 출현할 수 있는 환경을 제공했던 것이다. 이렇듯 생명의 역사와 지구의 역사는 서로 영향을 주고받는 역동적인 변화의 과정을 거쳐왔다고 하겠다.

최초 생명의 기원

최근까지의 연구에 따르면 지구가 형성된 것은 대략 45억 년 전의 일이다. 현존하는 최고(最古)의 화석은 35억 년 전으로 추정되는 원핵생물의 퇴적층인 스트로마톨라이트(stromatolite)다. 이것은 아마도 그보다 이른 시기에 최초의 생명체가 지구상에 출현했을 것이라는 추정을 가능하게 한다.[4] 아직까지 최초 생명의 기원에 대한 최종적 결론이 과학적으로 도출된 것은 아니지

4 닐 캠벨 외, 『생명과학』, 336-337, 355.

만, 대기 중의 수증기가 바다로 바뀐 약 39억 년 전부터 원시 미생물의 퇴적물이 화석층을 형성한 35억 년 사이에 최초의 생명체가 출현했을 것이라고 과학자들은 추정한다.

지구상에 출현한 생명의 최초 기원과 관련하여 1920년대 러시아의 생화학자 오파린(A. I. Oparin)과 영국의 생화학자 홀데인(B. S. Haldane)이 각각 독립적으로 초기 지구 환경에서 최초 생명체를 발생시키는 데 필요한 유기물이 생성될 수 있었다는 가설을 제시했다. 이후 1953년 스탠리 밀러(Stanley Miller)는 초기 지구의 대기 환경을 추론한 다음 그것과 비슷한 조건의 가스 혼합물을 플라스크 안에 채우고 번개를 모방한 스파크를 발생시키는 실험을 통해, 생명이 없는 지구에 아미노산을 비롯한 유기물질이 생겨날 수 있는 가능성을 최초로 입증한 과학자가 되었다. 다만 최근 과학자들은 원시 지구의 대기가 밀러의 역사적인 첫 번째 실험과는 조금은 다를 것이라고 생각한다. 몇몇 과학자들은 원시 지구의 대기가 초기의 화학적 반응에 직접적인 역할을 하였을 것이라는 주장에 대해 의문을 제기한다. 대신 해저 화산과 심해의 열수구가 최초 생명체를 위한 화학적 연료를 제공했을 것이라고 추정한다.[5] 이후 작은 유기분자들이 뜨거운 모래나 진흙의 표면에서 탈수 작용에 의해 단백질 내지 핵산과 같은 유기 중합체로 응축되었고, 수많은 복잡한 유기분자가 협동하여 복잡한 대사 절차를 수행하는 일종의 분자계가 형성되었고, 이렇게 비생물적으로 생산된 유기화합물이 자연적으로 모여들어 형성된 생체막 안에서 성장과 복제가 가능한 원시생물(protobiont)이 출현했을 것이라고 과학자들은 추측한다.[6]

오늘날 과학자들의 추정에 따르면 초기 원시생물은 주위를 둘러싼 원

5 닐 캠벨 외, 『생명과학』, 356-357.

6 닐 캠벨 외, 『생명과학』, 358-359.

시 유기분자 수프 안에 존재하는 분자에 의존하면서, 차츰 자신이 필요로 하는 화합물을 스스로 생산할 수 있는 생명체(자가영양생물)로 대체되었다. 초기 생명체는 에너지를 얻기 위해 환경으로부터 태양빛이나 에너지가 풍부한 분자를 사용했다. 이러한 생명체가 분화하면서 이들이나 이들의 분비물을 섭취하는 또 다른 생명체(종속영양생물)가 출현했다. 과학자들은 이 최초의 원핵생물들이 35억 년 전부터 20억 년 전까지(영화 상영 시간으로는 대략 15분간) 지구상에 홀로 서식하고 있었다고 추정한다. 이 기간 동안 원핵생물은 지구 표면 전체에 생물권을 형성하는 데 중요한 역할을 담당했다. 한편 원핵생물의 광합성에 의해 대기 중의 산소가 27억 년 전부터 증가하기 시작했고, 산소가 풍부한 대기는 새로운 생명체들의 출현을 가능하게 했다.[7]

생명의 특별 창조를 고집하는 일부 그리스도인들 중에는 생명의 최초 기원에 관한 이상의 과학적 설명이 입증되지 않은 가설이나 추정에 불과하다고 폄하하는 사람이 있다. 물론 우리 중에 그 누구도 생명이 최초로 발생하던 그 시점과 장소에 있지 않았기 때문에, 생명의 최초 기원에 관한 모든 주장은 그것을 입증하는 데 한계가 있다. 하지만 그러한 한계가 과학적 탐구의 진정성을 훼손하지는 않는다. 생명의 최초 기원에 관한 과학적 설명에서 우리가 주목할 점은 생명 현상 및 지구 환경에 관해 과학자들이 얻은 많은 지식에 부합하는 일관성 있는 설명이 제시되고 있다는 점이다. 또한 생명이 없는 지구에서 최초 유기물질의 기원, 작은 유기물질의 중합에 의한 복합 유기 화합물의 출현, 생체막의 자연적 형성에 의한 원시생물의 등장 등 최초 생명체의 등장에 이르기까지 다양한 화학적 과정에 있어서, 적어도 각 과정이 자연적으로 발생할 수 있는 가능성에 대해서는 실험실을 통한 입

7 닐 캠벨 외, 『생명과학』, 359.

증이 마무리되었다는 점에도 주목할 필요가 있다. 신학적 논의와 관련해서 중요한 점은 초자연적 존재의 개입을 요청하지 않고서도 지구 생성 이후 최초 생명체의 출현까지 이어지는 모든 과정에 대한 자연주의적 설명이 가능하다는 사실이다.[8]

진핵생물의 출현

지구상에 최초의 생명체가 출현하고 대략 15억 년이 지났을 무렵, 지금으로부터 20억 년 전(영화 종료 20분 전)에 핵이 없는 단세포 생명체들(원핵생물)만이 서식하던 지구 표면에 핵을 가진 단세포 생명체들(진핵생물)이 출현했다.[9] 과학자들은 막 접힘과 내공생이라는 두 과정을 통해 원핵생물이 진핵생물로 진화했다고 추정한다. 미토콘드리아와 엽록체의 기원에 대한 아래의 설명은 진핵생물의 진화 과정을 이해하는 데 흥미로운 통찰을 제공한다.

> 미토콘드리아와 엽록체는 더 큰 원핵생물의 안으로 들어가 살기 시작한 원핵생물로부터 진화했을 것이다. 미토콘드리아의 조상은 산소를 사용할 수 있고 세포 호흡에 의해 유기물에서 다량의 에너지를 방출할 수 있는 종속영양 원핵생물이다. 조상 세포는 유산소 세포에게 잡아 먹혔고 액포에 싸였다. 그중 몇몇은 살아남아 숙주 세포 안에서 계속 호흡을 했다. 이와 비

---

8 생명과학의 고유한 방법론에 관해서는 Ernst Mayr, *Toward a New Philosophy of Biology: Observations of an Evolutionist* (Cambridge: Harvard University Press, 1988), 8-23; 닐 캠벨 외, 『생명과학』, 47-49 참고.

9 닐 캠벨 외, 『생명과학』, 371.

슷한 방법으로 엽록체의 조상인 광합성 원핵세포도 큰 숙주세포 안에서 살게 되었을 것이다.…삼켜진 세포는 생화학적 활동에 필요한 분자나 무기 이온을 숙주세포로부터 제공받아 생장할 수 있다. 한편 숙주세포는 삼켜진 세포로부터 ATP와 유기물을 다량으로 얻을 수 있다. 그들의 관계가 점점 상호의존적이 됨에 따라 떼어놓을 수 없는 하나의 유기적 조직체가 된 것이다.[10]

20억 년 전 최초로 출현한 진핵생물은 이후 수많은 새로운 형태의 생명체들의 진화로 이어졌다. 앞서 언급했듯이 진핵생물 영역에는 아메바와 조류와 같이 단세포로 이루어진 가장 단순한 형태의 원생생물(protists)로부터 균계·식물계·동물계 등 우리에게 친숙한 다양한 생물이 포함되어 있다. 진핵생물의 계통 발생에 관해서 과학자들 사이에 아직까지 확고한 결론이 내려진 것은 아니지만 잠정적인 가설이 세워져 있다. 그리고 그 가설은 유전체 비교 분석을 통해 지속적으로 검증되고 수정되면서 정확성을 더해가고 있다.[11]

그로부터 약 5억 년이 지난 뒤 단세포성 진핵생물(원생생물)로부터 다세포성 진핵생물이 출현했다(영화 종료 15분 전).[12] 화석에 남아 있는 가장 오래된 다세포 진핵생물은 12억 년 전쯤에 존재했던 작은 다세포성 조류다. 이후 6억 년 동안의 기록은 희미하지만, 6억 년 전쯤에는 다양한 다세포 조류와 함께 산호·해파리·벌레처럼 부드러운 몸체를 가진 생명체들이 진화했다(영화 종료 6분 전).[13]

---

10 닐 캠벨 외, 『생명과학』, 370.
11 닐 캠벨 외, 『생명과학』, 372.
12 닐 캠벨 외, 『생명과학』, 355, 그림 16.1C 참고.
13 닐 캠벨 외, 『생명과학』, 377.

하나의 세포에서 생명 현상의 모든 활동이 일어나는 단세포 생물과 달리, 다세포 생물은 서로 연관되어 있지만 형태 결정, 생식, 운동, 영양공급 등 각기 다른 기능을 담당하는 다양하게 특화된 세포들을 갖고 있다. 아마도 단세포 생물이 세포 분열을 한 다음 흩어지지 않고 한 곳에 모여 군집을 이루어 서식하다가, 거기에서 특화된 기능을 가진 세포들이 분화한 다음 서로 결합하면서 다세포 생물이 출현했을 것이라고 과학자들은 추정한다.[14]

과학자들에 따르면, 우리에게 친숙한 생물인 식물과 동물 모두 단세포성 진핵생물인 원생생물에서 기원했다. 식물은 5억 년 전쯤 아마도 호숫가나 바닷가의 습지에서 번성하였을 것으로 추정되는 조류로부터 진화한 것으로 보인다(영화 종료 5분 전). 이후 육상생활을 위해 적응하는 단계를 거쳐 오늘날의 다양한 식물들로 진화되었다.[15] 한편 동물의 기원과 관련해서 과학자들은 약 10억 년 전쯤(영화 종료 10분 전) 살았을 것으로 추정되는 군집성의 편모가 있는 원생생물을 동물의 공통조상으로 지목한다. 흥미롭게도 동물의 기원이 식물의 기원보다 훨씬 앞서 있다. 편모를 가진 군집성의 원생생물은 군집의 한쪽 면에 있는 세포들이 안으로 접혀 들어가면서, 특화된 두 층의 세포들로 이루어진 원시 동물로 진화되었을 것이라고 과학자들은 추정한다.[16]

---

14 닐 캠벨 외, 『생명과학』, 377.

15 닐 캠벨 외, 『생명과학』, 382-383.

16 닐 캠벨 외, 『생명과학』, 407.

캄브리아기 대폭발

과학자들은 고생대 캄브리아기 이전(영화 종료 5분 30초 전까지)의 진화 과정을 입증할 화석이 없다는 사실을 인정한다.

> 알려져 있는 가장 오래된 동물 화석은 5억 7,500만 년 전인 선캄브리아기 후기로 거슬러 올라간다. 이 시기의 지층에서 발견되는 화석은 첫 번째로 진화한 동물이라고 생각하기에는 너무 복잡한, 부드러운 몸으로 이루어진 다양한 형태를 가지고 있다. 화석 기록에 의하면 캄브리아기의 새벽이 시작될 때쯤인 약 5억 4,200만 년 전에 매우 극적으로 다양한 동물들이 등장하였다. 다양한 동물들의 체형과 새로운 동물 문(phylum)들의 등장은 진화적으로는 매우 짧은 기간인 1,500만 년 동안에 일어났는데, 생물학자들은 이 시기를 캄브리아기 대폭발(Cambrian explosion)이라고 한다.[17]

캄브리아기 이후 다양한 종의 동물들이 진화하기 시작했다. 캄브리아기부터 시작되는 고생대에는 절지동물이 번성하고, 경골어류가 다양화되고, 사지동물과 곤충류가 최초로 출현했으며, 파충류가 생겨나 번성하고, 양서류가 우세하게 나타났다. 초기 고생대에는 거의 모든 생명체가 물속에 살고 있었으나, 중기 고생대(데본기)에 속하는 4억 년 전에는 동물과 식물이 육상에 정착했다(영화 종료 4분 전). 하지만 후기 고생대(페름기) 말기에 명확하지 않은 이유로 96% 정도의 해양생물을 비롯하여 무수한 육상생물이 멸종했다. 이로써 고생대가 막을 내리고 중생대가 시작되었다(영화 종료 2분 30

---

17 닐 캠벨 외, 『생명과학』, 407.

초 전).[18]

중생대는 공룡을 포함하여 풍부한 파충류의 화석이 발견되었기 때문에 파충류의 시대로 알려져 있다. 또한 중생대는 포유류와 속씨식물의 화석이 발견되기 시작하는 시기이기도 하다. 후기 중생대(백악기) 말기에 모든 종류의 공룡과 다른 많은 생물이 멸종하는 사건이 일어났다. 과학자들은 6,500만 년 전쯤 멕시코의 유카탄 반도에 떨어진 거대한 운석으로 인해 지구 환경에 커다란 격변이 발생했고 이로 인해 해양생물과 육상 동식물의 많은 종이 멸종했다고 추정한다(영화 종료 40초 전). 이후 신생대의 도래와 더불어 포유류, 한 종류의 공룡으로부터 진화한 조류, 그리고 속씨식물의 전성기가 찾아온다.[19]

포유류는 초기 중생대(트리아스기)에 기원한 것으로 보인다. 2억 년 전에 등장한 최초의 진정한 포유류는 아마도 작고 야행성이며, 곤충을 먹고, 오리너구리와 같이 알을 낳는 동물(단공류)이었을 것으로 추정된다. 얼마 뒤 캥거루와 같이 아주 작은 배 상태의 새끼를 낳는 포유류(유대류)가 분화되어 나오고, 이어서 완전히 성숙한 어린 새끼를 낳는 포유류(유태반류)가 등장했다. 유태반류에는 코끼리·토끼·개·소·고래·박쥐 및 영장목에 속하는 동물이 포함된다.[20]

인류는 침팬지·고릴라·오랑우탄·긴팔원숭이와 함께 유인원에 속하고, 유인원은 다시 원숭이와 함께 진원류에 속하며, 진원류는 여우원숭이, 안경원숭이 등과 함께 영장목에 속한다. 가장 초기의 영장류는 아마 공룡이 지구에서 가장 번성했던 중생대 말기(백악기)에 등장하여 나무 위에서 서식하던 작은 포유류였을 것으로 추정된다. 유인원은 약 2,000-2,500만 년 전에

18 닐 캠벨 외, 『생명과학』, 336-337, 340.
19 닐 캠벨 외, 『생명과학』, 340-341.
20 닐 캠벨 외, 『생명과학』, 430.

구세계원숭이로부터 갈라졌으며, 인간 계통은 500-700만 년 전쯤 침팬지와 공통조상으로부터 갈라졌을 것이라고 과학자들은 추정한다.[21]

(우주 역사를 138분 영화에 비유했을 때, 영화 종료 시간을 기준으로)

2분전	- 포유류
1분전	- 영장목(Order Primates) = 진원류 + 여우원숭이, 안경원숭이
	- 진원류(anthropoid) = 유인원 + 원숭이
12초전	- 유인원(hominoid) = 인류 + 침팬지, 고릴라 등
3초전	- 인류(hominid) = 호모속 + 오스트랄로피트속 등
0.12초전	- 호모 사피엔스(*Homo sapiens*)

침팬지가 다른 동물들이나 유인원들보다 인간과 매우 가깝다는 사실은 널리 알려져 있다. 침팬지는 풀칼 등 간단한 도구를 만들어 사용할 줄 알고, 간단한 수화를 배울 능력도 갖고 있으며, 거울 실험 등을 통해 볼 때 자아 개념을 갖고 있는 것으로 보인다.[22] 침팬지와 인간이 계통 발달 단계에서 매우 가까이에 있다는 사실은 인간이 가진 DNA가 침팬지의 DNA와 99% 이상 동일하다는 분자생물학적 증거에 의해서도 뒷받침된다.

---

21 닐 캠벨 외, 『생명과학』, 438-439.

22 닐 캠벨 외, 『생명과학』, 440.

공통조상으로부터 인류와 침팬지가 분화되어 나온 것은 대략 500-700만 년 전의 일로 추정된다. 인류는 다른 유인원들과 공통조상으로부터 유래했지만 그들과 구별되는 여러 가지 독특한 특성을 갖고 있다. 예컨대 두발 보행, 짧은 털, 납작한 얼굴, 큰 뇌, 언어 사용, 상징적 사고, 복잡한 도구 사용 등은 인류를 다른 유인원과 구별 짓게 하는 독특한 특징들이다.[23]

고인류학자들은 현재까지 발견된 화석으로부터 지금은 멸종한 약 20종의 인류를 구분한다. 이 오래된 인류 화석에 대한 연구는 이들이 지금의 침팬지보다 인류와 더 가까운 특성을 가지고 있었음을 보여준다. 고인류 화석 가운데 가장 잘 알려진 것은 아마도 오스트랄로피테쿠스 아파렌시스로 분류되는 루시(Lucy)일 것이다. 루시는 300-350만 년 전에 살았던 것으로 추정된다. 보다 최근에는 440만 년 전에 살았던 것으로 추정되는 아르디(Ardi)의 화석이 발견되었다. 아르디는 통상 아르디피테쿠스 라미두스로 분류된다.[24]

고인류학자의 연구에 따르면, 인류 안에는 다양한 속(屬)이 포함되어 있는데, 그중에는 현생 인류가 속한 호모속 외에도 사헬란트로푸스·오스트랄로피테쿠스·파란트로푸스·케냔트로푸스·아르디피테쿠스 등이 있다. 그뿐 아니라, 각각의 속에는 다양한 종들이 포함되어 있다는 사실도 기억할 필요가 있다. 예컨대 호모속 안에 호모 하빌리스, 호모 에르가스테르, 호모 에렉투스, 호모 네안데르탈렌시스, 호모 하이델베르겐시스, 호모 사피엔스 등 다양한 종이 출현했다.

---

23 닐 캠벨 외, 『생명과학』, 441.

24 이상희는 『인류의 기원』 (서울: 사이언스북스, 2018), 51-61에서 최초의 인류를 찾아가는 현대 고인류학의 연구 동향을 설명하고 있다.

침팬지와 인류의 공통조상으로부터 현생 인류인 호모 사피엔스에까지 이르는 진화 과정은 결코 사다리나 계단처럼 하나의 계통으로 단계적으로 진행되지 않았다.[25] 방금 언급한 여러 종들 가운데 호모 사피엔스의 직계 조상은 소수에 해당할 것이다. 인류의 나머지 종들의 진화 과정은 모두 도중에 중단되었다. 오늘날 많은 과학자들은 호모 사피엔스의 조상이 아프리카에서 기원했으며, 호모 에르가스테르나 호모 에렉투스가 (60만 년 전 아프리카에서 기원한) 호모 하이델베르겐시스를 거쳐 현생 인류인 호모 사피엔스로 진화한 것으로 추정한다.[26]

과학자들의 최근 연구에 따르면, 아프리카에서 기원한 호모 사피엔스 가운데 일부 무리는 6-8만 년 전 아프리카를 떠나 아시아를 거쳐 유럽과 호주로 이주했다. 그리고 다른 무리는 아시아를 거쳐 베링 해협을 지나 북아메리카로 넘어간 다음 남아메리카로 내려갔다. 유럽으로 이주한 호모 사피엔스는 네안데르탈인(호모 네안데르탈렌시스)과 마주치게 되었다. 하지만 3만 년 전쯤 네안데르탈인은 멸종한 것으로 보인다. 그들의 멸종 이유에 대해서는 기후 변화 혹은 호모 사피엔스와의 생존 경쟁 등을 두고 논의가 계속되고 있다. 인류의 역사에서 다양한 인류종들이 같은 시대에 공존하고 있었다는 사실은 매우 흥미롭다. 특히 현생 인류가 네안데르탈인과 동시대를 살았을 뿐 아니라 서로 얼굴을 마주할 기회가 있었을 것이라는 생각은 우리 인간 존재의 의미에 대해서 다시 한번 생각하게 한다.

한편 지구상에 출현했던 여러 인류 가운데 지금까지 생존하고 있는 종은 우리가 속한 호모 사피엔스밖에 없다.[27] 호모 사피엔스가 인류 가운데 유

---

25 스티븐 제이 굴드는 인류의 진화 과정을 사다리가 아니라 수풀의 이미지로 그려야 한다고 주장한다. Stephen Jay Gould, *Ever Since Darwin* (New York: Norton, 1977), 56-62.

26 닐 캠벨 외, 『생명과학』, 443.

27 닐 캠벨 외, 『생명과학』, 441.

일하게 지속적으로 생존할 수 있었던 이유에 대해서는 그들의 특별한 인식 능력·사고능력·언어능력·소통능력 등이 언급된다.

> 호모 사피엔스의 빠른 확산은 아프리카에서 진화하던 시기에 인간의 인식 능력이 발달했기 때문일 수도 있다. 네안데르탈인과 여러 호미니드가 정교한 도구를 만들 수 있었다고 하더라도 그들이 창의력을 가지고 있었는지에 대한 증거는 거의 발견되지 않았으며, 현존 인류가 가지고 있는 상징적 사고 능력도 없었다고 보는 편이 옳다. 반면에 호모 사피엔스가 진화하면서 좀 더 정교한 생각을 하기 시작했던 증거가 발견되기 시작했는데, 2002년에 남아프리카에서 7만 7,000년 전의 참나무 위에 기하학적인 무늬를 그려놓은 예술작품이 발견되었다. 그리고 지금부터 3만 6,000년 전 인류는 놀라운 동굴벽화를 그렸다.[28]

지구상의 여러 대륙으로 흩어진 호모 사피엔스는 다양한 환경에 노출되었으며 각기 다양한 모습으로 진화를 거듭했다. 다양한 피부색이 그 대표적인 예이다.[29]

---

28 닐 캠벨 외, 『생명과학』, 443; Yuval Noah Harari, *Sapiens: A Brief History of Humankind* (London: Vintage, 2011; 『사피엔스』, 김영사 역간), 5, 20 참고.

29 닐 캠벨 외, 『생명과학』, 444.

제8장

종의 기원

진화는 생명의 역사가 지닌 역동성과 창조성과 통일성을 매우 일관되게 설명하는 현대 생물학의 핵심 개념이다. 하지만 시간의 흐름에 따른 유기체 종의 변화에 관한 이론으로서 진화론이 생명과학의 핵심 개념이 되기까지는 적지 않은 시간이 필요했으며, 상당한 논란과 반대를 극복해야 했다.[1] 여기서는 찰스 다윈(Charles Darwin, 1809-1882)이 제시한 진화론을 중심으로 그 의의와 한계를 살펴본다. 다윈 이후 진화론의 발전에 대해서는 다음 장에서 다룰 것이다.

다윈 이전의 진화론

인류의 사상사 가운데 진화론의 역사를 추적할 때, 특히 다윈의 진화론을 역사적으로 평가하고자 할 때, 우리는 생물종이 불변한다는 고정관념이 19

---

1 Phillip Sloan, "The Concept of Evolution to 1872" (substantive revision Tue Jun 3, 2014), 1/43, in *Stanford Encyclopedia of Philosophy*; https://plato.stanford.edu/entries/evolution-to-1872/ (2018년 4월 21일 접속).

세기까지도 확고하게 자리 잡고 있었음을 먼저 상기할 필요가 있다.

> 생물학적 진화 개념의 핵심적인 사상 중 하나는 생물종이 고정불변하지 않고 시간이 흐르면서 변화한다는 생각이다. 고대 그리스 철학 전통에서부터 18세기 서구 자연사 연구에 이르기까지 생물종이 불변한다는 주장에 이의를 제기하는 사람은 소수에 불과했다. 아마도 생물종은 고정불변하다고 믿었던 아리스토텔레스의 전통과 창세기에 근거하여 창조주가 모든 생물종을 현재의 모양대로 창조하였다고 믿었던 중세 기독교 사상 전통의 영향 아래서 사람들은 대부분 생물종의 변화 가능성에 대해 전혀 상상해보지도 못했을 것이다.[2]

흥미롭게도 고대 그리스 자연철학자 중에 예외적인 인물이 하나 있었다. 기원전 6세기 밀레토스에서 살았던 아낙시만드로스(Anaximandros)는 만물의 근원이 물이라는 명제를 제시하며 만물을 하나로 묶어주는 통일된 근원을 찾으려고 애썼던 자연철학자 탈레스의 제자였다.[3] 아낙시만드로스는 모든 생명이 바다(물)에서 출현했으며, 환경에 적응하면서 오늘날 다양한 형태의 동물들이 생겨났다고 주장했다. 그뿐 아니라, 인간의 기원과 관련해서는 다른 종의 동물로부터 인간이 태어났을 것이라고 추정했다.[4]

하지만 아낙시만드로스의 이러한 주장은 앞서 언급한 대로 아리스토텔레스와 중세 기독교 전통의 영향 아래 서구 지성사에서 그다지 큰 영향을

---

2 Neil Campbell et al., *Biology: Concepts and Connections*, 닐 캠벨 외 지음, 김명원 옮김, 『생명과학: 개념과 현상의 이해』(서울: 바이오사이언스), 294.

3 닐 캠벨 외, 『생명과학』, 294 참고.

4 Frederick Coplestone, S.J., *History of Philosophy*, vol. I (Westminster: Newman Press, 1962). 26 참고.

주지 못했다. 화석 발굴을 통한 자연사 연구가 본격화된 18세기 중반에 이르러서야 비로소 종의 불변에 대한 기존의 확고부동했던 신념에 의문이 제기되기 시작했다. 특히 더 이상 존재하지 않는 생물종 화석의 발견은 명확한 설명을 요청했다. 장바티스트 라마르크(Jean-Baptiste Lamarck, 1744-1829)는 생물종의 멸종 가능성을 받아들이기 주저하면서, 화석으로 남아 있는 과거의 생물종이 멸종한 것이 아니라 획득형질의 유전을 통해 새로운 생물종으로 변화했다는 주장(용불용설)을 펼쳤다.[5] 비록 종의 변화 메커니즘에 관한 라마르크의 이론은 후일에 그릇된 것으로 판명되었지만, 라마크르가 2,000년 가까이 서구 사상사를 지배했던 종의 불변성 교리와 결별했다는 사실은 매우 의미심장하다.

다윈은 『종의 기원』(*The Origin of Species*) 제3판(1861)에서 초판(1859)이 나오기 이전까지 종의 기원에 관한 연구의 역사를 간략하게 개관한다.[6] 여기서 다윈은 진화의 사실만이 아니라 진화의 방식에 대한 이전의 연구도 함께 소개한다. 서두에서 다윈은 자신이 염두에 두고 있는 진화 개념에 대해

---

5 Andrew Robinson, Michael Negus, and Christopher Southgate, "Theology and Evolutionary Biology," in *God, Humanity and the Cosmos*, 3rd ed., ed. Christopher Southgate (New York: T&T Clark, 2011), 161. 라마르크보다 조금 앞서 프랑스의 조르주 뷔퐁(Georges-Louis Leclerc Comte de Buffon, 1707-1788)은 현존하는 생물종이 화석으로 남아 있는 고대 조상 생물종의 변화를 통해 유래되었을 수 있다고 주장했다. 닐 캠벨 외, 『생명과학』, 294

6 『종의 기원』은 1859년 초판이 발행된 이후 1872년 제6판이 발행되기까지 거듭 수정을 반복하였다. 대표적인 수정 내용을 간략하게 언급하면 다음과 같다. 제2판(1860)에서는 창조론자들의 비판에 응답하여 기독교 다윈주의자인 찰스 킹즐리가 보낸 편지 내용의 일부를 포함시키고, 책의 맨 마지막 문장에 "창조주에 의해서"(by the Creator)라는 문구를 삽입했다. 제3판(1861)에서는 『종의 기원』 초판 출간 이전에 있었던 종의 기원에 관한 선구적 연구들을 개관하는 글을 포함시켰다. 제5판(1869)에서는 허버트 스펜서(Herbert Spencer)가 고안한 "최적자 생존"(survival of the fittest)이라는 문구를 포함시켰다. 제6판(1872)에서는 조지 잭슨 미바트(George Jackson Mivart)의 반론에 응답하는 한 장의 내용을 추가했고, '진화'(evolution)라는 명사형 단어를 처음으로 사용하였다. 장대익, 『다윈 & 페일리: 진화론도 진화한다』 (서울: 김영사, 2014), 78 참고.

다음과 같이 기술한다.

> 최근까지 대다수의 자연학자들은 종은 불변하는 산물이며 독립적으로 창조되었다고 믿었다. 많은 저자들이 이러한 생각을 적극적으로 주장해왔다. 다른 한편, 소수의 자연학자들은 종이 변화를 겪고 있으며, 현존하는 생명 형태들은 과거에 선행하던 형태들의 후손이라고 믿었다.[7]

이어서 다윈은 종의 변화 가능성을 전제하고 종의 기원을 초월자의 개별적 창조 행위가 아니라 선행하는 종에서 찾으려고 했던 학자 스물다섯 명의 선행 연구를 소개한다.[8]

다윈의 진화론

다윈은 생물종이 시간이 흐름에 따라 변화한다는 진화 개념을 처음 발전시킨 사람이 아니었다. 다윈이 학업을 수행하던 19세기 초반 영국에도 생물종의 변화 가능성을 주장한 학자들이 이미 여럿 존재했다. 다윈의 할아버지 이래즈머즈 다윈(Erasmus Darwin, 1731-1802)은 이미 18세기에 진화에 대한 생각을 갖고 있었고, 다윈은 신학 공부를 시작하기 전 에딘버러에서 자신을 지도했던 자연학자 로버트 그랜트(Robert Grant, 1793-1874)를 통해 라마르

---

7 Darwin, *The Origin of Species*, 6th ed. (New York: Penguin, 2005), xix. 이하 별도의 표시가 없는 한 『종의 기원』의 인용문은 모두 필자의 번역이다. 본서의 집필을 마치고 출판 작업이 막바지에 도달한 단계에서 장대익이 번역한 『종의 기원』(서울: 사이언스북스, 2019)이 출간되었다. 이 번역서는 초판(1859)을 번역한 것이고, 필자가 주로 참고한 영문판은 제6판(1872)이다.

8 Darwin, *The Origin of Species*, xix-xxix.

크의 저서를 소개받았다.[9] 다윈이 『종의 기원』을 출간하기 이전부터 학문적인 교류를 나누었던 영국의 자연학자 알프레드 월러스(Alfred Wallace, 1823-1913) 역시 종의 진화 메커니즘에 관해 다윈과 비슷한 생각을 발전시키고 있었다. 그럼에도 많은 사람들이 19세기 중반까지도 종의 변화 가능성에 대해 전혀 진지하게 생각하지 않았음을 고려한다면, 종의 변화 방식 곧 진화의 메커니즘에 관한 생각을 구체적으로 발전시킨 사람이 더욱 소수에 불과했다는 사실은 충분히 이해할 만하다.

한편 『종의 기원』에 담겨 있는 사상 가운데 많은 내용은 이미 그전부터 널리 받아들여진 것이었다. 예를 들어, 지구의 오랜 나이에 대한 지질학적 증거의 축적, 멸종된 종의 화석 발견, 지질학적 격변설을 반박하는 균일설의 등장(라이엘), 유기체의 진화 과정에 대한 모델 제시를 통한 종의 변화 가능성 시사(라마르크), 세계 역사의 진화에 대한 일반적인 인식(독일 관념론) 등은 사상사적으로 다윈의 『종의 기원』을 미리 준비하였다고 하겠다.[10]

이러한 역사적 상황을 고려할 때 다윈의 『종의 기원』이 기여한 결정적 공헌은 크게 두 가지로 요약할 수 있다. 하나는 다윈이 다양하고 광범위한 증거 자료를 제시함으로써 진화론을 단순히 사변적 수준의 이론이 아니라 설득력 있는 설명 능력을 갖춘 체계적 과학 이론으로 격상시킨 것이고, 다른 하나는 진화의 사실에 관한 공통계통 이론과 진화의 메커니즘에 관한 자연선택 이론을 통합하여 종의 기원을 설명하는 강력하고 정합적이며 포괄적인 모델을 발전시키고 그것을 뒷받침하는 방대한 양의 증거 자료를 제시했다는 점이다.[11]

---

9 Phillip Sloan, "The Concept of Evolution to 1872," 19/43.

10 Claude Welch, *Protestant Thought in the Nineteenth Century*, vol. 2, *1870-1914* (New Haven: Yale University Press, 1985), 192 참고.

11 에른스트 마이어는 다윈의 진화론이 세부적으로 다섯 가지 이론으로 구성되어 있다고 설

『종의 기원』에서 다윈은 진화의 과정을 입증하기 위해서 지질학적 화석 기록, 생물지리학, 비교해부학, 비교발생학 등 다양한 분야에서 진행된 독립적 연구결과를 함께 모아서 증거로 제시했다(11-14장). 하지만 다윈은 이것만으로는 진화를 입증할 만한 충분한 증거가 되지 못한다고 생각했다. 다윈이 진화의 메커니즘으로서 자연선택 이론을 설명하고 설득하기 위해 많은 노력을 기울인 것(1-5장)은 바로 진화를 입증할 수 있는 결정적 증거를 확보하기 위한 것이었다.

> 종의 기원에 대해 숙고할 때, 유기체들의 상호 유사성, 발생학적 관계, 지리적 분포, 지질학적 연속, 그 밖의 사실들을 고려하는 자연학자가 다음과 같은 결론, 곧 종은 독립적으로 창조된 것이 아니라 변종과 같이 다른 종으로부터 생겨난 것이라는 결론에 도달하는 것은 충분히 생각할 수 있는 일이다. 그럼에도 이러한 생각은 비록 근거가 잘 확립된 것이긴 하지만, 이 세상에 살고 있는 수많은 종들이 어떠한 변형 과정을 거쳐 우리의 감탄을 불러일으키는 완벽한 구조와 적응을 이루게 되었는지를 보여주기 전까지는 만족할 만하다고 말할 수 없을 것이다.[12]

그뿐 아니라, 다윈은 자신이 제시한 자연선택 이론에 대한 다양한 반론들을 미리 예상하고 거기에 적절하게 응답하는 데도 큰 관심을 기울였다

명한다. 그것은 진화 자체, 공통계통, 점진주의, 종의 다양화, 자연선택이다. 그중에서 진화 자체는 정확한 연대 측정이 이루어진 지층의 화석 기록에 새겨져 있는 변화의 과정을 가리킨다. 이것은 오늘날 단순히 하나의 이론이 아니라 지동설과 같이 하나의 사실이 되었다. 그리고 이 진화 자체는 다윈의 진화론의 나머지 네 가지 이론의 사실적 토대가 된다. Ernst Mayr, *This is Biology: The Science of the Living World*, 에른스트 마이어 지음, 최재천 외 옮김, 『이것이 생물학이다』 (서울: 바다, 2016), 198.

12 Darwin, *The Origin of Species*, 4-5.

(6-10장).

『종의 기원』에서 다윈이 전개한 논리를 차례대로 추적해 보면, 다윈은 먼저 육종사들이 인위적 선택을 통해 유기체 변이를 통제하는 방식을 면밀하게 분석하면서 자연 안에서 일어나는 생명 현상을 이해하는 열쇠로 삼는다. 이어서 다윈은 자연 안에도 무수히 다양한 변이들이 자연스럽게 생겨난다는 명백한 사실을 지적하고, 제한된 자원 때문에 개체들 사이에 (혹은 종들 사이에) 생존 경쟁이 벌어지고 그 가운데 최적자가 결국 생존하여 후손을 남기게 된다고 주장한다. 이상의 논의는 다윈의 가장 핵심적 주장인 자연선택 이론을 위한 중심 논거가 된다. 다윈은 "자연선택"이라는 제목의 제4장을 시작하는 단락에서 자연선택을 다음과 같이 정의한다.

> 우리가 기르는 종들에서, 그리고 정도는 덜하지만 자연의 종들에서 생겨나는 미세한 변이들과 개별적 차이점들이 무수하게 많다는 사실을 염두에 두자. 그리고 유전적 경향의 강도 또한 염두에 두자.…또한 모든 유기체가 서로 간에 그리고 물리적 생활 조건과 더불어 맺는 상호 관계가 얼마나 무한하게 복잡하고 또한 얼마나 친밀하게 조화를 이루고 있는지, 그래서 결과적으로 얼마나 무한하게 다양한 구조들이 변화하는 생활 조건 속에서 각 유기체에게 활용될 수 있는지도 마음에 담아 두자. 그렇다면, 사람에게 유용한 변이들이 의심할 바 없이 생겨났다는 사실을 볼 때, 위대하고 복잡한 생존 전투에서 각 유기체에게 어떤 식으로든 유용한 다른 변이들이 여러 세대에 걸쳐 지속적으로 일어났을 것이라고 추정하는 것이 과연 개연성이 떨어지는 생각일까? 만약 그러한 일이 생겨난다면, (생존할 수 있는 것보다 훨씬 더 많은 유기체들이 태어난다는 사실을 기억할 때) 아주 미세하게라도 다른 유기체들보다 모종의 유익을 가진 유기체들이 생존해서 자손을 낳을 최상의 기회를 가질 것이라는 점에 대해 의심할 수 있을까? 다른 한

편, 우리는 아주 작게라도 해로운 변이는 반드시 소멸될 것이라고 확신할 수 있다. 이처럼 우호적인 개별적 차이와 변이들의 보존과 유해한 차이와 변이들의 파괴를, 나는 자연선택 혹은 최적자 생존이라고 불렀다.[13]

다윈은 같은 장의 논의를 요약하는 단락에서 다시 한번 자연선택 이론의 핵심을 다음과 같이 간략하게 정리해서 소개하고 있다.

만약 변화하는 생활 조건 아래서 유기체들이 그들 구조의 거의 모든 부분에서 개별적 차이를 보여준다면(이것은 논란의 대상이 될 수 없다), 또한 만약 유기체들의 기하급수적인 증가율 때문에 어떤 시대, 어떤 계절, 어떤 해에 치열한 생존 투쟁이 발생한다면(이것은 확실히 논란의 대상이 될 수 없다), 그렇다면 모든 유기체가 서로에 대해서 그리고 그들의 생활 조건에 대해서 갖는 관계들이 무한하게 복잡하며 그로 인해 구조와 구성과 습관의 무한한 다양성이 그들에게 이익이 된다는 점을 고려할 때, 인간에게 유용한 변이들이 그토록 많이 발생한 것과 마찬가지로 각 유기체의 번영을 위해 유용한 변이들이 발생하지 않았다고 한다면 그것은 매우 의아한 일이 될 것이다. 하지만 만약 모든 유기체에 유용한 변이들이 계속 생겨난다면, 그런 특질을 가진 유기체들은 확실히 생존 투쟁에서 보존될 최상의 기회를 갖게 될 것이다. 강한 유전의 원리로부터 이러한 유기체들은 비슷한 특질을 가진 자손을 생산하게 될 것이다. 이러한 보존의 원리, 혹은 최적자 생존의 원리를 나는 자연선택이라고 불렀다. 이것은 각 피조물이 처한 유기적, 무기적 생활 조건과 관련해서 각 피조물의 개선을 가져오며, 결과적으로 대부분 구성의 진보를 가져온다. 그럼에도 낮은 단계의 단순한 형태들

---

13 Darwin, *The Origin of Species*, 76-77.

> 은 그들의 단순한 생활 조건에 잘 어울리는 한 오래 생존할 것이다.[14]

간단히 요약하면, 무작위적인 변이가 자연선택을 통해 걸러지면서 우호적인 변이가 살아남아 새로운 종의 기원을 형성하게 된다는 것이다. 결국 우발적 변이와 법칙적 자연선택이 종의 기원에 관한 다윈의 이론을 구성하는 두 가지 핵심적 요소라고 할 수 있다.

한편으로 변이와 자연선택을 통한 진화의 과정이 적용되는 범위, 곧 공통계통이 어디까지 거슬러 올라갈 수 있는지에 대한 질문과 관련하여, 다윈은 모든 유기체가 하나의 공통조상으로부터 유래했을 가능성이 있다고 대담하게 추론한다.

> 내가 종의 변화에 관한 이론을 얼마나 먼 곳까지 확장시킬지 질문하고 싶은 사람이 있을 것이다. 그 질문은 대답하기가 어렵다. 왜냐하면 우리가 고려하는 형태들이 서로 더욱 뚜렷하게 구분될수록, 그만큼 공통계통을 지지하는 논증들은 그 수도 적어지고 그 힘도 약해지기 때문이다. 하지만 가장 중요한 몇 가지 논증들은 아주 멀리까지 확장된다. 전체 강에 속하는 모든 종은 일련의 유사점들로 함께 연결되어 있으며, 동일한 원리에 의해 군에 종속된 군으로 분류될 수 있다. 화석 기록들은 때때로 현존하는 목들 사이의 매우 넓은 간극을 메우는 경향을 보여준다.
>
> 흔적 기관들은 과거의 선조가 충분히 발달된 상태의 동일한 기관들을 갖고 있었음을 분명하게 보여준다. 어떤 경우 이것은 후손으로 내려가면서 상당한 변화가 있었음을 암시한다. 강 전체에 걸쳐서 다양한 구조들이 동일한 패턴으로 형성되어 있고, 아주 이른 시기의 배아들은 서로 닮은

14 Darwin, *The Origin of Species*, 125.

모습을 보여준다. 따라서 나는 변화를 동반한 계통의 이론이 동일한 큰 강 혹은 계의 모든 종을 포괄한다는 것을 의심할 수 없다. 동물들은 많아야 고작 넷 혹은 다섯 선조로부터 유래했고 식물들은 그것과 같은 혹은 그보다 적은 수의 선조로부터 유래했다고 나는 믿고 있다.

유추는 나를 한 걸음 더 멀리 내딛게 한다. 그것은 모든 동물과 식물이 어떤 하나의 원형으로부터 유래했다는 믿음이다. 하지만 유추는 우리를 기만하는 안내자일 수 있다. 그럼에도 모든 생명체는 화학적 조성, 세포 구조, 성장 법칙, 유해한 영향에 쉽게 노출되는 성질 등 많은 공통점을 갖고 있다. 심지어 동일한 독이 종종 식물들과 동물들에게 비슷한 영향을 미친다는 아주 사소한 사실에서도 우리는 이러한 점을 확인한다.…아마도 몇몇 가장 낮은 단계의 유기체를 제외한 모든 유기체에서 유성 생식은 본질적으로 비슷해 보인다. 현재 알려진 바로는 모든 유기체의 배포(germinal vesicle)가 동일하다. 따라서 모든 유기체는 공통 기원에서부터 시작한다.[15]

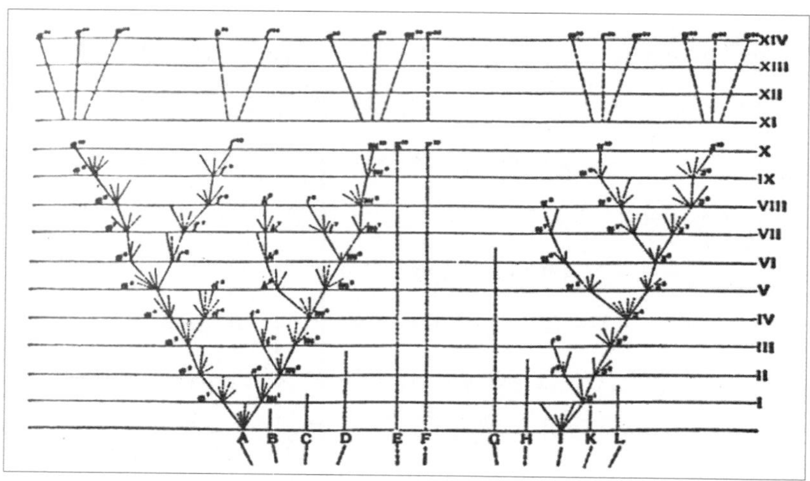

출처: Darwin, *The Origin of Species*, 110.

---

15 Darwin, *The Origin of Species*, 501-502.

다윈은 모든 유기체의 공통계통에 대한 이러한 생각이 장차 미치게 될 영향을 충분히 알고 미리 내다 보았다. 특별히 분류학에서 일어날 중대한 혁명에 대한 그의 예측은 오늘날 정확하게 적중했다. 그가 종의 분화 과정을 그린 '생명의 나무'는 오늘날 더욱 세분화되고 확장되었다. 오늘날 생명과학 교과서에 실린 생명의 나무는 지구상에 존재했던 모든 유기체의 기원을 하나의 공통조상에까지 역으로 추적하고 있다.[16]

창조론에 관한 우리의 논의와 관련해 다윈의 이론에서 주목해야 할 한 가지 중요한 사실은 자연적 원인에 의한 종의 기원을 주장하는 다윈의 진화론이 서로 별개의 독립적인 창조 활동을 통해 종의 기원을 설명해온 전통적 창조설과 충돌한다는 점이다. 『종의 기원』에서 다윈은 이 점을 숨기지 않고 명시적으로 언급한다. 사실 『종의 기원』에서 다윈이 의도한 핵심 목적 중 하나는 종의 기원에 관한 한 각 종이 개별적으로 창조되었다는 이론을 논박하고, 변화를 동반한 계통에 관한 이론으로서 진화론을 설득력 있게 입증하는 것이었다. 특별히 『종의 기원』 마지막 장의 결론 부분에서 다윈은 자신의 이론을 각 종의 특별 창조 혹은 독립 창조 이론과 대비시켜 설명한다.[17] 다윈의 요점은 지질학적 화석 기록, 생물지리학의 관찰 결과, 비교 해부학과 비교 발생학의 연구 결과 등 관련 분야의 모든 연구가 각 종이 갑작스럽고 독립적인 특별 창조의 결과로 출현했다고 보는 전통적인 이론보다 사소하지만 유익한 변형들 간의 점진적인 자연선택의 결과로 출현했다고 보는 진화론에 의해 훨씬 더 잘 설명된다는 것이다.

여기서 다윈이 자신이 논박하고자 하는 이론을 각 종의 독립 창조 이론이라고 구체적으로 특정하고 있음을 우리는 기억할 필요가 있다. 다윈은 창

16 닐 캠벨 외, 『생명과학』, 348, 472 참고.
17 Darwin, *The Origin of Species*, 488-497, 특히 495.

조주의 존재를 부정하거나 창조론 전체를 해체하려고 시도하지 않았다. 다만 종의 기원 문제와 관련하여 특정한 형태의 이론 곧 각 종이 특정한 시기에 독립적으로 특별하게 창조되었다는 주장을 논박하려고 했을 따름이다. 그런 점에서 우리는 다윈이 "나는 이 책에서 제시한 견해들이 왜 누군가의 종교적 감정에 충격을 주어야 하는지, 그 이유가 무엇인지 잘 모르겠다"고 한 말을 이해할 수 있다.[18] 오히려 그는 중력의 법칙이 종교에 가져다 준 충격처럼 자신의 이론이 가져다 준 충격 또한 일시적으로 지나가버릴 것이라고 예상한다.[19] 여기에 덧붙여 그는 영국 성공회의 사제 찰스 킹즐리(Charles Kingsley)가 보낸 편지의 한 구절을 인용하면서, 자신의 이론이 오히려 하나님에 대한 더 고상한 이해에 기여할 수 있다는 데 공감한다.[20]

다윈의 진화론에 대한 분석을 마무리하기 전에 차후의 신학적 논의를 위해 한 가지만 덧붙여 말하고자 한다. 전통적 기독교의 관점에서 볼 때 우리는 다윈의 진화론에서 가장 중요한 두 가지 요소를 구분할 수 있다. 하나는 각 종의 독립적이고 직접적인 특별 창조 교리를 비판하는 자연선택 이론이고, 다른 하나는 다른 모든 동물과 구별되는 인간의 특별함에 대한 생각을 근본적으로 전복시키는 인간의 기원에 관한 이론이다. 전자는 1859년에 초판이 출간된 『종의 기원』에서 집중적으로 취급되었고, 후자는 1871년에 출간된 『인간의 유래』(*The Descent of Man*)에서 본격적으로 조명되었다.[21] 이미 『종의 기원』 초판에서 다윈은 자신의 자연선택 이론이 후일 인간의 기

---

18 Darwin, *The Origin of Species*, 498.

19 Darwin, *The Origin of Species*, 498.

20 Darwin, *The Origin of Species*, 498. 다윈은 초판에 대한 응답으로 받은 이 편지의 내용을 2판 이후부터 인용하고 있다.

21 Charles Darwin, *The Descent of Man, and Selection in Relation to Sex* (UK: John Murray, 1871).

원에 관해 빛을 비추어줄 것이라는 전망을 내비친 적이 있다.[22] 『인간의 유래』에서 다윈은 자연선택 이론을 인간의 기원에까지 적용시키며 인간이 더 '하등한' 동물로부터 유래했다는 주장을 제시한다. 이 주장을 뒷받침하기 위해서 다윈은 형태(물리적 측면)만이 아니라 본능(심리적 측면)에 있어서도 인간과 다른 동물들 간에 유사한 점이 존재한다는 사실을 다양한 각도에서 입증해 보였던 것이다.

종의 진화를 설득력 있게 입증하다

다윈은 19세기의 생물학자였다. 따라서 20세기에 들어서 본격적으로 발전한 근대 유전학에 대한 지식도 없었고, DNA의 구조에 대해서도 전혀 알지 못했으며, 현대 분자생물학의 놀라운 연구 결과를 활용할 수도 없었다. 그럼에도 다윈은 영속적인 가치를 지닌 놀라운 업적을 성취했다. 그런 점에서 다윈이 이룩한 성취의 의의와 한계는 공정한 평가를 요청한다.

줄리언 헉슬리(Julian Huxley)는 『종의 기원』 1958년 판 서문에서 다윈의 진화론을 간략하게 정리한 다음, 초판(1859) 출간 이후 100년 간 다윈의 이론이 성취한 의의 및 다윈의 이론을 둘러싸고 벌어졌던 논쟁과 그 결말을 압축적으로 소개하고 있다. 헉슬리는 『종의 기원』이 두 가지 점에서 위대한 책이라고 소개한다.

> 첫째, 이 책이 진화의 사실을 설득력 있게 입증하고 있기 때문이다. 이 책은 현존하는 동물과 식물들이 현재의 형태대로 개별적으로 창조되었을 수

22 Darwin, *The Origin of Species*, 506.

없으며, 이른 시기의 형태로부터 느린 변형을 통해 진화했음에 틀림없다는 것을 보여주는 방대하고 잘 선별된 증거들을 제시하고 있다. 둘째, 『종의 기원』에서 너무도 완전하고 너무도 명료하게 설명되고 있는 자연선택 이론이 (앞서 말한) 그러한 변형이 자동적으로 일어났을 수 있으며 일어났을 것으로 기대되는 메커니즘을 제시하고 있기 때문이다. 자연선택은 진화를 과학적으로 이해 가능하게 만들었다.[23]

헉슬리는 다윈이 진화의 사실과 진화의 메커니즘 양자 모두에 관하여 가장 일반적인 결론을 이끌어냈다는 사실을 강조한다. 말하자면 다윈은 진화가 보편적인 현상이라고, 곧 모든 살아 있는 유기체가 최초의 몇몇 단순한 공통조상으로부터 유래함으로써 서로 연관되어 있다고 믿었으며, 자연선택의 원리를 진화의 역사에 보편적으로 적용했던 것이다. 이 점에서 헉슬리는 알프레드 월리스의 말을 인용해 다윈을 "자연사의 뉴턴", "생물학의 뉴턴"이라고 부르고 있다. 다시 말해서, 수정·유전·변이·배아분화의 메커니즘에 대한 연구, 동물 행동에 관한 과학적 연구, 생물지리학·생태학·고생물학 등에 있어 다윈 당시 과학의 한계에도 불구하고, 생활 조건과의 관계에서 일반적인 개선의 불가피성 및 종 분화를 통한 다양한 종의 출현 등 진화 과정에 대한 전반적인 그림을 다윈이 놀랍도록 훌륭하게 그렸다는 사실을 헉슬리는 높이 평가한다.[24]

다윈이 종의 진화를 설명하기 위해 그린 '생명의 나무'는 이후 생명의

---

23 Julian Huxley, "Introduction" to Charles Darwin, *The Origin of Species* (New York: Penguin, 2003), xi.

24 Huxley, "Introduction," xii. 동시에 헉슬리는 다윈 시대에 유전학과 돌연변이의 메커니즘이 전혀 알려지지 않았다는 사실을 언급하면서, 유전과 변이의 이론에 관한 한 다윈의 이론이 나중에 수정되어야 했다는 점을 정당하게 지적한다.

역사만이 아니라 생명의 분류 체계를 근본적으로 새로운 틀 안에서 재구성하는 데 결정적인 영향을 미쳤다.

> 다윈은 생물종 사이에 통일성이 있다고 생각했고, 이는 까마득한 옛날에 살았던 하나의 조상으로부터 모든 생명체가 유래했기 때문에 생물종 상호 간에 연관이 있다고 보는 시각이다. 지구상에 생겨난 최초 생명체의 후손이 번성하여 오랜 시간 동안 다양한 서식처에서 살아감에 따라 여러 종류의 변화와 적응이 축적되었고, 그 결과 다양한 생활양식이 생겨났다. 생명의 역사는 하나의 둥치에서 수많은 가지가 뻗어 있는 나무를 닮은 형태이다. 이 계통수에서 두 개 이상의 가지로 갈라지는 분기점에는 그 윗가지의 공통조상이 자리 잡는다.[25]

지구상에 등장한 과거와 현재의 모든 유기체가 초기 지구의 공통조상으로부터 자연적 인과 관계를 통해 출현했다고 보는 다윈의 근본 통찰은 오늘날 유전자에 대한 분자생물학 연구와 유전체 비교 연구를 통해 더욱 공고해졌다. 현대 생명과학이 그리고 있는 '생명의 나무'는 결국 다윈이 스케치한 그림을 더욱 상세하게 보완한 것이라고 할 수 있다.

또한 다윈이 진화를 입증하기 위해 활용한 논증 방법 역시 오늘날에도 여전히 유효하게 사용되고 있다. 다윈은 생물종이 변화를 동반한 계통을 통해 생겨난다는 주장을 뒷받침하기 위해서 진화의 메커니즘으로서 자연선택 이론에 대한 상세한 설명에 더하여 지질학적 화석 기록, 생물지리학의 관찰 결과, 비교해부학 및 비교발생학의 연구 결과 등을 종합적으로 제시했다. 『종의 기원』 마지막 15장에서 다윈은 책 전체를 "하나의 긴 논증"이라고 묘

---

25 닐 캠벨 외, 『생명과학』, 295.

사했다.[26] 생물철학자 마이클 루스(Michael Ruse)는 다윈의 이러한 논증 방식이 다윈 당시의 대표적인 과학철학자 윌리엄 휴얼(William Whewell)이 제시한 통섭(consilience)의 방법을 가장 잘 구현하고 있다고 본다.[27]

오늘날에도 많은 생명과학자들이 진화를 입증하는 증거를 제시할 때 다윈과 거의 동일한 논증 방식을 택한다는 사실은 다윈의 업적이 얼마나 놀라운 것인지를 설득력 있게 보여준다. 다만 다윈이 전혀 예상하지 못했던 새로운 분야인 분자생물학이 무수하게 내어놓고 있는 진화의 결정적인 증거들이 거기에 더해질 뿐이다. 예를 들어 최근의 대표적인 생명과학 교과서를 살펴보아도, 생물종이 지리적으로 분포되어 있는 양상을 보고·분석하는 생물지리학, 서로 다른 종의 신체 구조를 비교·분석하는 비교해부학, 개체 발생의 초기 단계를 비교·분석하는 비교발생학, 생물체의 유전 정보를 비교·분석하는 분자생물학 등 각기 독자적으로 발전한 분과학문의 연구 결과들이 화석 기록과 일관되게 생물종이 변화를 동반한 계통을 통해 진화했다는 주장을 뒷받침하고 있다고 설명한다.[28]

어떤 사람들은 중간 화석의 부재를 근거로 하여 종의 진화에 대한 확실

---

26 Darwin, *The Origin of Species*, 478.

27 Michael Ruse, *Can a Darwinian be a Christian?*, 마이클 루스 지음, 이태하 옮김, 『다윈주의자가 기독교인이 될 수 있는가?』(서울: 청년정신, 2002), 40. 19세기 영국의 자연철학자 윌리엄 휴얼(William Whewell)은 1840년 『귀납과학의 철학(The Philosophy of the Inductive Sciences)』에서 '통섭'(consilience) 개념을 처음 소개했다. 최재천은 에드워드 윌슨(Edward Wilson)이 중요하게 사용하는 단어인 'consilience'의 번역어를 찾으면서, 휴얼과 윌슨이 같은 단어를 다른 의미로 사용했다고 지적한다. 휴얼의 '통섭'(通涉) 개념과 에드워드 윌슨의 '통섭'(統攝) 개념 간의 차이에 대해서는 다음의 글을 보라. 최재천. "서문: 환원주의와 사회생물학 - 불편하지만 꼭 필요한 동거", 최재천 외 편, 『사회생물학 논쟁』(서울: 이음, 2012), 17.

28 닐 캠벨 외, 『생명과학』, 300-302. 저자들은 진화의 증거로 최근 자연선택을 통한 진화의 과정을 직접 관찰한 사례들이 보고되고 있다고 덧붙이고 있다. 한편으로 진화의 다양한 증거들 중에서 진화의 과정을 증명하는 가장 강력한 증거로 인정받고 있는 것은 화석이다. 닐 캠벨 외, 『생명과학』, 298.

한 증거가 없다고 반론을 제기한다. 흥미롭게도 다윈 자신이 이러한 반론을 이미 예상하고 있었고 『종의 기원』에서 매우 진지하게 다루고 있다. 다윈은 중간 화석의 부재는 지질학(혹은 고생물학)이라는 학문 자체의 한계 때문에 불가피하다고 설명하고, 다른 한편으로 현재까지 발견된 화석 기록만 보더라도 특별 창조 행위 이론보다 자연선택 이론이 이 모든 기록을 더 잘 설명한다고 주장한다.[29] 요컨대 생명과학자들은 화석 기록에 따른 증거가 진화론을 입증하기에는 턱없이 부족하다는 점만이 아니라, 진화론이 최근까지의 수많은 화석 기록을 얼마나 일관되게 합리적으로 설명하고 있는지, 계속되는 새로운 화석 발굴에도 불구하고 여전히 반증되지 않고 오히려 더욱 확고한 이론으로 자리 잡게 되었는지, 또한 어떻게 중간 화석의 발견을 예측하고 그 예측에 들어맞는 새로운 화석을 발굴하는 데 공헌하고 있는지 등에 주목하고 진화론의 놀라운 설명 능력과 예측 능력을 강조한다.

과학자의 입장에서 볼 때, 다윈의 진화론은 종의 자연적 기원이 개연성이 있음을 보여준 것만으로도 종의 기원을 설명함에 있어 특별 창조를 위한 초자연적 존재의 개입을 충분히 배제한다. 따라서 종의 진화를 입증하는 최종적이고 결정적인 증거가 굳이 필요하지 않다. 진화론은 단순히 과거 어느 시점에 더 이상 발전이 없을 만큼 최종적으로 완결된 이론이 아니다. 이 점은 진화론의 한계가 아니라 무한한 가능성을 내포한다. 왜냐하면 진화론은 오늘도 새로운 지식을 예측하고 생산하는 전 세계적 연구 프로젝트의 근본 토대가 되고 있기 때문이다. 이런 의미에서 "진화는 생물학을 통합하는 방대한 개념이며, 『종의 기원』은 오늘날까지 계속되는 생물학적 연구와 지식

---

29 Darwin, *The Origin of Species*, 493-494. 화석 기록은 시대에 따라 진화해온 생명의 역사를 알려주는데, 화석 기록에 따르면 원핵생물-진핵생물-척추동물-어류-양서류-파충류-포유류-조류의 순서로 새로운 생물종들이 출현했다. 생물종의 진화와 관련하여 과거와 현재의 생물종을 연결해주는 중간 화석들 또한 많이 발굴되었다. 닐 캠벨 외, 『생명과학』, 299.

축적의 기폭제 역할을 하였다고 하겠다."[30]

새로운 진화 개념을 도입하다

진화의 사실을 확실하게 입증한 것 외에도 우리는 다윈이 새로운 진화 개념을 도입했다는 사실에서 그의 또 다른 중요한 공헌을 인정할 수 있다. 다윈 이전에도 라마르크를 비롯해 이미 종의 진화를 주장한 여러 생물학자들이 있었지만, 다윈의 진화 개념은 그 이전의 진화 개념과는 구별되는 것이었다. 이 점에서 다윈은 진정한 의미에서 현대 진화론의 창시자라고 불린다.[31]

지난 20세기 진화생물학을 대표하는 세계적인 학자 중 하나인 에른스트 마이어(Ernst Mayr)는 지구상의 생명의 역사와 관련하여 돌연변이(transmutation), 변형(transformation), 변이(variation) 등 진화의 세 가지 개념을 구분하고, 그중에서 다윈이 새롭게 도입한 개념, 곧 변이 진화 개념만이 오늘날까지 유효하게 사용되고 있다고 설명한다.[32] 첫 번째 돌연변이 진화는 새로운 유형의 유기체 발생의 근원으로서 주요한 돌연변이나 도약에 주목하는 진화 개념이다.[33] 두 번째 유형의 진화는 수정된 난자가 성체로 발달하는 것과 같이 한 유기체 내의 점진적 변화에 초점을 맞추는 변형 진화이다. 마이어는 라마르크의 진화론을 변형 진화 이론의 대표적인 사례로 언급

---

30 닐 캠벨 외, 『생명과학』, 295.

31 Ernst Mayr, *Toward a New Philosophy of Biology: Observations of an Evolutionist* (Cambridge: Harvard University Press, 1988), 163-164.

32 Ernst Mayr, *This is Biology: The Science of the Living World*, 에른스트 마이어 지음, 최재천 외 옮김, 『이것이 생물학이다』 (서울: 바다, 2016), 237f.

33 마이어에 따르면, "다윈의 『종의 기원』이 출판된 후에도 격변[도약] 개념은 자연선택론을 받아들일 수 없었던 다윈의 친구인 토머스 헉슬리를 포함해서 많은 진화론자에 의해 채택되었다." 마이어, 『이것이 생물학이다』, 237.

한다.[34] 마지막 세 번째 유형의 진화는 다양한 유전적 변이들에 대한 자연선택을 진화의 메커니즘으로 이해하는 변이 진화이다. 다윈의 진화론은 이 세 번째 유형에 속한다.

> 이 이론에 의하면 각 세대마다 어마어마한 양의 유전적 변이가 산출되지만 이 막대한 수의 자손 중 번식에 성공해 살아남는 것은 소수에 지나지 않는다. 환경에 가장 잘 적응한 개체들이 생존하고 번식에 성공할 확률이 가장 높다. 진화는 (1) 환경 변화에 가장 잘 대처할 수 있는 유전자형의 지속적인 선택(또는 차별적 생존), (2) 개체군 내부의 새로운 유전자들 사이의 경쟁, (3) 우연에 기초한 확률적 과정으로 유전자 발생 빈도가 달라져 일어나는 개체군 구성의 지속적 변화라고 말할 수 있다. 모든 변화는 유전적으로 고유한 개체들의 개체군에서 일어난다. 그래서 개체군이 유전적으로 재조직화되는 진화는 필연적으로 점진적이고 연속적이다.[35]

변형 진화 개념과 변이 진화 개념은 앞서 돌연변이 진화 개념과 달리 진화의 점진적이고 연속적인 과정을 강조한다. 한편 변형 진화 개념에 따르면 진화가 한 유기체 안에서는 물론이고 유기체와 유기체 사이에서도 점진적이고 연속적인 과정으로 진행되는 반면, 변이 진화 개념에 따르면 진화는 오로지 개체군의 관점에서 볼 때에만 점진적이고 연속적인 과정으로 이해될 뿐, 유기체 간 그리고 세대 간에는 엄밀한 의미에서 불연속성이 존재한다.[36]

---

34 마이어, 『이것이 생물학이다』, 237-238.

35 마이어, 『이것이 생물학이다』, 238

36 개체군이란 "같은 시기, 같은 장소에 서식하고 있는 동일한 생물종의 집합"을 가리키고, 생물종은 다시 "각자 상호교배가 가능하고 번식력 있는 자손을 낳을 수 있는 개체군의 집

각 세대마다 이전 세대와 구별되는 다양한 변이들이 출현하고 그 후에 자연선택 과정을 통해서 변이들이 각기 가지치기를 하는 것으로 보는 다윈의 진화론에 따르면, "매번 새로운 세대마다 이전 세대와는 다른 유전자 풀을 가진 새로운 개체군이 새로운 출발하기 때문이다. 그럼에도 진화가 전적으로 점진적인 것처럼 보인다면, 그것은 개체군의 차원에서 그러하다."[37] 요컨대 개체군적 사고의 도입은 새로운 진화 개념의 도입과 관련하여 다윈의 또 다른 중요한 업적에 해당한다. 다윈은 진화의 기본 단위가 개체군임을 밝혔다. 다윈은 다양한 형질을 가진 개체군 안에서 특정 형질을 가진 개체가 다른 형질을 가진 개체보다 선호되고 그로 인해 자연선택이 이루어지면 개체군이 점진적으로 변화하고 오랜 시간이 지나면 새로운 종의 출현으로 이어질 수 있음을 통찰했다.

다윈의 한계와 미해결된 문제들

다윈의 진화론이 현대 진화생물학의 근본 토대를 마련한 것은 분명하지만, 『종의 기원』 출간 당시에 이미 완벽한 이론의 수준에 도달했던 것은 아니다. 다윈의 자연선택 이론이 설득력을 갖기 위해서는 개체군의 각 세대마다 다양한 유전적 변이들이 출현하고, 자연에서 선택된 유리한 변이들이 다음 세대로 그대로 유전된다는 두 가지 전제가 충족되어야 한다. 하지만 19세기 다윈은 변이의 원인과 유전의 원리에 대한 정확한 지식을 갖지 못했다.

합"을 가리킨다. 닐 캠벨 외, 『생명과학』, 303.

37 Mayr, *Toward a New Philosophy of Biology*, 163-164.

(개체군의 변화를 가져오는 유전적) 기초가 없이는 개체군을 구성하는 개체 간의 변이가 나타나는 원인과 부모의 형질이 자손에게 유전되는 것을 설명할 수 없었다. 현재 우리는 유전되는 특성은 염색체에 있는 유전자 때문이고, 돌연변이로 새로운 대립인자가 생길 수 있다는 사실을 알고 있다. 또한 멘델의 분리의 법칙이나 독립의 법칙에서 대립인자가 감수분열 시 어떻게 작용하여 배우자와 자손에게 유전적 변이를 일으키는지도 알고 있다. 멘델과 다윈은 동시대 사람이지만 멘델의 업적의 중요성은 다윈이 죽은 후에야 알려졌다.[38]

다윈은 유전의 메커니즘과 관련하여 어떻게 해서 자연에서 선택된 특정 변이가 후대에도 사라지지 않고 계속 유전되는지에 대해 명확한 대답을 내어놓지 못했다. 다윈은 부모 세대가 획득한 형질이 후손에게 유전된다는 라마르크의 생각을 일부 받아들이고 있었고, 또한 부모의 신체 각 세포가 생산해낸 작은 입자들이 생식세포에 모인 다음 혼합되어 다음 세대로 유전된다는 생각을 갖고 있었다.[39] 하지만 유전학의 발전과 함께 획득형질의 유전, 신체의 각 부분이 자손에게 전달될 작은 입자를 방출한다고 보는 범생설, 부모의 형질이 반반씩 섞여서 자손에게 전달된다고 보는 혼합 유전 등 다윈이 가졌던 유전 이론은 20세기에 접어들어 모두 폐기된다. 변이의 원인과 유전의 원리에 대한 다윈의 불완전한 설명은 다윈의 자연선택 이론에 대한 회의로 이어졌고, 이후 오랫동안 진화의 메커니즘을 둘러싼 논쟁의 씨앗이 되었다.

---

38 닐 캠벨 외, 『생명과학』, 303; Mayr, *Toward a New Philosophy of Biology*, 192-93, 164; 마이어 『이것이 생물학이다』, 251-252 참고.

39 장대익, 『진화론도 진화한다』, 82-83.

제9장

진화론

1859년 다윈의 『종의 기원』이 출간되었을 때, 동시대인들의 반응은 매우 다양했다. 당시 영국 및 세계 각국의 그리스도인들의 반응에 대해서는 아래 12장에서 살펴볼 것이다. 여기서는 과학계 내의 논의에 한정하여 다윈의 진화론을 둘러싼 당대의 과학적 논쟁을 살펴보겠다.

다윈의 진화론에 대한 과학자들의 반응

『종의 기원』에 대한 동시대 과학자들의 다양한 반응을 분석한 앤드류 로빈슨(Andrew Robinson), 마이클 네거스(Michael Negus), 크리스토퍼 사우스게이트(Christopher Southgate)는 다윈의 이론에 대한 당시 과학자들의 반응이 이중적이었음을 지적한다.[1] 우선 변화를 동반한 계통으로서 진화의 사실에 대한 증거가 압도적이라는 점에 대해서는 다윈과 동시대에 속한 과학자들이

1 Andrew Robinson, Michael Negus, and Christopher Southgate, "Theology and Evolutionary Biology," in *God, Humanity and the Cosmos*, 3rd ed., ed. Christopher Southgate (New York: T&T Clark, 2011), 171.

대체로 동의했다. 하지만 다윈이 진화의 메커니즘으로 제안한 자연선택 이론은 동시대의 과학자들을 설득하는 데 대체로 실패했다. 그 주된 이유는 앞에서도 언급했듯이 유전의 메커니즘에 대한 다윈의 설명이 불충분했기 때문이다.

에른스트 마이어(Ernst Mayr) 역시 『종의 기원』 출간 직후 당시 과학계의 반응이 이중적이었다고 분석한다.[2] 마이어는 다윈주의를 구성하는 다섯 가지 핵심 내용으로서 진화 자체, 공통계통, 종 분화, 점진성, 자연선택 등을 구분한 다음, 생물학자들이 대부분 거의 만장일치로 진화 자체와 공통계통 이론을 받아들였지만, 자연선택에 관해서는 많은 생물학자들이 유보적 입장을 취했다고 평가한다.

> 1859년 이후 80년 동안 다윈주의를 받아들이지 않는 생물학자들이 절대 다수를 차지하고 있었다. 프랑스와 같은 몇몇 나라에서는 사실상 진정한 의미의 다윈주의자는 하나도 없었다. 영어권과 독일어권에서조차 1900년 이후 멘델주의의 득세는 '다윈주의의 종말'에 관한 책이 나올 정도로 다윈주의의 패퇴를 의미하는 것처럼 보였다.[3]

---

2 마이어는 다윈의 진화론이 등장했을 때 다윈의 이론에 반대한 대표적인 여섯 집단을 구분하였다. (1) 오늘날 근본주의자들로 불리는 정통 그리스도인들은 짧은 기간 이루어진 불변하는 세상의 창조 등 성서의 문자주의적 해석과 충돌하는 그 어떤 이론도 거부했다. (2) 자연신학자들, 곧 설계 논증을 믿고 있던 자유주의 이신론자들 역시 다윈의 이론에 반대했다. (3) 다윈의 이론은 조류와 포유류와 파충류를 날카롭게 구분할 수 있다고 믿는 일반 대중의 '상식'과도 부딪혔다. (4) 본질주의와 물리주의에 경도되어 있던 당대의 많은 철학자들 역시 다윈의 사상을 받아들이는 데 어려움을 겪었다. (5) 본질주의자이면서 동시에 엄격한 결정론자였던 대다수의 물리과학자들 역시 다윈의 학문적 권위를 인정할 수 없었다. 다윈의 이론에 반대했던 마지막 여섯 번째 집단은 비다윈주의 생물학자들이었다. 사실 진화생물학의 발전에 있어서는 이 마지막 그룹의 반대 주장이 가장 중요한 의미를 갖는다. Ernst Mayr, *Toward a New Philosophy of Biology: Observations of an Evolutionist* (Cambridge: Harvard University Press, 1988), 188-189.

3 Mayr, *Toward a New Philosophy of Biology*, 189-190.

대표적인 19세기 사상사가인 클라우드 웰치(Claude Welch)에 따르면, 다윈 이론에 대한 동시대 과학자들의 반응은 크게 세 가지로 구분된다.[4] 첫 번째 부류는 진화론 자체를 거부한 과학자들이다. 영국에서는 리처드 오웬(Richard Owen), 애덤 세지윅(Adam Sedgwick), 열역학 원리를 발견한 윌리엄 톰슨(Sir William Thomson, or Lord Kelvin), 런던동물학회 부회장 존 에드워드 그레이(John Edward Gray), 미국에서는 루이스 아가시즈(Louis Agassiz)와 제임스 드와이트 대너(James Dwight Dana), 그리고 독일·프랑스·네덜란드 등 유럽 다른 나라에서도 다수의 과학자들이 진화론을 거부했다. 두 번째 부류는 다윈의 자연선택 이론을 열광적으로 받아들이거나 지속적으로 지지한 과학자들이다. 영국에서는 토머스 헉슬리(Thomas Huxley), 리처드 후커(Richard Hooker), 알프레드 월리스(Alfred Wallace), 독일에서는 칼 포크트(Carl Vogt), 루트비히 뷔히너(Büchner), 에른스트 헤켈(Ernst Haeckel), 미국에서는 애서 그레이(Asa Gray)와 벤자민 월쉬(Benjamin D. Walsh) 등이 이 부류에 속했다. 마지막 세 번째 부류는 다윈의 이론을 조심스럽게 지지하거나 수정하여 받아들인 과학자들이다. 다윈의 진화론에 결정적인 영향을 미친 것으로 알려진 지질학자 찰스 라이엘(Charles Lyell)은 다윈이 공통계통을 효과적으로 입증했다는 점을 인정하면서도, 진화의 메커니즘과 관련해서 다윈이 제시한 자연선택 이론에 대해서는 선뜻 동의하지 못했다. 이 밖에도 네덜란드와 독일에서는 진화론을 일반적으로 수용하면서도 자연선택에 대해서는 언급하지 않거나, 혹은 자연선택을 수용하지만 물질에 대한 정신의 점증하는 지배를 강조하거나, 혹은 독일 관념론 전통 아래에서 진화의 메커니즘으로서 자연선택보다 내적 발전 원리를 선호하는 과학자들이 있었다. 웰치는 이상의 다양

4 Claude Welch, *Protestant Thought in the Nineteenth Century*, vol. 2, *1870-1914* (New Haven: Yale University Press, 1985), 193-95. 이 문단의 내용은 웰치의 논의를 요약한 것이다.

한 반응을 소개한 다음, 공통계통 개념의 경우에는 1860년대에 이미 널리 받아들여졌지만, 자연선택 이론의 경우에는 1930년대 근대에 유전학과 통합되기 이전까지는 선뜻 받아들여지지 않았다고 결론을 내린다.[5]

진화의 메커니즘을 둘러싼 논쟁

1859년 『종의 기원』이 출간된 이후 1930-40년대에 소위 신다윈주의 종합이 완성되기까지 대략 80년간 생물학자들 사이에서는 진화의 메커니즘을 둘러싸고 다윈주의자들과 반다윈주의자들 사이에 치열한 논쟁이 계속되었다. 물론 이 논쟁은 공통조상으로부터 다양한 종이 점진적으로 분화되어 진화한다는 다윈의 핵심 주장을 공통적으로 전제하고 있었다.[6] 요컨대 이 시기의 논쟁은 진화의 사실 자체에 대한 논쟁이 아니라, 진화의 메커니즘에 관한 논쟁이었던 것이다.

줄리언 헉슬리에 따르면 대략 1895년부터 1925년까지 30년 동안 다윈의 이론은 매우 심각한 비판에 직면했다.[7] 다윈이 말하는 적응 개념에 대해서 단순히 목적론적 사변에 불과하다고 무시하는 사람도 있었고, 자연선택 개념이 너무나 기계론적이고 다른 심리학적 힘을 정당하게 고려하지 않

---

5 웰치의 분석에 따르면, 19세기 말 무렵 미국 과학계에는 다윈주의자들보다 신라마르크주의자들이 더 많았고, 1900년경 프랑스에서는 라마르크의 변성 이론(transformism)이 득세했고, 독일에서는 종의 변화를 가져오는 메커니즘에 대한 설명으로 외부적 영향을 강조하는 자연선택 원리보다 내적 발전 원리를 선호했다. Welch, *Protestant Thought in the Nineteenth Century*, 196.

6 Ernst Mayr, *This is Biology: The Science of the Living World*, 에른스트 마이어 지음, 최재천 외 옮김, 『이것이 생물학이다』 (서울: 바다, 2016), 249.

7 Julian Huxley, "Introduction," in Charles Darwin, *The Origin of Species* (New York: Penguin, 2003), xiii.

는다는 이유로 그 개념을 거부하는 라마르크주의자들과 생기론자들도 있었다. 또한 한편에는 진화의 과정에서 자연선택은 단지 해로운 변이들을 제거하는 부정적인 기능만을 담당하고 진화의 긍정적인 변화는 갑작스럽고 큰 돌연변이를 통해서 이루어진다고 주장하는 멘델주의자들도 있었고, 다른 한편에는 점진적인 변이 현상에 주목하면서 멘델주의의 중요성을 부정하는 생물측정학자들도 있었다.

비슷한 맥락에서 마이어는 진화의 메커니즘을 둘러싼 논쟁에서 다윈의 자연선택 이론에 대한 대안으로 주목받았던, 비다윈주의 혹은 반다윈주의 성향의 세 가지 경쟁 이론을 분석한다.[8] 먼저 도약 이론은 다윈 이전 시대를 지배한 전형적인 본질주의적 사고의 결과로 다윈과 매우 가까운 관계에 있던 라이엘 등에 의해 지속적으로 지지되었다. 다음으로 정향 진화나 테야르의 오메가 원리 등 더 나은 목적을 향해 나아가는 내적 원리가 자연 속에 새겨져 있다고 주장하는 목적론적 이론들이 있었다. 마지막으로 신라마르크주의는 라마르크의 주장을 따라 획득형질의 유전을 통한 유기체들의 점진적 진화를 주장했다. 마이어에 따르면, 1930년대까지만 해도 자연선택보다 획득형질의 유전을 주장하는 과학자들의 수가 더 많았다.

신다윈주의의 확립 이후

『종의 기원』 출간 이후 80여 년 동안 전개되었던 진화의 메커니즘을 둘러싼 치열한 논쟁은 결국 다윈의 자연선택 이론을 지지하는 쪽으로 결론을 맺

8 마이어, 『이것이 생물학이다』, 250-251. 이 문단의 내용은 마이어의 논의를 요약한 것이다.

었다.[9] 유전 정보의 일방적 전달에 관한 중심 원리의 확립과 함께 획득형질의 유전이 논박되면서 라마르크주의자들과 생기론자들의 주장은 타당성을 잃어버렸고, 큰 돌연변이 현상이 희귀할 뿐 아니라 진화의 과정에서 큰 의미를 갖지 못한다는 사실이 유전학의 발전을 통해서 밝혀졌으며, 계속적 진화의 과정이 자연선택의 지도하에 수많은 작고 불연속적인 돌연변이들이 축적됨에 따라 이루어질 수 있고 또한 종종 이루어졌다는 사실이 비로소 드러났다. 유전의 분리 법칙은 혼합 유전 이론을 배격함으로써, 아무리 사소한 정도의 유익을 가진 변이라 할지라도 장기적으로는 중요한 진화적 효과를 가질 수 있다는 사실을 입증해주었다. 결국 1930-1940년대에 이르러 다윈의 자연선택 이론과 최근에 발전한 유전학이 결합하여 신다윈주의라는 새로운 형태의 진화론이 등장했다. 헉슬리는 다른 곳에서 이것을 '현대적 종합' 이라고 명명한다.[10] 헉슬리는 여기서 한 걸음 더 나아가 다윈의 자연선택 이론이 20세기 중반에 이르러 최종적으로 확립되었다고 주장한다.[11]

비슷한 맥락에서 마이어는 유전학자들과 자연학자들의 소통이 신다윈주의라는 현대적 종합을 가능하게 했다고 설명한다.

> 1930년대 초까지도 (다윈주의자들과 멘델주의자들이) 가까운 미래에는 합의를 이루지 못할 것이라는 결론이 내려지곤 했다. 그러나 합의를 위한 토대가 만들어졌다. 유전학자와 자연학자들은 각각 적응성과 생물다양성의 기원에 대한 우리의 이해를 놀랍게 증가시켰지만 진화생물학에 대한 상

9 이 문단의 내용은 Huxley, "Introduction," xiv; 마이어 지음, 『이것이 생물학이다』, 250-251을 토대로 필자가 정리한 것이다.

10 Julian Huxley, *Evolution: The Modern Synthesis* (1942).

11 헉슬리의 말을 빌리면, "『종의 기원』이 출간된 지 100년이 지난 오늘날 다윈의 위대한 발견 곧 자연선택의 보편적 원리는 주요한 진화적 변화의 유일한 힘으로서 확고하게 그리고 최종적으로 확립되었다." Huxley, "Introduction," xv.

대 진영의 입장에 대해서는 아주 잘못된 생각들을 가지고 있었다. 실로 두 진영을 연결할 다리가 필요했고, 1937년에 출판된 도브잔스키의 『유전학과 종의 기원』(*Genetics and the Origin of Species*)이 그 역할을 했다. 도브잔스키는 자연학자인 동시에 유전학자였다.…유전자 풀의 유전자들을 전환시켜 적응성을 유지하거나 향상시키는 것, 새로운 생물다양성 특히 새로운 종을 낳는 개체군의 변화 등이 그가 제기한 것들이다. 도브잔스키의 거친 구상은 마이어(종과 종분화, 1942), 심슨(고차적 분류, 대진화, 1944), 헉슬리(1942), 렌슈(1947), 그리고 스테빈스(식물들, 1950)에 의해 세부사상이 채워졌다. 동시에 독일에서도 체트베르코프의 학생인 티모페예프-레소프스키에 의해 주도된 종합이 있었다.[12]

동일한 맥락에서 닐 캠벨 등 최근의 생명과학자들은 현대적 종합을 다윈의 자연선택설과 개체군유전학의 결합으로 설명한다. "고생물학, 분류학 그리고 생물지리학의 이론과 개체군유전학이 융합된 포괄적인 진화론이 1940년대에 형성되어 오늘날에 이르기까지 발전을 계속하고 있다."[13]

여기에 1953년 DNA의 이중나선 구조의 발견은 신다윈주의 진화론에 확실한 증거를 더해주었다.[14] DNA가 화학적으로 매우 안정적이지만 동시에 염기의 치환이나 삽입이나 결손, 유전자의 이동, 유전자의 중복 등과 같은 돌연변이가 가끔씩 일어난다는 사실, DNA의 변화가 단백질의 형성과 기능에 변화를 가져오며 그 결과 서로 다른 DNA를 가진 개체들 사이에 차별적 생존을 보장한다는 사실, 그리고 자연선택의 결과 생존하게 된 개체들

---

12 마이어, 『이것이 생물학이다』, 256-257; Mayr, *Toward a New Philosophy of Biology*, 190 참고.

13 닐 캠벨 외, 『생명과학』, 303.

14 Robinson, Negus and Southgate, "Theology and Evolutionary Biology," 169.

의 유전자는 충실하게 복제되어 다음 세대로 전달된다는 사실 등은 신다윈주의 진화론의 핵심 기둥 중 하나인 유전적 변이의 분자적 기초를 밝혀주었다.

최근에는 진화의 메커니즘 연구에 있어 진화생물학과 발생생물학의 만남이 신다윈주의 진화론에 강력한 지지 기반을 제공하고 있다.[15] 흔히 이보디보(evo-devo)라는 약어로 불리는 진화발생생물학을 연구하는 학자들은 어떻게 사소한 유전적 변이가 종 간의 중요한 형태적 차이로 발전할 수 있는가를 밝혀주었다. 이들은 특히 "개체의 형태를 만드는 데에 마치 접합자가 성체로 바뀌는 과정처럼 변화의 비율, 시기, 공간적 유형까지도 조절하는 유전자"에 주목하는데, 호메오 유전자라 불리는 이 유전자는 "각 분절에서 몸의 어떤 부분이 발생될 것인지를 결정"하며 "실제로 몸의 형태를 결정짓는 다른 유전자들을 조절하는 총괄 조절 유전자이다."[16] 이러한 호메오 유전자의 변화는 유기체의 형태에 커다란 변화를 가져올 수 있다.

> 예를 들어 어류에서 육상척추동물에 이르기까지 한번 생각해보자. 다리가 발생할 때 어떤 호메오 유전자가 어느 부위에서 발현되어, 발생하는 뼈가 다리까지 얼마나 길어지는지를 결정하게 된다. 이러한 유전자 발현의 변화는 쌍으로 구성된 어류의 지느러미에서 걷는 다리까지 진화하게 되는 것이다. 진화상의 놀랄 만한 많은 형질전환은 발생의 변화 정도와 시기의 결과로 나타난다.[17]

생명과학자들은 인간과 영장류가 갈라지는 지점에서 이와 같이 발생에

---

15 장대익, 『다윈 & 페일리: 진화론도 진화한다』 (서울: 김영사, 2006), 92-95 참고.

16 닐 캠벨 외, 『생명과학』, 359.

17 닐 캠벨 외, 『생명과학』, 331.

관여하는 유전자에 변화가 있었을 것이라고 추정한다. 이와 같이 진화발생 생물학의 최근 연구들은 신다윈주의에서 이루어진 진화적 종합을 더욱 강력하고 설득력 있는 이론으로 만들었다.

진화론을 둘러싼 최근의 논쟁

한편으로 20세기 후반 생명과학의 발전은 신다윈주의 진화론의 몇 가지 가정을 다시 반추하게끔 하였다. 그 결과 신다윈주의 진화론에 대한 근본적인 불신이나 회의가 생겨난 것은 아니지만, 진화에 대한 보다 복잡하고 다층적인 이해로 나아가는 여러 계기들이 주어졌다. 예를 들어 로빈슨과 네거스와 사우스게이트의 분석에 따르면, 오늘날 경직된 신다윈주의와 확장된 신다윈주의 간에 논쟁이 있다.[18] 생명과학자들 사이의 이러한 논쟁을 확대 해석해서 신다윈주의 진화론이 거짓으로 드러났다고 주장하는 소수의 학자들도 있지만, 대다수의 생명과학자들은 이러한 논쟁에도 불구하고 혹은 오히려 이러한 논쟁 때문에 신다윈주의 진화론이 더욱 확고해지고 풍성해졌다고 생각한다.[19] 아래에서는 최근의 논쟁점 중 두 가지만 간략하게 살펴본다.

첫째로 20세기 후반 진화론을 둘러싼 논쟁의 주요 화두는 진화의 속도에 관한 것이었다. 다윈은 『종의 기원』에서 점진적 진화를 주장했다. 간단히 말해서 개체군이 새로운 환경에 적응하는 과정에서 조상 개체군에서 수많은 작은 변화가 누적되고, 이 과정을 통해 새로운 종의 분화라는 커다란

---

18 Robinson, Negus and Southgate, "Theology and Evolutionary Biology," 170 이하. 그들은 핵심 논쟁점들로 점진주의 vs 단속 평형과 급진적 우발성, 적응 vs 우연과 자기 조직화, 유전자 환원주의 vs 조직화의 다양한 단계들 간의 복잡한 관계 등을 언급한다.

19 예를 들어 Mayr, *Toward a New Philosophy of Biology*, 191를 보라.

변화가 천천히 점진적으로 이루어진다는 것이다. 하지만 다윈을 비롯한 많은 자연학자들은 이러한 점진적 진화론을 뒷받침해줄 화석 기록을 거의 발견하지 못했다. 오히려 화석 기록에 따르면 어느 특정 시기의 지층에서부터 새로운 종이 갑자기 출현하기 시작했다가 멸종될 때까지 거의 변화 없이 이후의 지층에서도 계속 나타나는 경우가 대부분이다.

고생물학자인 나일스 엘드레지(Niles Eldredge)와 스티븐 제이 굴드(Stephen Jay Gould)는 이러한 화석 기록을 해석하는 대안으로 단속 평형 개념을 제안한다. 그들은 단속 평형이란 용어를 통해 종의 변화는 점진적으로 이루어지기보다는 갑작스럽게 이루어진다고 주장한다. 예컨대 종의 변화 방향과 관련해서 성장한 유기체에 작용하는 선택적 압력만이 아니라 (호메오 유전자와 같이) 개체 발생을 조절하는 유전자의 돌연변이로 인한 발생 과정의 재구성도 중요한 역할을 한다고 주장하면서, (공룡 멸종의 사례에서 보듯이) 운석의 충돌과 같은 우발적 사건으로 인해 종이 멸종되는 경우도 있다는 사실을 강조한다.[20]

하지만 단속 평형 개념은 진화 과정에서 불연속적인 돌연변이에 의한 비약적 진화를 주장하는 입장, 곧 19세기의 도약 이론과는 구분된다. 또한 진화의 속도가 항상 일정치 않을 수 있다는 점은 다윈도 이미 지적한 바 있다.[21] 이 때문에 다수의 생명과학자들은 단속 평형 이론이 변이의 누적을 통한 진화 과정의 연속성 및 진화의 메커니즘으로서 자연선택을 중요시하는 다윈주의자들의 주장과 상충하지 않는다고 생각한다.[22]

---

20 닐 캠벨 외, 『생명과학』, 328; Ian Barbour, *When Science Meets Religion*, 이안 바버 지음, 이철우 옮김, 『과학이 종교를 만날 때』 (서울: 김영사, 2002), 162.

21 장대익, 『다윈 & 페일리: 진화론도 진화한다』, 111 참고.

22 Francisco Ayala, "The Evolution of Life: An Overview," in *Evolutionary and Molecular Biology: Scientific Perspectives on Divine Action*, eds. Robert John Russell et al. (Vatican City State: Vatican Observatory / Center for Theology and the Natural Sciences, 1998),

둘째로 일부 생명과학자들은 환경이 개체를 선택하지만 개체 역시 환경을 선택할 수 있음을 강조하며, 무작위적 변이와 자연선택의 결합만이 아니라 유기체의 내적 동인이 진화적 변화에 영향을 미칠 수 있다는 주장을 내세웠다.

> 진화 역사를 보면 소수의 선구적인 물고기들이 과감히 땅 위로 진출하여 양서류와 포유류의 조상이 되었으며, 일부 모험적인 포유류들은 나중에 물로 되돌아가 돌고래와 고래의 조상이 되었다. 위의 모든 경우에서 유기체는 스스로 새로운 변화의 주도권을 쥐었으며, 그들의 행동에 따라 후에 유전적·해부학적 변화가 일어났다.[23]

볼드윈 효과라고 불리는 이러한 현상은 유기체의 의지와 상관없는 무작위적 돌연변이만이 아니라 유기체의 주체적이고 의도적인 행동이 진화적 변화의 방향에 결정적 영향을 미칠 수 있음을 의미한다. 이것은 유기체가 성장하면서 획득한 형질이 다음 세대에 전달된다고 보았던 라마르크의 처음 주장과는 분명 구분되지만, 유기체의 의도적 행동이 다음 세대의 진화에 영향을 줄 수 있다는 점에서 라마르크의 기본적인 생각에 맞닿아 있다. 하지만 이러한 주장 역시 유전자 변이들이 자연선택의 과정을 통해 걸러진다는 사실을 전제하고 있다는 점에서, 신다윈주의 진화론을 폐기하기보다는 오히려 이전의 가정들을 일부 수정하면서 그 이론을 더욱 확장한다고 할 수 있다.[24]

49-50.

23 바버, 『과학이 종교를 만날 때』, 163.

24 바버, 『과학이 종교를 만날 때』, 164.

최근의 진화론 개관

지금까지 살펴본 것처럼 다윈의 진화론은 현대적 종합을 통해 신다윈주의가 확립된 이후 지난 150년간 개체군유전학, 분자생물학 등과 결합하면서 더욱 확고한 과학 이론으로 자리 잡았다.[25] 최근의 생명과학자들은 진화를 개체군 내 유전자 풀의 변화라는 차원에서 정의한다. "어떤 개체군 속에 존재하는 대립인자의 상대적 빈도가 몇 세대에 걸쳐 이런 식으로 변화하면 가장 작은 규모의 진화가 일어난 것으로 볼 수 있다. 이렇게 인자 풀에서 대립인자의 빈도가 변화하는 과정을 소진화라고 한다."[26]

한편 최근의 생명과학자들은 진화의 주원인으로 크게 세 가지를 언급한다. 그것은 유전자 부동, 유전자 흐름, 그리고 자연선택이다. 이 중에서 마지막 자연선택만이 다윈이 말한 적응 진화의 결과다. 새로운 유전자와 대립인자가 돌연변이에 의해 생겨나지만 돌연변이는 무작위적이고 드물기 때문에 다음 세대로 넘어가면서 대립인자의 발현 빈도가 변할 가능성은 낮다. 따라서 돌연변이는 진화의 주요 원인에서는 제외된다. 그럼에도 돌연변이는 자연선택의 대상이 되는 유전적 변이 형성에 있어 중요한 역할을 한다.

첫째로 유전자 부동(不同)은 개체군의 규모가 작을수록 유전자 풀이 우연히 변할 가능성이 높아진다는 사실을 의미한다. 이것은 표본의 규모가 작을수록 이상적인 결과(동전의 경우 같은 수의 앞과 뒤가 나오는 것)로부터 벗어날 확률이 높아진다는 확률적 지식과 상통한다. 생명과학자들은 유전자 부동이 대립인자 발현 빈도에 큰 영향을 줄 정도로 개체군의 규모를 축소시키는 두 가지 조건에 주목한다. 하나는 지진·홍수·산불 등으로 개체수가 급격히

---

25 최근의 진화론을 개관하는 아래의 내용은 닐 캠벨 외, 『생명과학』, 303-326을 참고하여 정리한 것이다.

26 닐 캠벨 외, 『생명과학』, 303.

감소하는 병목 효과이고, 다른 하나는 소규모의 개체군이 새로운 지역으로 이동하면서 그 결과로서 생겨나는 창시자 효과다.

진화의 두 번째 주요 요인은 유전자 흐름이다. 이것은 어떤 개체군이 고립되어 있지 않은 상태에서 그 개체군과 생식 가능한 다른 개체군의 유입으로 유전자 풀에 변화가 생기는 것을 말한다. 유전자 부동이 개체군의 규모가 급격히 줄어들면서 발생하는 유전자 풀의 급격한 변화 가능성을 가리킨다면, 유전자 흐름은 두 개체군의 만남으로 인해 오히려 개체군 사이의 유전적 차이가 줄어드는 결과를 가져오게 된다.

진화의 세 번째 주요 원인은 자연선택이다. 자연선택은 유전적 변이가 자연선택을 통해 걸러지는 과정을 가리킨다. 따라서 자연선택은 유전적 변이의 다양성을 전제한다. 생물학자들은 우리가 통상 느끼는 것보다 특정 개체군 내의 개체들 사이에 상당히 다양한 변이가 존재하는 사실을 알려준다. 한편으로 개체들 사이의 다양한 변이 중에서도 진화와 관련해서 중요한 것은 유전 가능한 변이며, 현대 생물학은 유전적 변이가 형성되는 다양한 계기를 식별해내고 있다.

> 군중 속에 있는 친구를 찾아내는 데 별 어려움은 없다. 사람들마다 외형, 목소리, 성격을 결정하는 독특한 유전체를 가지고 있기 때문이다. 우리는 사람들이 매우 다양하다는 것을 느끼면서 동식물 개체군의 개체가 얼마나 다양한지는 알아채지 못한다. 그러나 개체의 변이는 유성생식을 하는 어느 개체군에나 있게 마련이며, 형태적 차이뿐 아니라 분자 수준에서만 관찰할 수 있는 변이도 많이 있다.…돌연변이와 생식과정에서의 (교차, 감수분열 과정에 일어나는 상동염색체의 독립적인 이동, 그리고 난자와 정자의 무작위적 수정 과정 등을 통한) 유전자 재조합에 의해 유전 변이가 형성된다.

돌연변이는 유전적 변이의 궁극적 기반으로, 진화의 밑거름 역할을 한다.[27]

말하자면 자연선택은 어떤 개체군 내에서 매 세대마다 새롭게 발생하는 다양한 유전적 변이들 가운데 환경에의 적응이라는 거름종이를 통과한 변이만을 추려내는 과정이라고 할 수 있다. 그런 점에서 자연선택은 개체군 내에서 오히려 변이를 줄이려고 하는 법칙적 경향을 갖고 있다. 결국 우연히 발생한 유전적 변이와 법칙적 경향을 가진 자연선택의 상호 작용을 통해 개체군 내의 유전자 풀이 변화하면서 조절된다.

일반인들이 자연선택을 통한 진화를 생각할 때 생존경쟁이나 적자생존과 같은 말을 함께 연상하는 경우가 많다. 하지만 만약 이러한 말을 개체 간의 직접적 경쟁 혹은 투쟁으로 이해한다면, 그것은 생물학적으로 엄밀한 의미의 자연선택 개념과 거리가 있다는 사실을 유념할 필요가 있다. "자연선택의 힘은 표현형에 작용해서 유전자 풀의 특정한 유전자형을 증가시키거나 유지하여 어떤 개체군이 환경에 적응하는 데 간접적으로 기여한다."[28]

자연선택 이론과 관련해서 우리가 주목할 만한 마지막으로 중요한 사실 한 가지는 자연선택이 완벽한 생물체를 만들지는 않는다는 것이다. 이것은 자연 속에서 발견되는 설계의 증거들과 관련하여 매우 중요한 함의를 가진다. 자연선택을 통해서 완벽한 생물체가 만들어질 수 없는 이유로는 적어도 다음의 네 가지를 생각할 수 있다.

첫째로 생물체들은 과거의 조상으로부터 전수받은 구조에서 완전히 벗어나지 못한다. 둘째로 적응은 대부분 타협의 산물이다. 셋째로 자연선택은 우연적 기회와 상호 작용한다. 넷째로 자연선택은 주어진 변이를 편집할 뿐,

---

27 닐 캠벨 외, 『생명과학』, 308.

28 닐 캠벨 외, 『생명과학』, 311.

새로운 유전자를 만들어내지 못한다. 요컨대 자연선택은 완전한 설계가 아니라 상대적으로 더 나은 방향으로의 움직임일 뿐이다. 생물체가 환경에 완벽하게 적응한 사례만이 아니라 생물체가 가진 미묘한 단점들 역시 자연선택을 통한 진화의 증거가 된다.

지금까지 소개한 개체군 내 유전자 풀의 변화로서의 진화 개념은 특정한 종 내에서의 진화 곧 소진화를 설명하기에는 충분하지만, 종 혹은 그 이상의 분류 체계(속-과-목-강-문-계)의 분화로서 대진화를 설명하기에는 충분치 않다. 대진화 곧 종의 진화 메커니즘을 이해하기 위해서는 개체군 내의 유전자 풀의 변화로서의 진화 개념을 보완해줄 추가적 설명이 필요하다. 기본적으로 종이 분화되는 것은 '생식적 장벽'에 의한 것이다. 구체적으로 말해서 시간적 격리, 서식지 격리, 행동 격리, 형태적 격리, 생식세포 격리 등 수정 전 장벽과 잡종치사·잡종불임·잡종약세 등 수정 후 장벽을 통해 유사한 종 간에 격리가 이루어진다. 이렇게 생식적으로 격리된 종들 간에 오랫동안 유전자 교류가 이루어지지 않을 때, 새로운 종들이 출현하게 된다. 다시 말해서 새로운 종의 출현 내지 종 분화의 결정적 기준은 '생식적 장벽'의 형성이다. 생리적으로 격리된 개체군 내부에서 유전자 풀의 변화 곧 소진화가 계속되면서 결국 종의 분화로 이어지고, 종의 분화가 축적되면서 대진화로 이어지게 된다.[29]

---

29 대진화의 한 예로 창시자 개체군을 통한 종 분화의 가능성에 대해서는 마이어, 『이것이 생물학이다』, 259-60를 참고하라. 한편으로 어떤 종이 새롭고 다양한 환경에 노출되면서 그 종으로부터 많은 새로운 종들이 진화되어 나오는 과정을 적응방산이라고 부른다. 이 경우 처음 종은 이후 새롭게 진화한 종들의 공통조상이 된다. 닐 캠벨 외, 『생명과학』, 326.

제10장

세계관 혁명

다윈이 제시한 진화 개념은 생명 현상의 독특한 특징과 역동적 역사를 가장 포괄적으로 설명하는 생물학적 개념으로 발전했다. 진화는 현대 생명과학의 기저에 놓여 있는 가장 포괄적인 개념이다. 따라서 현대 생명과학을 올바르게 이해하기 위해서는 진화 개념에 대한 이해가 필수적이다. 하지만 진화라는 단어의 기원이나 오늘날의 용례를 살펴볼 때, 현대 생명과학의 진화 개념을 정확하게 이해하는 것은 결코 쉬운 일이 아니다. 특별히 한국교회 안에 만연한 진화론에 대한 반감은 사실 진화 개념에 대한 모호한 이해에 기인한다고 할 수 있다. 이러한 문제의식에 따라 나는 아래에서 진화와 연관된 다양한 차원을 구분하여 진화 개념을 보다 명확히 한 후에 다윈의 진화론이 가져온 세계관 혁명의 주요 내용을 살펴볼 것이다.

진화란 무엇인가

다윈이 활동하던 19세기 영국에서 진화(evolution)라는 단어는 배아 발달에 관련된 개념이었다.[1] 다윈도 『종의 기원』 초판(1859)에서는 자신의 이론을 지칭하기 위해 이 명사형 단어를 사용하지는 않았다. 다윈은 제6판(1872)에 가서 비로소 처음으로 진화라는 단어를 사용하지만,[2] 제6판에 첨부된 용어해설에는 이 단어가 빠져 있다. 말하자면 다윈은 오늘날 우리가 사용하는 진화 대신 '변화를 동반한 계통'(descent with modification)이라는 개념으로 자신의 이론을 충분히 전개할 수 있었다. 다윈이 진화라는 단어를 사용하기를 꺼린 것은 아마도 다윈 당시에는 이러한 진화 개념이 아직 확립되지 않았기 때문이었을 것이다. 하지만 다윈 이후 생명과학자들은 예측 가능한 배아 발생 과정을 가리키는 다윈 이전의 진화 개념이 아니라 다윈이 제안한 '변화를 동반한 계통' 개념이 생물학적 진화 이해의 핵심임을 강조한다.[3] 이제 진화는 다윈의 이론을 요약하는 핵심 단어가 되었을 뿐 아니라, 오늘날 생명과학 이론을 가장 포괄적으로 대표하는 개념으로 자리 잡았다.[4]

---

1 Ernst Mayr, *This is Biology: The Science of the Living World*, 에른스트 마이어 지음, 최재천 외 옮김, 『이것이 생물학이다』 (서울: 바다, 2016), 237.

2 Charles Darwin, *The Origin of Species* (New York: Penguin, 2003)의 색인에 따르면, 'evolution'이라는 명사형 단어는 모두 4번 사용되고 있다. "오늘날 거의 모든 자연학자들은 모종의 진화를 인정한다"(239). "물론 느리고 점진적인 진화를 믿는 모든 사람은 특수한 변화들이 우리가 자연 속에서 혹은 심지어 사람의 통제 안에서 발견하는 모든 단일한 변이와 마찬가지로 갑작스럽고 대단했을 것이라고 인정할 것이다"(240). "과거에 나는 아주 많은 자연학자들에게 진화의 주제에 대해 말했지만, 공감하고 동의하는 사람을 한 사람도 만나보지 못했다.…이제는 상황이 완전히 바뀌어서, 거의 모든 자연학자들이 진화의 위대한 원리를 인정하고 있다"(501).

3 Andrew Robinson, Michael Negus, and Christopher Southgate, "Theology and Evolutionary Biology," in *God, Humanity and the Cosmos*, 3rd ed., ed. Christopher Southgate (New York: T&T Clark, 2011), 162-163.

4 닐 캠벨 외, 『생명과학』 292.

이처럼 생명과학에서 입증된 진화 개념의 포괄적 설명능력은 오늘날 다른 자연과학 분야는 물론이고 인문·사회과학 전반에도 큰 인상을 남겼다. 그 결과 우리는 오늘날 생명과학만이 아니라 다른 영역에서도 진화라는 단어를 자주 접한다. 종의 진화와 생명의 진화만이 아니라 우주의 진화, 별의 진화, 문명의 진화, 언어의 진화, 마음의 진화, 종교의 진화 등의 표현에서 볼 수 있듯이, 새롭게 출현하거나 변화하는 실재 혹은 현상을 설명할 때 흔히 진화라는 단어를 사용한다. 이 중에는 다윈 이후의 생명과학에서 말하는 진화 개념이 확장되어 적용되는 경우도 있지만(예. 마음의 진화), 단순히 일련의 단계적 변화를 가리키는 표현으로서 진화라는 단어가 사용되는 경우도 적지 않다(예. 별의 진화). 본서는 주로 전자의 의미에 초점을 맞추어 진화론에 대한 논의를 전개해 나갈 것이다.

진화의 다양한 용례

생명과학의 진화 개념을 본격적으로 들여다보기에 앞서 우리는 생명과학 및 이와 연관된 기타 자연과학과 인문·사회과학에서 사용하는 진화 개념을 보다 면밀히 구분할 필요가 있다. 먼저 진화라는 용어가 생명과학 영역 내에 있는 과학 이론만이 아니라, 그 이론에 대한 다양한 철학적·종교적 해석에서도 빈번히 사용된다는 사실에 주목할 필요가 있다. 이것은 특히 신학과 과학의 대화에서 매우 중요한 의미를 지닌다. 진화론을 둘러싸고 신학과 과학 간에 갈등이 있다는 생각은 대부분 과학 이론으로서의 진화론과 그 이론에 대한 철학적·종교적 해석을 무분별하게 혼동하는 데서 비롯되었다. 예를 들어, 리처드 도킨스(Richard Dawkins)를 비롯한 진화무신론자들만이 아니라 진화론을 전적으로 배격하는 일부 창조설 주창자들 역시 '변화를 동반한 계통' 개념에 기초한 생명과학의 진화론을 초월적 실재를 부정하는 유물론적 세계관과 동일시함으로써 신학과 과학 간에 불필요한 갈등을 조장하고 있다. 따라서 우리는 과학적 진화론과 그 이론에 대한 철학적·종교적 해석을 분명하게 구분할 필요가 있다. 이것은 과학적 진화론에 대한 모든 철학적 성찰을 중단해야 한다는 의미가 아니다. 중요한 것은 과학적 진화론이 다양한 철학적·종교적 해석에 열려 있다는 점이다. 예를 들어, 과학 이론으로서의 진화론은 유물론만이 아니라 유신론과도 양립 가능하다. 만약 그렇지 않다면 진화론을 핵심으로 삼고 있는 현대 생명과학과 기독교 신학 간의 대화는 처음부터 불가능할 것이다. 우리는 생명과학의 한계 내에 있는 엄밀한 과학 이론으로서 진화론을 다양한 철학적·종교적 해석과 구분하고, 과학적 진화론에 초점을 맞추어 기독교 신학의 근본 규범인 예수 그리스도의 복음이라는 관점에서 독자적인 신학적·철학적 해석을 발전시킬 필요가 있다.

다음으로 진화라는 용어가 생명과학의 영역 안에서도 다양한 의미로 사용되고 있음을 유념할 필요가 있다. 생물학적 진화 개념은 서로 구분되는 동시에 상호 연관되는 세 가지 차원을 지닌다. 그것은 유기체들 간의 점진적 변화를 동반하는 유전을 통해 새로운 종이 분화함으로써 생겨난다는 진화의 사실, 지구의 역사에서 '변화를 동반한 계통'을 통해 새로운 유기체들이 출현하는 경로로서 진화의 계통, '변화를 동반한 계통'을 통해 새로운 종이 출현하는 과정에 대한 인과적 설명으로서 진화의 메커니즘이다.[5] 이 중

5 줄리언 헉슬리는 다윈의 『종의 기원』 1958년 서문에서 당시 생명과학의 현황을 진단하면서, 진화의 사실, 진화의 방법, 진화의 과정 등 진화의 세 가지 차원을 구별했다. Julian Huxley, "Introduction" to Charles Darwin, *The Origin of Species* (New York: Penguin, 2005), xvii. 최근 미국의 과학교육자 유진 스캇 역시 진화의 세 가지 개념을 구분한다. Eugene C. Scott, *Evolution vs. Creationism: An Introduction*, 2nd ed. (Berkeley: University of California Press, 2009), 14-21(특히 19, 21)을 보라.

뒤의 두 가지 차원(진화의 경로와 메커니즘)은 첫 번째 차원(진화의 사실)을 전제하고 있다. 요컨대 생물학적 진화론은 다양한 증거에 근거한 진화의 사실에 대한 이론, 유기체들이 진화해온 구체적인 경로에 대한 이론, 자연선택 이론을 비롯하여 유기체 진화의 구체적인 메커니즘에 관한 이론을 총칭한다. 예를 들어, 다윈은 『종의 기원』에서 이 세 가지 하위 이론 중 특별히 첫 번째와 세 번째를 집중적으로 다룬다. 대체적인 평가에 따르면[6] 『종의 기원』은 방대한 증거와 체계적인 논증을 통해 진화의 사실에 관한 이론을 확립하는 데는 거의 즉각적으로 성공하였지만, 진화의 메커니즘에 관한 다윈의 고유한 주장으로서 자연선택 이론은 이후 반세기가 넘도록 생물학적 논쟁의 중심에서 있었다. 어떤 사람들은 진화의 메커니즘에 대한 논쟁이 아직도 끝나지 않았다고 할 것이다.

진화 개념의 다섯 가지 차원

이상의 논의를 바탕으로 나는 창조론과 생명과학 간의 유의미하고 효과적인 대화를 위해서 진화 개념을 사용하는 다섯 가지 차원을 구분할 필요가 있다고 제안한다. 그것은 진화의 사실, 진화의 경로, 진화의 메커니즘, 생명과학의 진화론에 대한 메타과학적 성찰로서 진화론적 세계관, 진화 개념을 생물학의 영역을 넘어서 모든 실재에 적용하여 발전시킨 포괄적인 유물론적 이데올로기로서 진화주의 등이다. 이 다섯 가지 차원은 서로 밀접하게 연관되어 있지만, 그 어떤 것도 서로 간에 필연적인 관계에 있지 않다. 아울

---

6 Charles Darwin, *The Origin of Species*, 501; Huxley, "Introduction" to Charles Darwin, *The Origin of Species*, xi-xii; Ian Barbour, *Religion and Science: Historical and Contemporary Issues* (New York: HarperCollins, 1997), 53.

러 각 차원 간의 경계가 그다지 명료하지 않을 때도 있다.

대다수의 생명과학자들은 진화의 사실을 받아들이고 있다. 하지만 대진화의 가능성 등 진화의 사실이 적용되는 범위에 대해서 이견을 제기하는 소수의 학자들이 있다. 진화의 경로와 메커니즘은 과학자들 사이에 여전히 많은 논쟁과 연구가 진행 중인 영역이다. 과학자들과 철학자들은 현대 생명과학의 연구 결과로부터 새로운 철학적·세계관적 함의를 도출하려고 시도하고 있지만, 유물론적 세계관으로 발전된 진화주의 이데올로기는 진화에 대한 다양한 해석 가운데 하나에 불과하다. 말하자면 진화 개념의 이 다섯 가지 차원은 각기 다른 정도의 학문적 타당성과 설득력을 지니고 있다. 누군가 진화론을 수용한다거나 거부한다고 말한다면, 우리는 그 사람이 구체적으로 진화론의 어떤 차원을 수용하거나 거부하는지 따져 물어야 한다. 물론 진화의 사실조차 부정하거나 진화의 사실이 종 내에만 국한된다고 주장하는 사람도 있고, 진화주의야말로 참된 세계관이라고 고집하는 사람도 있을 것이다. 다른 이들은 대부분 이 양극단 사이에서 진화론을 이해할 것이다.

신학적인 관점에서 볼 때, 위에서 언급한 진화 개념의 다섯 가지 차원은 각기 다른 접근과 해석을 필요로 한다. 여전히 성서의 문자적 의미에서 과학 이론을 도출할 수 있다고 생각하는 사람들은 진화의 사실을 받아들이는 것부터 어려움을 느낄 것이다. 진화의 사실을 인정하는 신학자들의 경우에는 진화의 사실 자체가 가지는 신학적-철학적 함의와, 현재 과학적 담론으로 논의되고 있는 진화의 경로와 메커니즘이 내포한 신학적-철학적 함의를 서로 구분해서 탐구할 필요가 있다. 또한 생물학적 진화론에 대한 다양한 철학적 해석 가운데 신학적으로 받아들일 수 있는 해석과 신학적으로 받아들일 수 없는 해석을 구분하는 작업도 필요할 것이다. 마지막으로 진화주의는 모든 신학자가 거부할 것이다. 신학적으로 수용 불가능한 진화주의에 대해서는 명확한 반대 논거와 증거를 제시할 필요가 있다.

지금까지 우리는 진화 개념의 다섯 가지 차원을 구분하였다. 앞서 우리는 진화 개념의 처음 세 가지 차원 곧 진화의 사실과 경로와 메커니즘 등을 집중적으로 다루는 현대 생명과학의 진화론을 간략하게 살펴보았다. 여기서는 진화론이 내포하거나 진화론과 연관된 세계관 곧 진화 개념의 네 번째 차원을 집중적으로 분석한다.

세계관 혁명

16-17세기 과학 혁명은 인류의 세계관에 획기적인 변화를 가져왔다. 코페르니쿠스의 지동설은 지구 중심, 인간 중심의 세계 이해에 대한 반성적 성찰의 시작점이었다. 뉴턴의 역학은 천상의 세계와 지상의 세계 간의 질적 구분을 철회하는 동시에 세계에 대한 기계론적 이해를 가속화하였다. 또한 지질학의 발전은 지구의 역사가 인류의 역사가 시작되기 이전부터 매우 오랜 시간에 걸쳐 있다는 사실을 밝혀주었다. 그 밖에도 많은 과학적 통찰이 사람들의 세계관을 근본적으로 바꾸어놓았다. 19세기 다윈의 진화론은 이러한 과학 혁명의 연속선상에서 또 다른 차원의 새로운 세계관 혁명을 가져왔다. 다윈 혁명은 단순히 그리스도인들에게만 영향을 미친 것이 아니라 종교를 불문하고 모든 지성인들의 사고방식에 거대한 지각 변동을 일으켰다. 다윈의 진화론에서 비롯된 신학적 통찰과 도전에 관해서는 다음 장에서 자세하게 살펴보기로 하고, 여기서는 진화론이 일반 지성인들의 세계 이해에 어떠한 변화를 가져왔는지 다루기로 한다.[7]

---

7 에른스트 마이어는 다윈이 인류 사상사에 가져온 엄청난 변화를 가리키기 위해 '다윈 혁

자연주의적 세계 이해의 확장

먼저 필자가 지적하고 싶은 것은 다윈의 진화론이 과학과 종교의 분리를 가속화했다는 사실이다. 흔히 다윈의 이론을 생각할 때 과학과 종교의 갈등을 떠올리지만, 엄밀히 말해서 다윈의 이론은 종교로부터 과학의 독립, 그리고 동시에 과학으로부터 종교의 독립을 가져왔다.[8] 19세기 영국 사회는 과학자들이 전문가 집단으로서 고유한 정체성을 확립해 가던 시기였으며, 그 과정에서 사회 전반에 걸쳐 지배적 영향력을 행사하고 있던 성직자 집단과 불가피하게 갈등을 겪었다. 다윈 이전에 이미 근대 지질학은 소위 모세 지질학을 극복하고 자체적인 토대와 방법에 기초한 독자적 학문으로 자리를 잡고 있었다.[9] 비슷한 맥락에서 근대 생물학은 다윈의 『종의 기원』을 계기로 윌리엄 페일리(William Paley) 식의 자연신학을 극복하고 신학적 전제나 해석으로부터 자유로운 학문으로 자리 잡게 되었다. 생명 현상에 대하여 과학적으로 독립적인 연구의 길이 열렸다는 사실은 다른 한편으로 과학이 탐구하는 생명 현상과 관련하여 신학이 더 이상 관여할 필요가 사라졌음을 의미하

명'이라는 표현을 사용하고, 다윈을 '지적 혁명가'라고 부른다. "다윈이 야기한 지적 혁명은 통상적으로 이해되는 것보다 서구 세계의 사고 체계에 훨씬 더 근본적이고 더 포괄적인 변화를 가져왔다." Ernst Mayr, *Toward a New Philosophy of Biology: Observations of an Evolutionist* (Cambridge: Harvard University Press, 1988), 168. 참고로 마이어는 다윈이 진화론을 통해 다음 7가지 당대의 기본 신념에 도전했다고 요약한다. (1) 불변하는 세상(세계의 불변성)에 대한 믿음, (2) 창조된 세계 곧 세계가 창조되었다는 믿음, (3) 세계가 지혜롭고 선한 창조주의 의해 설계되었다는 믿음, (4) 우주적 목적론에 대한 믿음, (5) 본질주의 철학에 대한 믿음, (6) 자연의 인과 관계에 대한 물리주의자들의 해석에 대한 믿음, (7) 창조세계 내 인간의 고유한 지위에 대한 믿음. Mayr, *Toward a New Philosophy of Biology*, 186-187.

8 John Hedley Brooke, "Genesis and the Scientists," in *Reading Genesis After Darwin*, eds. Stephen C. Barton and David Wilkinson (Oxford University Press, 2009), 106.

9 Martin J. S. Rudwick, "The Shape and Meaning of Earth History," in *God and Nature: Historical Essays on the Encounter between Christianity and Science*, eds. David Lindberg and Ronald Numbers (Berkeley: University of California Press, 1986), 312-314, 317.

기도 한다.

다윈의 진화론과 함께 과학이 종교로부터 독립했을 뿐 아니라 종교 역시 과학으로부터 독립하게 되었다는 사실은 다윈 이후의 기독교를 이해하는 데 있어 매주 중요하다. 사실 다윈의 이론이 그 자체로 기독교 신학의 역사에 미친 영향을 따지자면, 비슷한 시기에 일어난 성서에 대한 고등비평이나 고대 근동 문헌의 발굴과 번역이 성서 해석에 미친 영향에 비해 상대적으로 미미한 수준에 불과하다. 하지만 다윈의 진화론을 계기로 상당수의 신학자들이 창조의 기간이나 방식 등의 문제를 신학적 관점에서 볼 때 상대적으로 비본질적인 주제로 간주하고 그러한 주제에 대한 신학적 관심을 내려놓게 되었다는 사실도 기억할 필요가 있다.[10] 말하자면 신학자들은 더 이상 과학의 영역에 대해 권위 있는 주장을 내세울 역량이 없음을 깨달았을 뿐 아니라 아울러 그렇게 해야 할 책임과 부담도 내려놓게 되었다. 이와 관련하여 일반인들도 자연 현상에 대한 설명에 있어 성서나 신학자의 권위보다는 전문 과학자의 권위를 더 존중하게 되었다는 사실 역시 과학과 종교의 분리로부터 비롯된 세계관의 변화를 보여주는 한 단면이라고 하겠다.

다윈의 진화론으로 인해 더욱 분명해진 과학과 종교의 분리는 결과적으로 자연주의적 세계 이해의 확장이라는 측면에서 세계관의 중요한 변화를 가져왔다. 다윈은 과학 혁명 이래 확장되고 있던 자연주의적 세계 이해를 종의 기원 문제에 적용함으로써 기존의 초자연적 설명을 대체하는 자연주의적 설명을 설득력 있게 제시했다. 17세기에 뉴턴이 물리학의 영역에서 자연주의적 세계 이해를 가능하게 했다면, 19세기에 다윈은 생물학의 영역

---

10 근본주의의 효시라고 불리는 벤자민 워필드(Benjamin Warfield)가 다윈의 이론을 과학적 근거에서 마지못해 받아들였다는 사실은 매우 흥미롭고 시사하는 바가 크다고 생각한다. Ted Peters and Martinez Hewlett, *Evolution from Creation to New Creation* (Nashville: Abingdon, 2003), 120-125 참고.

에서 자연주의적 세계 이해를 촉진했다고 하겠다. 여기에는 단순히 설계 논증에 대한 효과적인 논박 이상의 중요한 세계관적 함의가 있다.

오늘날 우리는 과학자들이 마치 신이 없는 것처럼 가정하고 자연 세계를 탐구하는 것을 당연하게 생각한다. 하지만 19세기 이전 과학자들은 오늘날의 과학자들과 달랐다. 뉴턴을 비롯하여 탁월한 과학자들이 신의 존재를 믿었을 뿐 아니라, 초자연적 존재에 대한 언급을 과학적 설명에서 완전히 배제하지 않았다. 다윈이 현대 생명과학의 고전이라 할 수 있는 『종의 기원』에서 페일리의 『자연신학』을 염두에 두고 초자연적 존재의 간섭을 통한 종의 독립적 창조 이론을 논박하기 위해 많은 공을 들였다는 사실은 다윈 시대까지도 다윈 자신을 포함하여 적잖은 과학자들이 초자연적 존재를 과학적 설명의 한 부분으로 진지하게 생각하고 있었다는 사실을 간접적으로 보여준다.[11] 하지만 『종의 기원』 이후 상황이 매우 달라졌다. 종의 독립적 창조 이론이 종의 자연적 진화 이론으로 대체되면서 적어도 종의 기원에 대한 과학적 설명에 있어 초자연적 존재가 더는 필요치 않게 되었기 때문이다.

다윈의 의도가 어떠했든지 관계없이, 또한 생명 현상에 대한 다윈의 이론이 제시하는 구체적 내용이 어떠하든지 상관없이, 물리 현상뿐 아니라 생명 현상까지도 초자연적 존재에 대한 언급 없이 충분히 설명할 수 있다는 생각 자체만으로도 당시 사람들의 세계관에 변화가 예고되었다. 여기서 핵심은 자연주의적 세계 이해가 과학자들이 탐구하는 자연 현상 전체에 확장·적용되었다는 사실이다. 자연주의적 세계 이해의 확장이 곧 초자연적 존재를 일체 부정하는 유물론과 무신론에 대한 직접적인 증거가 되지는 못

---

11 자연신학의 몰락을 가져온 다윈 혁명의 의의를 올바르게 이해하기 위해서는 다윈이 『종의 기원』을 출간할 당시 페일리의 자연신학이 종교인들만이 아니라 저명한 과학자들 안에서도 얼마나 보편적으로 받아들여지고 있었는지 인식할 필요가 있다. 마이어에 따르면 "이 시대의 위대한 과학적 작품은 대부분 동시에 자연신학 논문이었다. 과학과 신학이 융합되어 하나의 체계를 이루고 있었다." Mayr, *Toward a New Philosophy of Biology*, 169.

했지만, 적어도 이후 과학자들이 자연 현상을 탐구할 때 마치 신이 없는 것처럼 가정하고 자연적 인과 관계에만 초점을 맞출 수 있는 여건을 조성했다는 점에서 진화론은 현대인의 세계 이해에 커다란 변화를 초래했다고 하겠다.

목적론의 과학적 근거 상실

다윈의 가장 고유한 이론은 자연선택을 통한 진화다. 자연선택의 의미·한계·과정 등은 최근까지도 생물학의 뜨거운 논쟁거리지만, 자연선택 이론의 근본적인 타당성은 더 이상 문제가 되지 않는다. 한편 1859년 다윈이 자연선택 이론을 처음 제시했을 당시, 이 이론의 가장 근본적인 의의는 자연신학의 설계 논증만이 아니라 당대에 보편적으로 받아들여지고 있던 우주적 목적론의 붕괴를 초래했다는 것이다. 말하자면 다윈은 우주적 목적론의 과학적 근거를 제거해버린 셈이다. 여기서 우리는 목적론의 붕괴가 종교와 상관없이 일반적인 세계관에 큰 충격을 안겨주었다는 것을 기억할 필요가 있다. 우주에 목적이 있다는 신념은 단지 기독교에만 고유한 것이 아니라, 아리스토텔레스의 목적인(目的因) 개념에서 보듯 그리스 전통의 우주론에서도 분명하게 발견된다.

사실 목적론의 붕괴는 다윈 이전에 이미 근대 과학 혁명과 더불어 시작되었다. 아리스토텔레스가 말한 네 가지 원인 곧 질료인·작용인·형상인·목적인 가운데 근대 과학은 질료인과 작용인에 초점을 맞추고 형상인과 목적인은 배제하는 경향이 강했기 때문이다. 다윈의 이론은 이러한 경향에 결정적인 쐐기를 박았다. 왜냐하면 무작위적 변이와 자연선택의 결합으로 진행되는 진화의 과정은 결정론적이지도 않고, 예측가능하지도 않으며, 어떤 궁극적 목표나 완벽을 향해 정향된 것으로 보이지도 않기 때문이다.

다른 한편에서 보면, 우리는 생명의 진화 과정에서 진보적 요소를 발견한다. 마이어에 따르면 "생명에서의 이런 변화는 자연선택이라는 개념에서 볼 때 사실 필연적이다. 왜냐하면 경쟁과 자연선택의 결합된 힘은 멸종과 진화적 진보 외의 다른 대안을 남겨놓지 않기 때문이다." 요컨대 진화와 진보 사이에는 모종의 상관관계가 분명 존재한다.

> 다윈주의자들의 대부분은 지구상의 생명의 역사에서 진보적인 요소를 인지해왔다. 이들은 20억 년 이상 생명 세계를 지배해왔던 원핵생물로부터 잘 조직된 핵과 염색체 그리고 세포질 기관을 가진 진핵생물까지, 단세포 진핵생물(원생생물)로부터 고도로 전문화된 기관 체계들 간에 엄밀한 작업 분담을 하는 식물과 동물까지, 동물 내에서는 기후에 적응하여 사는 냉온동물에서 항온동물까지, 항온동물 중에서는 작은 뇌와 낮은 사회조직을 가진 유형들로부터 매우 큰 신경중추계를 가지고 고도로 발달한, 부모의 보호를 받으며 다음 세대로 정보를 전달하는 능력을 가진 유형까지 나타나는 진보의 양상에 주목해왔다.[12]

하지만 요점은 진화적 진보가 어떠한 목적론이나 기계적 결정론도 내포하고 있지 않다는 것이다. 말하자면 진화적 진보는 필연적으로 완전을 향해 나아가지 않는다. 진보처럼 보이는 것은 결과론적 관점의 시각일 뿐이다. 인류의 출현은 진화의 역사에서 필연적인 사실이 아니었다. 또한 과거에 존재했던 진화적 경로의 99퍼센트 이상이 다양한 이유에서 중단되었다. 현재의 호모 사피엔스처럼 가장 진보한 것처럼 보이는 것도 갑작스러운 재난 때

12 마이어, 『이것이 생물학이다』, 261.

문에 순식간에 멸종할 수 있다.[13] 요컨대 다윈의 자연선택 이론에 따르면 진화 과정 속에 얼마간 진보적 경향이 나타난다고 하더라도 그것이 우주적 목적론을 지지하지 않는다. 따라서 우리는 다윈의 진화론을 역사의 진보에 대한 순진한 믿음과 혼동하지 않도록 주의할 필요가 있다.

불변하는 세계에 대한 믿음 상실

다윈이 가져온 세계관 혁명의 세 번째 측면은 종의 진화 사실에 대한 다윈의 설득력 있는 입증과 관련이 있다. 비록 진화의 메커니즘으로서 자연선택 이론을 둘러싼 80여 년간의 오랜 논쟁에도 불구하고 종의 진화에 대한 설득력 있는 다윈의 주장은 당대의 많은 지성인들로 하여금 진화의 사실을 거부할 수 없게 하였다. 이것은 단순히 생물학의 역사만이 아니라 서구 지성사 전반에 돌이킬 수 없는 거대한 변화를 가져왔다. 그 변화의 핵심은 (창조 이후 확립된) 동일하고 불변하는 자연 세계에 대한 믿음이 흔들린 것이다. 말하자면 자연의 역사에 대한 이해가 본격적으로 시작되었다고 하겠다. 이후 20세기 표준 우주론의 등장은 다윈의 진화론으로 입증된 지구상의 생명의 역사를 포함하여 온 우주의 역사를 재구성할 수 있는 근거를 제공했다.

19세기까지만 해도 대다수의 사람들은 세계가 매우 짧은 기간 동안 존재해왔고 그동안 세계는 불변적 상태로 있어왔다고 믿었다. 다윈 이전에 라마르크 및 뷔퐁과 같은 자연학자들이 종의 변화 가능성에 대한 의견을 제시하고 찰스 라이엘과 같은 지질학자들이 지구의 나이가 오래되었다는 주장을 펼쳤는데, 다윈은 그들의 주장을 종합하여 유기체의 점진적 진화가 오랜

---

13 마이어, 『이것이 생물학이다』, 262-263.

시간에 걸쳐 이루어졌다는 생각을 매우 설득력 있게 제시했다.[14] 결국 다윈 이후 불변하는 세계에 대한 믿음은 그 근거를 상실하였고, 변화하는 세계 혹은 자연의 역사에 대한 생각으로 대체되었다.

진화의 역사나 자연의 역사가 거시적 차원에서 변화하는 세계를 상정한다면, 종의 변화 가능성은 그것에 비해 상대적으로 미시적인 차원에서 변화하는 세계를 가리킨다. 어떤 의미에서 전자보다 후자가 세계관적 관점에 있어 더욱 중요한 의미를 지닌다고 하겠다. 왜냐하면 종의 불변성에 대한 믿음은 세계의 불변성에 대한 믿음보다 서양의 지성사 전통에 더 뿌리 깊게 자리 잡고 있었기 때문이다. 종의 불변성 개념은 사실 창세기 1장의 해석에 근거한 성서적 개념이라기보다는 아리스토텔레스의 본질주의 형이상학에 기초한 철학적 개념이다. 중세 시대를 지나면서 본질주의 철학이 기독교 전통에 영향을 주어 창세기 1장에 대한 본질주의적 관점의 해석을 증폭시켰다고 할 수 있다. 이러한 맥락에서 다양한 종들이 공통조상으로부터 '변화를 동반한 계통'을 통해 진화했다는 생각은 본질주의 형이상학에 치명적인 일격을 가했다. 다윈의 진화론이 내포하는 형이상학적 사고의 혁신을 대표하는 것이 바로 '생명의 나무' 모델이다.

다양한 유기체 간의 관계를 이해하는 방식과 관련해서 다윈 이전에 가장 영향력 있었던 스웨덴의 생물학자 칼 폰 린네(Carl von Linné, 1707-1778)가 발전시킨 자연의 체계는 종의 불변성 개념을 전제하고 있었다. 하지만 다윈은 자신의 진화론이 이러한 본질주의 형이상학 전통과 결별하는 것임을 일찍이 예감하고 있었다. 종과 변종 간의 차이가 질적 차이가 아니라 단지 양적 차이임을 지적한 다윈은 분류학에 계통학적 사고를 도입하는 혁명적인 변화를 예고한다.

---

14 마이어, 『이것이 생물학이다』, 236.

> 우리의 분류는 가능한 한 최대한도로 계통학이 될 것이며, 그때 소위 창조의 계획이 무엇인지 보여주게 될 것이다. 분류를 위한 규칙은 우리가 명확한 대상을 시야에 갖고 있을 때 의심할 여지 없이 더욱 단순해질 것이다. 우리는 족보도, 수를 놓은 문장(紋章)도 갖고 있지 않다. 따라서 우리는 우리의 자연적 계통 안에서 오랫동안 전해 내려온 특징들을 통해서 서로 분기하는 유전의 많은 갈래들을 발견하고 추적해야 한다. 흔적 기관은 오래전에 사라진 구조의 속성을 분명하게 알려줄 것이다. 엉뚱하다고 여겨지거나 상상 속에서 살아있는 화석이라고 불리는 종과 종군은 우리가 고대의 생명 형태의 그림을 그리는 데 도움을 줄 것이다. 발생학은 모호하게나마 각 거대한 분류군의 원형이 되는 구조를 종종 알려줄 것이다. 같은 종의 모든 개체, 그리고 대부분의 속(屬) 안에서 가까운 관계 속에 있는 모든 종이 그렇게 멀지 않은 과거 어느 시점에 한 부모로부터 유래되었고 어떤 한 출생지에서부터 이주했다는 사실을 확신하게 되면, 그리고 과거 기후의 변화와 해수면의 변동 등 지질학이 오늘날 조명하고 또한 앞으로 지속적으로 조명할 빛 아래에서 다양한 이주 방법을 더 잘 알게 된다면, 우리는 전 세계에 거주하는 유기체들이 과거에 이동한 경로를 상당한 정도로 추적할 수 있게 될 것이다.[15]

린네의 정적인 자연 체계와 달리 다윈은 역동적인 계통 역사를 추적하려고 한다. 다윈의 이러한 생각이 얼마나 급진적이었는지는 다윈의 가까운 지인이었던 라이엘조차 본질주의 형이상학적 관점에 따른 종 개념을 고수하면서 종의 점진적이고 연속적인 변화 개념을 수용하지 못했다는 사실에서도 확인할 수 있다. 라이엘은 종의 기원과 관련하여 불연속적 도약을 통

---

15 Darwin, *The Origin of Species*, 504–505.

해서 새로운 종이 출현한다고 생각했으며 소진화만 인정하고 대진화는 믿지 않았다.[16] 마이어에 따르면, 다윈이 라이엘의 본질주의적 사고와 도약적 진화 개념을 극복하는 데는 몇 가지 단계를 거쳐야 했다. 다윈은 남아메리카의 작은 타조들이 보다 잘 알려진 큰 타조들 옆에 공존하는 것을 보았을 때, 라이엘을 따라 이것을 새로운 종의 도입이라고 보지 않고 오래된 종으로부터의 도약에서 비롯된 것이라고 보았다. 말하자면 당시에 다윈은 본질주의적 사고를 고수하면서도 돌연변이 진화론을 채택했던 것이다. 이후 다윈은 앞서 라마르크가 갑작스러운 도약과 대비되는 개념으로서 일관성 있게 발전시킨 점진적 변화 개념을 체계적으로 정리하면서 본질주의적 사고를 넘어서게 되었다.[17] 결론적으로 다윈의 진화론은 불변하는 세계와 종의 불변성에 대한 본질주의적 세계관을 근본부터 뒤흔들었으며, 자연 세계 전체는 물론이고 개별 종을 보다 역동적이고 관계적이며 역사적인 관점에서 이해하는 새로운 세계관을 발전시키는 계기를 제공했다.

인간과 동물 사이의 연속성에 대한 이해의 심화

마지막으로 다윈의 진화론은 자연 세계 내 인간의 위상, 혹은 인간과 다른 동물 간의 관계에 대한 새로운 이해를 촉발했다. 구체적으로 말하자면, 다윈 진화론의 중요한 기둥에 속하는 공통계통 이론은 인간과 다른 동물, 나아가 다른 모든 유기체 사이에 역사적·관계적 연속성이 존재한다는 사실을 내포하고 있었다. 줄리언 헉슬리에 따르면 다윈의 진화론은 인간의 본성 및 자

16 Mayr, *Toward a New Philosophy of Biology*, 176, 172.
17 Mayr, *Toward a New Philosophy of Biology*, 198.

연 내 인간의 위치와 역할에 관한 생각을 근본적으로 변화시켰다. 다윈 이후 인간이 현존하는 유인원들과의 공통조상으로부터 유래했다는 사실이 더욱 분명해졌다. "인간은 더 이상 창조세계의 주인, 곧 나머지 자연으로부터 떨어져 있는 어떤 존재로 간주할 수 없게 되었다. 인간은 단지 포유류 강에 속한 영장류 목에 속한 수많은 과 중의 하나(호미니드 과)를 대표하는 존재에 불과하다."[18] 이처럼 다윈의 진화론을 인간의 기원 문제에 적용할 때 인간은 다른 동물과 별반 다를 것 없는 존재로 드러난다. 다른 한편으로 헉슬리는 다윈의 진화론을 인간의 미래에 적용하면서, 인간은 경험의 누적적 전달을 통해 진화하는, 진화의 역사에서 매우 독특한 존재임을 강조한다.

> 다윈이 기초를 놓은 진화 생물학의 관점에서 볼 때, 인간은 단순히 자연의 한 부분에 그치지 않고, 매우 특별하고 실로 독특한 존재로 보인다. 인간의 인격 안에서 진화 과정은 스스로를 인식하게 되었으며, 오직 인간만이 가능성의 실현을 위해 진화 과정을 이끌어갈 수 있다.[19]

결론적으로 헉슬리는 다윈의 진화론이 인간의 기원만이 아니라 인간의 운명에 대해서도 빛을 던져준다고 주장한다. 요컨대 다윈의 진화론은 다른 동물과 구별되는 인간의 고유한 특성을 전부 말살하지는 않는다. 다만 과거에 상상조차 못했던 방식으로 인간과 다른 동물이 깊은 유대 관계 속에 있음을 드러내준다.

전통적인 신학자들과 철학자들 모두 인간을 다른 모든 생물과 구별되는 피조물로 인식하고 있었다는 점에서 다윈의 진화론이 내포하는 인간학

18 Julian Huxley, "Introduction," xvii.
19 Julian Huxley, "Introduction," xviii.

적 함의는 대단히 충격적인 것이었다. 다윈 자신은 1871년 『인간의 유래』(*The Descent of Man*)라는 책을 출간하면서 인간이 유인원과 공통조상을 가지고 동물 왕국 계통에서 분화한 동물임을 분명히 밝힌다. 이에 대해 마이어는 다음과 같이 날카롭게 논평했다.

> 이것은 성서와 철학자들의 전통적인 인간중심주의의 종말을 의미했다. 물론 '인간은 단지 동물에 불과하다'는 주장은 인간 종을 연구하는 보다 지각 있는 학자들이 거의 단번에 거부하였지만, 인간의 본성과 우주 안에서 인간의 역할을 근본적으로 다시 생각하게 하는 데 다윈이 큰 역할을 했다는 사실에 대해서는 누구도 이의를 제기할 수 없다.[20]

20 Mayr, *Toward a New Philosophy of Biology*, 176. 또한 마이어, 『이것이 생물학이다』, 241-244 참고.

제11장

도전과 응답

다윈의 진화론이 인류의 지성사에 가져온 세계관 혁명은 기독교 신학에도 의미심장한 도전을 제기했다. 예를 들어, 이언 바버는 다윈의 『종의 기원』이 성서의 권위에 대한 도전, 설계 이론에 대한 도전, 인간의 위상에 대한 도전, 진화 윤리와 사회다윈주의 등 네 가지 관점에서 신학적 문제를 제기했다고 지적한다.[1] 테드 피터스와 마르티네즈 휼릿은 진화론이 오랜 시간, 자연선택, 공통계통, 하나님의 활동 방식, 신정론 등 다섯 가지 관점에서 신학적 질문을 제기한다고 본다.[2] 국내 신학자 중에서 김균진은 태초의 개별 종들의 직접 창조, 성서의 권위, 신의 섭리, 창조세계의 합목적성과 의미, 인류의 존엄성 등 근본주의 기독교의 다섯 가지 신념이 진화론에 의해 도전받게 되었다고 주장한다.[3] 비슷한 맥락에서 신재식은 진화론이 성서의 권위와 해

---

1 Ian Barbour, *Religion and Science: Historical and Contemporary Issues* (New York: HarperCollins, 1997), 57-63. 바버는 성서의 권위에 대한 도전과 관련해서, 진화론이 세계의 합목적성, 인간의 존엄성, 창조와 타락의 드라마 등 다른 역사적 기독교의 신념들에 도전을 가한다고 판단한 일부 기독교인들이 성서의 무오성을 주장함으로써 기독교 신앙을 변증하려 했다고 분석한다.

2 Ted Peters and Martinez Hewlett, *Can You Believe in God and Evolution: A Guide for the Perplexed* (Nashville: Abingdon, 2006), 164-173.

3 김균진, "진화론과 창조신앙은 모순되는가? 자연과학과 신학의 대화를 위해", 「조직신학

석, 신의 활동, 섭리, 설계 개념, 인간의 독특성과 존엄성, 원죄와 타락 등에 관한 전통적인 기독교 신념에 도전을 가한다고 본다.[4] 이처럼 진화론이 제기하는 중요한 신학적 문제의 세부 내용에 관해서는 신학자마다 각기 조금씩 의견이 다르지만, 진화론이 기독교 신학에 중요한 도전을 제기한다는 점에는 모두가 동의한다.

아래에서 나는 진화론적 세계관이 제기하는 이상의 신학적 도전 가운데, 생명의 기원과 역사에 대한 자연주의적 설명의 충분성과 특별 창조의 부정, 인간중심주의 세계관의 붕괴, 우연의 연속으로 전개되는 진화 과정의 맹목적성 및 악의 문제, 종교 현상 특히 신 관념의 기원에 대한 진화론적 설명 등 네 가지 관점에서 진화론이 전통적인 신앙에 대해 제기하는 신학적 문제를 살펴보려고 한다.[5]

자연주의적 설명의 충분성

1859년 다윈의 『종의 기원』이 출간된 것과 함께 지배적인 생명과학 이론으로서 자리매김하기 시작한 진화론은 당시의 대중적 창조 이해에 적잖은 충격을 가져다주었다. 당시에 대다수 영국인들은 하나님이 생명을 지금의 종

논총」 9 (2003), 218-220.

4 신재식, "진화론적 유신론과 케노시스의 하나님: 진화와 현대 신론의 한 만남", 「종교연구」 32 (2003), 60-63.

5 앞 장에서 필자는 진화론이 가져온 세계관 혁명의 내용으로 자연주의적 세계 이해의 확장, 목적론의 과학적 근거 상실, 불변하는 세계에 대한 믿음 상실, 인간과 동물 사이의 연속성에 대한 이해 심화 등을 언급하였다. 한편 본서의 부록에서 소개할 데이비드 바라쉬(David Barash)는 진화론의 무신론적 함의와 관련해서 복잡성으로부터의 논증 무력화, 인간의 독특성에 대한 확신 약화, 신정론 문제의 심화, 종교의 생물학화 등을 언급한다. 이 장에서 다루게 될 네 가지 주제는 이러한 내용과 상당 부분 연결되어 있다.

류대로 각각 설계하고 독립적으로 창조했다고 믿고 있었는데, 오랜 시간에 걸친 종의 자연 발생 메커니즘을 설명하는 다윈의 진화론은 초자연적 존재자에 의한 개별 종의 설계 및 특별 창조 이론과 상충하는 것으로 보였기 때문이다.

진화론은 생명 현상의 출현과 변화 과정을 설명함에 있어 초자연적 원인을 굳이 필요치 않게 만들었다. 생명 현상에 대한 과학적 설명에서 초자연적 원인 가설이 불필요하게 되었다는 사실이 곧바로 생명 현상의 궁극적 근원으로서 하나님의 존재 자체를 부정하는 것으로 이해할 필요는 없다. 그럼에도 당시 영국인들이 다윈의 진화론을 접하면서 하나님과 세계의 관계에 대한 이해에 큰 혼란을 경험했다는 사실은 충분히 이해할 만하다. 역사적으로 볼 때 다윈의 진화론이 당시의 대중적 창조 이해에 큰 충격을 던지고, 그럼으로써 기독교 신앙에 대한 회의와 불신은 물론이고 불가지론과 무신론을 확산시키는 데 일정 부분 기여했다는 사실을 부인할 수 없다. 진화론은 하나님의 존재 여부에 대해서는 어떠한 주장도 내포하고 있지 않지만, 하나님과 세계의 관계에 대해서는 모종의 이해를 함축하고 있기 때문이다.

진화론자들은 자연선택과 유전자 변이의 조합이라는 자연주의적 메커니즘만으로도 지구상에 출현한 생명의 기원과 진화 과정을 설명하는 데 충분하다고 생각하면서, 하나님 가설이 불필요하다고 주장한다. 예를 들어, 독수리의 눈과 같이 복잡한 생물학적 기관과 관련해서 일부 창조론자들은 이것이 자연적으로 우연히 출현했다고 볼 수 없기 때문에 초자연적 설계자의 개입 필요성을 역설한다. 하지만 진화론자들은 독수리의 복잡한 눈조차도 오랜 시간에 걸친 자연스러운 진화의 과정 속에서 우연히 출현할 수 있기 때문에 굳이 초자연적 설계자의 존재를 설명 가설로서 요청할 필요가 없다고 주장한다. 진화무신론자들은 여기서 한 걸음 더 나아가 생물학적 진화의 과정이 자연발생적으로 전개되기 때문에 초자연적 하나님의 개입이 형이상학적으로도 불가능하다고 주장한다. 왜냐하면 진화의 자연적 과정 속에 초자연적 원인이 끼어들 수 있는 간극이 존재하지 않기 때문이라는 것이다.

그렇다면, 진화무신론자들이 주장하듯, 생명의 기원과 역사에 관한 자연주의적 설명의 충분성은 기독교 창조론과 양립할 수 없는 것인가? 이 질문에 대답하기 전에 우리는 먼저 창조 개념 자체가 단일하지 않다는 사실을 기억할 필요가 있다. 기독교 전통 안에서만 보더라도 하나님의 창조 과정 혹은 창조 방식에 대한 다양한 이론이 공존하고 있다. 그중에는 진화론의 자연주의적 설명과 양립 가능한 이론도 있고 양립 불가능한 이론도 있다. 예를 들어, 오늘날의 다양한 생물종의 출현이 자연선택과 유전자 변이의 조합을 통해 오랜 시간에 걸친 자연발생적인 과정으로 설명될 수 있다고 보는 진화론의 주장은 하나님이 지구상의 모든 생물종을 단번에 혹은 단시간에 직접 창조했다고 보는 젊은 지구 창조설(창조과학)이나, 초자연적 설계자가 생명의 역사에 임의로 개입해서 복잡한 생물종의 출현을 가능하게 했다고 보는 지적설계론과는 양립할 수 없다. 반면에 신다윈주의 진화론을 확립하는 데 큰 기여를 한 그리스도인 테오도시우스 도브잔스키(Theodosius Dobzhansky)는 하나님의 창조 방식을 다른 식으로 이해했다. "나는 하나님이 돌발적이며 신비한 방식으로 개입하는 것이 아니라 중요하거나, 하찮거나, 극적이거나, 평범하거나, 모든 사건을 통해 활동하고 있다고 생각할 수밖에 없다."[6] 비슷한 맥락에서 로버트 존 러셀(Robert John Russell)을 비롯해 많은 과학신학자들은 자연 세계 내 하나님의 활동을 비개입주의적이고 객관적인 것으로 이해할 수 있다고 생각한다.[7] 이처럼 진화 과정 자체를 하나님이 다

---

6 Michael Ruse, *Can a Darwinian be a Christian?: The Relationship Between Science and Religion*, 마이클 루스 지음, 이태하 옮김, 『다윈주의자가 기독교인이 될 수 있는가?』(서울: 청년정신, 2002), 32에서 재인용.

7 Robert John Russell, *Cosmology: From Alpha to Omega* (Minneapolis: Fortress Press,

양한 생물종을 계속 창조해가는 방식으로 보거나, 진화 과정 속에 하나님이 비개입적 방식으로 활동한다고 보는 창조설 입장은 생명의 역사에 관한 한 자연주의적 설명의 충분성을 주장하는 진화론적 입장과 양립 가능하다.

내가 볼 때, 생명의 진화 과정을 설명하는 과학 이론과 관련해서 자연주의적 설명만으로도 충분하다는 진화론의 명제는 하나님이 없다는 확실한 증거가 되지는 못하지만 생명의 진화 과정 속에서 하나님이 활동하는 방식과 관련해서는 중요한 신학적 문제를 제기한다는 것이다. 말하자면 진화 무신론에 대한 바람직한 신학적 응답을 위해서는 생명 진화의 역사를 하나님의 계속 창조의 과정으로 보고 진화론과 창조론의 양립 가능성을 주장하는 것만으로는 충분하지 않다. 진화론이 탐구하는 생명의 역사는 신학적 관점에서 볼 때 창조세계의 역사요 하나님의 창조 역사에 다름아니다. 따라서 진화론은 하나님의 창조 과정 혹은 창조 방식, 하나님과 창조세계의 관계에 관해 간접적인 주장을 내포하고 있다. 진화론은 과학이고 무신론은 형이상학이므로 진화론은 무신론의 근거가 될 수 없다는 변증 논리만 고집하는 것은 자칫 진화론이 제기하는 정당한 신학적 문제마저 흐릿하게 만들 수 있는 위험을 내포한다. 진화론이 하나님의 창조 행위 및 하나님과 세계의 관계에 대한 기존의 이해에 의문을 제기한 이상, 우리는 생명의 기원 및 진화의 역사 속에서 활동하시는 하나님의 계속 창조 행위의 구체적인 방식을 포함하여 하나님과 세계의 역동적 관계에 대한 신학적 이해를 발전시킬 필요가 있다. 예를 들어, 존 호트(John Haught)는 진화론적 관점이 전통적인 초월론적 신론에 더하여 종말론적 신론을 발전시키도록 촉구한다고 주장한다.

2008), 119. 이와 비슷하게 신이 진화 과정 속에 비개입적 방식으로 활동한다고 보는 다양한 학자들의 견해에 관해서는 Robert John Russell, et al., ed., *Evolutionary and Molecular Biology: Scientific Perspectives on Divine Action* (Vatican City State: Vatican Observatory, 1998)을 참고.

진화론적 관점은 무엇보다도 어딘가에 자리하고 있는 신의 초월성에 대한 우리의 이해를 크게 바꿀 것을 제안한다. 불완전하지만 오늘날 신은 배타적으로 저 위 너머에(up above)만 있는 것이 아니라, 저 위 앞쪽에(up ahead)도 있다고 주장할 수도 있다.…진화론적 과정에 대한 성찰은, 신학으로 하여금 성서적 의미의 신을, 아직 실현되지 않은 약속을 부여한 자로서 세상과 관계된 존재(One)로 깊이 반추하도록 한다.[8]

'다윈 이후의 하나님'에 대한 호트의 이러한 신학적 성찰은 생물학적 진화론이 내포하고 있는 세계관적 함의를 진지하게 고찰하면서 전통적인 유신론을 현대인들에게 이해 가능한 언어로 전달하려는 매우 의미 있는 시도라고 평가할 수 있다.

인간중심주의 세계관의 붕괴

생명과학자들에 따르면 생명의 진화 과정에서 현생 인류의 출현은 진화 과정의 맹목적성이 내포하듯 필연적이지 않고 우발적이다. 현생 인류는 지구상의 다른 모든 생명체와 함께 원시 지구의 공통조상으로부터 진화했다. 이 진화의 과정에 있어 현생 인류는 다른 생물종으로부터 근본적으로 구별되지 않으며 특별히 우월하다고도 할 수 없다. 현생 인류를 가장 진화한 종이라고 보는 견해는 생물학적 관찰이 아니라 인간중심주의 이데올로기에 근거한 의견일 뿐이다. 또한 오늘에 이르기까지의 진화 역사를 개관할 때 현

---

8 John F. Haught, *Responses to 101 Questions on God and Evolution*, 존 호트 지음, 신재식 옮김, 『신과 진화에 관한 101가지 질문』 (서울: 지성사, 2004), 92.

생 인류가 생명 진화의 마지막 단계가 아니라 초기 단계에 출현한 것으로 볼 수도 있으며, 따라서 진화론자들은 장차 현생 인류와 공존하는 현생 인류보다 더 진보한 종의 출현 혹은 현생 인류의 멸종 이후 지구상에서 생명의 계속 진화 등을 예견하기도 한다.

이와 관련하여 진화론이 기독교 신학에 대해 제기하는 또 하나의 중요한 문제는 인간중심주의 세계관과 관계된다. 일부 무신론자들은 인간중심주의의 허구성이 폭로되면 인간중심주의를 근간으로 하는 기독교 신학 체계도 전체적으로 무너질 수밖에 없다고 주장한다. 많은 기독교 신학자들 역시 진화론이 제기하는 신학적 도전 가운데 가장 대표적인 것으로 인간의 구별성 혹은 존엄성 문제를 거론한다. 이와 관련한 김균진의 견해는 다음과 같다.

> 다윈의 진화론은 인간의 존재를 자연의 세계 '위에' 있는 특별한 존재로, 우주의 중심으로 보는 기독교의 전통적 인간관을 거부하고, 인간의 존재를 자연의 진화 과정 속으로 환원시킨다. 인간도 자연의 다른 생물들과 마찬가지로 진화의 한 산물이다. 이른바 인간의 '특별한 존재'는 자연의 다른 생물들에게서도 볼 수 있다.…여기서 우리는 인간의 생명을 하나님의 창조로 보는 기독교의 창조 신앙과, 인간의 생명을 진화의 과정의 산물로 보는 진화론 사이의 논쟁은 단지 인간 생명의 '기원'에 관한 논쟁이 아니라 '인간과 자연의 관계'의 문제와 연관되어 있음을 발견한다.[9]

그렇다면, 생명 진화의 역사에서 인간이 그다지 특별한 지위를 차지하지 않는다는 진화론적 통찰은 과연 진화무신론자들이 주장하듯이 인간이

---

9 김균진, 『과학과 신학의 대화』 (서울: 대한기독교서회, 2003), 10-11.

하나님의 창조세계에서 특별한 목적을 갖는다고 믿는 창조론적 입장과 양립 불가능한 것일까? 이 질문에 대해서 나는 하나님의 창조 목적을 어떻게 이해하느냐에 따라 다른 대답이 가능하리라고 생각한다. 만약 하나님의 창조 목적을 인간 역사에서 찾으며 창조세계를 단순히 인간 역사를 위한 무대로만 본다면, 인간중심주의를 근본적으로 부정하는 진화론의 주장은 기독교 신학과 양립할 수 없을 것이다. 하지만 인간을 하나님이 창조하신 수많은 피조물 가운데 하나로 보고 하나님의 창조 목적을 인간 역사에 국한시키지 않고 창조세계 전체의 완성에서 찾으려는 경우라면, 인간중심주의가 논박된다 하더라도 그것이 곧 창조론의 부정을 의미하지는 않을 것이다.

기독교 창조론이 전통적으로 인간중심적 세계관을 고수하는 경향을 보여온 것은 부정할 수 없는 사실이다. 이 점에서 20세기 후반 생태계의 위기와 관련하여 적잖은 사상가들이 생태계 위기의 근원으로 기독교 전통을 지목한 것은 일면 타당성이 있다. 하지만 폴 샌트마이어(Paul Santmire)가 올바르게 지적하듯이, 성서와 기독교 전통 안에는 전통적인 인간중심적 신학 패러다임('신령적 모티브')만이 아니라 그것을 극복하는 대안적 신학 패러다임('생태적 모티브')도 발견된다.[10] 이 대안적 신학 패러다임에 따르면, 창조의 목적은 인간의 구원이 아니라 만물의 회복과 완성에 있다. 그리고 인간은 창조세계의 한 부분으로서 만물의 완성에 함께 참여한다. 요컨대 우리는 기독교 전통 안에 인간중심적 신학 패러다임과 더불어 생태학적 신학 패러다임이 공존해왔음을 기억할 필요가 있다. 그리고 인간중심적 세계관에 대한 진화론의 정당한 문제제기는 기독교 신학자들이 기독교 창조론 전통 안에서 상대적으로 간과되어왔던 생태학적 신학 패러다임에 대해 다시금 진지한

10 Paul Santmire, *The Travail of Nature: The Ambiguous Ecological Promise of Christian Theology* (Minneapolis: Fortress, 1985), 9.

관심을 갖도록 촉구하는 계기가 된다.

진화 과정의 맹목적성과 악의 문제

진화론자들의 주장에 따르면 자연선택과 돌연변이의 조합으로 전개되는 진화 역사 안에 어떠한 내재적인 목적도 존재하지 않는다. 엄마의 자궁 속의 태아의 성장은 성인이 되는 것을 목적으로 한다. 하지만 원시 지구에는 나중에 출현할 생명체들의 구체적인 형태가 미리 프로그램화되어 있지 않았다. 이것은 자연선택이 특정한 형질 혹은 성향의 진화를 선호하는 경향이 있다는 사실을 부정하지는 않지만, 진화의 역사가 특정한 종—예를 들어 호모 사피엔스나 다른 지적 생명체—의 출현을 지향하는 가운데 합목적적으로 전개되어온 것이 아님을 분명히 한다. 이러한 맥락에서 스티븐 제이 굴드(Stephen Jay Gould)는 만약 진화의 역사를 거꾸로 돌려 처음부터 다시 시작한다면 그 결과는 현재 진화생물학이 밝혀낸 진화의 역사와 결코 동일하지 않을 것이라고 주장한다.[11]

진화무신론자들은 전통적인 창조론의 맹점과 관련해서 진화론이 밝혀낸 생명의 진화 과정이 맹목적이라는 점을 지적한다. 진화무신론자들은 생명의 진화 과정의 맹목적성을 목적을 갖고 세상을 창조한 인격적 하나님이 존재치 않는다는 사실을 입증하는 결정적인 증거로 내세운다. 예를 들어, 노벨상을 수상한 저명한 생물학자이자 무신론자인 자크 모노(Jacques Monod)는 『우연과 필연』에서 모든 유전의 유일한 토대인 유전자 변이의 무작위성

---

11 Stephen Jay Gould, *Wonderful Life: The Burgess Shale and the Nature of History* (New York: Norton, 199), 51. 굴드는 진화 역사를 설명하는 적절한 범주로서 결정론(determinism)이나 순수 우연(pure randomness)이 아니라 우발성(contingency)을 주장한다.

에 주목하면서 "생물계에서 모든 혁신과 모든 창조의 원천에 있는 것은 오직 우연뿐"이라는 결론을 내린다.[12] "순전한 우연, 절대적으로 자유롭고 동시에 맹목적인 우연이 경탄을 자아내는 진화 체계의 근본 뿌리에 자리하고 있다."[13] 동일한 맥락에서 모노는 자신의 베스트셀러 단행본의 마지막을 다음과 같은 말로 마무리한다.

> 인간은 마침내 자신이 우주의 무심한 광대함으로부터 단지 우연히 출현해서 그 속에 홀로 존재한다는 사실을 알게 되었다. 그의 운명은 어디에도 새겨져 있지 않다. 그의 의무도 마찬가지이다. 위에 있는 천국이냐 아래에 있는 어두움이냐? 이것은 인간이 선택할 일이다.[14]

진화 과정의 맹목적성에 대한 이러한 이해는 진화 과정에 불가피하게 수반된 수억 년의 악과 고통의 역사에 대한 인식과 결합하여 선하고 전능한 창조자의 존재를 믿는 신념에 대해 회의적인 생각을 강화하였다.

> 어떻게 전능하신 사랑의 하느님이 생명들이 가득 찬 세계 가운데 생존을 위한 무자비한 투쟁의 시스템을 설계하고 예견하고 계획하고 창조할 수 있는가? 전능하고 전지하며 한없이 자애로운 하느님이 야수와 야수, 야수와 인간, 인간과 인간, 종과 종이 냉혹한 경쟁을 하게 하여 더 영리하고 더 교활하며 더 잔혹한 것들만 살아남도록 고안할 수 있을까? 어떻게 사랑의 하느님이 지각이 있는 생명체들로 다른 지각 있는 생명체들을 잡아먹게 하

---

12 Jacques Monod, *Chance and Necessity: An Essay on the Natural Philosophy of Modern Biology* (New York: Vintage, 1972), 112.

13 Monod, *Chance and Necessity*, 112.

14 Monod, *Chance and Necessity*, 180.

> 거나 잡혀 먹히게 만들어 그 피조물들 가운데 말할 수 없는 고통이 있게 할 수 있는가?…어떻게 하느님이 피조물들이 서로의 먹이가 되도록 함과 동시에 극심한 통증과 고통을 느끼는 능력을 갖게 하였는가?[15]

이처럼 진화 과정 속에 불가피하게 수반되는 악의 문제는 진화 과정의 맹목적성에 대한 진화무신론자들의 주장을 더욱 강화하는 한편, 선하고 전능한 창조자에 대한 신념에 의문을 제기한다.

그렇다면 생명과학자들이 밝혀낸 진화 과정의 맹목적성과 그 과정 가운데 불가피하게 수반되는 구조적 악의 현실이 과연 (진화무신론자들이 주장하듯이) 하나님이 목적과 의도를 갖고 생명을 창조했다는 창조론의 입장과 모순되는 것일까? 하지만 하나님의 창조 목적이 창조세계 속에 새겨져 있다고 보느냐 그렇지 않느냐에 따라 이 질문에 대해 서로 다른 대답이 가능할 것이다. 예를 들어, 하나님이 세상을 창조할 때 자신의 목적을 세상 속에 심어 놓았으며 따라서 우리가 하나님이 창조한 세상을 관찰함으로써 세상을 창조한 하나님의 목적을 읽어낼 수 있다고 보는 자연신학의 입장은 진화 과정의 맹목적성에 관한 진화론적 주장과 양립할 수 없을 것이다. 반면에 하나님이 세상을 창조할 때 자신의 목적을 세상 속에 심어 놓지 않았으며 따라서 우리가 하나님이 창조한 세상을 아무리 세심하게 관찰하더라도 그것으로부터 세상을 창조한 하나님의 목적을 읽어낼 수 없을 것으로 보는 창조론의 입장은 진화 과정의 맹목적성에 대한 진화론적 주장과 충분히 양립할 수 있다.

이와 관련해서 나는 진화 과정의 맹목적성에 대한 인식론적 해석과 형

---

15 이것은 한때 목사였다가 진화론을 접하고 무신론자가 된 A. J. 매틸의 글이다. John F. Haught, *God After Darwin: A Theology of Evolution*, 존 호트 지음, 박만 옮김, 『다윈 이후의 하나님: 진화의 신학』 (서울: 한국기독교연구소,), 45에서 재인용.

이상학적 해석을 구분할 것을 제안한다. 엄밀히 말해서 진화론을 통해 밝혀진 진화 과정의 맹목적성이란 진화생물학을 통해서는 진화 과정 속에서 어떠한 목적도 추론해낼 수 없다는 인식론적 한계를 가리킨다. 과학 이론으로서 진화론이 방법론적 자기 제한을 통해 이러한 인식론적 한계를 가진다는 사실이 진화 과정의 맹목적성에 대한 형이상학적 해석 곧 생명의 진화 과정이 실제로 아무런 목적이 없음을 내포하지는 않는다. 어떤 의미에서 보면, 진화생물학을 통해서는 진화 역사의 목적을 발견할 수 없다고 보는 진화론적 주장은 하나님의 창조 목적이 오직 계시를 통해서만 인식될 수 있다고 보는 계시신학적 입장과 상통한다. 그뿐 아니라, 이것은 자연이 스스로를 완성할 수 없으며 오직 은혜를 통해서만 완성된다고 보는 구원신학적 입장과도 공명한다. 역으로 하나님의 창조 목적이 역사나 자연에 대한 관찰과 분석으로부터 추론될 수 있다고 보는 생각은 진화 역사의 맹목적성에 대한 진화론적 통찰로 인해 의문시된다. 요컨대 진화 역사의 맹목적성에 대한 진화론적 통찰은 하나님이 특정한 목적을 갖고 생명을 창조했다는 창조론의 근본 전제를 반증하지는 못하지만 하나님이 창조 목적을 진화 역사 속에 새겨두었다고 보는 페일리 식의 자연신학을 효과적으로 반증할 수 있다.

반면에 예수 그리스도의 복음에 대한 종말론적 해석에 기초한 기독교 창조론은[16] 진화 역사의 맹목적성에 대한 진화론적 통찰과 양립하는 것이 가능하다. 종말론적 창조론은 세상을 창조한 신이 그의 주권적 은혜로 창조세계를 완성해가는 종말론적 미래에 대한 비전을 내포하고 있다. 이러한 종말론적 비전에 따르면, 창조의 역사 곧 우주와 생명의 역사가 궁극적으로 지향하는 목적은 태초의 창조에서 발견되지 않고 종말론적 새 창조를 통해 확인된다. 다시 말해서, 기독교 창조론은 하나님의 창조 목적을 우주와 생명

16 이 책의 5장 참고.

의 역사로부터 읽어낼 수 있다고 보지 않으며, 오직 예수 그리스도 사건을 통해서 계시된 종말론적 새 창조의 약속을 통해서만 하나님의 궁극적 창조 의도를 파악할 수 있다고 본다. 테드 피터스의 표현을 빌리자면, 자연 **안에**(*within*) 목적이 존재하지 않는다고 해서 자연을 **위한**(*for*) 목적마저 존재하지 않는 것은 아니다.[17] 이러한 맥락에서 몰트만은 기독교 종말론의 방법이 과거로부터의 추론이 아니라 미래의 선취임을 역설한다.[18]

종교 현상의 기원에 대한 진화론적 설명

20세기 말부터 일부 진화론자들은 진화론을 종교 현상 연구에 적용하기 시작했다. 종교 현상의 기원에 관한 자연과학적(진화론적) 연구에 참여하는 대부분의 과학자들이 무신론자라는 점은 진화무신론자들이 종교 현상에 대한 진화론적 해명을 무신론의 주된 근거 중 하나로 제시하는 이유를 이해하게끔 한다.[19]

국내의 대표적인 진화철학자 중 한 사람인 장대익은 최근의 종교진화론 논의를 크게 세 가지 흐름으로 구분한다.[20] 첫 번째 흐름은 종교를 인간

---

17 Peters and Hewlett, *Can You Believe in God and Evolution*, viii.

18 Jürgen Moltmann, *The Future of Creation* (London: SCM, 1979), 45.

19 다음의 책들을 참고하라. Edward O. Wilson, *Darwin's Cathedral: Evolution, Religion, and the Nature of Society* (Chicago: The University of Chicago Press, 2002); Daniel Dennett, *Breaking the Spell: Religion as a Natural Phenomenon* (New York: Viking Penguin, 2006); Scott Atran, *In Gods We Trusts: The Evolutionary Landscape of Religion* (Oxford: Oxford University Press, 2002); Pascal Boyer, *Religion Explained: Evolutionary Origins of Religious Thought* (New York: Basic Books, 2001).

20 장대익, "종교는 스팬드럴인가?: 종교, 인지, 그리고 진화", 「종교문화비평」 14 (2008), 13.

마음의 적응으로 보는 적응주의 입장이고, 두 번째 흐름은 종교를 건축물의 **스팬드럴**처럼 다른 인지 적응의 부산물로 보는 입장이고, 세 번째 흐름은 종교 현상을 **밈**의 역학 안에서 이해하는 입장이다. 장대익에 따르면 이 중 종교 부산물론이라고 불리는 두 번째 입장이 가장 유력하게 받아들여지지만, 종교 부산물론만으로는 종교의 준자율적 성격을 설명하기 힘든 한계가 있다.[21] 종교 현상에 대한 이러한 진화론적 연구의 세부 내용은 그 자체로도 흥미로울 뿐 아니라 우리에게 주의 깊은 연구를 요청한다. 하지만 우리의 논의와 관련해서 중요한 점은 이러한 연구가 종교를 자연 현상으로 환원시키는 경향이 있다는 사실이다.

> 종교진화론의 이런 최근 흐름은 종교 현상마저도 자연주의적으로 이해하고자 하는, 20세기 후반의 '자연주의적 전회'(naturalistic turn)를 충실히 따르는 접근들로서 중요한 의의를 지닌다. 또한 '과학과 종교'의 최근 논쟁이 단지 진화-창조 논쟁에 그치는 것이 아니라 '종교 자체에 대한 과학적 해부'의 문제로 번지고 있는 추세를 잘 반영하고 있다. 살아있는 대상을 해부하다 보면 해부 후에 그 대상 자체가 더 이상 생존하지 못하게 되는 경우가 허다하다. 종교에 대한 과학적 해부의 경우에도 똑같은 결과를 낳을지는 더 지켜봐야 할 문제이지만, 이 시대 최후의 성역으로 통하는 종교를 과학의 눈높이로 끌어내렸다는 것 자체가 획기적인 사건일 수 있다. 이런 시도는 기존의 종교학자, 신학자는 물론이거니와 과학의 이름으로 종교에 딴죽을 걸었던 갈릴레오, 아인슈타인, 심지어 다윈도 충분히 해보지 못한 의미 있는 작업이다.[22]

---

21 장대익, "종교는 스팬드럴인가?", 14.
22 장대익, "종교는 스팬드럴인가?", 37.

이 인용문에서 장대익은 이제 종교 자체가 하나의 자연 현상으로서 과학적 탐구의 대상이 되었다고 주장하며, 이 탐구의 결과로 인해 종교가 해체될 수도 있다는 전망을 내어놓는다.

종교 현상에 대한 진화론적 연구가 종교적 신념의 허구성을 드러내 보여줄 것이라는 진화무신론자들의 전망은 과학의 능력에 대한 지나친 확신 내지 자연주의적으로 환원될 수 없는 종교의 고유한 영역에 대한 무지와 몰이해 등이 결합되어 나온 것으로 보인다. 종교진화론 이전에도 종교 현상을 과학적으로 이해하려는 시도가 없었던 것은 아니다. 지그문트 프로이트(Sigmund Freud)의 종교심리학과 에밀 뒤르켐(Emile Durkheim)의 종교사회학을 그 대표적인 예로 들 수 있다. 과거의 연구가 주로 인문·사회과학적 관점에서 종교 현상을 연구했다면, 종교진화론은 자연과학적 관점에서 종교 현상을 연구하는 차이가 있을 뿐이다. 종교심리학과 종교사회학이 등장했을 때에도 종교 현상을 완전히 설명해내고 나면 종교의 허구성이 드러날 것이라는 주장이 종종 있었다. 이런 점에서 진화무신론자들의 주장은 종교심리학 및 종교사회학과의 연속선상에 있다고 할 수 있다.

하지만 과연 종교를 완전하게 설명해내는 일이 가능할까? 여기서 우리는 과학자들이 언제나 방법론적 자기 제한 속에서 탐구 활동을 전개한다는 사실을 다시 한번 상기할 필요가 있다. 종교심리학자는 심리학적 관점에서, 종교사회학자는 사회학적 관점에서, 종교진화론자는 진화론적 관점에서 각각 종교 현상을 탐구한다. 그들은 각자의 고유한 관점에서, 다시 말해 종교의 심리학적·사회적·자연적(진화론적) 측면에 대해 유의미한 통찰을 얻을 수 있다. 하지만 그것이 종교 현상 전체에 대한 설명이라거나 종교의 본질에 대한 설명이라고 말하는 것은 주어진 한계를 넘어서는 일이다. 오히려 그리스도인의 경우에는 종교 현상의 기원에 대한 진화론자들의 연구를 보면서 그 속에서도 하나님의 섭리를 읽고 이해하는 가운데 하나님을 찬양할 수 있다.

또한 종교 현상이 자연적·진화론적 기원을 가진다는 사실 자체가 종교적 신념의 허구성을 입증하지 않는다는 점도 반드시 기억할 필요가 있다. 비근한 예로 인간이 발견한 수학적 진리 역시 진화론적 관점에서 보자면 자연적 기원을 가진 것으로 충분히 설명할 수 있다. 하지만 그것이 수학적 진리의 허구성을 입증하지는 않는다. 저스틴 바렛(Justin Barrett)이 올바르게 지적하듯이, "믿음이 어떻게 생겨나게 되었는지 설명하는 것은 (그 설명이 아무리 복잡하더라도) 그 믿음이 참된 것인지 정당한 것인지 여부에 관해 아무것도 말해주지 않는다."[23] 왜냐하면 정당성의 논리는 발견의 논리와 다른 지평에 속하기 때문이다.

23 Justin Barrett, "Cognitive Science, Religion, and Theology," in *The Believing Primate: Scientific, Philosophical, and Theological Reflections on the Origin of Religion*, eds. Jeffrey Schloss and Michael J. Murray (Oxford: Oxford University Press, 2008), 96.

"너희는 눈을 높이 들어 누가 이 모든 것을 창조하였나 보라.

주께서는 수효대로 만상을 이끌어 내시고 그들의 모든 이름을 부르시나니

그의 권세가 크고 그의 능력이 강하므로 하나도 빠짐이 없느니라."

이사야 40:26

제4부

돌담 쌓기:
과학을 품은 창조론자들

제12장

19세기 신학자들

하나님과 진화를 동시에 믿을 수 있을까? 다윈주의자가 기독교인이 될 수 있을까? 그리스도인들은 이 질문에 대해 다양한 답변을 내어놓았다. 존 헤들리 브룩(John Hedley Brooke)이 정확하게 지적하듯이, 이 질문과 관련해서 다윈은 그리스도인들을 분열시켰다고 할 수 있다.[1] 다윈의 『종의 기원』이 출간되었을 때 기독교 신학자들의 반응은 여러 입장이 혼재되어 있었다. 기독교 신앙의 전통적 교리를 고수하는 많은 이들은 다윈의 생각을 못마땅하게 여겼다. 당시 우스터 주교의 아내가 말한 것으로 알려진 다음의 문장은 다윈의 사상을 거부하는 그리스도인들의 생각을 대변한다. "원숭이로부터 유래했다니! 오 이런, 우리 모두 그것이 사실이 아니길 소망합시다. 하지만 만약 그것이 사실이라면, 그 사실이 대중에게 알려지지 않기를 소망합니다."[2] 또한 1860년, 새뮤얼 윌버포스(Samuel Wilberforce) 주교와 토머스 헉슬리(Thomas Huxley) 사이의 토론은 다윈의 이론을 둘러싼 논쟁의 역사에서 자주

---

1 John Hedley Brooke, "Genesis and the Scientists," in *Reading Genesis After Darwin*, eds. Stephen C. Barton and David Wilkinson (Oxford: Oxford University Press, 2009), 99.

2 https://quoteinvestigator.com/2011/02/09/darwinism-hope-pray/ [2019년 7월 30일 접속].

언급된다. 하지만 이것처럼 다윈의 이론에 대한 기독교 신학의 입장을 왜곡된 이미지로 재생산하는 이야기도 없다. 윌버포스의 견해는 다윈의 진화론에 대한 기독교 신학의 다양한 입장 중 하나에 불과했다.[3] 수학자이자 영국 성공회의 또 다른 사제였던 베이든 파월(Baden Powell)은 일찍부터 진화론적 사고를 받아들이고 있었다. 다윈이 『종의 기원』 제3판(1861)에 추가한 선행 연구 목록에 이미 파월이 1855년에 쓴 글("Essays on the Unity of Worlds")이 언급되고 있다. 이 글에서 파월은 새로운 종의 출현이 기적적인 과정이 아니라 자연적인 과정이라고 주장하였다.[4] 이후 『종의 기원』 초판 출간 이듬해에 발간된 『에세이와 논평』(*Essays and Reviews*)에 기고한 글에서 파월은 다윈의 저서가 새로운 종이 자연적 인과관계를 통해 기원하는 것에 대한 원리를 입증했다고 칭찬했다.[5]

이처럼 다윈의 진화론과 당시 기독교 신학의 관계는 단순히 갈등 관계도, 조화로운 관계도 아니었고, 흔히 생각하는 것보다 훨씬 더 미묘한 것이었다. 아래에서는 19세기 신학사상사의 대표적인 권위자 클로드 웰치

---

3 Claude Welch, *Protestant Thought in the Nineteenth Century*, vol. 2, *1870-1914* (New Haven: Yale University Press, 1985), 185. 윌버포스와 헉슬리의 토론이 전설적인 이야기로 발전하게 된 경위에 관해서는 J. R. Lucas, "Wilberforce and Huxley: A Legendary Encounter," *The Historical Journal* 22 (1979), 313-330을 참고하라. 흔히 알려진 이야기에 따르면, 『종의 기원』이 출간된 이듬해 옥스퍼드 주교 새뮤얼 윌버포스와 다윈의 불독 토머스 헉슬리가 한 자리에 앉았다. 여기서 윌버포스는 헉슬리에게 "당신이 원숭이로부터 유래했다고 주장할 때 그것은 당신의 할아버지 계통을 통해서입니까, 당신의 할머니 계통을 통해서입니까?"라고 질문했고, 이에 헉슬리는 "나는 원숭이를 조상으로 두었다는 사실이 부끄럽지는 않지만, 만약 진리를 가리는 일에 위대한 재능을 사용하는 사람과 연관되어 있다면 부끄러울 것입니다"라고 대답했다고 전해진다. 많은 사람들이 이 토론이 지적인 헉슬리가 과학적으로 무지한 윌버포스에게 일방적인 승리를 거두었다고 생각하지만, 최근에는 이것이 과장되거나 왜곡된 생각이라는 점이 밝혀지고 있다. John Hedley Brooke, "Learning from the Past," in *God, Humanity and the Cosmos*, 3rd ed., ed. Christopher Southgate (New York: T&T Clark, 2011), 70-71.

4 Darwin, *The Origin of Species*, xxviii 참고.

5 Claude Welch, *Protestant Thought in the Nineteenth Century*, 189 참고.

(Claude Welch)의 연구를 참고하여, 다윈의 『종의 기원』에 관한 19세기 신학자들의 반응을 크게 세 가지 유형으로 나누어 간략하게 살펴보려고 한다.[6]

단적인 거부

다윈의 이론을 반대했던 가장 유력한 신학자는 프린스턴 신학교의 조직신학자 찰스 하지(Charles Hodge)였다. 찰스 하지의 주장은 이후 19세기 후반부터 1920년대를 거쳐 1970-80년대에 이르기까지 진화론을 반대하는 미국 근본주의 그리스도인들의 신학적 토대를 형성했을 뿐 아니라, 미국 근본주의의 영향 아래 창조과학을 거의 무비판적으로 받아들이는 오늘날 한국교회의 그리스도인에게도 여전히 영향을 미치고 있다는 점에서 특별히 주목할 필요가 있다. 하지가 다윈의 이론을 반대한 구체적인 이유를 다루기 전에 한 가지 언급해두어야 할 점은 그가 20세기 근본주의자들과 같이 성서의 축자영감설을 믿은 것은 아니라는 사실이다. 그는 성서의 저자들에게 오류가 있을 수 있다는 점을 인정했다. 다만 성서가 분명하게 가르치는 내용에 관한 한 성서에는 오류가 없음을 강조했다. 그런 점에서 하지는 진화론의 등장 이전까지만 해도 지동설에 관한 천문학 이론이나 지구의 오랜 나이에 관한 지질학 이론 등에 관한 한 신학적 관점에서 별다른 문제의식을 갖고 있지 않았다. 하지만 종의 진화와 그 메커니즘에 관한 다윈의 이론은 천문학이나 지질학과는 전혀 다른 차원에서 중요한 신학적 문제를 야기한다고 보았다. 하지가 다윈주의를 반대한 가장 결정적인 이유는 그것이 목적

---

6 아래 내용은 Welch, *Protestant Thought in the Nineteenth Century*, 187-211을 주로 참고하면서 여기서 언급된 주요 사상가들의 원 저작을 가능한 한 직접 확인하고 정리한 것이다.

론을 부정하기 때문이다.

> 종의 기원이 하나님의 마음의 근원적인 의도에도 있지 않고, 특정한 시기에 새로운 형태를 출현하게 만드는 특별 창조 행위에도 있지 않고, 의도하는 결과를 얻기 위해 물리적 원인들을 인도하시는 하나님의 지속적이고 보편적인 활동의 작용에도 있지 않고, 다만 유기체들에 약간의 유익을 담보하는, 구조와 본능의 의도되지 않은 변이들의 점진적 축적에 있다는 것이 다윈 선생의 독특한 주장이다.…다윈주의를 반대하는 중요하고 결정적인 이유는 종의 기원 혹은 살아있는 유기체의 생산에 있어 설계를 배제한다는 사실이다.…전체 논의의 결론은 자연 안에서 설계를 부정하는 것이 사실상 하나님을 부정하는 것과 같다는 사실이다. 다윈의 이론은 자연 안에 있는 모든 설계를 부정하기 때문에 그의 이론은 사실상 무신론적이다.[7]

간단히 요약하면 찰스 하지는 다윈이 주장하는 진화의 과정을 '의도되지 않은 변이들의 점진적 축적'이나 '맹목적이고 의식이 없는 자연법칙의 작용'으로 이해하고, 이것이 하나님의 '설계'를 배제하며 하나님의 '특별 창조 행위'를 부정한다고 본다. 이어서 하지는 '자연 속의 설계'를 부정하는 다윈주의가 사실상 신을 부정하는 무신론이라고 결론을 내린다.[8] 반면에 하지

---

7 Charles Hodge, *What is Darwinism?* (New York: Scribner, 1874), 52-53. 168, 173. 원문 검색: https://archive.org/details/whatisdarwinism00hodg/page/52 [2019년 7월 30일 접속].

8 웰치는 다윈주의를 거부한 또 다른 신학자로서 영국의 에드워드 퓨지(Edward Bouverie Pusey)와 포프(W. B. Pope), 네덜란드의 아브라함 카이퍼(Abraham Kuyper)를 언급한다. 이중에서 퓨지의 경우 인간 이전의 다른 동물의 진화와 관련해서는 다윈의 견해에 동의할 수 있지만 인간에 관한 한 인간의 직접적이고 특별한 창조 및 태초의 완벽한 상태와 타락에 대한 전통적인 믿음을 고수했다. 한편 대다수의 로마 가톨릭 신학자들은 20세기 초반까지 창세기에 대한 문자적 해석을 선호하면서 진화론을 거부했다. Welch, *Protestant Thought in the Nineteenth Century*, 200-201.

는 진화의 메커니즘과 관련해서 하나님께서 '특정한 시기에' '특별 창조 행위'를 통해서 새로운 형태의 유기체들을 창조했다는 견해를 고수한다.

조심스러운 수용

흥미롭게도 진화론에 대한 가장 강력한 반대자였던 찰스 하지가 활동하던 프린스턴에는 그와 달리 진화론을 조심스럽게 수용한 네 명의 기독교 사상가가 있었다.[9] 먼저 프린스턴 대학교의 총장으로서 찰스 하지의 이웃이자 동료였던 장로교인 제임스 맥코쉬(James McCosh)는 진화를 믿으면서도 동시에 그리스도인이 될 수 있다고 생각했다. 맥코쉬는 칼뱅주의의 토대 위에서 변이와 자연선택을 초자연적 설계의 작용으로 이해할 수 있다고 보았다.

> 지질 시대는 무생물에서 생물로, 낮은 단계의 생물에서 높은 단계의 생물로 나아가는 흐름을 분명하게 보여주고 있다. 지성은 그 원인을 찾고자 이 모든 것이 어떻게 출현하게 되었는지 질문한다. 이 질문에 대한 대답이 가능하다면 그것은 종교가 아니라 과학에 의해 주어질 것이다. 이것은 단지 직접적인 작용을 통해서건 매개된 작용을 통해서건 우리는 만물의 근원을 하나님께로 올라가 찾을 수 있음을 강조할 뿐이다.[10]

9 Welch, *Protestant Thought in the Nineteenth Century*, 202-203.

10 James McCosh, *Christianity and Positivism: A Series of Lectures to the Times on Natural Theology and Apologetics* (New York, 1871), 63. 원문 검색: https://archive.org/details / christianityand02mccogoog/page/n76 [2019년 7월 30일 접속]. 한편 맥코쉬는 인간의 기원을 예외적인 사건으로 보았다. Welch, *Protestant Thought in the Nineteenth Century*, 202n28.

또한 프린스턴의 장로교 목사였던 조셉 반 다이크(Joseph S. Van Dyke)는 생물학 이론으로서 진화론에 대해 열린 마음을 갖고 있었다. 그는 다윈주의가 반드시 무신론을 함축하지 않으며 성서 안의 어떤 진술과도 필연적으로 갈등 관계에 있지 않다고 주장했다. 그는 변이와 선택이 하나님의 섭리 아래 일어날 수 있다고 보았으며, 종의 불변성이 성서의 권위를 위해 꼭 필요한 교리라고 보지도 않았다. 다만 그는 다윈주의를 열정적으로 환영하지는 않았다.[11]

다음으로 찰스 하지의 아들이자 프린스턴 신학교에서 아버지의 뒤를 이어 조직신학을 가르쳤던 아치볼드 알렉산더 하지(Archibald Alexander Hodge)는 다윈주의가 이성이나 양심이나 자유의지와 같은 인간의 영적 속성을 설명할 수 없다고 생각했지만, 다윈주의를 말이 안 되는 이론 내지 유신론이나 섭리나 성서와 양립 불가능한 이론으로 폄훼하면서 배척하지는 않았다.[12]

마지막으로 구(舊)프린스턴 학파의 대표적 신학자 중 한 사람인 벤자민 워필드(Benjamin B. Warfield)는 진화가 하나님의 섭리적 역사를 설명하는 잠정적 이론이 될 수 있다고 보았다. 워필드는 "나는 창세기 1-2장에서든 혹은 다른 곳에서든 성서 안의 어떠한 일반적인 진술이나 창조 기사 안의 어떠한 내용도 진화에 반드시 맞설 필요가 없다고 생각한다"고 밝히고 있다.[13]

---

11 Welch, *Protestant Thought in the Nineteenth Century*, 202-203.

12 Welch, *Protestant Thought in the Nineteenth Century*, 203.

13 Mark Noll and David Livingstone, *B. B. Warfield: Evolution, Science and Scripture* (Grand Rapids: Baker, 2000), 29에서 재인용. 웰치에 따르면, 1920년대 '근본주의'(fundamentalism)라는 이름의 기원이라고 할 수 있는 시리즈 단행본 *The Fundamentals* (12 vols.; Chicago, 1910-15)에는 진화를 반대하는 논문이 두 편 수록되어 있었지만, 동시에 프린스턴의 벤자민 워필드, 진화를 단지 창조의 새로운 이름으로 볼 수 있다고 생각한 글래스고의 제임스 오르(James Orr), 1870년대 아사 그레이와 함께 다윈주의를 변호했던 오벌린 대학의 지질학자 조지 라이트(George F. Wright) 등 진화를 수용하는 세 사

영국의 경우에는 앞서 수차례 언급되었던 찰스 킹즐리(Charles Kingsley)가 다윈의 이론을 조심스럽게 수용한 대표적인 신학자로 손꼽힌다. 킹즐리가 다윈에게 보낸 편지의 내용은 다윈이 『종의 기원』 제2판(1860)에서 직접 인용하기도 했다.

> 나는 점점 더, 하나님이 처음에 소수의 형태만을 창조하고 그것들이 스스로 다른 유용한 형태들로 발전해 나갈 수 있게 하셨다고 믿는 것이 하나님이 자신의 법칙들의 행위로 야기된 빈 공간을 채워 넣기 위해 새로운 창조 활동을 필요로 했다고 믿는 것만큼이나 고상하다는 결론에 이르게 되었습니다.[14]

킹즐리 외에 후일 캔터베리 대주교가 되는 프레더릭 템플(Frederick Temple) 역시 다윈의 이론을 조심스럽게 받아들였다. 템플은 1884년의 뱀턴 강연에서 고대 교회의 수많은 위대한 기독교 사상가들이 창조 기사를 알레고리로 해석했다는 사실을 상기시켰다. 템플은 다른 동물과 마찬가지로 인간 역시 오랜 시간에 걸쳐 진화 과정을 거쳐 등장했을 수 있다는 생각에 열린 마음을 갖고 있었다. 다만 인간의 몸과 달리 인간의 영혼은 예외적으로 하나님의 직접적 창조 혹은 변형 행위를 통해 만들어졌다고 생각했다.[15]

람의 논문도 함께 수록되어 있었다. Welch, *Protestant Thought in the Nineteenth Century*, 203.

14 Darwin, *The Origin of Species*, 498.

15 Welch, *Protestant Thought in the Nineteenth Century*, 203; Andrew Robinson, Michael Negus, and Christopher Southgate, "Theology and Evolutionary Biology," in *God, Humanity and the Cosmos*, 171.

열정적 지지

한편으로 진화론과 기독교 신앙이 서로 갈등하지 않을 뿐 아니라 양립 가능하다고 단순하게 생각하는 두 번째 입장을 넘어서 진화론이 기독교 신앙을 지지할 뿐 아니라 기독교 신앙의 본질을 회복하거나 새롭게 하는 일에 큰 기여를 할 수 있다고 생각하는 사람들도 있었다. 진화론이 기독교 신앙의 장애물이 되지 않고 오히려 버팀목이 될 수 있다는 생각으로 다윈의 이론을 적극적으로 받아들인 여러 가지 사례들 가운데 필자가 보기에 특히 두 사람이 인상적이다. 한 사람은 1889년 영국 성공회 내의 앵글로-가톨릭 계열에 속한 자유주의 신학자들이 발표한 성명서인 『세상의 빛』(*Lux Mundi*)에 "기독교 신론"(The Christian Doctrine of God)이라는 논문을 기고한 오브리 무어(Aubrey Moore)이고, 다른 한 사람은 영미권 성직자들 가운데 진화론을 확산시키는 데 가장 큰 영향력을 발휘했던 평신도 철학자이자 역사가인 존 피스케(John Fiske)다.[16]

무어는 다윈주의가 간헐적으로 세계에 개입하시는 이신론적인 하나님 이해를 넘어서 창조세계 안에 내재하시는 하나님에 대한 놀라운 진리를 재발견하는 데 큰 공헌을 했다고 주장한다.

> 오늘날 절대 가능하지 않은 하나님 이해가 하나 있다면 그것은 하나님을

---

16 웰치는 이 밖에도 『세상의 빛』에 기고한 또 다른 저자로서 기독교 전통의 한계를 넘어서 하나님의 도덕적 초월성과 함께 하나님의 물리적 내재성을 말할 수 있어야 한다고 주장한 일링워스(J. R. Illingworth), 기독교 다윈주의를 역설했던 제임스 이브라치(James Iverach), 다윈주의와 칼뱅주의 신학의 긴밀한 유사성을 강조했던 조지 프레더릭 라이트(George Frederick Wright), 비록 스펜서주의 혹은 신라마르크주의 입장에 서 있었지만 진화를 열렬하게 지지했던 보스턴 플리머스교회의 두 설교자 헨리 워드 비처(Henry Ward Beecher)와 라이먼 애벗(Lyman Abbott) 등을 소개한다. Welch, *Protestant Thought in the Nineteenth Century*, 204-208.

간헐적인 방문자로 보는 것이다. 과학은 이신론자의 하나님을 멀리, 더 멀리 밀어내었다. 마치 하나님이 완전히 밀려난 것처럼 보이는 순간 다윈주의가 등장했다. 다윈주의는 적의 모습을 하고 나타났지만 실상은 벗의 역할을 감당했다. 다윈주의는 자연 속 모든 곳에 현존하는 하나님과 아무 곳에도 계시지 않는 하나님 사이에서 우리가 하나를 선택해야 한다는 사실을 보여줌으로써 철학과 종교에 측량할 수 없는 유익을 가져다 주었다. 하나님이 여기에는 있고 저기에는 없다는 건 있을 수 없는 일이다. 하나님은 자신의 능력을 "제2원인"이라고 불리는 반(半)신적 존재에게 일임할 수 없다. 자연 속의 모든 것이 하나님의 작품이거나, 혹은 아무것도 하나님의 작품이 아님에 틀림없다.…현대 과학의 사명은 하나님의 섭리 안에서 창조세계 내 하나님의 내재라는 위대한 진리를 우리의 비형이상학적 사고방식에 가져다주는 것처럼 보인다.[17]

무어는 간헐적 간섭 개념이 통상적 부재를 내포하고 있기 때문에 진화론이 특별 창조 이론보다 더 기독교적이라고 생각했다.[18] 다시 말해서, 다윈주의는 특별 창조 이론으로 인해 왜곡되었던 기독교의 고유한 하나님 이해를 다시 복원하는 데 결정적인 공헌을 했다는 것이다.

존 피스케 역시 무어와 비슷한 주장을 다음과 같이 개진하였다.

---

17 Aubrey Moore, "The Christian Doctrine of God," in *Lux Mundi*, ed. Charles Gore (New York: John Lovell, 1889), 82. 원문 검색: https://archive.org/details/luxmundiseriesof00gore/page/82 [2019년 7월 30일 접속]. 말하자면 무어는 다윈의 이론이 성서의 하나님을 "기계를 타고 (연극 무대에) 내려온 신"(*deus ex machina*)으로 오해하였던 과거의 잘못을 극복하는 데 큰 도움을 주었다고 본다. 존 헤들리 브룩에 따르면, 무어의 신학으로부터 영향을 받은 옥스퍼드의 두 과학자, 에드워드 풀턴(Edward Poulton)과 프레더릭 딕시(Frederick Dixey)는 19세기 말과 20세기 초 사실상 다윈의 자연선택설이 침체기에 접어들었을 때에도 자연선택 이론을 고수했다. Brooke, "Genesis and the Scientists," 105.

18 Welch, *Protestant Thought in the Nineteenth Century*, 205 참고.

다윈 선생이 쓸어버린 원시의 야만적인 이론에 따르면, 인간은 비가시적이고 불가해한 초월적 능력의 기적 행위를 통해서 세상 속에 갑자기 출현했다. 신학적으로 어떻게 생각하든, 불가해한 동일한 (초월적) 능력이 미래의 어느 순간에 비슷한 기적을 통해서 조금 더 힘센 피조물을 만들어 세상에 밀어 넣음으로써 인간을 불쌍한 짐승처럼 취급받게 하지 않을 것이라고 생각할 만한 과학적 근거는 전혀 없다. 하지만 다윈의 이론을 섭렵하고 천천히 미묘하게 전개되는 진화의 과정을 하나님이 만물을 창조하는 방식으로 이해하는 사람은 그보다 훨씬 더 고상한 견해를 갖게 될 것이다.[19]

피스케 역시 진화론을 통해 전통적인 하나님 이해보다 더 위대한 하나님 이해에 도달하게 된다고 믿었다.

소결론

웰치에 따르면, 1900년경에 이르면 다윈의 이론을 둘러싼 신학적 논쟁은 거의 종식되었으며 이후의 논의는 그다지 새로울 것이 없었다고 한다.

신학과 진화에 관한 논의는 대부분 (한편으로는) 다윈과 스펜서에 대해서는 물론이고 설계와 목적론에 대해 단순한 이해만 가진 종교인들과, (다른 한편으로는) 이미 진행 중인 주요한 신학적 수정작업에 대해서는 거의 고려하지 않은 채 신학에 대해 단순한 이해만 가진 과학자들에 의해서 이루

---

19 John Fiske, *The Destiny of Man Viewed in the Light of His Origin* (New York: Riverside, 1884), 31-32. 원문 검색: https://archive.org/details/destinymanviewe02fiskgoog/page/n38 [2019년 7월 30일 접속].

어졌다. 그래서 논쟁 이야기는 종종 지루할 따름이다.[20]

거기에 더하여 20세기 초반에 등장한 새롭고 다양한 신학적 이슈들로 인해 다윈에 대한 관심이 줄어들었다. 또한 슐라이에르마허와 리츨의 전통에 서 있는 자유주의 신학자들은 종교의 고유한 영역을 모든 이론적 혹은 과학적 판단의 영역으로부터 완전히 구별시켜 과학이 결코 종교를 위협하지 못하게 만들었고, 동시에 많은 과학자들은 과학적 결론이 방법론적으로 자연적 원인에만 제한된다고 주장하면서 과학 자체에 근거하여 궁극적 원인이나 철학적 설명에 대해 이야기하는 것을 전면 차단하였다. 결국 과학과 종교 간의 이러한 화해(*détente*)로 인해 하나님과 진화에 관한 논의 역시 더 이상 진전될 수 없었다.

다른 한편으로 비록 세기의 전환기에 즈음하여 다윈의 진화론을 둘러싼 의미 있는 신학적 논쟁이 거의 종식되었지만, 19세기 후반 다윈주의를 둘러싼 논쟁이 신학적 사고에 심오한 결과를 가져왔다고 웰치는 주장한다.

> 다윈의 영향은 과소평가되어서는 안 된다. 다윈의 혁명이 미친 영향 아래에서 사물에 대한 형이상학적 견해 전반에 대한 수정이 이루어져야 했다. 우리는 이것을 앙리 베르크손(Henri Bergson), 윌리엄 제임스(William James), 존 듀이(John Dewey) 등이 과정에 관해 발전시킨 사상에서 찾아볼 수 있다. 형이상학이 계속 존재할 수 있었다면, 그것은 과거의 관념론에 더 이상 머물러 있을 수 없었다. 기계론적 혹은 본질주의 모델들은 유기적, 과정적 모델들로 교체되어야 했다. 세계 과정 속 인간의 위치에 대해 다시 생각해야 했다. 신학적 성찰과 관련하여 세계관의 변화는 하나님의 본성

---

20 Welch, *Protestant Thought in the Nineteenth Century*, 210.

과 하나님이 세계와 관계 맺으시는 방식에 관해 근본적으로 다시 생각할 것을 요구했다. 20세기에는 과학과 신학의 관계를 이해하는 다른 방식, 곧 성서를 과학과 같은 묘사로 보거나 혹은 과학적 자료와 이론을 형이상학적(유물론적 혹은 무신론적) 교리와 혼동하는 것과는 다른 방식을 찾아야 했다.[21]

다윈 혁명이 20세기 신학에 미친 광범위한 영향에 대해 앞으로 여러 각도에서 살펴볼 것이다. 그 전에 한 가지 지적할 것은 지난 세기 창조과학과 지적설계 이론이 미국 사회를 중심으로 다윈의 이론을 둘러싼 뜨거운 논쟁을 다시 불러일으켰지만, 다윈이 가져온 지적 혁명에 대한 신학적 성찰을 발전시키는 데는 그다지 의미 있는 기여를 하지 못한 것이 사실이다. 그런 점에서 우리는 하나님과 진화에 대한 신학적 성찰을 위해서 19세기 말과 20세기 초 신학자들의, 비록 세련되게 다듬어지지는 않았을지 모르지만 번뜩이는 통찰을 다시 들여다볼 필요가 있다.

---

21 Welch, *Protestant Thought in the Nineteenth Century*, 211.

제13장

테야르 드 샤르댕

모든 것은 변한다. 인간 세계뿐 아니라 물리적 우주도 마찬가지다. 진화는 단순히 종의 기원만을 가리키지 않는다. 사실 진화는 우리가 속한 우주의 발생에 관한 것이다. 이런 의미에서 진화에 상응하는 적절한 범주는 생물학이 아니라 세계관이다.[1] 예수회 신부이자 저명한 고생물학자였던 피에르 테야르 드 샤르댕(Pierre Teilhard de Chardin, 1881-1955)은 이런 식으로 진화 개념을 이해한다. 테야르는 오늘날 다양하게 발전한 진화신학의 선구자라고 할 수 있다. 그는 진화론적 관점에서 우주적 세계관을 재구성하고, 그것을 기초로 기독교 교리 전반에 대한 재해석을 시도했다. 여기서 나는 테야르의 사변 신학 저술을 모아서 출판한 『그리스도와 진화』(*Christ and Evolution*)를 중심으로 그의 선구적 진화신학을 구성하는 전체 구조를 살펴볼 것이다.

---

1 Pierre Teilhard de Chardin, *Christianity and Evolution: Reflections on Science and Religion* [이하 *CE*로 표기] (New York: Harcourt, 1974), 238-239. 테야르 사후 그의 프랑스어판 전집 제10권으로 출판된 이 책은 그의 사변 신학을 다룬 스무 편의 짧은 글을 담고 있다. 이 글들은 대략 30년에 걸쳐(1920-53) 작성되었지만 놀라울 정도의 일관성을 보여준다. 아래에서는 각각의 글 제목과 함께 그 글이 처음 작성된 해를 동시에 표기해 두었다.

오메가 포인트와 보편적 수렴을 향한 진화

테야르의 신학적 사고를 정당하게 취급하기 위해서는 먼저 우주를 진화 과정 속에 있는 유기적 전체로 보는 그의 근본적 통찰에서부터 시작하는 것이 바람직하다. 그는 우주가 "유기적 전체로서 더 높은 수준의 자유와 인격성을 향해 진보하고 있다"[2]고 말한다. 그는 이 말을 다음과 같이 다르게 표현하기도 한다. "가장 낮고 가장 불안정한 핵의 구성요소로부터 가장 고등한 생명체에 이르기까지…자연 속의 그 어떤 것도 거대하고 하나로 결합된 집적과 복잡화 과정에 속한 기능이 아니라면 과학적 사고의 대상이 될 수 없다."[3] 여기서 우리는 테야르가 우주 역사의 두 가지 특징 곧 유기체적 통일성과 보편적이고 역동적인 속성을 강조하는 것에 주목한다. 테야르는 이러한 관찰에 근거해서 아리스토텔레스가 주창한 존재의 형이상학을 역동적 합일의 형이상학으로, 정적 우주 개념을 역동적 우주발생 개념으로 대체할 것을 제안한다.[4]

그뿐 아니라, 진화하는 우주의 유기적 통일성에 대한 테야르의 통찰은 진화의 방향에 대한 그의 확신과도 긴밀하게 연관되어 있다. 우주는 단순히 유동 상태에 있지 않고, 수렴이라는 특정한 방향을 향해 움직이고 있다. 테야르는 우주 물질의 근본 속성을 상호 끌어당김의 결과로서 점증하는 의식 안에서 스스로에게 집중하는 것으로 이해한다. 그 결과 엔트로피와 같은 현상에도 불구하고 "오직 하나의 실제적인 진화만이 존재하는데, 그것은 수

---

2 Teilhard, "Introduction to the Christian Life" (1944), *CE* 154.

3 Teilhard, "The God of Evolution" (1953), *CE*, 238.

4 Teilhard, "Christianity and Evolution: Suggestions for a New Theology" (1945), *CE*, 178; "The Contingence of the Universe and Man's Zest for Survival, or How can One Rethink The Christian Notion of Creation to Conform with the Laws of Energetics?" (1953), *CE*, 223-4.

렴의 진화다."[5] 만약 오직 한 가지 진화 곧 수렴의 진화만 존재한다면, 진화의 구조적 필연성을 고려할 때 모든 수렴의 우주적 극점으로서 보편적 수렴점을 가정하는 것은 자연스러운 일이다.[6] 테야르는 이 중심을 '오메가 포인트'(the Omega Point)라고 부른다.

> 만약 인간화 과정에 대한 과학적 견해로부터 논리적 결론을 이끌어낸다면, 우리는 인간발생의 정점에서 인격과 의식의 궁극적 중심 혹은 초점이 존재한다는 확신에 이르게 된다. 이것은 역사 속에 영이 발생하는 것을 통제하고 종합하기 위해서 반드시 필요하다. 분명 (내가 명명한) 이 오메가 포인트는 우리가 예배하는 그리스도께서 그 빛을 발산하기에 이상적인 위치다.[7]

여기서 주목할 점은 이러한 궁극적인 수렴점에 대한 테야르의 확신이 신앙적 근거에 대한 아무런 언급 없이 순전히 과학적 통찰로부터 비롯되었다는 사실이다. 이 수렴점이 근대 과학과 기독교 신앙의 접촉점이 된 것은 그 이후의 일이다.[8]

결론적으로 테야르는 진화하는 우주에 관한 과학적 이해와 기독교 신앙의 종합을 시도한다. 과학과 신학 사이의 이 만남을 기초로 하여 그는 창조·원죄·타락·성육신·구속·종말 등 전통적인 신학적 개념에 대한 새로운 이해로 나아간다.

---

5 Teilhard, "Christianity and Evolution" (1945), 180.

6 Teilhard, "Christ the Evolver, or A Logical Development of the Idea of Redemption" (1942), *CE*, 143.

7 Teilhard, "Christ the Evolver" (1942), 143.

8 이 점은 나중에 작성한 글에서도 다시 언급된다. Teilhard, "Christianity and Evolution" (1945), 180 참고.

그리스도발생과 진화의 궁극적 목적

이미 1920년대 초부터 테야르는 창조와 섭리를 구분하는 스콜라 전통에 불만을 품고 있었다. 그는 창조적 변혁이라는 개념을 사용하면서 "언제나 피조물을 더 충만한 존재로 이끌어가는 오직 하나의 창조 활동만 존재한다"고 주장한다.[9] 그는 이에 대해 다음과 같이 설명하고 있다.

> 창조는 제일원인(하나님)의 주기적인 간섭 활동이 아니다. 창조는 우주가 지속하는 전체 시간과 동일한 연장을 가진 활동이다. 하나님은 시간이 시작된 이래로 줄곧 창조 활동을 지속하고 있으며, 그 속에서부터 볼 때 그의 창조는 (심지어 태초의 창조까지) 변혁의 형태를 가진다.[10]

여기서 테야르가 창조를 세계 내 하나님의 경륜적 활동을 포괄하고 그것의 통일성을 담보하는 범주로서 다루고 있다는 사실이 매우 인상적이다.

테야르는 전통적 원죄 개념을 재구성하면서 이러한 생각을 더욱 발전시킨다. 그는 모든 창조가 그것과 함께 위험과 그림자 등 모종의 오류를 동반한다는 점을 지적하면서, "창조·타락·성육신·구속 등 이 거대한 보편적 사건들은 더 이상 시간 속에서 산발적으로 일어난 후에 지나가 버리는 일들처럼 보이지 않는다"고 말한다.[11] 그가 볼 때, "이 네 가지 사건은 모두 세계의 지속 및 총체와 동일한 연장을 갖는다. 그 사건들은 하나의 동일한 신적 활동에 속한 (실재에서는 구분되지만 물리적으로는 연결되어 있는) 다양한 측면

---

9 Teilhard, "On the Notion of Creative Transformation" (1920?), *CE*, 23.

10 Teilhard, "On the Notion of Creative Transformation" (1920?), 23.

11 Teilhard, "Note on Some Possible Historical Representations on Original Sin" (1922), *CE*, 53.

들이다."[12] 창조·타락·성육신·구속 중에서 그는 나중에 타락을 누락시킨다. 이것은 바람직한 교정이라고 볼 수 있다. 왜냐하면 타락은 신적 활동에 포함되지 않기 때문이다. 이제 그는 창조·성육신·구속을 "하나의 동일한 근본 과정에 속한 세 측면"으로 기술한다.[13]

> 창조·성육신·구속은 각각의 포괄적인 의미에서 이해할 때 일정한 시공간상에 특정할 수 있는 사실들이 아니라, 세계를 형성하고 있는 참된 차원들이다.…그럼에도 세 가지 모두 인간 형태의 역사적 출현(창조), 그리스도의 출생(성육신), 그리스도의 죽음(구속) 등 구체적인 사실의 형태를 가질 수 있다. 하지만 이러한 역사적 사실들은 단지 우주적 차원을 가진 어떤 과정이 특별히 부각된 표현에 불과하다.[14]

요컨대 창조는 성육신 및 구속과 더불어 세계 역사를 구성하는 세 가지 차원 가운데 하나로 이해되지만, 전체 과정의 통일성은 여전히 확고하게 유지된다.

> 창조·성육신·구속은 하나의 동일한 과정에 속한 세 가지 보완적 측면으로 보인다. 창조는 (그것이 통합하는 활동이기 때문에) 창조자가 그의 활동에 젖어 있음을 내포하고, 동시에 (이차적·통계적 결과로서 필연적으로 악을 양산하기 때문에) 모종의 구속적 보상을 내포하고 있다.[15]

---

12 Teilhard, "Note on Some Possible Historical Representations on Original Sin" (1922), 53.

13 Teilhard, "Christianity and Evolution" (1945), 182.

14 Teilhard, "Some General Views on the Essence of Christianity" (1939), *CE*, 135.

15 Teilhard, "Reflections on Original Sin" (1947), *CE*, 198.

여기서 보듯 테야르는 종종 창조를 하나님의 경륜적 활동을 표현하는 대표적인 용어로 사용한다.

이러한 맥락에서 테야르는 하나의 동일한 신적 활동 혹은 우주적 과정을 "하나님 안에서 이루어지는 세계의 창조적 합일 혹은 충만화라는 신비"라고 정의한다.[16] 다른 곳에서 그는 그리스도발생이라는 표현을 사용한다.[17] 이것은 "시초부터 영원까지 창조 과정을 통해 만들어지는 것은 단 하나, 곧 그리스도의 몸"이라는 의미를 갖고 있다.[18] 우리는 우주가 보편적 그리스도와 동일시되는 우주의 궁극적 한 점을 향해 수렴되고 있다고 보는 테야르의 우주관을 상기할 필요가 있다. 충만화와 그리스도발생 모두 우주적 진화 과정의 궁극적 목적에 대한 테야르의 신학적 명명이라고 할 수 있다.[19]

원죄에 대한 보편주의적 해석

테야르는 이상의 진화론적 세계관을 변호하기 위해서 원죄와 타락에 대한 기존의 이해를 교정하지 않을 수 없었다. 그의 말을 인용하면 원죄는 "기독교 사고의 질적·양적 진보를 가로막는 주요한 장애물 가운데 하나"이며, "완전히 인간적이면서 동시에 인간화에 기여하는 기독교 세계관"을 도입하려는 시도를 무력화시킨다.[20]

---

16 Teilhard, "Christianity and Evolution" (1945), 182; "Reflections on Original Sin" (1947), 198 참고.

17 Teilhard, "Introduction to the Christian Life" (1944), 155.

18 Teilhard, "Pantheism and Christianity" (1923), *CE*, 74.

19 테야르는 '그리스도발생'을 보편적 우주발생의 영혼이라고 정의한다. Teilhard, "Introduction to the Christian Life" (1944), 166 참고.

20 Teilhard, "Reflections on Original Sin" (1947), 188.

테야르는 기존의 원죄 개념을 "한 개인이 범한 잘못의 결과로 악(처음에는 도덕적 악, 다음에는 물리적 악)이 세상 속에 들어왔다는 확신"이라고 정의한다.[21] 그는 이 가르침을 거부해야 할 수많은 이유가 있다고 주장한다. 우선 이 원죄 개념은 인류가 한 사람을 공통조상으로 가진다는 엄격한 인류단일발생설과 지구중심주의에 근거하고 있는데, 이 두 가지 사상은 모두 과학적으로 받아들이기 어렵다는 것이다.[22] 또한 그는 인류가 지구상에 출현하기 오래 전에 이미 죽음이 존재하고 있었다는 사실을 지적한다.[23] 그는 인류의 다원발생설과 물리적 악의 보편성이 이미 과학적 사실로 확립되었다는 점을 강조하면서, 인류의 과거 역사에서 아담을 위한 자리도, 지상 천국에 대한 자리도 찾을 수 없다고 주장한다.[24] 물리적 우주의 유기적 동질성과 구속의 보편적 차원이라는 관점에서 테야르는 "오늘날 원죄를 역사적 사실들의 연결 고리 중 하나로만 보는 것은 더 이상 가능하지 않은 것 같다"고 말한다.[25] 그가 볼 때, 진화하는 우주에서 악은 진화적 창조 과정의 불가피한 부산물인 셈이다.[26]

이렇듯 테야르는 원죄와 타락에 대한 문자적·역사적 이해에 거부감을 표현할 뿐 아니라, 이에 따라 원죄 교리를 보편적 악의 상징으로 재해석할 것을 제안한다.

---

21 Teilhard, "Fall, Redemption, and Geocentrism" (1920), *CE*, 37.

22 Teilhard, "Fall, Redemption, and Geocentrism" (1920), 36.

23 Teilhard, "Fall, Redemption, and Geocentrism" (1920), 39.

24 Teilhard, "Note on Some Possible Historical Representations on Original Sin" (1922), 46.

25 Teilhard, Appendix to "Christ the Evolver" (1942), *CE*, 149.

26 Teilhard, "Some General Views on the Essence of Christianity" (1939), 134; Appendix to "Christ the Evolver" (1942), 149; "Reflections on Original Sin" (1947), 195.

원죄는 가장 넓은 의미에서 볼 때 단순히 지구상에만 존재하는 고질병도 아니고, 인간의 출현과 연관되어 있지도 않다. 원죄는 단순히 모든 존재의 실존에 동반하는 악의 불가피성을 상징한다.…엄격하게 말해서, 최초의 아담은 없다. 그 이름은 진보를 위해 지불해야 할 대가로서 보편적이고 깰 수 없는 반전과 타락의 법칙을 자체 안에 숨기고 있다.[27]

다른 글에서 테야르는 이렇게 말한다. "원죄는 시간과 장소를 특정할 수 있는 행위를 통해 항구적이고 보편적인 불완전성의 법칙을 표현하고, 번역하고, 인격화한다. 그 법칙은 인간이 되어 감의 과정 중에 있다는 이유로 인간 안에서 작동되고 있다.[28] 다시 말해서, 원죄는 역사의 일반적인 조건으로서 "(색깔이나 차원처럼) 우리의 경험적 세계관 전체에 영향을 미치는 초역사적 질서"에 속한다.[29] 원죄에 대한 이러한 보편적 해석의 연속선상에서 그는 지상 낙원을 과거 어느 시점이 아니라 오히려 미래에서 찾는다.[30] 이와 관련해서 테야르는 흥미롭게도 창세기의 앞부분에서 "인류 역사에 관한 시각적 정보가 아니라 인류의 본성에 관한 가르침을 찾아야 한다"는 점을 강조하는 최근의 주석 연구에 호소한다.[31]

이러한 맥락에서 테야르는 신정론 문제와 관련하여 진화론적 우주론이 기존의 우주론에 비해 우월한 대답을 줄 수 있다고 주장한다. 그는 창조자 하나님의 절대 자유와 그에 따른 창조세계의 절대적 우발성을 전제하는 정

---

27 Teilhard, "Fall, Redemption, and Geocentrism" (1920), 40-41.

28 Teilhard, "Note on Some Possible Historical Representations on Original Sin" (1922), 51.

29 Teilhard, "Reflections on Original Sin" (1947), 189.

30 Teilhard, "Note on Some Possible Historical Representations on Original Sin" (1922), 54.

31 Teilhard, "Reflections on Original Sin" (1947), 191.

적 세계관은 악의 문제에 대해 적절한 대답을 줄 수 없다고 본다. 하지만 진화하는 우주에 대한 그의 이해에 따르면,

> 물리적 고통과 도덕적 범죄가 불가피하게 세상 속에 들어오게 되는 것은 창조 행위에 어떤 결함이 있기 때문이 아니라 모든 참여적 존재의 구조 자체 때문이다. 다른 말로 하면, 그것은 다자가 하나로 통일되는 과정에서 통계적으로 불가피하게 생겨나는 부산물이다. 결과적으로 그것(물리적 고통과 도덕적 범죄)은 하나님의 능력이나 선함에 모순되지 않는다.[32]

악의 기원에 관한 테야르의 설명은 로마 가톨릭교회의 전통적인 입장과 가장 크게 충돌하는 지점이었고, 이로 인해 그는 결국 교수직을 잃어버리게 된다.

진화자 그리스도 안에서 완성되는 구속자 그리스도

지금까지 우리는 우주가 수렴을 향해 진화하고 있다고 보는 테야르의 과학적 세계 이해, 우주 진화 과정의 목적을 그리스도발생으로 보는 그의 신학적 세계 이해, 악과 구속을 창조의 불가피한 부산물로 보는 그의 독특한 원죄 해석을 살펴보았다. 그렇다면 그는 우주발생 과정과 관련해서 그리스도를 어떻게 이해하고 있을까?

앞에서 언급했듯이 테야르는 그리스도를 '오메가 포인트' 곧 보편적 수렴의 궁극점에 위치시킨다. "물리적 속성상 보편적 중심으로 여겨지는 과학

---

32 Teilhard, "Reflections on Original Sin" (1947), 196.

의 오메가 포인트와 계시된 그리스도는 일치한다."[33] 오메가 포인트의 기능이 "역사 속에서 영의 발생을 통제하고 종합하는 것"임을 고려할 때, 이와 같이 그리스도와 오메가 포인트를 동일시하는 것은 그리스도가 우주 역사의 추진력, 곧 진화의 원동력이자 통제력임을 내포한다.[34] 동일한 맥락에서 그는 그리스도를 "위에서부터 아래에까지 사물의 전 영역에 생기를 불어넣는" 세상의 주관자로 묘사한다.[35] 보다 정확하게 말해서 인과관계의 출발점은 위가 아니라 앞 곧 미래다. 이러한 이유에서 테야르는 "앞에서부터 유기적 원동력이 되시는 하나님"을 이야기한다.[36] 그는 알렉산드리아의 로고스를 근대 철학의 새로운 로고스로, 그리스적인 정적 우주의 질서 부여 원리를 운동 중인 우주의 진화 추진 원리로 대체하고자 한다.[37] 이것이 "만물이 그 안에 함께 서 있는"(골 1:17) 보편적 그리스도에 대한 그의 해석이다.

하지만 진화의 촉진자로서 그리스도에 대한 이러한 생각은 그리스도를 구속자로 이해하는 전통적 견해와 충돌하는 것처럼 보인다.[38] 테야르가 진화적 세계관을 기초로 기독론을 전개할 때 먼저 구속의 문제를 다루고 다음으로 성육신의 문제를 다루는 것도 바로 이러한 이유 때문일 것이다. 테야르는 구속 개념을 재규정하면서 가장 먼저 가톨릭교회의 전통적인 타락 개념을 비판한다. 반면에 그는 악을 최초의 범죄의 결과가 아니라 창조 행위의 불가피한 부산물로 보면서, 구속의 목적을 타락의 교정이 아니라 창조의 완성에서 찾는다.[39]

---

33 Teilhard, "Christ the Evolver" (1942), 143.
34 Teilhard, "Christianity and Evolution" (1945), 180.
35 Teilhard, "Christology and Evolution" (1933), *CE*, 89.
36 Teilhard, "The God of Evolution" (1953), 240.
37 Teilhard, "Christianity and Evolution" (1945), 180 이하.
38 Teilhard, "Christ the Evolver" (1942), 143 이하 참고.
39 Teilhard, "Christology and Evolution" (1933), 81.

같은 맥락에서 테야르는 구속의 부정적 측면보다 구속의 긍정적 측면을 더 강조한다. 그가 제시하는 새로운 기독론에서 구속의 교정적 측면이 사라지지는 않는다 하더라도, 더 이상 로고스의 구속 사역과 관련해서 전면에 부각되지 않는다. 오히려 구속의 긍정적 측면이 다음과 같이 부각된다.

> 우선은 신적 연합 안에서 창조를 완성하는 것이고, 다음으로 이 일을 위해서 퇴화와 흩어짐의 악한 세력들을 멸절시키는 것이다. 속죄가 먼저이고 회복이 다음에 따라오는 것이 아니라, 창조가 먼저이고 그것을 위해서 악과 싸우고 악을 구속하는 일이 따라온다.[40]

이것은 기독교적 구속 이해에 있어 놀라운 역전이라고 할 수 있다. 다시 말해서 "구속자 그리스도는 진화의 원동력인 그리스도의 역동적 풍요로움 속에서 완성"되는 것이다.[41]

물론 이것이 그리스도의 고난에 대한 관심을 포기하는 것을 의미하지 않는다. 오히려 이러한 통찰은 십자가의 의미에 대한 재해석으로 이어진다. 이제 십자가는 "죄에 대한 구속보다는 노력을 통한 창조의 상승을 상징한다."[42] 십자가는 "단지 발생 과정 중에 있는 우주의 어둡고 퇴화된 측면만이 아니라 우주의 의기양양하고 밝은 측면의 상징"이 된다.[43] 십자가는 "단순히 정화뿐 아니라 추진에 있어서도 탁월함을 갖고 있음에 틀림없다."[44]

테야르의 기독론에 대한 분석을 마무리 짓기 전에 우리는 우주 역사의

---

40 Teilhard, "Christ the Evolver" (1942), 146.

41 Teilhard, "Christ the Evolver" (1942), 147.

42 Teilhard, "Christ the Evolver" (1942), 146.

43 Teilhard, "Introduction to the Christian Life" (1944), 163.

44 Teilhard, "What the Church is Looking for from the Church at this moment" (1952), *CE*, 217.

맥락에서 역사적 예수의 의의를 그가 어떻게 이해하는지 잠시 살펴볼 필요가 있다. 그의 세계관에 따르면 오메가 포인트에 위치한 보편적 그리스도 개념을 받아들이는 것은 어렵지 않은 일이지만, 역사 속 어느 한 시점에 역사적 그리스도가 반드시 필요하다는 생각을 받아들이는 것은 상대적으로 쉬운 일이 아니다. 이 문제를 인식하고 있던 테야르는 보편적 그리스도와 인간 예수 사이에 적절한 연결점이 결여된 것에 대해서 언급한다.[45]

먼저 테야르는 보편적 그리스도 사상이 인간 예수에게서 처음 나타났다는 역사적 사실을 지적한다.[46] 하지만 이 역사적 사실만으로는 역사적 그리스도의 신성이나 보편적 그리스도와의 동일성을 담보하기에 충분하지 않다. 그래서 그는 아래로부터 시작하는 것이 아니라 위로부터 논의를 전개한다. 그의 주장에 따르면 보편적 그리스도가 우주 역사 속으로 들어온 것은 최종적 통일을 효과적으로 일으키기 위한 것이다.[47] 그뿐 아니라 "그리스도-오메가는 바로 그의 구체적인 씨앗인 나사렛 사람으로부터 (이론적으로 그리고 역사적으로) 자신의 전체적인 일관성을 확고한 경험적 사실로 이끌어낸다."[48] 테야르가 그리스도의 신비적 몸을 문자적-물리적으로 해석하는 것을 선호한다는 사실은 이러한 그의 생각을 이해하는 데 얼마간 도움이 된다.[49]

다른 한편으로 테야르는 우주의 모든 과정이 궁극적으로 수렴되는 지점을 상정함으로써 소위 특수성의 스캔들을 벗어나는 길을 찾으려고 한다. "만약 그리스도께서 이 특별한 우주적 수렴점에서 성육신한다고 우리가 가

---

45 Teilhard, "Introduction to the Christian Life" (1944), 158.

46 Teilhard, "Introduction to the Christian Life" (1944), 159.

47 Teilhard, "Some General Views on the Essence of Christianity" (1939), 136.

48 Teilhard, "Christianity and Evolution" (1945), 181.

49 Teilhard, "Pantheism and Christianity" (1923), 67 이하.

정한다면, 그리스도는 즉각적으로 광대한 공간과 동일한 연장을 갖게 된다."[50] 다른 곳에서와 달리 여기서는 오메가 포인트가 역사의 끝에 혹은 역사 너머에 위치하지 않고 역사 속에 위치한다는 점에 주목할 필요가 있다.

진화하는 우주 속 인간의 의무

이제는 그리스도발생으로 정의된 우주적 과정에서 우리 인간의 위치에 대해 생각할 때다. 진화의 긴 시간 속에서 인간은 과연 어디에 위치하고 있을까? 테야르의 우주는 지구발생, 생명발생, 인간발생, 그리고 정신발생의 단계로 진화해왔다.[51] 하지만 성찰하는 인간의 출현에도 불구하고 진화의 과정은 멈추지 않았다. 반대로 수렴의 결과로서 진화는 자기 진화의 형태로 공동 성찰이 심화되는 방향을 향해 나아가는, 더욱 역동적인 새로운 출발선상에 서 있다.[52] 하지만 그리스도발생이라는 마지막 단계는 여전히 우리 앞에 놓여 있다.[53]

그렇다면 정신발생과 그리스도발생 사이에 위치하고 있는 인간의 책임과 소명은 무엇인가? 창조의 진화 역사 속에서 인간의 역할은 무엇인가? 테야르는 미래를 직면하는 일, 곧 진화를 더욱 앞으로 추진해 가는 일이 필요하다고 주장한다.[54] 하나님을 위해서 우리는 진화를 촉진하는 존재가 되어

---

50 Teilhard, "Christology and Evolution" (1933), 87 이하.

51 Teilhard de Chardin, *The Phenomenon of Man*, trans. Bernard Wall (New York: Harper & Brothers, 1959), 181 참고.

52 Teilhard, "The Contingence of the Universe and Man's Zest for Survival" (1953), 221.

53 Teilhard, *The Phenomenon of Man*, 297.

54 Teilhard, "Christology and Evolution" (1933), 76.

야 한다.[55] 다시 말해서, 우리의 의무는 인간화를 더욱 강화하는 일에 힘을 더하는 것이다.[56] 이것은 바로 진화자 그리스도의 길을 따르는 일이다. 이러한 의미에서 인간을 창조된 공동 창조자로 보는 필립 헤프너(Philip Hefner)의 입장은 테야르가 말하는 인간 이해의 적절한 번역이라고 할 수 있다.[57]

인간 현상에 대한 이러한 진화론적 이해를 바탕으로 테야르는 기독교의 전통적인 미덕을 재정의한다. 앞서 십자가의 의미를 재해석하면서 전통적 가치 이해를 전복시켰듯이, 그는 그리스도인의 삶에 대해서도 부정적·수동적 측면보다 긍정적·창조적 측면을 더 강조한다. 예를 들어, 그는 그리스도인의 거룩한 삶과 관련해서 "이제 강조점이 고행이 아니라, 고행을 통한 인간 노력의 완성에 있다"고 말한다.[58] 결론적으로 테야르는 하늘 사랑과 땅 사랑, 하나님 사랑과 세상 사랑을 통합하는 길을 찾는다. 이제 우리는 "땅을 통해 하늘에 이르는 길을 찾아야" 한다는 말이다[59] 하나님과의 참된 교제는 오직 세상을 통해서만 가능하다. 다시 말해서, 우리는 "우주와 인간의 발생을 통해 하나님을 사랑해야" 한다.[60]

진화론과 신학의 통합

지금까지 우리는 테야르가 우주발생의 큰 맥락 안에서 원죄와 그리스도 및 인간을 어떻게 이해하는지 살펴보았다. 이와 관련해서 테야르의 가장 독창

---

55 Teilhard, "Christology and Evolution" (1933), 92.
56 Teilhard, "The Contingence of the Universe and Man's Zest for Survival" (1953), 224.
57 Philip Hefner, *The Human Factor* (Minneapolis: Fortress Press, 1933), 100.
58 Teilhard, "Introduction to the Christian Life" (1944), 168 이하.
59 Teilhard, "Christology and Evolution" (1933), 93.
60 Teilhard, "Christianity and Evolution" (1945), 184.

적인 공헌은 과학적 세계상과 신학적 세계상을 화해시키고 종합하는 그의 용기에 있다고 하겠다. 그가 현대 신학에 기여한 가장 중요한 공헌이 기독교 신앙과 진화론적 세계관 간의 조화에 대한 그의 확고한 믿음에 있다는 사실을 부정할 사람은 아마도 거의 없을 것이다. 그는 진화론과 기독교가 본질적인 세계관에 있어 근본적으로 일치한다고 확신했다. 하지만 두 세계관 사이의 일치에 대한 그의 생각은 그렇게 단순하지 않다.

> 진화적 인격주의에 대한 각각의 이해를 고려할 때, 진화론과 기독교는 지지와 완성을 위해 서로를 필요로 한다.…한편으로 만약에 우주가 (모종의 진화적 구조 덕분에) 말씀이 성육할 수 있는 자연적 수렴의 중심을 결여하고 있다면, 기독교의 보편적 그리스도는 상상할 수 없을 것이다. 다른 한편으로 어떤 보편적 그리스도가 실증적으로나 구체적으로 진화의 관점에서 명확하지 않다면, 그 진화는 흐릿하고 불확실하게 남게 될 것이다.[61]

진화론과 기독교, 나아가 과학과 신학의 상관관계에 대한 이러한 이해는 초자연과 자연, 신앙과 이성 간의 관계에 대한 토마스 아퀴나스의 전통적 견해의 연속선상에 놓여 있는 것으로 보인다. 토마스 아퀴나스에 따르면 초자연과 신앙은 자연과 이성의 완성으로 이해되는 반면, 후자는 전자의 본질적인 기초를 제공한다.

다른 글에서 테야르는 과학과 신학의 관계에 관해서 인상적인 유비를 제시한다. 그는 근대 인본주의로 대변되는 신이교주의를 머리 없는 사람이자 정점이 없는 원뿔에 비유하는 반면, 기독교는 머리는 갖고 있지만 혈액

61 Teilhard, "Introduction to the Christian Life" (1944), 155.

순환이 원활하지 않은 사람 내지 기초가 없는 정점에 비유한다.[62] 여기서 테야르가 수직적으로 연속되는 이미지를 사용하고 있다는 사실은 의미심장하다. 20세기 변증법적 신학자들과 달리, 그는 두 실재 사이의 충돌보다는 접촉점에 더 관심을 갖고 있는 것으로 보인다. 이것은 그가 두 실재 간의 충돌에 대해 아무런 이해가 없었다는 뜻이 아니다. 그의 전체 기획이 지향하는 목적은 오히려 충돌하는 것처럼 보이는 두 실재를 종합하는 것이다. 이러한 맥락에서 그가 가톨릭교회의 전통적인 교리, 특히 원죄 교리에 대해 매우 비판적이었다는 사실에 주목하게 된다. 다시 말해서, 진화론과 기독교의 관계는 단순히 상호 보완적인 것에 그치기보다는 그 안에 상호 비판적 요소를 포함한 심층적 관계인 것이다.

요컨대 테야르는 과학적 유물론과 비과학적(혹은 반과학적) 신앙주의의 위험을 모두 지양했다는 의미에서 오늘날 신학과 과학의 대화를 가능케 한 선구자로 불릴 만하다. 하지만 테야르의 공헌은 단순히 그의 그러한 종합적 접근방식에만 있지 않고, 그의 창조적인 신학 사상에서도 발견된다. 특히 우주발생 개념과 역동적 합일의 형이상학에서 엿보이는 본질적으로 역동적이고 역사적인 우주 본성 이해, 시종일관한 종말론적 지향의 견지, 모든 것을 감싸 안는 오메가 포인트의 능력에 대한 확신, 세계 내 하나님의 경륜적 활동으로서 창조와 성육신과 구속의 불가분리한 통일성에 대한 통찰, 십자가와 구속이 지닌 긍정적·창조적 의미의 재발견 등은 오늘날에도 여전히 중요한 의의를 가진다.

---

62 Teilhard, "Christianity and Evolution" (1945), *CE*, 175.

제14장

아서 피콕의 자연주의적 창조론

20세기 중반, 현대적 종합을 통해 진화론이 생명과학 분야에서 확고한 이론으로 자리잡은 이후 진화론에 대한 신학적 성찰은 더욱 세련되게 다듬어졌다. 다수의 과학자 출신 신학자들이 이 논의를 주도했는데 그중 한 사람이 아서 피콕(Arthur Peacocke)이다. 피콕은 영국 출신의 생화학자이면서 동시에 성공회 배경을 가진 신학자이기도 하다. 그는 경험과학자들의 자연주의적 가정과 그것에 대한 적절한 신학적 응답의 필요성에 대해 깊은 관심을 갖고 있다.[1] 피콕의 자연주의적 진화신학은 진화론을 품는 창조론자들 가운데 가장 중요한 흐름 중 하나를 대표한다.

---

1 Philip Clayton, "Introduction" to Arthur Peacocke, *All That Is: A Naturalistic Faith for the Twenty-First Century* (Minneapolis: Fortress, 2007), xi.

자연주의적 유신론

피콕은 자신의 신학적 입장을 창발적 단일론, 자연주의적 유신론, 범재신론으로 요약한다.[2] 이 세 가지 관점은 서로 긴밀하게 연관되어 있다. 다음의 논의는 이 중에서도 자연주의적 유신론에 초점을 맞춘다. 피콕의 논의는 과학적 통찰에 대한 언급에서 시작해서 거기로부터 하나님과 세계의 관계 이해를 위한 함의를 도출한다. 피콕은 오늘날 자연과학적 세계 이해에 전제되어 있는 가정들을 자신의 신학적 사고 안으로 이끌어온다. 그는 자연과학의 여러 중요한 가정 가운데 특히 세계 내 규칙성의 편재, 비자연적 힘들에 대한 폐쇄성, 초자연적 요소들에 대한 회의, 자연 세계의 창발적 특성 등을 언급한다.[3] 여기서 피콕이 자연과학으로부터 가져온 이상의 가정들이 성격상 단순히 방법론적이지 않고 형이상학적이라는 점을 지적하고 넘어갈 필요가 있다.

피콕은 방법론적 자연주의만이 아니라 모종의 형이상학적 자연주의도 수용한다. 이 점에서 그는 데이빗 그리핀(David Griffin)이 제안한 과학적 자연주의 개념을 받아들인다. 그리핀을 따라 피콕은 과학적 자연주의를 초자연주의의 정반대 개념으로 정의하는 한편, 과학적 자연주의를 미완성의 온건한 형이상학 입장으로 규정하고, 유물론적 자연주의나 자연주의적 유신론 등 여타의 완성된 형이상학적 주장들과 구분한다.[4] 피콕과 그리핀에 따르면 과학적 자연주의는 과학적 활동이 전제하는 유일한 형태의 자연주의로서, 유물론적 무신론은 물론 기독교 유신론에 대해서도 열려 있다.[5]

---

2 Peacocke, *All That Is*, 12, 17, 21.

3 Peacocke, *All That Is*, 6.

4 Peacocke, *All That Is*, 8.

5 David Ray Griffin, "Comments on the Responses by Van Till and Shults," *Science and*

따라서 피콕은 초자연적 존재가 보편적 인과관계의 그물망 밖에 존재하면서 그 그물망 안에 간섭할 수 있다고 보는 초자연주의를 거부하는 한편, 자연 세계가 존재하는 모든 것이라고 보는 형이상학적 입장 곧 유물론적 자연주의도 거부한다. 과학적 자연주의가 우리가 사는 세계에 대한 참된 설명을 제공한다고 믿는 피콕은 초자연적 존재들의 실재를 인정하지 않을 뿐만 아니라 과학이 발견한 자연의 규칙을 깨뜨리는 기적의 개념도 받아들이지 않는다.[6] 그럼에도 피콕은 하나님이 자연의 규칙 사이에 간섭하는 초자연적인 인격체로 이해되지만 않는다면, 과학적 자연주의가 기독교 유신론과 양립가능하다고 본다.

피콕이 자신의 신학적 입장을 자연주의적 유신론이라고 규정할 때, 거기에는 이미 과학적 자연주의가 전제되어 있다. 하지만 진정한 의미에서 자연주의적 유신론은 과학적 자연주의에 더하여 자연 세계 내에서 하나님이 활동하는 방식에 대한 신학적 주장을 내포한다. "과학이 보여주는 [자연의] 과정은 그 자체로 창조자 하나님의 활동이다. 말하자면 하나님은 하나님이 창조하고 있는 세계의 과정에 덧붙여진 추가적인 영향 혹은 요소로 이해되어서는 안 된다." 이러한 신학적 입장을 피콕은 신학적 자연주의라고 명명한다.[7] 일단 과학적 자연주의를 통해 모든 초자연적인 힘이 자연의 과정으로부터 배제되고 나면, 자연 세계 내의 지속적 창조의 과정은 하나님의 활동과 동일시된다. 하나님은 자연의 과정 안에 내재하는 것으로 이해된다. 하나님이 자연의 과정보다 '더 큰' 존재임을 확인할 때에라야 비로소 신학적 자연주의는 범재신론적 비전으로 발전된다.[8] 요컨대 피콕의 자연주의적 유

Theology 2 no 2 (2004), 182-183 참고.

6 Peacocke, *All That Is*, 9.

7 Peacocke, *All That Is*, 20.

8 범신론의 의혹에 대한 피콕의 자기변호에 관해서는 Arthur Peacocke, "Biological

신론은 자연 세계 내 하나님의 활동에 대한 이러한 자연주의적·내재주의적·범재신론적 접근을 가리킨다고 하겠다.

하나님과 자연 세계의 관계에 대한 피콕의 자연주의적 이해는 다음 몇 가지 부가적인 논의를 필요로 한다. 먼저 피콕은 인간을 포함한 자연 세계 전체의 존재가 다른 '존재자' 곧 실재적이고 인격적이며 이 세상을 향한 목적을 지닌 창조자 하나님에게서 비롯된다는 점을 인정한다. 하지만 그는 자연 세계의 규칙적인 과정을 하나님의 창조 활동과 동일시하면서 하나님의 계속적 활동의 영역을 자연 과정에 국한시켜 이해한다. 그리고 기적 개념을 단호하게 거부한다. "하나님은 자연과학이 지속적으로 탐구하고 설명하는 자연 세계의 규칙에 간섭하거나 그것을 깨뜨리는 '기적들'을 통해 이러한 목적을 성취하지는 않는다."[9]

그렇다고 해도 피콕은 하나님의 창조 활동을 태초에 국한시키는 이신론적 모델을 따르지는 않는다. 하나님이 세계를 둘러 감싸고 있다고 보는 그의 범재신론적 이해는 동시에 세계 내 하나님의 내재를 강조한다.[10] 아울러 피콕은 하나님이 원한다면 세계 전체에 대한 하향식 인과관계를 통해 과학이 밝혀내는 규칙을 깨뜨리지 않으면서도 세계 내 구체적 사건들에 영향을 미칠 수 있다고 주장한다.[11] 이제 피콕이 자연주의적 유신론의 관점에서 자신의 진화신학을 어떻게 발전시키고 있는지 살펴보기로 하자.

Evolution: A Positive Theological Appraisal," in *Evolutionary and Molecular Biology: Scientific Perspectives on Divine Action*, eds. Robert John Russell et al. (Vatican City State: VO/CTNS, 1998), 359n5를 보라.

9 Peacocke, *All That Is*, 9.

10 Arthur Peacocke, "Articulating God's Presence in and to the World Unveiled by the Sciences," in *In Whom We Live and Move and Have Our Being*, eds. Philip Clayton and Arthur Peacocke (Grand Rapids: Eerdmans, 2004), 146.

11 Peacocke, *All That Is*, 9, 45-47. 또한 Arthur Peacocke, *Theology for a Scientific Age* (Minneapolis: Fortress, 1993), 135-183을 참고하라.

우연과 법칙의 상호작용: 진화의 창조적 근원

진화에 관한 최근 논의에서 피콕은 자연의 역사에서 발견되는 두 가지 특징에 주목한다. 그 두 가지 특징은 연속성과 창발성이다. 첫째로 그는 과학이 묘사하는 자연의 역사가 빈틈없는 연속성을 특징으로 한다는 점을 지적한다. 이러한 연속성은 특히 생물학적 진화의 과정에서 두드러지게 나타난다. 피콕에 따르면 진화 과정의 연속성은 처음에는 다윈의 추측에 불과했지만, 이제는 철저하게 검증된 이론으로 확립되었다.[12] 피콕이 주목하는 자연의 역사가 가진 두 번째 특징은 창발성이다. 즉 자연의 과정 속에서 새로운 형태가 계속 출현하면서 위계적 실재를 형성한다. 이렇듯 창발적 형태들은 단순히 인식론적으로 환원 불가능한 개념들을 수반할 뿐 아니라, 적어도 잠정적인 존재론을 내포하고 있다.[13]

진화 역사의 이 두 가지 특징은 서로 별개의 것이 아니다. 오히려 창발적 진화의 역사는 연속적 과정으로 이루어져 있다. 다른 말로 해서 존재론적으로 강한 의미에서의 창발 역시 초자연적 영향에 대한 언급 없이 설명될 수 있다. 피콕은 생명의 창발 역시 이 점에서 예외가 아니라고 생각한다.[14]

만약 생명의 기원과 역사가 모두 과학에 의해 창발적 진화의 연속적 과정으로 완전히 설명될 수 있다면, 진화의 역사 속에서 하나님의 활동은 과연 어떻게 이해할 수 있을까? 과학의 설명이 하나님의 활동에 대한 모든 생각을 불필요하게 만들어버리는 것은 아닐까? 피콕의 대답은 그렇지 않다

---

12 Peacocke, "Biological Evolution," 358.

13 Peacocke, "Biological Evolution," 358. 이 점에서 피콕의 창발적 단일론은 존재론적으로 강한 창발을 주장하는 필립 클레이튼의 입장에 근접한다. Philip Clayton, *Mind and Emergence: From Quantum to Consciousness* (Oxford: Oxford University, 2004), 9 참고.

14 Peacocke, "Biological Evolution," 358n4.

는 것이다. 오히려 진화는 세계 내 하나님의 활동에 대한 보다 역동적인 이해를 가능하게 하였다. 이러한 맥락에서 피콕은 자연의 과정이 창조성을 내포하고 있으며 하나님은 그러한 자연의 과정을 유지·존속케 한다는 생각을 발전시킨다. "하나님은 세계 내 질료에 영속적으로 부여된 창조성 안에서, 그리고 그것을 통하여 세계 존재의 모든 순간에 창조 활동을 행하고 있다."[15] 성례전적 언어를 사용하자면 하나님은 존재하는 모든 것과 움직이는 모든 것 "안에서, 곁에서, 아래에서" 존재한다.[16] 따라서 피콕은 생물학적 진화를 설명하기 위해 부가적으로 하나님의 활동을 언급할 필요가 전혀 없다고 생각한다. 여기서 우리는 피콕이 진화 과정과 관련해서 의도적으로 하나님의 특별 활동에 대한 언급을 피하고 있다는 사실에 주목할 필요가 있다.

진화 과정 속 하나님의 활동에 대한 이러한 자연주의적 이해는 진화의 창조성과 경향성에 대한 피콕의 논의에서 더욱 분명하게 확인된다. 이 점과 관련해서 피콕은 진화의 모든 과정이 전적으로 우연하게 이루어진다고 주장하는 자크 모노(Jacques Monod)의 무신론적 입장에 대해 나름의 신학적 응답을 제시한다. 모노와 달리, 피콕은 우연에 형이상학적 지위를 부여할 이유가 전혀 없다고 생각한다. 왜냐하면 유전자 단계에서 우연히 돌연변이가 발생한다고 해서, 유기체·군집·생태계 등 그보다 높은 단계에서 일정한 경향이 나타날 가능성을 배제할 수 없기 때문이다. 피콕의 주장에 따르면 실제로 시간 속에서 일어나는 창조적 사건은 오히려 우연과 법칙의 상호작용을 통해 발생한다. 왜냐하면 우연과 법칙의 조합을 통해 새로운 형태들이 출현

---

15 Peacocke, "Biological Evolution," 359. 피콕의 이러한 입장은 양자 단계의 존재론적 간극을 주장하는 로버트 러셀의 입장과 비교해볼 만하다. 피콕의 입장에 대한 러셀의 비판과 그 비판에 대한 피콕의 대답은 Peacocke, *All That Is*, 146-151, 186-188에서 찾아볼 수 있다.

16 Peacocke, "Biological Evolution," 374.

하고 진화하기 때문이다.[17] 우연과 법칙의 이러한 창조적 상호작용은 물리적 세계가 처음부터 갖고 있는 잠재력을 전제하고 있다. 처음부터 주어진 잠재력에 대한 생각이 모종의 신적 창조에 대한 생각으로 발전하는 것은 자연스러운 일이다. 유신론자라면 그러한 잠재력이 창조자의 의도에 의해 창조세계에 아로새겨져 있을 뿐 아니라, 아울러 그것의 창발을 부추기는 우연의 작동을 통해 점진적으로 실현되고 있다고 보아야 한다는 것이 피콕의 생각이다. 이러한 의미에서 하나님은 법칙과 우연 양자 모두의 근원이자 원천이며, 따라서 또한 진화 속 창조성의 궁극적 근원이자 원천으로 이해된다.

여기에 더하여 피콕은 진화 과정이 특정한 속성을 선호하는 자연적 경향을 갖고 있음을 지적한다. 피콕에 따르면 이러한 경향 역시 자연선택에 기초한 진화의 과정 속에 근본적으로 각인되어 있다.[18] 과학적 자연주의를 받아들이는 피콕은 이러한 경향에 대한 신비적 설명은 불필요하다고 본다. 이 경향은 단순히 자연선택의 과정 속에서 특정한 속성이 지닌 이점들을 반영할 뿐이다. 즉 인격적 속성을 가진 창발적 존재의 구조와 관련해서 그 세부적인 사항이 결정론적으로 미리 확정되지 않았다 하더라도, 우연과 법칙의 상호작용을 통해 하나님이 뜻하는 목적의 전반적인 방향이 진화의 과정 가운데 실현될 수 있다는 것이다.[19] 아마도 피콕은 하나님을 스스로를 조직할 수 있는 능력을 가진 우주의 설계자로 보는 닐스 헨릭 그레거슨(Niels Henrik Gregersen)의 견해에 동조할 것이다.[20] 이 점에서 피콕이 진화의 전반적인 방향을 설명하기 위해 하나님의 특별한 활동을 요청할 필요가 없다고

---

17 Peacocke, "Biological Evolution," 363.

18 피콕은 칼 포퍼의 편중된 가능성 개념을 받아들인다. Peacocke, "Biological Evolution," 364-65.

19 Peacocke, "Biological Evolution," 368.

20 Niels Henrik Gregersen, "From Anthropic Design to Self-Organized Complexity," in *From Complexity to Life*, ed. Niels Henrik Gregersen (Oxford: Oxford University Press,

보는 것은 당연하다. 특히 그는 진화 과정을 거쳐 인격적 존재들을 창발로 유도하기 위해 하나님이 양자 단계의 돌연변이에 개입한다고 보는 일부 신학자들의 주장을 받아들이지 않는다.

앞서 언급했듯이, 피콕은 자연 세계 내 하나님의 특별 활동을 전적으로 부정하지는 않는다. 세계 전체에 대한 하나님의 하향식 인과관계를 주장하는 피콕의 견해는 이미 상당히 알려져 있다. 하지만 생물학적 진화에 국한해서 생각할 경우, 피콕은 진화 과정을 설명할 때 하나님의 특별 활동을 언급하는 것에 대해 (비록 명시적으로 반대하지는 않더라도) 유보적 입장을 가지고 있는 것으로 보인다.

> 만약 하나님이 특정 순간에 진화 과정의 방향 설정에 영향을 행사하는 것이 사실이라면(나는 이러한 생각에 대한 어떠한 증거도, 어떠한 신학적 필요도 알지 못한다), 내가 생각할 수 있는 유일한 가능성은 하나님이 존재하는 모든 것에 전체-부분 식의 제약을 가함으로써 우리에게는 독립적인 인과연결고리들로 보이는 현상들이 수렴하는 곳에 영향을 미칠 수 있다는 것이다.[21]

이 문장은 피콕의 진화신학이 지닌 강한 자연주의적 경향을 다시금 확

2003), 206-234.

21 Peacocke, "Biological Evolution," 368-369. 이 점에서 필립 클레이튼은 피콕보다 더 명시적으로 자연주의적 입장을 발전시킨다. 클레이튼은 물리적 단계의 신적 활동과 사고 단계의 신적 활동 사이의 근본적 차이를 주장한다. Clayton, *Mind and Emergence*, 191. 같은 책에서 클레이튼은 다음과 같이 주장한다. "만약 유신론이 하나님이 우주의 물리적 진화에 영향을 미치거나 혹은 인간의 출현을 위해 생화화적 단계에서 진화를 지도한다고 주장한다면, 그것은 내가 이제껏 피하고자 했던 물리적 기적의 개념을 도입하는 것이다." Clayton, *Mind and Emergence*, 201. 그 대신 클레이튼은 "하나님은 정신적 인과성을 보일 수 있을 만큼 충분히 복잡한 유기체가 출현한 이후에야 비로소 세계에 영향력을 행사하기 시작했다"고 주장한다.

증한다.

진화의 자기 창조적 과정 속에 함께 고통받으며 내재하는 하나님

진화의 역사를 창발의 연속적 과정으로 간주하면서(과학적 자연주의) 하나님이 자연 과정을 통해서 활동한다고 보는(신학적 자연주의) 피콕의 자연주의적 진화 이해는 자연적 악의 문제를 다루는 그의 신정론 속에 이미 전제되어 있다. 진화의 역사 가운데 보편적으로 발견되는 고통과 죽음의 문제에 대한 피콕의 신학적 대답은 두 가지 측면에서 자연적 악의 생물학적 불가피성을 강조하는 것으로 시작한다. 그중 첫 번째 것은 생명 세계 내 고통의 편재는 생물들이 자연선택에서 유리한 속성을 획득한 결과 불가피하게 초래된 것으로 보인다는 점이고, 두 번째 측면은 유한한 우주 안에서 한 생명의 죽음을 통해서만 다른 생명의 출현이 가능하다는 사실이다. 말하자면 진화 과정에서 수반되는 고통과 죽음은 "생물학적 질서가 지닌 창조성의 필수조건"인 셈이다.[22]

이어서 피콕은 진화에 수반되는 악의 문제에 대해 다음과 같이 이중적인 대답을 내어놓는다. 우선 그는 생명의 다양성과 풍요성 등 진화의 긍정적 측면을 강조하면서 하나님이 창조 과정 자체를 기뻐한다고 주장한다. "창조질서 전체 직물의 존재, 그 날실과 씨실, 그 형태들의 이질성과 다양성은 그 자체로 창조자의 의도로 간주되어야 한다."[23] 다른 한편으로 진화의 부정적 측면과 관련해서 피콕은 최근 들어 새롭게 부각된 십자가의 신학에

---

22 Peacocke, "Biological Evolution," 369.

23 Peacocke, "Biological Evolution," 371.

호소한다. 만약에 하나님이 자연의 과정 가운데 내재적으로 현존하고 있다면, "하나님은 시간 속에서 비싼 값을 치르며 전개되는 세계의 창조적인 과정들 속에서, 곁에서, 아래에서 함께 고통받고 계신다."[24] 여기에 피콕은 존 힉(John Hick)의 신정론에서 발견되는 목적론적 관점을 수용한다.[25] 간단히 말해서 하나님이 세계와 더불어 자연의 악으로 인해 고통받을 때, 하나님은 그것을 통해 더 나은 선 곧 자유의지와 사랑을 가지고서 하나님과 더불어 또한 서로와 더불어 교제하는 인격적 존재들의 세계를 의도하고 있다는 것이다.

요컨대 자연주의적 유신론에 기초한 피콕의 신정론은 십자가의 신학과 자유과정 변증을 결합한 것이다. 여기서 피콕이 예수의 십자가가 고통받는 하나님 이해에 대해 갖는 함의는 강조하는 반면, 예수의 부활이 신정론에 대해 지니는 함의에 대해서는 전혀 언급하지 않는다는 사실은 그의 신정론이 지닌 의의와 한계를 동시에 보여준다.[26]

---

24 Peacocke, "Biological Evolution," 374. 여기서 피콕이 성례전에서 사용되는 전치사들(in, with, under)을 진화 과정 속 하나님의 활동을 묘사할 때에도 사용하고 있다는 사실에 주목하라.

25 피콕은 존 힉이 *Evil and the God of Love* (London: MacMillan, 1966; 『신과 인간 그리고 악의 종교 철학적 이해』, 열린책들 역간)에서 발전시킨 초기 입장을 긍정적으로 받아들인다. Peacocke, "Biological Evolution," 372n43 참고.

26 피콕은 위르겐 몰트만이 *The Crucified God* (1972; 『십자가에 달리신 하나님』, 대한기독교서회 역간)에서 발전시킨 기본적인 통찰을 받아들인다. 하지만 피콕은 몰트만의 이전 저작인 *Theology of Hope* (1964; 『희망의 신학』, 대한기독교서회 역간)에 대해서는 거의 관심을 표명하지 않는다. 또한 피콕이 힉의 후기 신정론에서 발견되는 종말론적 주제를 전혀 언급하지 않는 점 또한 주목할 필요가 있다.

피콕 외에도 오늘날 진화에 대한 신학적 응답을 위해 자연주의적 접근을 취하는 신학자들이 많이 있다. 그중에서도 데이빗 그리핀(David Griffin)과 필립 클레이튼(Philip Clayton)을 비롯해서 많은 과정사상가들이 자연주의적 진화 신학의 발전에 기여하고 있다. 그 밖에도 닐스 헨릭 그레거슨등 일부 범재신론자들 역시 자연주의적 진화 이해를 선호한다.[27] 이들 자연주의적 진화 신학자들은 다음의 몇 가지 기본 사상을 공유하고 있다. 그들은 진화에 대한 자연주의적 접근을 선호하고, 창발적 진화의 창조 과정 자체를 하나님의 창조 활동과 동일시하는 경향이 있다. 이 과정에서 하나님은 진화 과정 안에서, 그 과정을 통해서 창조 활동을 지속하는 것으로 이해된다. 하나님의 활동에 대한 이러한 자연주의적·내재주의적·범재신론적 이해는 진화 세계가 복잡한 인과관계들이 빈틈없이 연결되어 있는 닫힌 그물망이라는 전제를 갖고 있다. 이것은 그들이 존재론적으로 강한 의미의 창발을 주장할 때에도 동일하다. 또한 그들은 진화에 대한 기계론적 이해나 결정론적 이해를 거부하면서도 복잡한 구조를 지향하는 경향과 그것을 실현 가능케 하는 창조적 잠재력이 자연의 과정 가운데 이미 주어져 있다고 생각한다. 그뿐 아니라, 그들이 주장하는 자연주의적 범재신론은 하나님의 특별 활동에 대한 생각을 전적으로 부정하지는 않지만 진화 과정 속에서 하나님이 특별하게 활동한다는 생각을 받아들이는 것을 주저하게끔 한다. 마지막으로 신정론의 문제와 관련해서 자연주의적 진화신학자들은 십자가의 신학과 자유과정

---

27 형이상학적 자연주의를 선호하는 클레이튼의 입장에 관해서는 Clayton, *Mind and Emergence*, 164를 보라. 또한 David Ray Griffin, *Reenchantment without Supernaturalism* (Ithaca: Cornell, 2000); Niels Henrik Gregersen, "The Emergence of Novelty: Exploring Five Theological Models," 「기독교사상과 문화」 제2권 (서울: 장로회신학대학교출판사, 2007), 99-119를 참고하라.

변증을 선호하는 반면, 종말론적 구속의 중요성은 무시하는 경향이 있다.

제15장

판넨베르크의 종말론적 창조론

20세기 후반 진화론과 관련한 신학적 성찰의 발전은 과학자 출신 신학자들 외에도 현대 과학의 발전을 인정하는 다수의 조직신학자들의 적극적인 참여를 통해 이루어졌다. 그중 대표적인 신학자는 루터교 배경을 가진 독일의 조직신학자 볼프하르트 판넨베르크(Wolfhart Pannenberg)다. 피콕과 판넨베르크 모두 진화론을 품는 창조론자 그룹에 속하지만, 그 그룹 안에서 서로 다른 입장을 대변하고 있다. 필자의 표현을 사용하자면, 전자는 자연주의적 입장을, 후자는 종말론적 입장을 대표한다고 하겠다. 판넨베르크의 진화신학은 무엇보다도 그가 발전시킨 종말론적 관점 때문에 특별히 중요한 의미를 지닌다. 그의 종말론적 진화신학은 피콕의 자연주의적 진화신학과 여러 면에서 대조를 보이고 있으며, 그런 점에서 하나의 대안적인 입장을 대변한다고 할 수 있다.

종말론적 존재론

"우발성과 자연법칙"(1970)이란 논문에서 판넨베르크는 이후 그의 진화신학에 근본적 틀을 제공해줄 종말론적 존재론에 대한 자신의 고유한 생각을 발전시킨다.[1] 판넨베르크는 이스라엘 백성이 우발적 사건들을 하나님의 역사적 활동으로 경험했던 것을 관찰하면서 논의를 시작한다.[2] 이것은 판넨베르크의 실재 이해와 관련해서 두 가지 중요한 함의를 지닌다. 첫째로 실재를 역사로서 체험하는 성서적 경험의 구조는 모든 사건이 하나님의 불가역적 활동으로서 근본적으로 우발적 속성을 갖고 있음을 보여준다. 이것은 실재의 근본적 속성을 규칙성이 아니라 우발성으로 규정하는 판넨베르크의 실재 이해에 결정적인 중요성을 갖는다.[3] 둘째로 실재를 역사로서 체험하는 성서적 경험은 하나님의 역사적 활동의 연속성이 매번 새로운 현재로부터 과거로 거슬러가면서 구성됨을 보여준다. 현재의 모든 사건은 이전의 사건들에 새로운 빛을 던지며, 그 사건들이 새로운 관계 속에서 출현하도록 한다.[4] 판넨베르크는 이것을 역행적 연속성이라고 부른다.[5] 판넨베르크가 제시

---

1 Wolfhart Pannenberg, *Toward a Theology of Nature: Essays on Science and Faith*, ed. Ted Peters (Louisville: Westminster/John Knox, 1993; 『자연신학』, 한국신학연구소 역간), 72-122. 이 논제의 근원은 판넨베르크의 초기 저작 "Revelation as History," in *Revelation as History*, ed. Wolfhart Pannenberg (New York: Macmillan, 1968), 123-181에서부터 발견된다. 하나님을 미래의 능력으로 보는 판넨베르크의 종말론적 신론의 발전과정과 관련해서는 그의 『조직신학』 3권 외에 "The God of Hope," in *Basic Questions in Theology*, 234-249; *Theology and the Kingdom of God* (Philadelphia: Westminster Press, 1969); *Metaphysics and the Idea of God* (Grand Rapids: Eerdmans, 1990)을 보라. 또한 Christian Mostert, *God and the Future: Wolfhart Pannenberg's Eschatological Doctrine of God* (London: T&T Clark, 2002)을 참고하라.

2 Pannenberg, *Theology of Nature*, 76.

3 Pannenberg, *Theology of Nature*, 79.

4 Pannenberg, *Theology of Nature*, 83.

5 Pannenberg, *Theology of Nature*, 84.

하는 종말론적 존재론의 토대를 이루고 있는 역사의 역행적 연속성이란 개념은 과거·현재·미래의 모든 역사적 사건이 궁극적 미래 곧 종말론적 미래를 향하여 열려 있음을 내포한다. 왜냐하면 모든 사건의 참된 본질은 오직 종말론적 미래에 이르러 모든 사건이 완결된 관계 속에 놓일 때에야 비로소 결정될 것이기 때문이다. 또한 모든 사건이 종말론적 미래를 향해서 열려 있다는 것은 종말론적 미래가 모든 사건의 의미 혹은 본질을 구성하는 한 부분이 됨을 의미한다.[6]

판넨베르크에 따르면 모든 역사적 사건이 근본적 우발성과 미래를 향한 개방성을 지닌다고 보는 성서적 통찰은 자연의 사건에도 적용된다. 먼저 자연적 사건의 우발성과 관련해서 판넨베르크는 칼 프리드리히 폰 바이체커(Carl Friedrich von Weizsäcker)가 발전시킨 '자연의 역사' 개념으로부터 철학적 지지를 구한다. 판넨베르크는 바이체커가 천체물리학에 대한 철학적 성찰로부터 도출해낸 '자연의 역사' 개념이 모든 자연적 사건의 불가역성·반복불가능성·유일회성 등을 내포하고 있음에 특히 주목한다.[7]

모든 자연적 사건들의 우발적 유일회성이라는 개념에 근거해서 판넨베르크는 자연법칙의 상대화를 주장한다. 그의 견해에 따르면 자연의 역사에 대한 그 어떤 과학적 모델도 하나님의 창조적 활동과 곧장 동일시될 수 없다고 한다. 왜냐하면 모든 과학적 모델은 방법론적 자기 제한을 통해 본질

---

6 Pannenberg, *Theology of Nature*, 83. 판넨베르크가 주장하는 전체의 존재론에 대한 인상적인 비판 중 하나는 Miroslav Volf, "Enter into Joy! Sin, Death, and the Life of the World to Come," in *The End of the World and the Ends of God*, eds. John Polkinghorne and Michael Welker (Harrisburg: Trinity Press International, 2000), 267에서 볼 수 있다. 한편 판넨베르크의 존재론에 대한 변호와 관련해서는 Benjamin Myers, "The Difference Totality Makes: Reconsidering Pannenberg's Eschatological Ontology," *Neue Zeitschrift für systematische Theologie und Religionsphilosophie* 49:2 (2007), 141-155를 보라.

7 Pannenberg, *Theology of Nature*, 86-87.

적으로 우발적인 사건들로부터 추상해낸 규칙성만을 다루기 때문이다.[8] 이러한 의미에서 자연법칙은 자연의 실제적 과정에 대한 근사치 이상의 것이 될 수 없다.[9] 여기에 더하여 모든 자연적 사건이 우발적이고 유일회적이라는 사실은 자연법칙이 자연의 과정 속에서 우발적으로 발생하고 변화하는 사건들의 규칙성과 관계되어 있음을 의미한다.[10] 다시 말해서, 모든 자연법칙은 영속적으로 불변하는 법칙이 아니다. 자연법칙 역시 특정 시점에 발생했다가 소멸한다는 점에서 시간 의존적이고 그런 의미에서 우발적인 것이다.[11]

자연적 사건들의 근본적 우발성을 토대로 자연법칙을 상대화하는 판넨베르크의 시도는 보완 설명을 필요로 한다. 우발성 개념에 대한 강조에도 불구하고 판넨베르크는 자연법칙이 깨어질 수 있다고 생각하지 않는다.[12] 그는 자연적 사건들의 통상적 규칙에 반하는 예외를 인정하지 않고, 자연에 대한 과학적 설명에서 간극을 발견할 수 있다고 보지도 않을 뿐 아니라, 자연 과정의 규칙성이 하나님의 신실함을 반영하고 있으며, 아울러 자연의 역사에 있어 새로운 현상의 출현을 위한 조건을 제공한다는 점에서 중요한 의의를 갖고 있음을 강조한다.[13]

사실 우발성 개념을 통해 판넨베르크가 말하고자 하는 요점은 자연의

---

8 Pannenberg, *Theology of Nature*, 96-97.

9 Wolfhart Pannenberg, *Systematic Theology*, vol. II (Grand Rapids: Eerdmans, 1991), 67.

10 Pannenberg, *Theology of Nature*, 108.

11 판넨베르크의 우발성 개념에 대한 보다 상세한 분석과 비판에 관해서는 Robert John Russell, "Contingency in Physics and Cosmology: A Critique of the Theology of Wolfhart Pannenberg," *Zygon: Journal of Religion and Science* 23:1 (March 1988), 23-43을 보라. 러셀에 대한 응답에서 판넨베르크는 사건의 우발성을 "과거의 관점에서 필연적이지 않고 미래에 대해 열려 있음"으로 정의한다. Pannenberg, *Systematic Theology*, vol. II, 66-67.

12 Pannenberg, *Systematic Theology*, vol. II, 65.

13 Pannenberg, *Systematic Theology*, vol. II, 71-72.

사건들이 규칙성보다 '더 많은 것'(more)을 포함한다는 점이다.[14] 그는 이 '더 많은 것'에서 자신의 두 번째 통찰, 곧 모든 사건이 미래를 향해서 열려 있다고 보는 성서의 이해를 자연의 과정에 적용하게끔 하는 단서를 발견한다. 이와 관련해서 그는 자연의 체계가 가진 시간적 구조에 특별히 관심을 갖는다. 판넨베르크에 따르면 자연에서 관찰되는 체계는 시간적 체계로서 그 안에서 변화의 과정이 일어난다. 시간적 체계로서 자연 체계는 언제나 미래를 향해 열려 있다.[15] 자연 체계가 미래를 향해 열려 있다는 이러한 생각은 미래를 가능성의 영역으로 규정하는 판넨베르크의 생각과 연결된다. 가능성의 영역으로서 미래는 "창조세계가 지닌 보다 높은 완성을 향한 개방성의 기초인 동시에 모든 사건 발생에서 나타나는 새롭거나 우발적인 요소들의 원천인" 셈이다.[16]

판넨베르크는 자연 세계의 시간적 구조 가운데 미래가 가진 능력을 위한 여유 '공간'을 마련한 다음에, 이어서 미래의 능력이라는 개념을 하나님의 영과 관련시킨다. "가능성의 영역으로서 미래의 창조적 능력을 통해 창조세계 안에 있는 성령의 역동성이 드러난다."[17] 더욱이 성령이 부활에 따른 새 생명의 창조적 근원이라는 성서의 이해를 바탕으로 판넨베르크는 창조세계 안에 있는 성령의 역동적 활동을 장차 도래할 종말의 관점에서 이해해야 한다고 역설한다. 즉 성령의 활동을 종말에 실현될 미래의 능력을 표현한 것으로 이해해야 한다는 말이다.[18] 이렇게 함으로써 판넨베르크는 가능

---

14 Pannenberg, *Systematic Theology*, vol. II, 65.

15 Pannenberg, *Systematic Theology*, vol. II, 70n172. 여기서 판넨베르크는 Hans-Peter Dürr, "Über die Notwendigkeit in offenen Systemen zu denken," in *Die Welt als Offenes System: eine Kontroverse um das Werk von Ilya Prigogine*, ed. G. Altner (1986), 9-31을 참고하고 있다.

16 Pannenberg, *Systematic Theology*, vol. II, 97-98.

17 Pannenberg, *Systematic Theology*, vol. II, 98.

18 Pannenberg, *Systematic Theology*, vol. II, 98.

성의 영역으로서 미래의 능력에 대한 철학적 이해와 종말론적 미래의 능력으로서 성령의 활동에 대한 신학적 이해 사이에 공명을 발견한다.

진화의 창조적 근원: 오메가, 성령, 에너지 장

앞서 살펴보았듯이, 판넨베르크는 실재를 역사로 체험하는 성서적 경험의 구조로부터 실재의 본성에 대한 형이상학적 결론을 도출한다. 그 결론은 자연의 모든 사건이 본질적으로 우발적이며 동시에 미래를 향해 열려 있다는 것이다. 이제 이 종말론적 존재론의 틀 안에서 판넨베르크가 자신의 진화신학을 어떻게 발전시키고 있는지 살펴보기로 하자.

판넨베르크는 진화론이 하나님의 지속적인 창조 활동을 새로운 현상들이 계속 생겨나는 과정 속에서 찾아볼 수 있게 하였다고 주장한다.[19] 또한 그는 다윈의 진화론이 유전과 자연선택의 상호작용을 통한 사건의 우발성을 강조함으로써 (윌리엄 페일리의 자연신학으로 대표되는) 목적론적 자연 이해를 대체한 것은 정당한 일이었다고 인정한다.[20] 여기서 우리는 판넨베르크가 진화론의 어떤 측면을 높이 평가하고 있는지 유의할 필요가 있다. 판넨베르크가 다윈을 높이 평가하는 것은 그가 자연선택의 메커니즘을 발견했기 때문이 아니라, 자연에 대한 역사적 이해를 발전시켰기 때문이다. 판넨베르크는 자연선택 이론이 진화에 관한 순전히 기계론적인 설명을 제공한다고 보지 않는다. 하지만 진화론적 세계관은 "창조세계의 역동적 과정을 시간 안에서 열려 있는 과정으로 이해할 수 있는 가능성"을 제공한다.[21] 요컨

---

19 Pannenberg, *Systematic Theology*, vol. II, 119.

20 Pannenberg, *Systematic Theology*, vol. II, 120.

21 Pannenberg, *Systematic Theology*, vol. II, 120.

대 실재가 우발적이고 미래를 향해 열려 있다고 보는 그의 종말론적 입장은 다윈의 진화론 안에 내포된 역사적 자연 이해와 공명한다.

이제 판넨베르크의 진화신학을 구체적으로 분석함에 있어, 필자는 먼저 판넨베르크의 진화신학이 자리한 두 가지 배경을 살펴보고자 한다. 판넨베르크는 진화에 대한 신학적 이해를 발전시키는 과정에서 창발적 진화의 전통과 피에르 테야르 드 샤르댕(Pierre Teilhard de Chardin)으로부터 많은 영감을 얻었다. 첫째로 판넨베르크는 창발적 진화 전통의 기원을 자유주의 성향의 앵글로-가톨릭 신학자들이 쓴 12편의 논문을 묶어 놓은 『세상의 빛』(1889)에서 찾는다. 이 점에서 판넨베르크는 이 책에 수록된 글들이 진화론을 통해 기계론적 자연 이해를 극복하고 역사적 자연 이해를 가능하게 했다고 긍정적으로 평가하는 동시에, 1923년 로이드 모건(Lloyd Morgan)이 주창한 창발적 진화 개념을 예기했다고 이해한다.[22] 판넨베르크에 따르면 창발은 단순히 기계적 필연성에 의해 과거의 조건으로부터 비롯되는 것이 아니라, 진화의 각 단계마다 새로운 실재가 출현하는 현상을 가리킨다. 판넨베르크는 이러한 창발 개념을 통해 다윈의 진화론에 대한 기계론적·환원론적 해석을 극복할 수 있다고 주장한다.[23]

이와 관련해서 판넨베르크는 한동안 지속하는 유한한 실재의 창발을 역장 내 평형상태의 출현이라는 관점에서 해석하는 마이클 폴라니(Michael Polany)의 견해에 깊은 관심을 표명한다. 그의 판단에 따르면 생명의 진화를

---

22 Wolfhart Pannenberg, "Human Life: Creation Versus Evolution," in *Science and Theology: The New Consonance*, ed. Ted Peters (Oxford: Westview, 1998; 『과학과 종교: 새로운 공명』, 동연 역간), 139. 판넨베르크는 피콕을 창발적 진화 전통에 해당하는 가장 최근의 대표자로 본다. Pannenberg, *Systematic Theology*, vol. II, 121. 판넨베르크는 *Lux Mundi*가 기계론적 세계관을 극복했다는 점에서 긍정적인 평가를 하는 데 반해, 피콕은 같은 책에 대해서 이신론을 극복했다는 점을 중요하게 평가한다. Peacocke, *All That Is*, 18.

23 Wolfhart Pannenberg, "Human Life: Creation Versus Evolution," 139.

일반화된 장 이론의 관점에서 설명하는 폴라니의 접근은 신학자들에게 매우 큰 시사점을 갖고 있다. 왜냐하면 폴라니의 역장 개념은 하나님의 영을 개별 생명체를 초월하는 동시에 그 개체들 안에 내재하는 생명의 능력으로 보는 성서적 성령 이해를 오늘날의 언어로 표현할 수 있는 가능성을 열어주기 때문이다.[24]

둘째로 판넨베르크의 진화신학 발전에 큰 영향을 끼친 두 번째 요인으로 테야르의 '오메가 포인트' 개념을 들 수 있다. 판넨베르크가 자신의 진화신학을 발전시키기 시작한 이른 시기에 테야르의 저작을 연구했다는 사실은 주목할 필요가 있다. 이미 1971년에 그는 테야르의 현상학에 대한 논문인 "영과 에너지"를 작성했다. 이 짧은 논문은 사물의 내면 혹은 방사 에너지에 관한 테야르의 가설이 지닌 결정적 약점을 밝히는 것을 목적으로 한다. 판넨베르크에 따르면, 테야르의 가설은 에너지 장 개념을 전혀 고려하지 않은 채 물체 중심의 고전적 에너지 개념을 고수하고 있다.[25] 이에 따라 사물의 내면으로서 방사 에너지는 물체로부터 독립된 자기-초월적 능력이 아니라 물체 자체에 고유한 어떤 것으로 이해된다.[26] 판넨베르크는 테야르의 이러한 에너지 개념이 장 개념의 관점에서 수정되어야 한다고 주장하는 한편, 오메가 포인트에 관한 테야르의 생각이 그의 에너지 개념이 지닌 약점을 보완하는 데 큰 도움이 될 수 있다고 제안한다. "만약 미래의 능력으로서 오메가가 진화의 창조적 근원을 구성한다면, 이 과정을 움직이는 에너지는 그 자체로 이미 현상 안에 내재하고 있는 에너지로 이해될 수 없을 것이다."[27] 다시 말해서, 에너지 장과 마찬가지로 오메가는 진화의 과정에 대해

---

24 Pannenberg, *Theology of Nature*, 47, 23-24.

25 Pannenberg, *Theology of Nature*, 141.

26 Pannenberg, *Theology of Nature*, 142.

27 Pannenberg, *Theology of Nature*, 143-144.

내재적인 동시에 초월적이다.

판넨베르크는 "성령론과 자연의 신학에 주어진 과제"라는 다른 논문에서 테야르에 관한 이전의 논의를 발전시키면서 진화에 대한 성령론적 해석을 명시적으로 전개한다. 이때 그는 초월적 원리로서 성령을 강조한다. 성령은 모든 주어진 실재를 초월하는 동시에 창조적 합일의 방향으로 실재를 이끌어간다. 이 점에서 성령은 오메가 포인트와 동일시된다.[28] 비슷한 맥락에서 판넨베르크는 『조직신학』에서 생명의 근원으로서 하나님의 영이 모든 역장에서 활동하고 있을 뿐 아니라, 성령의 활동을 통해 종말론적 하나님 나라의 미래가 지배한다고 주장한다.[29] 요컨대 판넨베르크는 진화의 창조적 근원을 에너지 장에서 발견하고, 그 에너지 장을 미래적으로는 오메가 포인트의 인력으로, 성령론적으로는 하나님 영의 역동적 능력으로 이해한다고 하겠다.

판넨베르크는 창발적 진화 전통과 테야르의 오메가 포인트 개념을 바탕으로 진화론과 관련된 신학적 문제를 재규정하고 그 질문에 대한 고유한 대답을 제시한다. 판넨베르크에 따르면 근대 과학적 진화론과 관련된 핵심 문제는 진화를 자기 조직의 과정으로 보는 근대의 내재주의적 입장과 성령을 생명의 근원으로 보는 성서의 초월주의적 입장 간에 존재하는 표면상의 갈등 관계다.[30] 판넨베르크는 진화 과정에 관한 근대의 내재주의적 입장을 전적으로 받아들이는 동시에 이 입장이 생명의 초월적 근원에 대한 성서의 증언과 양립 가능하다고 주장한다. 이 주장을 뒷받침하기 위해 그는 한편으로는 성서의 전통에, 다른 한편으로는 과학 이론에 호소한다.

우선 하나님의 창조 활동은 피조물을 창조하는 과정에서 이차적 원인

---

28 Pannenberg, *Theology of Nature*, 134-135.

29 Pannenberg, *Systematic Theology*, vol. II, 109.

30 Pannenberg, "Human Life," 139.

의 활용을 전적으로 배제하지 않는다.[31] 따라서 창조론자들은 유기체가 무기물로부터 창발했다고 보는 견해나 고등동물이 초기 단계의 생명체로부터 기원했다고 보는 견해에 대해 이의를 제기할 필요가 없다. 피조물의 활동을 창조자의 활동과 동일선상에서 이해하지 않는 한, 진화에 대한 근대과학의 내재주의적 설명에 반대할 이유가 없다는 것이다.

다른 한편으로 과학적 진화론과 관련해서 판넨베르크는 창발적 진화 이론과 하나님의 창조적 활동에 관한 성서적 이해의 양립 가능성을 주장한다.[32] 다윈주의에 대한 기계론적 해석과는 달리 창발적 진화 이론에 따르면, 진화 과정에 포함된 거의 모든 사건에서 새로운 실재가 출현한다. 앞서 종말론적 존재론에 대한 논의에서 다루었듯이, 창발 개념에 내포된 우발적 새로움의 요소는 진화 과정이 하나님의 창조적 활동을 향해 열려 있음을 암시한다. 그뿐 아니라 진화의 과정에서 나타나는 생명의 창조적 자기 조직 활동은 모든 새로운 피조물에 입김을 불어넣음으로써 생명의 진화를 촉발하는 성령의 활동에 상응한다.[33] 판넨베르크에 따르면 성령의 입김은 단순한 은유적 표현이 아니다. 성령의 입김은 역장으로서 생명체가 가진 창조적 실존의 한 부분을 구성할 뿐 아니라 생명체의 자기 초월적 경향에도 상응한다.[34] 여기에 더하여 성령이 구약성서에서는 생명의 원천으로 이해되지만 신약성서에서는 부활의 능력으로 묘사되고 있다는 점에 착안하여, 판넨베르크는 창발적 진화의 창조적 과정 가운데 성령이 종말론적 미래의 능력으로서 활동하고 있다는 의견을 개진한다.[35]

---

31 Pannenberg, "Human Life," 142.

32 Pannenberg, "Human Life," 144.

33 Pannenberg, "Human Life," 145.

34 테드 피터스는 성령과 에너지 장을 직접적으로 동일시하는 판넨베르크의 어법에 유보적 태도를 취한다. Ted Peters, "Introduction" to Pannenberg, *Theology of Nature*, 14.

35 Pannenberg, *Systematic Theology*, vol. II, 98, 145.

신정론 물음에 대한 대답으로서 종말론적 완성

『조직신학』 제2권에서 판넨베르크는 생물학적 진화론이 제기하는 두 가지 신학적 도전을 언급한다. 그중 첫째는 창조세계가 지닌 형태 및 과정의 독립성으로 인해 창조세계를 설명할 때 창조주 하나님에 대한 언급이 불필요하다는 인상을 주는 것이고, 둘째는 피조물이 이해하기 힘든 고통을 겪음으로 인해 창조세계 속에 악이 들어와 일시적으로 지배하는 것처럼 보인다는 점이다.[36] 판넨베르크는 이 두 가지 문제가 서로 긴밀하게 연관되어 있으며, 피조물의 독립성이라는 한 가지 사실에서 비롯되는 두 가지 측면이라고 생각한다. 아울러 피조물의 독립성은 하나님의 창조 활동이 지향하는 목적과 다르지 않다고 본다.

> 자율적인 피조물에게 있어 자기 독립성은 하나님에 대한 의존성을 숨긴다. 이것은 자연 과정의 자율성 때문에 자연 과정이 하나님에게서 비롯되었다는 사실이 과학자에게 숨겨지는 것과 마찬가지다. 동시에 피조물의 자율성이 가져오는 고통과 죄는 이 세계를 창조한 선한 존재에 대한 믿음을 부정하는 것처럼 보인다.[37]

판넨베르크는 신정론 문제에 대한 최종적인 대답은 오직 창조세계의 종말론적 완성을 통해 악이 실제로 극복될 때에야 비로소 가능하리라고 확신한다. 다시 말해서, 종말론적 관점에서 창조와 구속을 함께 고려할 때에만 비로소 신정론 문제에 대한 잠정적인 대답이 가능하다는 것이다. 이러한 의

---

36 Pannenberg, *Systematic Theology*, vol. II, 162.

37 Pannenberg, *Systematic Theology*, vol. II, 173.

미에서 그는 "종말론이 없다면 신정론도 없다"는 볼프강 트릴하스(Wolfgang Trillhaas)의 주장에 공감한다.[38] 다른 한편으로 그는 라이프니츠의 견해를 비롯한 전통적인 신정론 논의가 오로지 하나님의 창조적 활동을 통한 세계의 기원과 질서의 관점을 고수하는 가운데 하나님의 작품 속에서 하나님의 의에 대한 증명을 찾으려 할 뿐이며, 하나님의 구속적 활동의 역사와 종말론적 완성에 대해서는 전혀 고려하지 않고 있다는 점을 상당히 비판적으로 바라본다.[39]

하지만 종말론적 구속의 약속이 왜 창조자가 애초에 고통과 죄가 없는 세상을 창조하지 않았는가 하는 질문에 대한 대답을 줄 수는 없다. 이와 관련해서 판넨베르크는 창조자의 책임을 전적으로 면하게 하려는 시도는 잘못이라고 생각한다.[40] 오히려 그는 하나님의 섭리가 세계의 화해와 구속을 목적으로 한다고 보는 섭리 이론의 큰 틀 안에서 이른바 자유의지 변증을 발전시킨다. 간단히 말해서 만약에 창조자가 자유롭고 독립적인 피조물의 존재를 원한다면, 창조의 결단은 피조물의 자유가 오용될 위험을 동반할 수밖에 없다. 다시 말해서, 창조자는 자신과 피조물 사이의 자유로운 교제를 실현하기 위한 (수단이 아니라) 조건으로서 죄와 악의 (필연성이 아니라) 위험을 받아들인다는 것이다.[41] 이렇듯 판넨베르크는 하나님이 구원을 위해 악을 허용한다는 전통적인 교리를 변호하는 한편, 악이 완전하고 아름다운 창조세계의 필수불가결한 부분이라고 보는 잘못된 교리를 배격한다.

그렇다면 왜 하나님은 애초에 악을 허용했는가? 판넨베르크는 피조물의 유한성은 신학적 필연이라는 논리를 발전시키면서 이 질문에 대한 대답

38 Pannenberg, *Systematic Theology*, vol. II, 173.

39 Pannenberg, *Systematic Theology*, vol. II, 164-165.

40 Pannenberg, *Systematic Theology*, vol. II, 166.

41 Pannenberg, *Systematic Theology*, vol. II, 167.

을 시도한다. "하나님이 피조물의 한계를 갖지 않은 피조물을 창조했어야 한다고 요구하는 것은 모순이다."[42] 하지만 피조물의 유한성은 그 자체로 악의 가능성이 기인하는 근원이 아니다. 악의 가능성의 근원은 창조의 목적인 피조물의 독립성에 있다. 유한성은 그 자체로 악하지 않다.[43] 따라서 판넨베르크의 신정론은 자유의지 변증과 종말론적 소망의 조합으로 요약할 수 있다. 그는 피콕과 달리 예수 그리스도의 부활과 종말론적 구속을 중요시한다. 반면에 피콕의 신정론에서 두드러지게 나타나는 예수 그리스도의 십자가나 고통받으시는 하나님과 같은 주제에 대해서는 상대적으로 적은 관심을 보인다.

소결론

판넨베르크 외에 피에르 테야르 드 샤르댕, 필립 헤프너(Philip Hefner), 위르겐 몰트만(Jürgen Moltmann), 존 호트(John Haught), 테드 피터스(Ted Peters), 마르티네즈 휼릿(Martinez Hewlett), 로버트 존 러셀(Robert John Russell), 토머스 트레이시(Thomas Tracy), 존 폴킹혼(John Polkinghorne) 등이 종말론적 관점에서 진화신학을 발전시켜왔다.[44] 이들 종말론적 진화신학자들이 공유하는 생

---

42 Pannenberg, *Systematic Theology*, vol. II, 171.

43 Pannenberg, *Systematic Theology*, vol. II, 171.

44 Teilhard de Chardin, *The Phenomenon of Man* (New York: Harper & Row, 1975; 『인간현상』, 한길사 역간); Philip Hefner, *The Promise of Teilhard* (Philadelphia: Lippincott, 1970); Moltmann, *God in Creation* (Minneapolis: Fortress, 1993; 『창조 안에 계신 하나님』, 대한기독교서회 역간) and *The Way of Jesus Christ* (Minneapolis: Fortress, 1993; 『예수 그리스도의 길』, 대한기독교서회 역간); Peters, *Anticipating Omega;* Peters and Hewlett, *Evolution from Creation to New Creation;* John F. Haught, *God after Darwin: A Theology of Evolution* (Boulder: Westview, 2000; 『다윈 이후의 하나님』, 한국기독교연

각 가운데 가장 근본적인 것은 하나님을 종말론적 미래의 능력으로 보는 종말론적 신관이다. 미래의 하나님이 피조물의 존재에서 발견되는 모든 우발성과 시간성 및 창조적 새로움과 창발적 질서의 궁극적 원천이며, 또한 창발적 진화의 참된 근원이다. 따라서 그들은 창조세계 전체를 본질적으로 역사적인 실재로, 곧 단순히 과거로부터가 아니라 미래의 새 창조로부터 영향을 받는 실재로 이해한다. 더 나아가 자연의 과정 가운데 발견되는 현재의 법칙들 혹은 규칙성들은 본질적으로 우발적 실재로부터 추상된 것이며 또한 종말론적 변혁에 대해 열려 있는 것으로 이해된다. 마지막으로 종말론적 진화신학자들은 예수 그리스도의 육체적 부활에 관한 성서의 보고를 진지하게 받아들이고 부활 사건을 창조세계의 종말론적 완성에 대한 약속과 예기의 사건으로 해석한다. 이러한 맥락에서 그들은 종말론이 없다면 신정론 물음에 대한 만족할 만한 대답도 있을 수 없다고 생각하는 것이다.

구소 역간); Thomas Tracy, "Evolutionary Theologies and Divine Action," *Theology and Science* 6 (2009), 107-116; John Polkinghorne, "Evolution and Providence: A Response to Thomas Tracy," *Theology and Science* 7 (2009), 317-322.

제16장

회고와 전망

20세기 전반기에 주로 활동한 피에르 테야르 드 샤르댕(Pierre Teilhard de Chardin)은 진화론을 적극 수용하여 기독교 교리 전반의 재구성을 시도한 진화신학의 선구자다. 테야르가 진화신학을 본격적으로 발전시킨 1920년대와 1930년대만 하더라도 아직까지 진화의 메커니즘에 관한 한 과학자들 사이에 논쟁이 끝나지 않은 때였고, 그로 인해 테야르의 생물학적 진화론 이해에 중대한 결함이 있다는 사실이 나중에 드러나게 되었다. 다른 한편으로 20세기 후반에 주로 활동한 아서 피콕(Arthur Peacocke)과 볼프하르트 판넨베르크(Wolfhart Pannenberg)는 신다윈주의의 확립 이후 진화론을 품는 창조론을 재구성한 대표적인 두 명의 신학자다. 두 사람이 각각 대변하는 자연주의적 진화신학과 종말론적 진화신학은 상호 보완적인 관계에 있다. 앞으로 진화론을 품고자 하는 창조론자들은 테야르, 피콕, 판넨베르크 등 앞선 신학자들의 유산을 이어받는 동시에, 이들의 시대적·개인적 한계를 극복하는 방향으로 나아가야 할 것이다.

범신론·결정론·승리주의를 넘어서

진화론적 세계관을 바탕으로 한 테야르의 새로운 신학은 당대 가톨릭교회 지도자들이 보기에 매우 급진적이고 도발적이었다. 결국 그의 신학 저술은 출판 금지 처분을 피할 수 없었고, 그의 사후에 가서야 비로소 출간될 수 있었다. 그럼에도 그의 사상은 카를 라너(Karl Rahner)와 이브 콩가르(Yves Congar) 등 1960년대 제2차 바티칸 공의회를 주도한 가톨릭 신학자들을 통해 현대 가톨릭 사상의 형성에 큰 영향을 미쳤다. 금세기에 들어서 교황 베네딕도 16세(2005-2013)는 테야르의 명예를 복원시켰고, 현 교황인 프란체스코는 2015년 회칙에서 테야르의 신학적 글을 인용하기도 했다.[1] 국내에서도 2000년대 들어 테야르의 저서들이 본격적으로 번역되기 시작했으며, 그의 신학 사상에 대한 연구도 더욱 활발히 진행되고 있다.[2]

우리는 앞서 13장에서 테야르의 선구적인 진화신학이 중요한 신학적 통찰을 많이 포함하고 있음을 확인했다. 그럼에도 테야르의 진화신학은 다음의 몇 가지 측면에서 근본적인 한계를 안고 있다고 하겠다. 첫 번째 한계는 그의 새로운 원죄 해석과 연관되어 있다. 테야르에 따르면 원죄는 진화 과정을 통해 이루어지는 모든 창조 활동의 불가피한 부산물이다. 테야르는 악의 존재를 존재론적 필연의 관점이 아니라 통계적 불가피성의 관점에서 이해하는 가운데 하나님이 진화 이외의 다른 방법으로는 우주를 창조할 수

---

1 프란치스코 교황은 2015년 5월 24일 회칙 「주님, 찬미 받으소서」(*Laudato si'*)의 제83항에서 (아마도 가톨릭 교황으로서는 처음으로) 테야르의 글을 인용하고 있다. http://w2.vatican.va/content/francesco/en/encyclicals/documents/papa-francesco_20150524_enciclica-laudato-si.html#_ftnref53 [2019년 7월 8일 접속].

2 예를 들어 최근 분도출판사에서 번역 출간한 다음의 책들을 참고하라. 『그리스도』(2003), 『자연 안에서 인간의 위치』(2006), 『신의 영역』(2010), 『인격적 우주와 인간 에너지』(2013).

없었다고 확언한다.[3] 이러한 이유에서 그는 하나님의 절대 자유 개념과 창조세계의 절대적 우발성 개념에 대해 거부감을 표명한다.[4] 심지어 그는 하나님의 창조 능력 자체에 존재론적 제약이 있다고 주장하기까지 한다.

> 우리가 세계의 진보에 관해 판단할 수 있다면, 하나님의 능력은 우리가 생각하는 것처럼 자유로운 활동 영역을 그다지 갖고 있지 않다. 반대로 참여하는 존재의 구성 자체 때문에, 하나님의 능력은 (간단히 말하면, 그 자체에 고유한 완벽함 때문에) 창조의 수고를 하는 과정에서 언제나 일련의 중간단계 전체를 거쳐야 하고 연속되는 불가피한 위험 전체를 극복해야 하는 과제를 안고 있다.[5]

하나님의 능력에 결부된 이러한 제한 사항과 관련해서, 테야르가 초기의 글에서 범신론적 비전을 수용하기 위해 분투했다는 사실은 주목할 만하다. 테야르는 전체의 중요성 내지 전체를 향한 열정을 인정하는 경향을 범신론이라고 정의한다.[6] 테야르에 따르면 "기독교는 무엇보다도 하나님 안에서 세계가 점진적으로 통일되어 가는 과정에 대한 믿음이다. [기독교]는 본질적으로 보편주의적이고 유기적이고 단일론적이다."[7] 그는 이러한 신앙을 범-그리스도적 단일론 혹은 기독교 범신론이라고 부른다.

나중에 테야르는 범신론의 비전에 더는 호소하지 않고, 기독교와 근대적 신휴머니즘 사이의 수렴점으로서 유일신론의 비전에 호소한다.[8] 물론 테

---

3 Teilhard, "Christianity and Evolution" (1945), *CE*, 179.

4 Teilhard, "The Contingence of the Universe" (1953), *CE*, 225-6.

5 Teilhard, "Note on the Modes of Divine Action in the Universe" (1920), *CE*, 31.

6 Teilhard, "Pantheism and Christianity" (1923), *CE*, 57, 65.

7 Teilhard, "Introduction to the Christian Life" (1944), *CE*, 171.

8 Teilhard, "The Christian Phenomenon" (1950), *CE*, 202 참고.

야르는 전통적인 형태의 유일신론에는 관심이 없다. 진화하는 우주의 비전에 기초하여 그는 새로운 형태의 유일신론이 등장하기를 고대한다. 그것은 "더 이상 지배에 기초하지 않고 수렴에 기초하며, 그 수렴의 정점에서는 (다수성과 분산의 우주적 힘에 대한 사랑의 승리를 통하여) 사물들의 보편적 중심이 빛을 발하고 '충만하게 되는' 그러한 유일신론"이다.[9] 필자가 보기에 기독교 범신론이든 수렴에 기초한 유일신론이든 간에 테야르의 근본 비전은 동일하며, 그 비전은 오늘날 우리가 범재신론이라고 부르는 입장에 가깝다. 왜냐하면 테야르는 창조세계에 대한 하나님의 의존성과 초월성을 동시에 전제하기 때문이다. 그의 범재신론적 비전은 그가 남긴 말년의 저작 가운데서 가장 분명하게 드러난다.

> 정적 우주의 경우에는 어떠한 이론에 따르든 (작용인으로서) 창조주가 그가 하는 일로부터 구조적으로 독립적으로 존재하지만,…진화하는 우주의 경우에는 상황이 그 반대다. 말하자면, 하나님이 (일종의 형상인으로서) 우주발생의 수렴점과 일치하지 않는 한—물론 그 중심으로 환원되어 사라지지는 않아야 하겠지만—(구조적으로든 역동적으로든) 하나님에 관해서 상상할 수가 없다.[10]

하지만 테야르의 범재신론은 존재론적 필연의 원리를 하나님이 세계를 창조하는 방식에만 적용하고 세계의 존재 자체에는 적용하지 않는다는 점에서 상대적으로 온건한 형태라고 하겠다. 우리는 이러한 배경에서 "그의 존재의 완전함이 아니라 그의 수렴 활동의 완전함을 고려할 때, 창조세계가

---

9 Teilhard, "The Christian Phenomenon" (1950), *CE*, 203.

10 Teilhard, "The God of Evolution" (1953), *CE*, 239.

없다면 하나님에게 무엇인가 절대적으로 결여되어 있는 것처럼 보일 것"[11] 이라고 한 그의 말을 이해할 수 있다. 또한 테야르가 무로부터의 창조 교리를 거부한 것은 그의 관심이 우리의 경험 영역에 집중되었기 때문인 것으로 보인다.[12] 그럼에도 하나님과 창조세계의 관계에 대한 그의 입장이 하나님의 주권적 자유를 상당 부분 침해하고 있음은 부인할 수 없는 사실이다. 전통적인 유신론의 입장에 따르면, 하나님이 진화를 통해 우주를 창조하기로 결정했다거나 그렇게 허용했다고 말하는 것이 반드시 필요하다.[13] 비록 이 진술이 신정론 문제를 보다 복잡하게 만든다 하더라도 말이다.

다음으로 테야르의 종말론적 비전은 묵시적이기보다는 목적론적이다. 그가 우주 역사를 원뿔 이미지로 형상화하는 것을 보면 이러한 판단이 옳음을 확인할 수 있다.[14] 여기서 목적론이란 종말을 현재 세계에 내재한 잠재성이 발현된 결과로 보는 태도를 가리킨다. 비록 그가 우주의 수렴 과정에 저항하는 악의 존재를 인정한다고 하지만, 결국 악은 진화 과정의 완성에 진정한 위협이 되지는 못한다는 결론으로 귀결된다. 이러한 태도는 테야르가 지닌 또 다른 부적절한 경향성 곧 결정론적 사고와 긴밀하게 연관되어 있다.

한편으로 테야르의 비전은 지나치게 낙관적이어서 진화 과정의 모호한 실재를 진지하게 고려하지 못한다. 이에 대해 제프리 슐로스(Jeffrey Schloss)는 다음과 같이 지적한다.

---

11 Teilhard, "Christianity and Evolution" (1945), *CE*, 182.

12 Teilhard, "On the Notion of Creative Transformation" (1920?), *CE*, 23.

13 John Polkinghorne, ed., *The Work of Love: Creation as Kenosis* (Grand Rapids: Eerdmans, 2001; 『케노시스 창조이론』, 새물결플러스 역간) 참고.

14 Teilhard, "Figure 2: 'Modern' Type of Cosmogenesis" in "Reflections on Original Sin" (1947), *CE*, 194.

> 가장 심오한 차원의 진화론적 신정론은 단순히 진화 과정에서 나타난 고통의 정도나 고통의 역할만이 아니라, 생명의 진화적 상승에 따른 불가피한 결과로서 고통의 심화라는 문제를 수반한다. 따라서 사려 깊은 진화론적 추론의 결론은 획일적 낙관주의가 아니다. 오히려 진화의 역사가 그 필요성을 암시하지만 그 실현을 장담하지 못하는 그 무언가에 대한 두 마음을 품은 소원이다. 우리는 생명의 질을 증가시키는 생명 과정의 연속성을 바란다. 하지만 동시에 고통과 유기적으로 얽혀 있는 생명 상태로부터 근본적으로 단절하기를 바라면서, 생명을 축복함으로써 풍요롭게 하되 더 이상 고통을 더하지 않으시는 하나님에 의한 구속을 바라고 있다.[15]

다른 한편으로 테야르의 비전은 우리 인류의 갑작스러운 멸망으로 인해 우리가 예정된 오메가 포인트에 도달하지 못할 가능성에 대해서도 진지하게 고려하지 못한다. 예를 들어, 영국의 저명한 물리학자 마틴 리스(Martin Rees)는 "인류는 역사상 과거의 어느 때보다도 더 큰 위험에 처해 있다"고 전망한다.[16] 리스는 인류의 미래를 위협하는 두 가지 대표적인 위협을 구체적으로 적시하는데, 하나는 기술 발전의 결과로서 테러 혹은 실수에 따른 위협이고, 다른 하나는 자연적 원인이나 인공적 원인에 의한 환경 재앙의 위협이다. 요컨대 오늘날 우리는 인류의 역사가 완성에 이르지 못하고 멸망으로 치달을 가능성을 그 어느 때보다 현실적으로 인식하고 있다.

결국 우리는 테야르에게 있어 역사가 과연 진정한 의미에서 미래를 향해 열려 있는 것인지, 우리가 미래에 대해 진정 새로운 무언가를 기대할 수 없는 것은 아닌지 질문하게 된다. 테야르는 더 나은 진화를 위한 인간의 책

---

15 Jeffrey Schloss, "From Evolution to Eschatology," in *Resurrection: Theological and Scientific Assessments*, eds. Ted Peters et al. (Grand Rapids: Eerdmans, 2002), 78-79.

16 Marin Rees, *Our Final Hour* (New York: Basic Books, 2003), 188.

임을 강조함으로써 열린 미래의 가능성을 얼마간 확보한다. "앞으로 세워질 아치의 이맞돌은 우리 자신의 손에 들려 있다."[17] 하지만 이것만으로는 그의 사고를 전반적으로 지배하는 결정론적 경향성을 교정하는 데 충분치 않아 보인다. 테야르와 달리 우리는 우리의 미래가 인간의 자유만이 아니라 하나님의 자유에도 열려 있음을 충분히 강조할 필요가 있다. 하나님은 우리를 위해 우리가 현재 상황에서 전혀 기대할 수도 없는 진정 새로운 것을 준비하고 계신다. 이러한 이유 때문에 우리는 하나님의 은혜로 말미암아 새 창조가 시작되도록 기도하는 동시에 하나님의 계속 창조 사역의 충실한 동역자가 되기 위해 노력해야 한다.

마지막으로 테야르의 신학은 승리주의에 지나치게 도취되어 있어서 이 땅의 끔찍한 악을 있는 그대로 보지 못한다. 테야르는 자신의 견해가 지나치게 낙관적이라는 비판을 알고 있었고, 그 비판에 대해 자신이 제시하고자 한 것은 한 편의 목가적인 시가 아니라 우주적 드라마였음을 강조하면서 스스로를 변호했다. 그럼에도 그는 결국 진화 과정 가운데 악은 불가피하다는 점을 다시 한번 확인할 뿐이었다. "사실 지금까지 악은 적어도 명시적으로는 언급되지 않았다. 하지만 다른 한편으로 악은 내가 서 있는 체계의 모든 구석구석에, 모든 관절과 힘줄에 불가피하게 스며들어 있다는 사실은 분명하다."[18] 테야르는 이어서 무질서와 실패의 악, 분해의 악, 고독과 염려의 악, 성장의 악 등 네 가지 악이 진화 과정의 구조 속에 필연적으로 내포되어 있기 때문에 엄청난 규모로 출현할 수밖에 없음을 인정한다. 진화하는 우주는 "서로 연결되고 내재화되는 동시에 또한 바로 그 때문에 수고하고 죄를 짓

17 Teilhard, "Christianity and Evolution" (1945), *CE*, 180.

18 Pierre Teilhard de Chardin, "Some Remarks on the Place and Part of Evil in a World of Evolution," in *The Phenomenon of Man*, trans. Bernard Wall (New York: Harper & Brothers, 1959), 311.

고 고통을 당하는 우주"이며, "심지어 순수 생물학자의 눈에 보기에도 인간의 서사는 십자가의 길과 다름이 없다"고 말한다.[19]

결국 악을 창조 과정에서 발생하는 통계적으로 불가피한 부산물로 보는 테야르의 견해는 신정론 문제로 씨름하는 이들에게 충분한 대답이 되지 못한다. 일차적인 이유는 악에 대한 그러한 합리적 설명은 홀로코스트와 같은 끔찍한 공포에 대한 설명으로까지 확장될 수 없기 때문이다. 이러한 맥락에서 보자면, 제2차 세계대전 중 테야르가 보여준 윤리적 판단의 실패는 단순한 실수가 아니라 그의 내면의 확신이 자연스럽게 표출된 결과였다고 볼 수 있다. 몰트만은 테야르의 진화신학이 가진 약점을 다음과 같이 비판한다.

> 테야르는 진보에 대한 굳은 확신 속에서 진화 자체가 가진 모호성을 간과하였으며, 결과적으로 진보의 희생자들에 대해 전혀 주목하지 못했던 것으로 보인다. 진화는 언제나 선택을 의미한다. 많은 생명들이 최적자 곧 가장 능력 있고 가장 적응을 잘한 개체의 생존을 위해 희생당한다. 이런 식으로 변화된 환경에 적응할 수 있는 보다 고차원적이고 점점 복잡한 생명 체계가 발전해 나간다. 하지만 이러한 과정 속에 수억의 생명이 길가에 버려지고 진화의 쓰레기통으로 사라진다.…가장 높은 단계의 진화라 할지라도, 심지어 하나님의 충만이 있는 오메가 지점이라 할지라도, 진화의 희생자들을 미래를 위해 불가피한 촉진자들로 보는 견해를 정당화할 수는 없다.[20]

테야르는 십자가가 "우리를 위해 탁월한 정화 능력뿐 아니라 추진 능

---

19 Teilhard, "Some Remarks on the Place and Part of Evil in a World of Evolution," 313.

20 Jürgen Moltmann, *The Way of Jesus Christ: Christology in Messianic Dimensions* (Minneapolis: Fortress Press, 1993), 295, 297.

력을 갖고 있다"고 말한다.[21] 이것은 십자가가 진화 과정의 진행을 위해 반드시 필요하다는 것을 의미한다. 하지만 사실 역사 속에는 불필요한 것으로 보이는 십자가들, 역사의 진보와는 아무 상관이 없어 보이는 십자가가 많이 있다.[22] 십자가에 긍정적·창조적 차원이 있다는 테야르의 주장은 일면 타당하지만, 악은 여전히 인간의 지성에 의해 다 파악되지 않는 신비한 차원을 갖고 있다. 이러한 의미에서 악의 문제에 관한 한, 필자는 테야르의 십자가 이해보다 더 깊이 있고 통찰력 있는 십자가의 신학이 필요하다고 생각한다.[23] 아울러 우리는 테야르가 시도한 것보다 구속의 부정적 측면, 혹은 창조완성의 구속적 측면을 더욱 부각시킬 필요가 있다. 몰트만은 다음과 같이 주장한다.

> 하나님은 자신이 창조하신 것 가운데 아무것도 잊어버리지 않으신다. 그분에게서 상실되는 것은 아무것도 없다. 그분은 모든 것을 회복하실 것이다.…하나님의 새 창조의 폭풍우는 하나님의 미래로부터 나와서 죽은 자들이 가득한 역사의 들판을 휩쓸며 마지막 남은 모든 피조물을 일깨워 불러 모은다.[24]

---

21 Teilhard, "What the Church is Looking for from the Church at this moment" (1952), *CE*, 217.

22 이와 관련하여 예수 그리스도의 십자가가 신화적 속죄양 만들기를 집단적 자기 기만의 결과로 드러내고 폐기했다고 보는 르네 지라르의 명제는 통찰력이 있다. René Girard, "Violence, Scapegoating and the Cross," *The Evolution of Evil*, eds. Gaymond Bennett et al. (Göttingen: Vanderhoeck & Ruprecht, 2008), 334-48.

23 George Murphy, "Cross, Evolution, and Theodicy," *The Evolution of Evil*, 349-65; Niels Henrik Gregersen, "The Cross of Christ in an Evolutionary World," *Dialog: A Journal of Theology* 40:3 (fall 2001), 192-207.

24 Moltmann, *The Way of Jesus Christ*, 303.

아서 피콕과 볼프하르트 판넨베르크는 테야르의 선구적인 작업을 이어받으면서도 앞서 지적한 그의 문제점을 나름 적절하게 극복했다고 필자는 생각한다. 동시에 그들은 고유한 형이상학을 발전시키면서 독창적인 진화신학을 추구했다. 우리는 두 사람의 진화신학을 비교·분석하면서 진화신학이 앞으로 나아갈 방향을 가늠해 볼 수 있다.

자연주의적 진화신학을 대표하는 피콕은 과학이 밝혀낸 자연적 과정의 규칙성과 닫힌 인과관계의 그물망을 강조하면서, 과학적 자연주의가 자연 세계에 대한 참된 그림을 제공해준다고 전제한다. 이러한 맥락에서 그는 자연 과정 안에서 그 과정을 통해 활동하시는 하나님에 대한 이해, 곧 자연주의적·내재주의적·범재신론적 사고를 발전시킨다. 반면에 종말론적 진화신학을 대표하는 판넨베르크는 성서의 실재 이해에서 출발해서, 자연 과정이 지닌 우발성과 미래를 향한 개방성을 강조하면서, 과학자들이 밝혀내는 자연법칙은 본질적으로 우발적인 자연 세계에 대한 제한된 근사치를 넘어설 수 없다고 주장한다. 이와 관련해서 판넨베르크는 종말론적 미래의 인력 혹은 역행적 능력으로서 하나님의 활동에 대한 종말론적 이해를 제안한다.

실재에 대한 이해에 있어 피콕과 판넨베르크 간의 이러한 차이는 진화 과정에서 새롭게 창발한 현상에 대한 그들의 상이한 견해에도 영향을 미친다. 피콕은 우연과 법칙의 상호작용이 진화의 창조적 과정을 설명하는 데 충분하다고 생각한다. 따라서 하나님은 진화 과정을 존속시키고 그 과정을 지속적으로 가능케 하는 존재로만 그려진다.[25] 한편 판넨베르크에 따르면 창발적 진화의 과정은 언제나 성령의 창조적 장을 전제하고 있다. 그는 오

---

25 Peacocke, *All That Is*, 20.

메가 포인트의 끌어당기는 힘으로서 성령을 통해 진화 과정의 일반적 우발성만이 아니라 창발적 새로움도 설명할 수 있다고 본다.

마찬가지로 진화 과정에서 발생하는 악의 문제와 관련해서 자연주의적 범재신론을 주창하는 피콕은 하나님이 피조물들과 함께 고통받는다는 십자가의 신학을 포용하는 한편, 종말론적 구속이 적절한 응답이 될 수 있다고 보지 않는다. 반면에 판넨베르크는 초월적 오메가의 변혁적 능력을 주장하면서 악의 문제에 대한 궁극적인 대답은 오직 종말론적 완성에서만 가능하다고 보지만, (신정론의 문제와 관련해서) 고통받는 하나님에 관한 최근의 신학적 논의는 그다지 진지하게 고려하지 않는다.

나는 피콕과 판넨베르크 간의 이러한 차이점이 과학과 신학의 대화에 참여할 때 그들의 출발점이 서로 다르다는 사실에서 비롯되지 않았는가 하는 의구심을 갖고 있다. 한 사람은 자연 세계에 대한 과학적 통찰에서 출발해서 거기로부터 실재를 닫힌 인과관계의 그물망으로 보는 형이상학적 이해를 도출하고(과학적 자연주의), 나아가 그러한 실재 이해에 상응하여 하나님의 활동에 대한 이해를 발전시킨다. 그리고 다른 사람은 역사의 하나님에 대한 성서적 통찰에서 출발해서 거기로부터 실재를 미래를 향해 열려 있는 역사로 보는 형이상학적 이해를 도출하고(종말론적 존재론), 나아가 그러한 실재 이해를 자연 세계를 해석하는 큰 틀로 활용한다.

물론 이 두 출발점은 서로 배타적이지 않다. 로버트 존 러셀(Robert John Russell)이 제안하듯, 이 두 출발점은 창조적인 상호작용의 관계 속에 들어갈 수 있다.[26] 그렇다면 문제는 피콕과 판넨베르크가 단순히 다른 지점에서 출발했다는 사실이 아니라, 그들이 결과적으로 실재의 본성과 관련해서 상충

---

26 로버트 존 러셀이 제안하는 신학과 과학 사이의 창조적 상호작용(Creative Mutual Interaction, CMI) 모델에 관해서는 Robert John Russell, *Cosmology: From Alpha to Omega* (Minneapolis: Fortress, 2008), 20-24를 참고하라.

하는 형이상학적 이해에 도달했다는 점이다. 이러한 갈등 관계를 어떻게 풀어낼 수 있을까?

필자가 볼 때, 이 문제를 해결하기 위해서는 두 가지 요점을 분명히 할 필요가 있다. 첫째로 피콕의 과학적 자연주의는 과학적 주장이 아니라 과학적 통찰을 대하는 철학적 성찰에 기초한 형이상학적 주장이라는 점이다. 이와 관련해서 우리는 방법론적 자연주의와 과학적 자연주의의 구분을 더 확고히 할 필요가 있다.[27] 둘째로 기독교 신학의 내용적 규범인 예수 그리스도의 복음은 특정한 실재 이해를 내포하고 있다는 사실이다. 나는 예수 그리스도의 복음이 무엇보다도 창조세계의 종말론적 완성에 대한 하나님의 약속으로 해석되어야 한다고 생각한다. 복음에 대한 이러한 종말론적 해석에 따르면, 실재는 본질적으로 우발적이며 미래에 실현될 근본적 변혁에 열려 있다. 예수 그리스도의 복음에 관한 종말론적 해석은 진화신학을 발전시킴에 있어 기독교 신앙에 핵심이 되는 종말론적 관점을 진지하게 고려할 것을 요청한다.

이 두 가지 요점은 피콕의 자연주의적 진화신학보다 판넨베르크의 종말론적 진화신학이 더 전망 있는 신학적 접근임을 보여준다. 따라서 만약에 자연주의적 실재 이해(과학적 자연주의)만이 아니라 역사적 실재 이해(종말론적 존재론) 역시 과학적 통찰과 양립 가능하다면, 전자보다는 후자를 택하는 것이 더 현명해 보인다. 왜냐하면 후자가 전자보다 기독교 신학의 규범인 예수 그리스도의 복음에 더 충실하기 때문이다.

---

27 Ronald L. Numbers, "Science without God: Natural Laws and Christian Beliefs," in *When Science and Christianity Meet*, eds. David C. Lindberg and Ronald L. Numbers (Chicago: University of Chicago Press, 2003), 266, 320n2. 넘버스에 따르면 '방법론적 자연주의'란 표현을 처음 사용한 사람은 폴 드 브리스(Paul de Vries)다. 드 브리스는 1983년 한 학회에서 발표한 논문에서 이 표현을 처음 도입했으며, 이 논문은 "Naturalism in the Natural Sciences," *Christian Scholar's Review* 15 (1986), 388-96으로 출판되었다.

진화 과정에서 발견되는 새로운 현상의 창발 및 하나님이 악의 실재에 대해 갖는 관계와 관련해서도, 나는 종말론적 신학이 자연주의적 신학보다 더 포괄적인 신학적 대답을 제시해 준다고 생각한다. 이 점에서 유신진화에 대한 테드 피터스(Ted Peters)와 마르티네즈 휼릿(Martinez Hewlett)의 비판적 언급은 매우 적절하다고 사려된다. 피터스와 휼릿은 특히 두 가지 약점을 지적하는데, 첫째는 그들이 구속 교리를 상대적으로 소홀하게 다룬다는 점이고, 둘째는 신정론 문제를 자연적 과정으로 환원시킨다는 점이다.[28] 이 두 가지 비판 모두 피콕의 자연주의적 진화신학에 타당하게 적용된다. 필자 또한 진화 과정이 구속적 미래에 대해 열려 있음을 강조할 필요가 있으며, 아울러 창조세계 전체의 종말론적 구속이 없다면 신정론 문제에 대한 최종적인 대답도 있을 수 없다고 생각한다.

하지만 판넨베르크의 종말론적 진화신학은 그 자체로는 불완전해 보인다. 특히 피터스가 올바르게 지적하듯이, 물리학의 역장을 성령과 문자적으로 동일시하는 판넨베르크의 시도는 신학적으로 받아들이기 어렵다.[29] 또한 그의 진화신학에서 부활의 주제와 달리 십자가의 주제가 상대적으로 소홀하게 취급되는 점 역시 간과해서는 안 될 것이다. 필자가 볼 때, 십자가의 신학은 종말론적 구속의 비전에 더하여 진화 과정에서 희생당한 피조물들에 대한 하나님의 연대와 동정을 이야기함으로써 판넨베르크의 진화신학에 깊이를 더할 수 있다.[30] 따라서 종말론적 진화신학에 십자가의 신학의 요소를 포함시키는 것이 앞으로 신학 연구가 나아가야 할 방향이라고 전망한다.

---

28 Ted Peters and Martinez Hewlett, *Evolution from Creation to New Creation: Conflict, Conversation, and Convergence* (Nashville: Abingdon, 2003), 158.

29 Ted Peters, "Introduction" to Wolfhart Pannenberg, *Toward a Theology of Nature: Essays on Science and Faith* (Louisville: Westminster/John Knox, 1993), 14.

30 Moltmann, *The Way of Jesus Christ*, 302-305 참고.

"보라 내가 만물을 새롭게 하노라."
요한계시록 21:5

제5부

지붕 잇기:
과학 시대 창조 신앙

제17장

과학을 품는 성숙한 신앙

오늘날 우리는 21세기 과학 시대에 살고 있다. 21세기 과학 시대는 17-18세기 과학 혁명의 시대에 큰 빚을 지고 있지만 과거와는 크게 다른 양상을 보여준다. 과학 혁명의 시대가 근대 과학이 본격적으로 시작되면서 근대 이전의 세계관을 대체해 나가던 혼란의 시기였다면, 오늘날 과학 시대는 과학적 세계관이 사회문화 전반에서 지배적 영향력을 행사하고 있는 안정된 시기라고 하겠다. 과학 혁명의 시대에는 여전히 전통적 세계관과 과학적 세계관이 치열하게 경쟁하고 있었지만, 과학 시대에는 전통적 세계관이 아직까지 완전히 소멸한 것은 아니지만 과학적 세계관과 경쟁할 만큼의 영향력을 더는 갖고 있지 않다.

이것은 비단 서구 사회만의 이야기가 아니고, 오늘날 한국사회에도 해당되는 이야기다. 지난 20세기에 대한민국은 본격적으로 과학기술의 발전에 매진하였고, 그 결과로서 오늘날 서구에 뒤지지 않는 과학기술을 보유하고 있다. 물론 오늘날에도 적잖은 기성세대는 전통적 세계관에 기대어 살아가고 있다. 하지만 21세기에 태어난 다음세대는 기성세대와는 전혀 다른 세계, 전혀 다른 사회문화 속에서 성장하고 있다. 아마도 한국사회의 다음세대는 과학적 세계관을 당연시하며 살아갈 것이다. 그런 의미에서 21세기 기독교 신앙은 과학 시대를 진지하게 고려해야 한다.

변화하는 세계관의 도전 앞에서

근대 과학 혁명의 유산을 계승한 과학 시대의 세계관은 근대 이전의 세계관과 판이하게 다르다. 대표적인 예로 천동설이 지동설로 대체된 것을 들 수 있다. 16세기 코페르니쿠스 이전까지 사람들은 대체로 지구가 우주의 중심에 자리하고 있고 천체가 지구를 중심으로 공전한다고 보는 프톨레마이오스의 천동설을 받아들이고 있었다. 하지만 코페르니쿠스는 천체가 지구를 중심으로 공전하는 것이 아니라 지구를 비롯한 여러 행성이 태양을 중심으로 공전하고 있다는 주장의 과학적 근거를 제시했다. 지동설은 지구가 우주의 중심이 아니라는 점을 내포하고 있었는데, 이것이 당시 사람들 중 대다수가 가진 세계관에 큰 충격을 안겨주었던 것이다.

코페르니쿠스의 지동설 외에도 이후 과학의 발전은 세계관에 수많은 변화를 가져왔다. 17세기에 아이작 뉴턴은 땅은 물론이고 하늘을 포함한 우주 전체가 수학적 법칙에 따라 움직인다는 사실을 논증하였고, 19세기에 찰스 다윈은 다양한 생물이 공통조상으로부터 오랜 시간의 자연적 과정을 통해 점진적으로 출현했다는 사실을 보여주었다. 지난 세기에는 천문학자들과 천체물리학자들이 우리가 살고 있는 우주 역시 현재의 모습 그대로 처음부터 계속 존재해온 것이 아니라 아주 미미한 시작점으로부터 역동적으로 변화해왔음을 보여주었다. 오늘날에는 자연이 영원하고 반복적인 순환 속에 있다는 생각을 더 이상 받아들이지 않는다. 자연도 인간 사회와 마찬가지로 돌이킬 수 없는 역사적 과정을 밟고 있다는 사실이 분명해졌기 때문이다.

최근에는 구글의 빌 게이츠 재단이 지원하는 빅 히스토리 프로젝트가 최근까지 과학의 발전을 집대성하여 묘사한 하나의 큰 그림(세계관)을 대중적으로 확산시키는 일을 하고 있다. 고품질의 온라인 강좌를 무료로 제공하고 있는 빅 히스토리 프로젝트의 홈페이지 첫 문장은 다음과 같다.

> 큰 그림을 공유하고 많은 다양한 관점에서 세상을 보도록 중고등학교 학생들에게 도전함으로써, 학생들이 배움에 대한 더 큰 사랑을 갖게 하고, 우리가 어떻게 여기에 이르게 되었는지, 우리가 어디로 가고 있는지, 그들이 그 안에 어떻게 위치하고 있는지를 그들이 더 잘 이해할 수 있도록 돕기를 우리는 희망한다.[1]

비슷한 맥락에서 국내 고등학교 교과과정에서는 지난 2015년부터 우주의 시작에서 출발하여 현재까지 이르는 큰 이야기를 줄거리 삼아 여러 과학 분야를 통합해서 가르치는 『통합 과학』 교육을 실시하고 있다. 따라서 우리는 상당수의 다음세대가 빅뱅에서부터 시작하는 과학적 세계관을 표준적인 세계관으로 배우며 성장할 것이라고 예상할 수 있다.

---

1 홈페이지 https://school.bighistoryproject.com/bhplive (2019년 7월 30일 접속). 빅 히스토리 프로젝트는 우주의 시작점에서 출발해서 현재에 이르기까지 빅뱅, 별의 탄생, 새로운 화학원소의 생성, 태양계와 지구의 형성, 생명의 출현, 집단 학습의 출현, 농업 혁명, 근대 혁명 등 크게 8단계의 임계 국면을 중요하게 다룬다. Kevin Shane, "The Big History Project Teaches The Story of Humanity with Game Based Learning" (December 13, 2013), http://www.gamification.co/2013/12/13/big-history-project/ (2019년 7월 30일 접속)에 소개된 이미지를 참고하라.

눈높이 맞춤

변화하는 세계관과 관련해서 가장 먼저 기억할 점은 과학적 세계관이 (우리가 이 책의 제II부에서 다룬) 기독교 창조론의 핵심 진리와 별로 연관되어 있지 않다는 사실이다. 오히려 과학적 세계관은 창조론의 핵심 진리를 전달하는 매개 혹은 수단과 관계되어 있다. 이미 성서 시대로부터 하나님의 백성은 그들이 믿는 신앙의 핵심 내용을 당대의 세계관과 통합하여 신앙 진리에 대한 이해력과 설득력을 강화해왔다. 과학 시대에 기독교 신앙 역시 변화하는 세계관과 적극적으로 대화하면서, 그것을 기독교의 핵심 진리를 보다 효과적으로 전달하는 매개 혹은 수단으로 삼을 필요가 있다.

다시 강조해서 말하지만, 현대 과학이 제시하는 세계관은 대체로 기독교 신앙의 핵심에 자리하고 있는 예수 그리스도의 복음과 직접적인 상관이 없다. 복음의 핵심과 직접적 상관이 없는 현대 과학의 세계관이 예수 그리스도의 복음을 전달하고 수용하는 일에 장애물이 될 이유가 없다. 현대 과학의 세계관을 당연시하는 다음세대는 오히려 과학적 세계관을 매개로 예수 그리스도의 복음을 새롭고 더 풍성하게 이해할 수 있을 것이다. 본질적 진리를 이해하기 위해 비본질적 영역에서는 성육신적 적응 곧 눈높이 맞춤 전략이 필요할 때도 있다.

성서의 저자들은 당대의 언어와 문화와 과학적 지혜를 적극적으로 활용하여 당대의 청중과 독자에게 하나님의 말씀을 효과적으로 전달할 수 있었다. 이것은 이후 모든 성서적 신앙인의 경우도 동일하게 적용된다. 성서 저자들의 주된 관심은 온 세상을 창조하고 섭리하고 구원하시는 하나님의 계획과 성품에 대해 알리는 것이었지만, 이 목적을 실현하고자 당대의 사람들에게 효과적으로 다가가기 위해 그들의 사고방식·언어·세계관·문화 등을 적극적으로 활용했다. 오늘날 신앙인에게 필요한 것은 성서의 저자들과 이전의 모든 신학자가 그러했던 것처럼 우리 시대의 사고방식과 세계관과 문화를 적극적으로 활용하여 하나님의 말씀을 우리 시대의 새로운 언어로 새롭게 이해하고 표현하는 것이다.

그런 점에서 현대 과학이 밝혀낸 창조세계의 구체적인 모습 및 자연의 역사와 메커니즘이 기존에 생각하고 있던 것과 다르다고 해서, 그것을 기독교 신앙에 대한 직접적인 공격으로 받아들이는 것은 곤란하다. 오히려 우리는 이 상황을 우리 시대의 그리스도인들이 응당 감당해야 할 과제 혹은 도전으로 보는 것이 필요하다. 우리는 성서와 기독교 전통 안에서 하나님에 관한 영원한 진리와 시대적·문화적 한계를 가진 세계 이해를 혼동하지 말아야 한다. 현대 과학이 과거와는 다른 새로운 세계관을 제시할 때, 현대 과학을 거부하고 과학 이전의 세계관을 고수하며 그것이 마치 하나님의 영원한 진리인 양 고집하는 것은 무척이나 어리석은 일이다.

그런 점에서 과학 시대의 기독교 신앙은 신학과 과학 간의 적절한 관계에 대한 기본적인 이해를 갖추고 있어야 한다. 신학과 과학이 서로 갈등 관계에 있다고 보는 것도, 서로 무관하다고 보는 것도 바람직하지 않다. 과학 시대의 기독교 신앙은 예수 그리스도의 복음에 대한 확고한 믿음 안에서 현대 과학이 제시하는 세계관을 포용할 수 있는 능력을 배양해야 한다. 현대 과학이 이야기하는 빅뱅에서부터 오늘날까지의 빅 히스토리는 방법론적 자연주의의 원칙에 따라 자연 세계의 물리적 측면을 설명한다. 빅 히스토리가 이야기하는 세상은 신앙의 눈으로 볼 때 하나님이 창조한 세상이요, 죄와 악이 가득한 세상이요, 예수 그리스도를 통해 구속된 세상이요, 종국에는 새 창조를 통해 완성될 세상이다. 현대 과학의 빅 히스토리와 성서의 하나님 나라 이야기는 서로 상충되는 것이 아니다. 두 이야기는 하나님이 창조하신 하나의 세계를 서로 다른 관점에서 바라보고 서로 다른 언어로 서술하고 있다. 과학 시대 기독교 신앙은 빅 히스토리를 품고서 그것을 예수 그리스도와 하나님 나라의 복음이라는 관점에서 재해석해낸 기독교적인 세계관을 발전시켜야 한다.

성서에 대한 최근 연구의 활용

지난 수백 년 동안 수많은 성서학자들과 교의학자들은 신실한 기도와 학문적 열정 가운데 성서와 기독교 전통에 대한 보다 폭 넓고 깊이 있는 이해를 발전시켜왔다. 하지만 한국교회는 대부분 지난 수 세기 동안 성서 이해 및 신학적 이해가 어떻게 발전해왔는지에 대해 제대로 알고 있지 못한 것처럼 보인다. 오히려 과거 종교개혁 시대 혹은 이후 정통주의 시대의 성서 해석과 교리 전통을 불변하는 진리로 인식하고 거기에서 벗어나는 새로운 성서 해석과 신학 전통을 정죄하는 보수적인 일부 신학자들의 경향을 고수하고 있다. 그래서 종교개혁자들보다 더욱 경직된 문자주의적 성서 해석과 근본주의적 교리 전통에 집착한다.

혹자는 일반 그리스도인들이 신학교에서나 배우는 성서 주석 방법이나 신학 이론을 배울 여유도 없고 그럴 필요도 없다고 말할는지 모르겠다. 나는 이러한 생각이 매우 안일하고 무책임한 태도라고 생각한다. 학교에서 우리는 최근의 과학 이론을 배운다. 하지만 교회의 교육 현장에서는 기성세대가 어린 시절에 배웠던 내용을 거의 그대로 답습하고 있다. 한국교회 전반에 걸쳐 새로운 성서 해석과 최근의 신학 이론에 대해서 배우려는 의지나 노력을 찾아보기가 쉽지 않다. 단적인 예를 하나 들자면, 과학 교과서의 경우 수시로 업데이트가 이루어지지만,[2] 그리스도인들이 주로 참고하는 해설

---

2 예를 들어 필자가 학창 시절 생물 수업 시간에 배운 생물 분류방식은 린네의 정적인 분

성서의 경우 수십 년 동안 내용상에 아무런 변화가 없는 경우가 대부분이다. 오히려 전문적인 성서 연구가 발달하기 이전의 전통적인 해석을 고수하는, 시대착오적인 오류투성이의 해설 성서가 여전히 대중적으로 널리 보급되고 있다.

이런 점에서 한국교회의 그리스도인들의 지성은 정치·경제·사회·문화·과학·기술 등 여러 분야에서 이미 상당한 정도로 성숙했지만, 유독 성서 해석 및 신앙 이해에 있어서만은 아직도 미숙한 단계에 머물러 있는 경우가 많이 있다. 과학 교육을 제대로 받은 사람이라면 비록 과거에 배운 과학 이론의 구체적 내용을 대부분 잊어버렸다고 할지라도, 일상생활에서는 과학적이고 합리적인 방식을 따라 사고하고 판단할 것이다. 하지만 최근까지도 한국교회 안에서는 성서의 문자적 진리나 교리의 명제적 진리를 주입하는 식으로 교육이 이루어지고 있을 뿐, 해석학적 사고나 신학적 훈련은 거의 이루어지지 않고 있다. 기성세대와 다음세대를 불문하고 많은 그리스도인들이 변화하는 세계관과 변화하는 시대상황 속에서 성서를 시의 적절하게 해석하고 하나님의 뜻을 찾아 나서기보다는, 이미 알고 있는 명제적·문자적 진리를 고집하며 변화를 거부하는 경향을 보이는 것은 이와 같은 신학적 미숙함 때문이다.

따라서 과학 시대의 기독교 신앙은 문자주의적 성서 해석과 근본주의적 교리 신학을 극복할 필요가 있다. 그 대안으로 성서 비평을 포함하여 최근의 성서학 연구 결과를 적극적으로 활용하는 한편, 그것을 넘어서 또한 스스로 공동체적으로 성서를 해석하면서 신학적 사고를 전개할 수 있는 능

류체계를 따랐다. 하지만 최근의 생물 교과서는 진화론적 계통 관계를 토대로 분기도를 활용한 분류체계를 가르치고 있다. 아이뉴턴 엮음, 『비주얼 생물: 중·고등학교 생물의 핵심을 비주얼로 확인한다』 (서울: 아이뉴턴, 2016), 76; Eugene C. Scott, *Evolution vs. Creationism: An Introduction*, 2nd ed. (Berkeley: University of California Press, 2009), 46. 분기도에 대한 보다 자세한 설명은 닐 캠벨 외, 『생명과학』, 342-348 참고.

력을 배양해야 한다. 구체적으로는 최근까지의 성서학 연구가 반영된 해설 성서나 최근의 성서신학적 연구 성과를 소개하는 단행본을 선정하여 함께 학습하는 방식을 생각할 수 있다.[3] 나는 신학 전공자만이 아니라 모든 그리스도인이 성서신학의 최근 동향에 대한 기본적인 내용을 숙지할 필요가 있다고 생각한다. 물론 성서 안에서 하나님의 살아 있는 말씀을 듣는 일을 성서에 대한 학문적 연구로 대체하려고 한다면 그것은 지적으로나 신앙적으로 교만한 일이지만, 성서에 대한 엄밀하고 정직한 지적 탐구의 성과를 무시한 채 성서의 진정한 메시지를 읽으려고 한다면 그것은 지적으로나 신앙적으로 태만한 일이 될 것이다.

성서에 대한 올바른 해석을 추구하는 그리스도인들은 성서가 형성된 과정, 성서의 기본적인 줄거리, 성서 각 권이 기록된 역사적 배경, 성서에 기록된 글의 다양한 문학 장르, 때로는 공명하지만 때로는 상충하는 다양한 신학적 관점 등 성서의 문자를 보다 정확하게 이해하도록 돕는 기본적인 지식과 소양을 함께 배우며 익힐 필요가 있다. 이 과정을 통해서 성서 본문의 피상적인 의미가 아니라 그 이면을 관통하는 진리, 곧 예수 그리스도의 복음과 삼위일체 하나님에 관한 진리를 볼 수 있는 안목을 길러야 한다. 성서의 문자를 관통해서 하나님의 진리에 이르는 과정은 결코 쉬운 일이 아니다. 성령의 조명이 있어야 하고 전문가의 도움도 필요하다. 오늘의 기독교 신앙은 이미 주어진 정답을 암기하는 정체된 신앙이 아니라, 신·구약 성서

3 예를 들어 대한성서공회는 지난 2000년대 초반 전문 성서학자들의 최근 학문적 업적을 반영한 『관주·해설 성경전서』를 편찬해냈다. 『관주·해설 성경전서』는 성서의 각 책과 각 단락에 대한 역사비평·문학비평·신학비평의 연구 성과를 엄선하여 담고 있으며, 문자주의적 성서 해석을 극복하는 한편 신학적 사고를 결여한 단순한 역사적 연구를 넘어서는 데도 도움을 준다. 성서신학 단행본으로는 Bruce C. Birch et als., *A Theological Introduction to the Old Testament*, 브루스 버치 외 지음, 차준희 옮김, 『신학의 렌즈로 본 구약개관』 (서울: 새물결플러스, 2016)을 예로 들 수 있다.

를 관통해서 살아 역사하시는 하나님의 뜻을 분별하고 실천하는 역동적 신앙으로 탈바꿈해야 한다.

이와 관련해서 우리는 두 가지 사실을 기억할 필요가 있다. 첫째로 기독교 신앙은 과학보다 더 심오한 진리를 다룬다. 둘째로 기독교 신앙은 단지 맹목적으로 믿는 신앙이 아니라 이해를 추구하는 신앙이다. 과학적 진리보다 더 심오한 진리에 접근하고 그것을 이해하고 그것을 가르치는 일은 과학적 진리를 이해하고 가르치는 일보다 더 깊은 차원을 요구한다. 신앙의 진리는 단순히 머리로 암기하고 입으로 고백하는 것으로만 소화될 수 있는 명제적 진리가 아니다. 물리적·자연적 원인을 다루는 자연과학의 진리와 달리 신앙의 진리는 눈에 보이지 않는 하나님의 속성과 계획을 다룬다. 삼위일체 하나님을 믿는 그리스도인이 그 신앙하는 내용을 이해하기 위해 분투하는 것은 지극히 당연한 일이다. 이것은 비단 전문 신학자와 목회자에게만 해당하지 않고, 모든 그리스도인에게 공통적으로 적용되는 진리다. 교회는 예수 그리스도의 복음과 삼위일체 하나님에 대한 진리를 이해하기 위해 진력하는 신학 공동체가 되어야 한다. 신학은 하나님을 아는 지식으로서 신학자만의 전유물이 아니라 모든 신자에게 부과되는 책무인 것이다.

과학에 대한 막연한 적대감 극복

한편으로 한국교회 안에는 현대 과학에 대해 전문적인 지식을 가진 사람이 그리 많지 않다. 과학을 공부하는 것을 좋아하는 사람보다 힘들어하는 사람이 더 많은 것이 현실이다. 하지만 현대 과학에 대해 무지하다는 사실 자체는 기독교 신앙과 관련해서 큰 문제가 되지 않는다. 문제는 적잖은 그리스도인들이 현대 과학을 공부하는 것이 신앙에 걸림돌이 되거나 신앙을 위협할 수 있다는 막연한 생각 때문에 과학에 무관심하거나 거부감을 갖고 있다는 사실이다. 결과적으로 지금까지 한국교회의 기독교 신앙은 현대 과학 이론을 전혀 언급하지 않거나 혹은 부정적으로 취급하면서, 대체로 과학에 무관심하거나 적대적인 태도를 취해왔다고 하겠다.

한국교회 현장에 현대 과학에 대한 반감이 보편적으로 확산된 배후에는 필자가 볼 때 지난 20세기 초에 미국 법정에서 벌어졌던 창조론-진화론 논쟁의 역사가 자리하고 있다.[4] 사실 창조 신앙과 과학의 관계는 이 논쟁의 역사가 보여주는 것보다 훨씬 더 복잡하고 다차원적이다. 하지만 적어도 한국교회의 현실을 생각하면 이 논쟁의 역사적 중요성을 과소평가할 수 없다. 지난 100년 동안 상당수의 미국 그리스도인들이 진화론을 학교 교육에서 몰아내거나, 진화론과 함께 창조과학을 병행해서 가르치거나, 혹은 진화론의 과학적 한계를 강조해서 가르칠 것을 주장해왔다. 그렇게 했던 가장 결정적인 이유는 진화론과 창조 신앙이 양립할 수 없다고 믿었기 때문이다. 하지만 그들의 모든 노력은 결국 세속 법정에서 수포로 돌아가고 말았다. 하지만 이 오랜 논쟁의 과정에서 진화론과 창조론이 양립할 수 없다는 오해가 많은 그리스도인들의 뇌리에 박히게 되었고, 그러한 오해는 결과적으로

---

4 미국 사회에서 진화론과 창조설 간의 갈등을 둘러싼 법정 공방의 역사에 관해서는 Eugene C. Scott, *Evolution vs. Creationism*, 97-164를 보라. 다윈의 고향인 영국에서 진화론을 가르치는 과학 교과서를 둘러싼 논쟁은 미국과는 다른 양상으로 전개되었다. 영국 교회는 진화의 사실은 기본적으로 수용하되, 진화의 메커니즘에 관한 한 (전통적인 목적론과 양립하기 어려워 보이는) 다윈의 자연선택 이론을 대신하여 다른 대안 이론을 선호하여 가르치는 입장을 취했다. 하지만 이러한 입장 역시 오늘날 대다수의 생명과학자들이 인정하고 있는 진화의 메커니즘에 관한 자연선택 이론을 기독교 신앙과 통합하는 데 실패함으로써 오히려 리처드 도킨스와 같은 진화무신론자 그룹의 등장을 촉발했다. 지난 20세기 영국에서 청소년들을 대상으로 진화론과 종교를 어떻게 가르쳐왔는지에 대해서는 다음을 참고하라. Brian Alan Thomasson, "Darwinism and Religion in England's State Secondary Schools, 1920-1980" (Ph.D. dissertation, University of California, Santa Barbara, 2014).

현대 과학에 대한 불신과 거부감으로 이어졌다. 그러나 과학적으로 확고한 입지를 갖고 있는 진화론에 대한 거부의 태도는 불가피하게 과학 시대의 현실과 충돌할 수밖에 없다.

하지만 교회 안에서 성서 비평을 수용하면서 그것을 넘어서는 성숙한 신앙에 이를 수 있다면, 현대 과학에 대한 막연한 반감을 극복하는 것이 가능케 하는 기본적인 신학적 토대를 확보할 수 있다. 왜냐하면 역사비평 이후의 성서신학이 현대 과학 이론과 직접적으로 충돌하는 경우를 거의 찾아볼 수 없기 때문이다. 이러한 토대 위에서 창조 신앙은 현대 과학을 품을 수 있다.

요컨대 과학 시대의 창조 신앙은 과학 시대의 상식을 적극적으로 품을 필요가 있다. 구체적으로 우리는 성서가 제시하는 하나님 나라 이야기와 현대 과학이 제시하는 우주와 생명과 인간에 대한 빅 히스토리를 함께 품는 방안을 모색할 수 있다.[5] 문자주의적 해석을 고집하는 일부 창조설 주창자들의 우려와 달리, 과학의 언어와 구별되는 성서의 언어 내지 종교적 언어가 시적·은유적·문학적 특성을 띠고 있다는 사실만 기억한다면 우리는 현대 과학을 품는 기독교 신앙을 정립하는 데 큰 어려움을 겪지 않을 것이다.[6]

---

5 미국의 기독교 학교에서 진화생물학을 가르치는 한 기독인 교사의 경험담에 대해서는 다음을 참고하라. Eric Kretschmer, "A Tale of Two Worldviews: Being a Biology Teacher in a Christian School," *Biologos* (2013.2.4.),https://biologos.org/blogs/archive/a-tale-of-two-worldviews-being-a-biology-teacher-in-a-christian-school (2019년 7월 30일 접속).

6 지난 세기 저명한 구약학자인 버나드 앤더슨은 종교적 언어와 과학적 언어가 서로 변환될 수 없다는 점을 강조한다. Bernhard W. Anderson, *From Creation to New Creation: Old Testament Perspectives* (Minneapolis: Fortress, 1994), 102. 종교 언어의 고유한 특성 및 종교 언어와 과학 언어의 유사점과 차이점에 관해서는 Sallie McFague, *Metaphorical Theology: Models of God in Religious Language* (Minneapolis: Fortress, 1985)을 참고하라.

여기서 한 걸음 더 나아가, 과학이 종교적으로 중립적일 뿐 아니라 과학 이론에 대한 무신론적 해석도 가능한 것과 마찬가지로, 과학 시대 기독교 신앙의 관점에서 과학 이론에 대한 유신론적 해석도 충분히 가능하다는 점을 분명히 할 필요가 있다. 예를 들어, 기독교 신앙에 대한 이야기 속에 빅 히스토리에 대한 과학 이론을 수용하면서 현대 과학이 밝혀낸 세계가 다름 아닌 우리가 신앙하는 삼위일체 하나님이 창조한 세계라는 점을 역설하는 것이다. 뉴턴은 자연 세계를 과학적으로 탐구함으로써 하나님이 자연 세계에 새겨 두신 법칙을 발견할 수 있다고 생각하면서, 자연과학을 통해 하나님의 손으로 만드신 작품을 알아간다는 사실에 기뻐했다. 마찬가지로 오늘날 우리는 하나님이 창조하신 광대한 시공간의 우주와 다양하고 복잡한 생명 현상을 탐구하는 일에 헌신하는 과학자들의 노고를 치하하는 가운데, 그들의 연구 성과를 적극적으로 받아들이면서 창조자 하나님께 영광을 돌릴 수 있다. 이것은 과학적 탐구의 결과로부터 하나님의 존재를 증명하려는 시도와 전혀 다르다. 다시 말하지만, 우리는 과학으로부터 하나님의 존재나 부재에 대해 어떠한 결론도 도출할 수 없다. 다만 우리는 예수 그리스도의 복음에 근거하여 우리가 가진 신앙의 눈으로 현대 과학이 밝혀낸 자연 세계를 하나님의 창조세계로 해석하고 창조자 하나님을 찬양할 수 있을 뿐이다.

하나님은 우리에게 성서와 자연이라는 두 권의 책을 주셨는데, 성서가 하나님의 성품과 경륜에 관하여 권위 있게 증언하는 책이라면, 자연은 하나님이 창조하신 세계에 대하여 권위 있게 증언하는 책이다.[7] 신학자가 성서

---

7 여기서 필자가 성서와 자연이라는 두 권의 책에 관해 이야기하는 내용은 전통적인 신학에서 성경을 특별계시로, 자연을 일반계시로 보는 계시론적 관점에서 이해하는 '두 책' 이론과는 다르다. 왜냐하면 적어도 여기서 필자는 하나님을 아는 지식의 통로로서 자연을

의 책을 해석하는 전문가라면, 과학자는 자연의 책을 해석하는 전문가다. 과학자는 성서의 책을 해석하는 신학자의 권위를 존중할 필요가 있고, 신학자는 자연의 책을 해석하는 과학자의 권위를 존중할 필요가 있다. 신학자는 신학의 고유한 영역을 주장하되 신학 자체의 한계를 항상 염두에 두어야 하고, 과학자 역시 과학의 고유한 영역에 집중하되 과학 자체의 한계를 잊지 말아야 한다. 말하자면 신학자는 하나님의 창조세계의 구체적인 모습과 역사와 메커니즘에 관한 한 스스로 전문가가 아니라는 사실을 잊지 말아야 한다. 왜냐하면 성서가 그 주제에 관해 권위 있는 주장을 담고 있지 않기 때문이다. 하나님이 만드신 창조세계의 구체적인 모습과 역사와 메커니즘에 관한 한 비록 창조자 하나님을 인정하지 않는 과학자가 내놓은 이론이라고 할지라도 과학자 공동체 안에서 권위 있게 받아들여진다면, 신학자 역시 과학의 한계 내에서 그 과학자의 이론을 인정하고 존중할 필요가 있다. 물론 그 과학자는 자연의 책에 대한 자신의 해석이 하나님의 창조세계를 드러내 보여준다고 생각하지는 않을 것이다. 그럼에도 신학자는 그 과학자의 의도나 신념과 크게 상관없이 그의 과학적 통찰로부터 하나님의 창조세계를 이해하는 데 큰 도움을 얻을 수 있다.

창조 신앙을 더욱 풍요롭게 하는 현대 과학

과학 시대 기독교 신앙은 자연 세계의 탐구에 관한 한 과학의 고유한 권한을 인정하고, 공적 영역에서 종교를 불문하고 모든 사람과 상식을 공유하며 합리적으로 소통할 수 있는 능력을 배양해야 한다. 더 나아가 과학이 탐

통한 일반계시에 대해 거의 관심을 두지 않기 때문이다.

구하는 자연 세계가 하나님이 창조하신 창조세계임을 강조함으로써 과학을 무신론의 근거로 삼는 무신론 과학자들의 논리에 맞서는 한편, 과학이 밝혀낸 창조세계의 아름다움과 광대함과 오묘함과 조화로움을 보며 창조자 하나님을 찬양해야 할 책임이 있다.

여전히 적잖은 그리스도인들이 현대 과학과 창조 신앙은 서로 양립할 수 없다고 생각하지만, 필자는 개인적으로 현대 과학과 대화를 하면서 창조 신앙이 더욱 확고해지고 더욱 풍성해지는 경험을 했다. 흔히 생각하는 것과는 달리, 오늘날의 자연과학은 성서와 기독교 전통의 창조론과 충돌하기보다는 공명하는 점이 더 많다. 또한 현대 과학은 우주와 생명의 의미와 목적 등 과학이 대답할 수 없는 한계 질문을 던지는데, 기독교의 창조론은 이 질문에 대해 다른 어떤 이론이나 사상보다 설득력 있고 만족스러운 대답을 제시할 수 있고, 역으로 현대 과학은 기독교의 창조론을 더욱 풍성하게 하는 데 기여할 수 있다.

첫째로 현대 과학이 성서와 기독교 전통의 창조론과 상당히 공명한다는 사실은 창조 신앙에 대한 우리의 확신을 더욱 강화한다. 예를 들어 자연계의 질서는 창조자 하나님의 신실하심을 반영한다. 또한 자연의 역사 가운데 새로운 피조물의 계속적인 출현은 이신론의 하나님과 달리 창조세계의 역사 속에 끊임없이 관여하며 날마다 새 일을 행하는, 살아 계시고 역사하시는 하나님에 대한 성서적 증언과 조우한다. 그리고 자연 과정의 오묘함과 아름다움은 창조자 하나님의 지혜와 영광을 고백하는 그리스도인의 믿음과 공명한다.

과학과 종교 분야에서 기여한 공로를 인정받아 2002년 템플턴상을 수상한 존 폴킹혼(John Polkinghorne)에 따르면, 지난 세기 과학이 발견한 자연세계의 근본적인 예측불가능성은 우주가 닫힌 인과율의 체계가 아니며 하나님과 인간의 행위에 열려 있음을 함의한다. 또한 우주가 이해 가능하다는 사실은 창조자의 지성을 반영하고 있으며, 우주가 유기체의 탄생이 가능하도록 사전에 미세 조정되어 있다는 사실은 하나님의 창조 목적을 암시한다. 아울러 피조물이 스스로를 만들어갈 수 있도록 하나님이 우주를 조성하셨다는 사실은 신정론 문제를 해결하는 데 도움을 줄 수 있다.[8] 요컨대 성서 문자의 표면적 의미만을 놓고 볼 때 현대 과학의 이론은 성서의 증언과 충돌하는 듯이 보이지만, 창조자 하나님의 성품과 활동에 관한 성서적 진리의 관점에서 볼 때 현대 과학은 성서의 증언과 깊은 차원에서 공명을 하고 있다.

둘째로 현대 과학이 던지는 몇몇 중요한 한계 질문에 대해 성서와 기독교 전통의 창조론에서 가장 만족스러운 대답을 발견할 수 있다는 사실 역시 과학 시대 창조 신앙에 중요한 함의를 지닌다. 이와 관련해서 우리는 과학이 우리가 가진 모든 질문에 답을 주지 않으며, 때로는 스스로 답변하지 못하는 한계 질문을 던진다는 사실을 기억할 필요가 있다. 예를 들어 과학은 존재하는 세계의 역사와 현상에 관한 다양한 질문에 대해 답을 갖고 있지만, 세계가 왜 존재하는지에 관한 근본적인 존재론적 질문에 대해서는 어떠한 답변도 주지 못한다. 설혹 빅뱅 이론이나 다중우주 이론 등이 우주의 기원을 충분히 설명해낸다 하더라도, 그러한 답변마저도 왜 아무것도 존재하지 않는 것이 아니라, 무엇인가 존재하는가를 묻는 근원적 질문에 대해서는 대답하지 못한다. 이 질문에 대해 무신론자는 아마도 우연을 답으로 내어놓을 것이다. 하지만 창조론자는 삼위일체 하나님의 흘러 넘치는 사랑을 해답으로 제시한다. 어느 것이 더 만족스럽고 설득력이 있을까?

비슷한 맥락에서 과학은 광대한 우주 가운데 인간이 출현하기까지 자

---

8 John Polkinghorne, "The incompleteness of science: Reflections for Christian teachers and for others interested in the science–religion relationship," *International Studies in Catholic Education* 3, no. 2 (2011), 136-144.

연의 역동적 역사를 놀라울 정도로 일관되게 설명해내고 있지만, 현대 과학의 이러한 설명은 우주와 생명과 인간이 지닌 의미와 목적에 관한 질문을 더욱 심화시킬 뿐, 과학 스스로는 어떠한 대답도 주지 못한다. 여기서도 무신론자는 의미 없음, 목적 없음, 궁극적 허무 등을 대답으로 제시할 것이다. 반면에 창조론자는 새 창조 안에서 창조세계의 완성을 대답으로 제시한다. 어느 것이 더 만족스럽고 설득력이 있을까?

필자의 관점에서 볼 때, 창조세계의 완성에 대한 그리스도인의 비전은 현대 과학 특히 진화론과의 대화에서 매우 중요한 역할을 담당한다. 왜냐하면 방법론적 자연주의의 한계 내에서 우주와 생명의 기원과 본성 및 역사와 운명을 탐구하는 현대 과학은 결코 우주와 생명의 의미나 목적 내지 완성에 대해 아무것도 밝혀낼 수 없기 때문이다. 다시 말해서, 과학자들이 우주와 생명 현상을 아무리 세밀하게 연구한다고 해도 그 속에서 목적이나 의미를 발견하지 못하는 것은 과학 자체의 방법론적 자기 제한 때문에 어쩌면 너무도 당연하고 자연스러운 것이다. 이 점에서 지구상의 모든 생명을 포함하여 창조세계 전체의 완성을 바라보는 그리스도인들의 소망은 현대 과학의 근본적 한계를 드러내는 동시에, 그 한계를 넘어서 생명에 충만한 의미와 궁극적인 목적을 제시해준다. 이것은 과학 시대 그리스도인들이 세상에 줄 수 있는 예수 그리스도의 복음이 지닌 핵심적인 내용에 해당될 것이다.

셋째로 현대 과학의 발전은 더 크고, 더 지혜롭고, 더 신비로운 하나님의 존재를 향해 우리를 초대함으로써 성서와 기독교 전통의 창조론을 더욱 풍성하게 하는 데 기여할 수 있다. 현재까지 천문학의 관측 결과에 따르면, 우리 은하 안에 수천억 개의 별이 있고, 우리 은하처럼 수천억 개의 별을 가진 은하가 우주 속에 또한 수천억 개가 존재한다. 혹시라도 이렇게 광대한 우주를 만들 수 있는 존재는 어디에도 없다고 주장하는 사람이 있는 반면, 그리스도인들은 이렇게 광대한 우주를 창조하신 하나님은 이 우주보다 훨씬 더 크고 광대한 분이라고 대답할 것이다. 비슷한 관점에서 138억 년에 이르는 장구한 우주의 역사는 하나님의 '나이'가 그보다 훨씬 더 많음을 암시한다. 요컨대 현대 과학이 우리에게 보여주는 광대한 우주를 통해 우리는 창조자 하나님이 우리가 전통적으로 생각했던 것보다 훨씬 더 크고 광대한 분임을 깨닫게 된다.

또한 현대 과학은 창조자 하나님의 지혜가 우리가 이제까지 생각했던 것보다 훨씬 더 오묘함을 깨닫게 한다. 예를 들어 작은 세포 안에 있는 유전자의 암호가 해독되고 복잡한 구조의 단백질이 만들어지는 일련의 과정을 살펴보다 보면, 창조세계를 만드신 하나님의 오묘한 지혜에 감탄하지 않을 수 없다. 하나님께서는 우리 눈에 직접 보이지 않는 세계를 만드실 때에도 그 속에 놀라운 지혜를 담아두신 것이다. 그뿐 아니라 오늘날 생명과학자들이 생명 탄생의 과정에 대해 이전에 알지 못하던 새롭고 풍부한 지식을 날마다 더해주지만, 이러한 놀라운 지식의 축적에도 불구하고 창조의 신비가 줄어들기는커녕 도리어 더 커진다는 사실에 주목할 필요가 있다. 통념적인 기대와 달리, 하나님의 창조세계에 대한 과학적 탐구가 발전하고 과학적 지식이 증가한다고 해서 하나님에 관련된 미지의 영역이 축소되지는 않는다. 오히려 전혀 생각하지도 못했던 새로운 탐구의 영역이 계속 출현하면서 하나님께서 창조하신 창조세계의 신비가 더욱 깊어지고 있다. 결론적으로 말해서, 우리가 열린 마음으로 현대 과학을 대할 때, 현대 과학은 성서와 기독교 전통의 창조론을 위협하는 것이 아니라, 도리어 더 크고, 더 지혜롭고, 더 신비로운 하나님에 대한 비전으로 우리를 인도할 것이다.

제18장

자연의 역사와 계속적 창조

그리스도인들이 하나님을 믿는다고 고백할 때, 그것은 지금도 살아 계시고 역사하시는 하나님에 대한 믿음이다. 따라서 창조자 하나님을 믿는다고 하면서 오늘날 자연과 세계의 역사를 섭리하시는 하나님의 활동을 인정하지 않는다면, 그러한 믿음은 자기 모순적이다. 나는 창조자 하나님을 믿는 그리스도인으로서, 내가 믿는 하나님이 태초에 만물을 창조하셨을 뿐 아니라 그때부터 지금까지 세계의 모든 역사를 주권적으로 섭리해오셨다고 믿는다. 보다 구체적으로 말해서 나는 세계 내 하나님의 활동을 단순히 주관적인 체험의 영역에 제한할 수 없으며, 자연과 역사 등 객관적이고 공적인 영역에서도 하나님의 활동을 인정해야 한다고 생각한다. 과연 오늘날 우리가 과학 시대를 살면서 이러한 생각의 정당성을 주장할 수 있을까?

특히 현대 과학은 하나님을 언급하지 않고서도 우주·지구·생명의 기원 및 역사를 탁월하게 설명하고 있다. 하나님 없이도 완벽하게 작동하는 듯 보이는 자연 세계 속에서 창조자 하나님의 섭리나 계속 창조 활동을 믿는 것이 과연 가능한 일일까? 언뜻 생각하기에 세계를 자연주의적으로 설명하는 자연과학의 놀라운 성공은 자연 세계 속 하나님의 활동에 대한 그 어떤 믿음도 불가능하게 하는 것처럼 보인다. 하지만 20세기 후반부터 신학과 과학의 대화에 참여한 탁월한 과학신학자들 중에는 현대 과학의 발전 덕분에 자연 세계 속 하나님의 활동에 대한 신학적 이해가 더욱 풍성해졌다고 고백하는 사람들이 많이 있다. 아래에서 나는 현대 과학과 대화하는 가운데 자연 세계 속 하나님의 활동을 이해하려고 시도한 몇몇 대표적인 과학신학자들의 연구를 참고하면서, 자연의 역사 속 하나님의 섭리에 대한 이해를 시도할 것이다.

열린 체계로서 자연의 재발견

최근 자연 세계 내 하나님의 활동을 새롭게 이해하는 과학신학자들의 연구는 열린 체계로서의 자연을 재발견한 현대 과학의 통찰을 바탕으로 하고 있다. 버클리에 소재한 신학과자연과학연구소(CTNS)의 창립자이자 공동소장인 로버트 존 러셀(Robert John Russell)은 세계 내 하나님의 활동에 대한 이해가 역사적으로 어떻게 변천해왔는지 소개한다.[1] 그의 분석은 도식적 역사 기술의 한계에도 불구하고 흥미로운 통찰을 제공한다. 러셀에 따르면 세계 내 하나님의 활동 개념이 성서의 증언에 있어 핵심적인 요소일 뿐 아니라, 교부 시대와 중세 시대와 종교개혁 시대를 지나면서 하나님의 보편적 활동 곧 섭리 개념이 너무 확고해진 나머지 인간의 자유와 악의 실재가 오히려 의문시되고 이에 따라 그러한 주제가 신학적 논의의 화두로 부상하였다. 그러나 17세기 근대 과학의 발흥과 18세기 계몽주의 철학의 발전으로 전통적인 섭리 신앙이 큰 도전을 맞게 되었다. 뉴턴 역학은 우주를 인과적으로

1 이 문단의 내용은 Robert J. Russell, "Does the 'God Who Acts' Really Act in Nature?" in *Science and Theology: The New Consonance*, ed. Ted Peters (Oxford: Westview, 1998), 80-81을 요약한 것이다.

닫힌 체계로 묘사함으로써, 자연법칙을 깨뜨리는 간섭의 방식을 제외하고 나면 하나님의 특별 섭리 활동을 위한 여지를 거의 남겨두지 않았다. 라플라스는 뉴턴 이론의 결정론을 인식론적·형이상학적 환원론과 결합하여 자연을 비인격적 메카니즘으로 이해하기에 이르렀다. 한편으로 데이비드 흄(David Hume)의 영향을 받은 임마누엘 칸트(Immanuel Kant)는 과학과 종교의 영역을 두 세계로 분리함으로써 종교의 고유한 영역을 확보할 수 있었다. 프리드리히 슐라이에르마허(Friedrich Schleiermacher)는 칸트의 이분법을 받아들여 세계에 대한 하나님의 관계를 하나님의 보편적 내재라는 관점에서 이해함으로써, 창조와 섭리의 구분을 붕괴시키고 기적을 자연적이고 일상적인 사건에 대한 주관적 해석으로 환원시켰다. 여기에 더하여 19세기 말 다윈주의는 자연 세계 속 하나님의 활동에 대한 생각을 거의 포기하게 만들었다. 19세기의 이러한 대세를 비판하며 등장한 칼 바르트(Karl Barth)는 하나님을 전적 타자로 주제화하고 세계 창조와 구속에 있어 하나님의 객관적인 행위를 굳게 붙들었다. 이후 활동하시는 하나님 개념은 1940-50년대 성서신학의 중심 사상이 되었다. 하지만 바르트의 신정통주의나 성서신학 운동 모두 세계 내 하나님의 활동에 대한 신빙성 있는 설명을 제공하는 데 실패했다. 여전히 바르트는 고전 물리학이 제시하는 닫힌 인과 체계의 자연 이해를 고수하였기 때문이다.

러셀은 세계 내 하나님의 활동에 대한 이상의 역사적 고찰을 통해, 슐라이에르마허로 대표되는 자유주의적 입장의 주관적 섭리 이해와 바르트로 대표되는 보수주의적 입장의 객관적 섭리 이해 사이의 간극을 지적한다.[2] 러셀에 따르면, 보수주의자들은 하나님의 활동을 객관적 사건으로 이해하지만 그것을 불가피하게 간섭이라는 개념을 통해 설명하는 반면, 자유주의

---

2 Russell, "Does the 'God Who Acts' Really Act in Nature?" 82-83.

자들은 하나님의 섭리를 규칙적이고 균일한 사건에 대한 인간의 주관적인 반응의 관점에서 이해한다. 하지만 러셀은 현대 자연과학의 발전과 탈근대 통전적 철학의 확산을 통해 고전 결정론적 근대 물리학과 환원론적 근대 철학이 지닌 한계와 부적절성이 드러남으로써 하나님의 활동에 대한 새로운 이해 가능성이 열렸다고 주장한다.[3]

비슷한 맥락에서 아서 피콕(Arthur Peacocke)은 현대 과학이 밝혀내고 있는 자연 세계의 예측불가능성·개방성·유연성을 강조한다. 오늘날 자연과학의 발달은 미시적 단계의 양자역학 체계는 물론이고 날씨와 같은 거시적 세계의 비선형적인 역동적 체계에서도 예측불가능성을 인식하고 있으며, 이러한 예측불가능성은 자연적 과정이 법칙에 가까운 틀 안에서 어느 정도의 개방성과 유연성을 가지고 있음을 암시한다.[4] 따라서 어떤 미지의 법칙으로 환원될 수 없는 이러한 유의 예측불가능성은 하나님과 세계의 상호작용을 이해함에 있어 새로운 가능성을 열어준다. 자연 세계의 예측불가능성, 개방성, 유연성에 대한 이상의 통찰을 바탕으로 피콕은 하나님이 세계를 창조할 때에 이미 자기를 제한하셨을 뿐 아니라 자신의 의지에 따라 세계의 사건들과 과정들에 의해 영향을 받고 있다고 주장하면서, 하나님의 간섭보다 하나님의 자기 비움에 근거한 하나님의 활동에 대한 새로운 이해를 제안한다.[5]

존 폴킹혼(John Polkinghorne) 역시 20세기 과학이 물리 세계의 과정 안에 예측불가능성이 내재해 있음을 발견한 것에 주목한다. 폴킹혼은 여기서 양자 이론과 카오스 이론을 근거로 들면서 뉴턴의 미적분학으로 대표되는

---

3 Russell, "Does the 'God Who Acts' Really Act in Nature?" 84.

4 Arthur Peacocke, *Theology for a Scientific Age: Being and Becoming – Natural, Divine, and Human* (Minneapolis: Fortress, 1993), 152-153.

5 Peacocke, *Theology for a Scientific Age*, 155-156.

기계적 우주관이 종말을 맞이했다고 지적한다.[6] 하지만 예측불가능성이란 우리가 미래의 정확한 상황을 세세하게 알 수 없다는 점에서 인식론적 차원에 속하는 데다가, 카오스 체계가 말처럼 그렇게 혼돈스럽지 않으며, 또한 인식론에서 존재론으로 넘어가는 데 있어 논리적 필연성을 찾기도 어렵다고 하겠다.[7] 폴킹혼은 이러한 상황을 인식하고서, 칸트의 관념론보다 비판적 실재론의 입장을 취함으로써 현대 과학의 인식론적 예측불가능성이 존재론적 비결정성을 함축하고 있다는 주장을 펼친다.[8] 나아가 폴킹혼은 자연 과정의 존재론적 비결정성을 근거로 하나님이 자연 세계 속에 새로운 에너지를 주입하는 간섭의 방식이 아니라 능동적 정보를 주입하는 비간섭적 방식으로 자연 세계 속에서 활동할 수 있는 가능성을 진지하게 검토한다.[9]

지금까지 간략하게 살펴본 것처럼, 현대 과학의 새로운 패러다임은 인과적으로 폐쇄되지 않은 열린 체계로서 우주의 새로운 모습을 우리에게 보여준다. 근대 과학이 아래로부터 위로, 부분으로부터 전체로의 인과성만을 인정했다면, 현대 과학은 위로부터 아래로, 전체에서 부분으로의 인과성도 함께 인정할 수 있는 가능성을 열어주었다. 이러한 개방적이고 통전적인 우주관은 자연과 역사 안에서 하나님의 활동 혹은 섭리에 관하여 새로운 이해를 가능하게 한다. 닫힌 우주를 상정하는 근대 과학의 세계관 안에서는 하나님의 활동과 인간의 자유를 논의할 수 있는 자리가 없었지만, 열린 우주를 받아들이는 현대 과학의 세계관 안에서는 하나님의 활동 및 인간의 자유가 과학적 논의와 모순되지 않으면서 이해 가능한 주제가 되었다.[10]

---

6 John Polkinghorne, *Belief in God in an Age of Science* (New York: Yale, 1998; 『과학 시대의 신론』, 동명사 역간), 50-51.

7 Polkinghorne, *Belief in God in an Age of Science*, 52.

8 Polkinghorne, *Belief in God in an Age of Science*, 53.

9 Polkinghorne, *Belief in God in an Age of Science*, 63.

10 현요한, "기적과 신학", 『교회와 신학』 (1997), 152 참고.

비간섭적이고 객관적인 하나님의 활동(NIODA)

현대 과학이 보여주는 열린 체계로서의 자연에 대한 새로운 이해에 기초해서 여러 과학신학자들이 자연 세계 속 하나님의 활동에 대한 다양한 모델을 발전시켰다. 이 모델들은 자연 세계 속 하나님의 활동을 비간섭적이면서도 객관적인 하나님의 활동(Non-Interventionist Objective Divine Action, NIODA)으로 이해한다는 공통점을 갖고 있다.[11] 여기서는 하나님의 활동에 대한 비간섭적·객관적 이해를 발전시킨 대표적인 과학신학자 세 사람의 견해를 간략하게 살펴본다.

가정 먼저 살펴볼 신학자는 로버트 존 러셀이다. 러셀은 하나님께서 형이상학적으로 비결정적인 양자 사건에 관여함으로써 거시 세계에 영향을 미친다는 독특한 생각을 발전시킨다. 앞서 살펴보았듯이, 러셀에 따르면 20세기 양자 물리학, 빅뱅 이론, 카오스 이론 등을 통해 새롭게 알게 된 자연 세계는 인과적으로 닫힌 체계가 아니라 개방적이고 시간적인 과정이다. 한편 탈근대 철학은 환원론적 철학을 거부하고 통전적 철학을 제시하고 있다. 그는 탈뉴턴적인 자연과학과 탈근대적인 통전적 철학이 비간섭적이고 객관적인 특별 섭리에 대한 이해를 가능케 한다고 본다.

러셀은 자연법칙의 총체만으로는 자연과 역사의 모든 현상을 설명하기에 불완전하며 자연과 인간 역사의 방향을 완전히 설명하기 위해서는 신적

---

11 미국 버클리의 신학과자연과학연구소(CTNS)와 교황청 소속 바티칸연구소는 1980년대 후반부터 20년간에 걸쳐 양자물리학, 신경과학, 진화생물학과 분자생물학, 카오스와 복잡계, 양자우주론 등 자연과학의 다양한 분과학문과 대화하면서 비간섭적이면서도 객관적인 하나님의 활동(NIODA)이라는 관점에서 자연 세계 내 하나님의 활동을 연구하는 대규모 국제 연구 프로젝트를 진행했다. Robert John Russell, Nancey Murphy, and William Stoeger eds., *Scientific Perspectives on Divine Action: Twenty Years of Challenge and Progress* (Vatican City State: VO, Berkeley: CTNS, 2007) 참고.

행위가 인정되어야 한다는 낸시 머피(Nancey Murphy)의 주장에 동의하면서, 자연 세계에서 하위 단계로부터 창발한 상위 단계는 하위단계로 환원되지 않는 인과 연관을 포함한다는 의미에서 필립 클레이튼(Philip Clayton)의 주장도 수용한다.[12] 하지만 러셀은 "하위 단계에서 비결정성이 보장되지 않는다면 정신적 행위가 어떻게 세계 안에서 물리적으로 실행되는지 이해하기 어렵다"고 주장하면서, 하향식 인과관계는 하위 단계의 비결정성과 함께 상향식 인과관계를 필요로 한다는 점을 강조한다.[13]

러셀은 20세기 과학의 여러 분야 가운데 특별히 양자 물리학 분야에 관심을 집중한다. 그는 양자 물리학에서 논의되는 인식론적인 한계 곧 예측 불가능성을 존재론적 비결정성으로 해석한다. (과학적 탐구의 대상으로서) 자연 과정에 영향을 미치는 자연 조건의 총체는 원칙적으로 자연 과정의 정확한 결과를 결정하기에 불충분하며, 따라서 미래가 존재론적으로 열려 있다고 그는 주장한다. 과학자들은 흔히 우연을 거시 영역에서 우리의 무지로부터 기인하는 인식론적 우연과, 양자 영역에서 형이상학적 비결정성으로부터 기인하는 존재론적 우연으로 구별한다. 하지만 러셀은 하나의 자연 세계를 고전 세계와 양자 세계로 이분법적으로 구분하는 것을 거부한다. 이와 관련해서 그는 (물론 철저한 환원주의적 입장은 거부되어야 하겠지만) 고전 물리학의 거시 세계를 양자 물리학이 보여주는 미시 세계의 결과로 이해할 것을 제안한다.[14] 다시 말해서, 러셀은 존재론적 차원에서 양자 세계를 고전 세계보다 더 실재적인 것으로 간주하고 고전 세계를 인식론적 차원에서 구성된 인간의 창안으로 여김으로써, 자연 과정의 법칙적 규칙성과 존재론적 비결정성을 매우 설득력 있게 그리고 흥미롭게 설명하고 있다.

---

12 Russell, "Does the 'God Who Acts' Really Act in Nature?" 84-85.

13 Russell, "Does the 'God Who Acts' Really Act in Nature?" 85.

14 Russell, "Does the 'God Who Acts' Really Act in Nature?" 87.

러셀은 양자 물리학과 고전 물리학의 관계에 대한 이상의 해석을 바탕으로 하나님의 활동 공간을 양자 세계에서 발견한다. 일반 섭리든 특별 섭리든 하나님은 양자 사건에 관여하심으로써 거시 단계의 사건을 창조하신다. 러셀에 따르면 개별적 양자 사건에 있어 자연은 필요조건이고, 하나님은 사건 발생을 가능케 하는 충분조건이다. 소위 자연이라고 간주되는 실재 안에는 이미 하나님의 활동이 포함되어 있다. 하지만 여기서 하나님의 역할은 잠재적 가능성을 현실화하는 것으로서, 자연 안의 또 다른 힘이나 에너지가 아닌 정보의 전달이다. 이제 하나님의 창조는 혼돈에서 질서를 만들어내는 것이기보다는 양자 사건에 관여함으로써 고전 세계를 형성하는 것으로 이해된다. 하나님은 모든 양자 사건에 관여함으로써 자연 과정을 지속적으로 섭리하지만, 특정한 양자 사건을 통해서 고전 세계에 중요한 결과를 초래하기도 한다. 러셀은 자신의 생각을 신다윈주의 진화론에 적용시켜서, "하나님이 특별한 유전자 변이에 관계되는 양자적·기계적 과정에 영향을 미치는 행위를 통해서 생물학적 진화를 섭리적으로 형성하고 인도해왔다"고 주장한다.[15]

다음으로 살펴볼 과학신학자는 아서 피콕이다. 흥미롭게도 피콕은 자연 세계의 예측불가능성에 대한 현대 과학의 통찰을 신학적으로 한층 더 발전시키면서, 하나님도 자연 세계의 미래에 해당되는 세부 사항을 알지 못한다고 주장한다. 하나님이 자신의 전지를 스스로 제한함으로써 자연 세계를 참다운 의미에서 비결정적인 세계로 만들었다는 말이다.[16] 이러한 견해에 따르면, 하나님은 인간에게는 물론 자연 질서에도 일정한 자율을 허락했다. 이제 자연 세계는 개방성과 유연성, 그리고 인간의 자유가 자연스럽게 나타

---

15 Russell, "Does the 'God Who Acts' Really Act in Nature?" 91.

16 Peacocke, *Theology for a Scientific Age*, 155.

날 수 있는 일종의 모판, 즉 너무 엄격하지는 않지만 결단과 행동과 기대가 가능할 정도로 적당한 규칙성이 있는 세계로 인식된다.

자연 세계의 예측불가능성·개방성·유연성에 대한 이러한 통찰을 바탕으로, 피콕은 심신일원체로서 통합된 인간의 마음과 뇌가 인간의 신체에 영향을 미치는 것에 빗대어, 하나님께서 자연 세계의 규칙성을 깨지 않으면서도 자연 세계 전체에 대해서 인과적 영향을 미칠 가능성이 있다고 주장한다.[17] 또한 피콕에 따르면 뇌 전체의 상태가 뉴런에 미치는 인과적 영향이 에너지의 전달이 아니라 정보의 전달을 통해 이루어진다는 사실은 하나님이 자신의 목적과 의도를 세계와 소통함으로써 세계 내 복잡성의 위계질서에 인과적 영향을 미칠 수 있음을 암시한다. 피콕의 모델에 따르면 하나님은 세계와 지속적인 상호 작용을 통해서 모든 사건의 방향을 설정하며 자신의 목적을 궁극적으로 성취한다. 하지만 이때 하나님의 활동은 컴퓨터 소프트웨어가 하드웨어 안에서 작용하는 고체 상태 물리학을 침범하지 않는 것처럼 하위 단계에서 이루어지는 자연 과정의 인과관계 및 유연성과 자율성 등을 폐기하지 않는다.[18]

피콕은 하나님의 활동이 전체로서 세계에 관계된 것이라는 점을 강조하는 동시에 하나님의 자유와 주도적 행위를 부각시킨다. 그는 음악적 비유를 통해 "법칙에 가까운 틀 속에서 작용하는 우연을 포함한 자연 질서의 창조적 과정 자체를 하나님의 내재적 창조 활동"으로 본다.[19] 또한 전체로서 세계에 대한 하나님의 주도적 행위가 세계 내 개별 사건들과 존재자들에 대해서 인과적 효력을 발생시킨다고 생각한다. 따라서 하나님께서 전체로서 세계에 영향을 미치는 하향식 인과성의 모델은 하나님 자신이 창조한 자연

---

17 Peacocke, *Theology for a Scientific Age*, 161.

18 Peacocke, *Theology for a Scientific Age*, 162.

19 Peacocke, *Theology for a Scientific Age*, 163.

안에 내재한 예측불가능성과 개방성 및 융통성이라는 한계 안에 스스로 머물면서도 충분히 세계 내에 특별한 영향을 줄 수 있음을 보여준다.[20]

마지막으로 존 폴킹혼은 피콕과 달리 인간 몸의 유비가 아니라, 인간 행위의 유비를 통해서 하나님의 활동을 새롭게 이해할 수 있다고 주장한다.[21] 손을 드는 국지적인 행위를 실행하는 것은 전체로서의 나다. 이처럼 인간의 행위는 통전적 측면을 가지고 있다. 이것은 부분이 전체를 만들어가는 상향식 인과 작용만이 아니라 전체가 부분에 영향을 미치는 하향식 인과 작용도 있음을 암시한다. 폴킹혼에 따르면 "그러한 하향식 인과성의 개념은 하나님이 창조세계와 관계 맺는 방식에 대하여 아주 매력적인 유비의 가능성을 제공하는 듯하다."[22] 하지만 폴킹혼은 하향식 인과성의 개념은 그 자체로 자명하지 않으며, "부분에서 전체로의 상향식 상호작용에 의해 구성된 물리적 인과성의 네트워크 속에서 통전적 인과 원칙이 부가적으로 작용할 여지가 있는지" 먼저 살펴보아야 한다고 지적한다.[23] 이것은 창조자 하나님과 창조세계를 연결하는 인과적 접점의 문제이다.

이와 관련해서 폴킹혼은 일차 원인(창조자 하나님)과 이차 원인(창조세계)을 구별하는 아퀴나스의 접근방식을 신앙주의적 회피라고 비판하면서, 인과적 접점에 대한 탐구를 포기할 수 없다고 말한다. 폴킹혼에 따르면 하향식 혹은 통전적 인과성은 단순히 상향식 상호작용의 집합적 결과로 이해될 수 없으며, 거기에는 진정한 새로움이 있어야 한다. 따라서 다음과 같은 주장이 가능하다.

---

20 Peacocke, *Theology for a Scientific Age*, 163.

21 Polkinghorne, *Belief in God in an Age of Science*, 57.

22 Polkinghorne, *Belief in God in an Age of Science*, 58.

23 Polkinghorne, *Belief in God in an Age of Science*, 58.

> 부분들과 조각들 사이의 관계 구조는 활동 공간을 마련해줄 만큼 개방되어 있어야 한다. 다시 말해, 상향식 설명에 존재하는 간극들을 하향식 행위가 채워 넣어야 한다는 말이다. 그러나 그 간극들은 단순히 상향식 과정의 세부 사항에 대한 우연한 무지에서 생겨난 것이어서는 안 되고, 그 특성상 내재적이고 존재론적이어야 한다.[24]

요컨대 폴킹혼은 실재론적 관점에서 창조세계 내에 존재하는 존재론적 개방성이 바로 하나님과 창조세계를 연결하는 인과적 접점이 될 수 있다고 제안하고 있다. 이어서 그는 이러한 존재론적 간극을 양자 사건과 카오스 체계에서 발견할 수 있다고 주장한다.

하나님의 계속적 창조의 결과로서 자연의 역사

오랫동안 사람들은 끊임없이 변화하는 인간의 역사와 달리 자연 과정은 항상 동일하게 반복된다고 이해해왔다. 그래서 자연에 대해서는 항상성을 함축하는 법칙이라는 표현을 주로 사용하고, 가변성을 함축하는 역사라는 표현은 거의 사용하지 않는다. 하지만 진화론과 빅뱅 이론을 필두로 하는 현대 과학의 발전은 불변하는 자연관을 더는 고수할 수 없게끔 한다. 대표적인 예로 독일의 물리학자인 칼 프리드리히 폰 바이체커(Carl Friedrich von Weizsäcker)는 이미 20세기 중반부터 "자연이 역사 없이 존재하는 듯 보이는 것은 환상"이라고 주장하며 자연의 역사성을 강조했다.[25]

---

24 Polkinghorne, *Belief in God in an Age of Science*, 59.

25 Carl Friedrich von Weizsäcker, *The History of Nature* (Chicago: Chicago University Press, 1949), 7-8.

볼프하르트 판넨베르크(Wolfhart Pannenberg)는 자연의 역사성에 대한 바이체커의 통찰을 자신의 자연 신학의 출발점으로 삼는다.[26] 판넨베르크에 따르면, 자연 속에 불가역적 변화가 일어남을 보여주는 열역학 제2법칙 및 최초의 폭발과 더불어 우주가 생성되었다고 보는 표준 우주론은 자연의 역사 개념을 지지하는 핵심적인 과학적 근거다. 하지만 판넨베르크는 바이체커가 우주의 역사를 규칙성의 관점에서 고찰하면서 우발성을 상대적으로 도외시한다고 비판한다. 판넨베르크에 따르면 "물리학적 사고는 우발적 현상들을 바라보면서 방법론적 이성을 통해 규칙들을 추상해낸다"고 한다.[27] 이것은 규칙성이 추상적인 환상에 불과하고 우발성이야말로 구체적인 실재라는 주장을 내포한다. 판넨베르크는 우주의 역사를 우발성과 규칙성의 관계 속에서 파악하면서, "세계를 성서의 하나님의 지속적인 창조 행위 사건으로 이해할 수 있다"[28]고 주장한다. 전체로서의 세계의 과정이 유일회적이기 때문에 세계 내 모든 사건들은 엄밀한 의미에서 동일하게 반복될 수 없다. "어떤 한 가지 사건도 그것이 만족시키는 법칙들에 의해 완전하게 표현될 수 없다."[29]

판넨베르크의 주장처럼 필자는 자연의 역사 개념이 과학적으로 타당성을 지닐 뿐 아니라 신학적으로도 적절하다고 생각한다. 현대 과학의 발전은 우리의 우주가 동일한 패턴이 반복되는 폐쇄된 체계가 아니라 항상 새로운 현상이 출현하는 개방된 체계임을 보여준다. 자연 과정이 자연법칙을 따르는 것은 그 법칙을 자연에 부여하신 하나님이 그 법칙을 유지하고 계시기 때문이다. 요컨대 자연법칙에는 하나님의 성실하신 성품이 반영되어 있

---

26 Wolfhart Pannenberg, *Toward a Theology of Nature* (Louisville: John Knox, 1993), 86.
27 Pannenberg, *Toward a Theology of Nature*, 97.
28 Pannenberg, *Toward a Theology of Nature*, 98.
29 Pannenberg, *Toward a Theology of Nature*, 107.

다는 것이다. 자연의 개방성이 우리의 자유와 소망의 원천이 된다면, 자연의 질서는 우리의 안정과 믿음의 근거가 된다. 한편으로 양자 세계에서 인식론적 예측불가능성은 존재론적 불확정성 곧 우발성과 개방성을 의미한다. 표준 우주론은 우주의 항상성에 대한 고전 물리학의 편견을 우주의 역사라는 관점에서 극복하고 있다. 지구과학·지질학·진화생물학 또한 지구와 생명과 인간의 기원 및 역사에 대해 관심을 가지고 우발성과 변화의 계기에 대한 연구에 집중한다. 이러한 자연의 개방성과 우발성은 우리가 경험하는 현실에 보다 충실한 세계상을 제시한다. 자연은 이제 냉정한 법칙에 의해 지배되는 죽은 공간으로 이해되지 않으며, 자연법칙의 다소 느슨한 틀 안에서 우연적 사건들과 인간의 자유 그리고 하나님의 섭리적 활동에 의해 생동감이 넘치는, 다양하고 풍요로운 삶이 역동하는 공간으로 이해된다.

자연법칙은 고전 물리학자들이 주장하듯이 세계 내 모든 물리 현상을 남김없이 설명하고 규제하는 법칙들의 집합이 아니다. 오히려 현대 물리학은 물리학의 인식론적 한계만이 아니라 자연법칙으로 전부 환원해서 설명할 수 없는, 자연 자체 내에 존재하는 존재론적 간극들을 보여준다. 따라서 자연법칙은 구체적인 자연현상에 대한 완전한 설명이기보다는 특정한 환경의 제약 속에서 특정한 자연 현상이 특정한 방식으로 일어난다고 보는 일반화되고 추상화된 설명이다. 비유하자면 일정한 틀을 가진 매트릭스와 같아서 일정한 범위 안에서는 규제적 성격을 지니고 있지만, 틈 사이의 간극들 안에서는 우연과 자유와 창조적인 행위가 가능한 것이다.[30]

어찌 보면 자연 자체에 있어서는 우발성과 혼돈과 자유가 진정한 의미에서 구체적인 실재이고, 자연 법칙은 그러한 혼돈스러운 자연 속에서 유한

---

30 과학의 한계와 관련해서 아서 에딩턴(Arthur S. Eddington)이 제시한 그물코 크기 50밀리미터 그물의 비유는 매우 적절하고 흥미롭다. Francis Collins, *The Language of God*, 프랜시스 S. 콜린스 지음, 이창신 옮김, 『신의 언어』(서울: 김영사, 2009), 230 참고.

한 인간이 가시적으로 확인할 수 있는 근사치적 묘사이자 질서와 균형에 대한 추상화된 관념에 불과한 것으로 생각할 수 있다.[31] 이와 관련해서 칸트가 고전 물리학의 인식론적 기초를 수립하기 위해 쓴 『순수이성비판』에서 고전 물리학 이론을 물자체(*Ding an sich*)에 대한 존재론적 설명으로 이해하지 않고 주어진 감각 자료를 바탕으로 인간의 감성과 오성이 구성해낸 산물이라고 주장한 점은 중요한 통찰을 제공해준다. 물론 그렇다고 해서 양자 물리학이 고전 물리학보다 물자체에 대해 보다 실재에 가까운 설명을 제공한다는 주장을 증명할 방법은 없다. 다만 우리가 비판적 실재론의 입장에 설 때, 고전 물리학과 양자 물리학 모두 실재에 대한 근사치적 묘사를 제공한다고 판단할 수 있으며, 여기서 우리는 고전 물리학에서 자연법칙이 가진 의의와 한계를 발견하게 된다.

현대 과학의 제반 성과는 자연의 역사가 규칙성과 우발성이라는 두 요소 간의 상관관계를 통해 진행됨을 보여주었다. 여기서 말하는 자연의 규칙성은 하나님이 친히 부여한 것으로 하나님 자신도 그것을 성실하게 지키고 계신다. 우리는 자연의 규칙성을 절대 깨어질 수 없는 법칙으로 간주하지 않으며, 하나님이 언제든 간섭해서 중지시키거나 유보시킬 수 있음을 부인할 수도 없고 부인할 필요도 없다. 하지만 우리는 하나님의 성실하신 성품이 자연의 규칙성을 유지하고 보호하신다는 점에서 창조를 하나님의 자기 제한이라는 관점에서 이해하는 일부 자연과학자들의 주장에 얼마간 공감할 수 있다.[32]

---

31 Russell, "Does the 'God Who Acts' Really Act in Nature?" 90.

32 John Polkinghorne, ed., *The Work of Love: Creation as Kenosis* (Grand Rapids: Eerdmans, 2001)는 이언 바버, 아서 피콕, 존 폴킹혼 등 과학신학자들 외에도 미하엘 벨커, 위르겐 몰트만, 사라 코클리 등 다수의 조직신학자들의 글을 포함하고 있으며, '자기 비움' 개념을 기독론적 논의를 넘어 창조론에까지 적용시키는 것이 과연 신학적으로 타당한지에 관해 여전히 진행 중인 논의를 담고 있다.

한편으로 자연의 우발성은 하나님의 창조 활동이 이루어지는 통로를 암시한다. 과거와 현재라는 인과관계의 사슬에 매이지 않는 하나님의 창조 행위가 미래의 관점에서 현실화될 수 있다. 따라서 자연의 예측불가능성 혹은 비결정론적 우연성은 인간의 자유로운 행위와 하나님의 자유로운 의지가 현실화될 수 있는 통로인 것이다. 미시 세계에서 하나님의 창조 활동 가능성에 더하여 우리는 우주 전체의 통일된 역사를 관장하는 하나님의 활동을 상정할 수 있다. 인간 행위 유비를 그 제한된 범위에서 고려한다면, 의식이 뉴런을 통해 신체 각 기관을 규제하는 하향식 인과관계 모델은 하나님이 우주가 지닌 고유한 제약과 자발성을 존중하면서도 우주의 역사 전체를 인도하는 섭리적 행위에도 적용할 수 있다.

이상에서 논의한 내용들을 종합하면 우리는 하나님의 섭리와 자연의 역사 그리고 자연의 법칙 간의 관계를 새롭게 이해할 수 있다. 자연법칙은 우리가 그 속에서 살아가는 자연의 역사에 있어 제한적으로만 타당하게 적용된다. 그리고 자연의 역사는 자연법칙의 느슨한 매트릭스 안에서 자연 자체에 귀속되는 순수한 우발성과 인간의 자유로운 결단 및 하나님의 창조적 활동이 서로 충돌하지 않는 가운데 함께 진행되어 나간다. 하나님은 자신이 부여한 자연의 법칙적 규칙성과 인간의 자발적 결단 및 자연의 우발성이 필연적으로 함축하는 예측불가능성 곧 통제불가능성을 기꺼이 인정하고 스스로 받아들이신다. 하나님은 이 과정을 통해서 자연의 역사에 동참하고 자연의 기쁨과 고통에 공감하는 가운데 자연의 예기치 않은 변화에 언제나 창조적으로 반응하신다.

자연 세계 내 하나님의 활동을 이렇게 생각한다면, 이것은 바로 하나님의 초월성과 하나님의 내재성에 대한 성서의 증언을 효과적으로 통합하는 것이다. 아울러 자연과학이 발견한 자연의 규칙성을 깨뜨리지 않으면서 동시에 자연의 역사 속에서 객관적으로 이루어지는 하나님의 활동을 이해할 수 있는 가능성을 발견한다. 또한 하나님의 활동에 대한 이러한 생각은 하나님의 일반 섭리는 물론 특별 섭리와 기적의 가능성에 대해서도 유연한 입장을 갖게 해준다. 마지막으로 신정론 문제와 관련해서도 자연 세계의 우발성과 인간의 자유에 관해 보다 이해 가능한 설명을 제시한다고 하겠다.

제19장

창조의 목적과 인간의 운명

현대 과학이 오늘의 창조 신앙에 가장 주요하게 공헌할 수 있는 분야 중 하나는 바로 인간론이다. 현대 과학은 창조세계 속 인간의 위상, 몸과 영혼의 관계, 인간의 본성, 인간의 기원과 타락, 인간의 운명과 창조의 목적 등 기독교 인간론의 주요 주제에 대한 새롭고 풍성한 이해를 가능케 하는 여러 가지 흥미로운 통찰을 제공하기 때문이다.

우주와 인간

우리는 현대 생명과학을 통해 생명 현상 간의 상호 관계성과 상호 의존성에 대한 깊이 있는 통찰을 얻게 되었다. 인간 역시 예외가 아니다. 아니, 인간은 다른 어떤 생명체보다 주변 환경의 영향에 취약하며, 그만큼 더 관계적이고 의존적인 생명체다. 그리고 이와 관련해서 인류가 우주와 지구의 역사 초창기에 출현하지 않았다는 사실은 중요한 의미를 지닌다. 생명과학의 관점에서 볼 때, 이것은 인간의 출현을 위해 주변 환경이 사전에 그만큼 많이 갖춰졌어야 함을 반증한다. 우주의 운석과 소행성이 수시로 충돌하고 아직 대기 중에 산소가 많지 않던 원시 지구의 모습을 상상해보라. 그때 인간이 출현했다 하더라도 그런 환경에서는 도저히 생존할 수 없었을 것이다. 인간이 섭취하는 다량·다종의 식량을 생각해보자. 지구의 역사에서 인간의 생존을 보장할 만큼 충분한 식량이 확보된 것은 언제였을까? 사실상 인간이 필요로 하는 식량은 모두 다른 생물종이 아닌가? 결국 인간의 출현은 다양한 생물종의 등장 이후로 미뤄질 수밖에 없었다. 오늘날에도 우리 인간의 생존은 지구상의 수많은 다른 생물종에게 의존하고 있다. 다른 모든 생물종이 멸종하고 인류만 덩그러니 남아 있는 황량한 지구의 모습을 상상해보라. 물론 이러한 상상은 전혀 비현실적일 뿐이다.

사실 현대 과학의 이러한 통찰은 성서의 인간 이해와 공명할 뿐 아니라, 그것을 더욱 풍성하게 한다. 인간이 마지막 6일째에 창조되었다는 창세기의 진술(창 1:26-31)은 인간이 창조의 정점임을 암시하는 동시에 인간의 존재가 앞서 창조된 다른 피조물에 의존하고 있음을 내포한다. 성서에 따르면 땅은 인간의 죄로 인해 저주를 받았고(창 3:17), "썩어짐의 종 노릇"하는 피조물은 새로운 인간의 출현을 갈망하고 있다(롬 8:19-22). 이처럼 성서는 인간과 다른 피조물의 운명이 서로 깊이 연결되어 있음을 강조한다. 이 점에서 모든 생명 현상의 상호 관계성과 상호 의존성에 대한 현대 과학의 통찰은 성서의 인간 이해를 강화하고 심화시킨다.

인간의 본성

인간과 자연의 관계만이 아니라, 몸과 마음의 관계 등 인간의 본성에 관해서도 현대 과학은 성서와 기독교 전통의 인간 이해를 더욱 풍성케 하는 데 기여할 수 있다. 인간의 몸과 영혼을 이분법적으로 구분하고 영혼의 구원만을 강조하는 경향이 오늘날 통속적인 인간 이해 가운데 흔히 발견되지만, 사실 성서와 기독교 전통은 인간의 육체성을 포함해서 창조세계의 물질성을 긍정하는 선한 창조에 관한 교리를 일찍부터 확립해왔다. 또한 인간의 몸과 마음을 둘로 구분하지 않고 하나로 보는 전인적 인간관은 구약성서 가운데 깊이 뿌리내리고 있다. 현대 과학, 특히 인지신경과학의 발달은 이러한 통속적인 인간관의 오류를 바로잡고, 성서와 기독교 전통에 고유한 전인적 인간관을 회복하는 데 기여할 수 있다.

최근 인지신경과학에 따르면, 기억·의지·감정·인지 등 인간의 다양한 정신 현상은 뇌세포를 비롯한 신경세포의 전기·화학적 작용 곧 신경세포 활동전위의 발생 유무에 의존한다. 이것은 인간 정신 현상을 0과 1의 이진법 논리로 이해할 수 있음을 의미한다. 심지어 어떤 이들은 이러한 통찰을 바탕으로 인간의 정신 작용을 뇌에서 일어나는 정보 처리 과정으로 환원할 수 있다고 주장하기도 한다. 인간의 정신 작용을 컴퓨터의 소프트웨어에 비유하는 이러한 인간 정신 이해는 인간의 정신(마음)을 인간의 몸(뇌도 몸의 한 부분이다)과 구분되는 별개의 독립적 실체로 보는 서구의 전통적 인간 이해에 큰 도전을 가져왔다. 인간의 몸을 영혼의 감옥으로 보고, 죽는 순간 영혼이 몸을 떠나 자유를 얻게 된다는 플라톤식의 고전적 인간 이해는 물론이고, 연장하는 실체로서 영혼을 몸과 의식을 가진 실체로 파악하고 서로 독립적으로 구분했던 데카르트의 근대적 인간 이해 역시 최근의 인지신경과학의 발전 앞에서 점차 설득력을 잃어가고 있다.

서구 기독교의 전통적 인간 이해 역시 서구 지성사를 지배해온 심신 이원론적 인간 이해를 대체로 수용하면서 발전했다는 점에서 그것과 동일한 운명을 맞이하고 있다고 할 수 있다. 이에 우리는 최근 인지신경과학의 발전이 기독교의 인간 이해를 부당하게 공격한다고 보기보다는 오히려 서구 철학 전통의 영향으로 인해 흐려지거나 왜곡되었던 기독교의 고유한 성서적 인간 이해를 회복하는 소중한 기회가 될 수 있다는 점에 주목할 필요가 있다.

물론 일부 인지신경과학자들이나 인지철학자들이 실증적 연구에 기초한 과학적 이론 제시를 넘어서 물리주의나 유물론 혹은 결정론이나 환원론 등의 과도한 형이상학적 주장을 펼치는 데 대해서는 단호하게 대처할 필요가 있다. 예를 들어, 과학자들의 실증적 연구를 통해 영혼이 그 모습을 드러내지 않는다고 해서 영혼은 없다고 단정적으로 말할 수 없다. 그것은 마치 과학자들이 자연의 탐구를 통해서 하나님을 찾을 수 없으니 하나님은 없다고 결론짓는 것과 동일한 오류를 범하는 셈이다. 눈에 보이지 않는 하나님이나 영혼은 실증 과학의 탐구 대상에서 원천적으로 배제되는데(방법론적 자연주의), 이것은 하나님이나 영혼이 실제로 존재하지 않는다는 주장(형이상학적 자연주의)과 분명하게 구분되어야 한다.

다른 예를 들자면, 인간의 정신 작용이 뇌의 전기·화학적 작용에 수반하며 거기에 의존한다는 인지신경과학의 주장은 뇌 손상을 당한 환자들에 대한 임상 실험 및 기능적 자기공명영상에 대한 관찰 등을 통해 과학적으로 입증 혹은 반증이 가능한 이론이라고 할 수 있다. 하지만 여기서 한 걸음 더 나아가 인간의 정신 작용은 전적으로 뇌의 전기·화학적 활동으로 환원되는 부수 현상에 불과하다는 주장을 펼친다면, 그것은 과학의 적절한 한계를 벗어난, 논란의 여지가 많은 형이상학적 주장에 해당한다고 하겠다.[1]

인간의 정신 활동이 뇌에서 일어나는 물리적 활동 없이는 불가능하다고 하더라도, 단순히 뇌에서 일어나는 물리적 활동이 인간의 정신 활동을

1 성균관대학교 심리학과의 이정모 명예교수는 인간의 심적 현상을 뇌의 신경적 활동으로 환원하는 인지주의(cognitivism)에 대해 인문학적 관점에서 적절한 비판을 제기한다. 이정모, "뇌과학을 넘어서: 인지과학과 체화된 인지로", 『뇌과학, 경계를 넘다: 신경윤리와 신경인문학의 새 지평』(서울: 바다, 212), 274-290.

전적으로 규정하고 결정한다고 말할 수 없을 뿐 아니라, 창발적 실재로서 인간의 정신 활동이 뇌에서 일어나는 물리적 활동에 모종의 독자적인 영향을 줄 가능성도 배제할 수 없기 때문이다. 생명 현상이란 물리·화학적 현상으로 환원될 수 없는 새로운 단계의 창발적 현상이듯, 인간의 정신 현상 역시 뇌의 전기·화학적 활동으로 환원될 수 없는 새로운 단계의 창발적 현상이라고 하겠다.[2] 일단 일부 과학자들과 철학자들이 제기하는 논란의 여지가 많은 형이상학적 주장을 논외로 한다면, 인간의 정신 작용이 인간의 몸 특히 뇌의 활동에 의존하고 있다고 보는 최근의 과학적 통찰은 성서에 기초한 기독교 고유의 인간 이해를 재발견하고 발전시키는 데 큰 도움이 될 수 있다.

서구 기독교 전통에서 심신 이원론이 지배적이었던 이유는 성서가 그렇게 가르쳤기 때문이라기보다는 오히려 서구 철학의 심신 이원론적 관점에서 성서의 구절을 임의로 해석했기 때문이다. 하지만 최근의 성서 연구에 따르면, 신·구약성서 모두 몸과 마음을 하나로 보는 전일론적 인간 이해를 전제하고 있다. 성서에서 말하는 영혼(구약의 '네페쉬', 신약의 '프쉬케')은 몸과 분리되는 어떤 비가시적 실체를 가리키는 것이 아니라 심신 일원체로서 전인을 가리킨다. 따라서 성서적 의미에서 영혼 구원은 플라톤이 생각한 것처럼 죽음의 순간 영혼이 육체의 감옥을 떠나 자유롭게 되는 것을 의미하지 않는다. 오히려 몸의 구원을 포함하여 전인의 구원을 의미한다. 사도신경에서 고백하듯 몸의 부활이 인간 구원의 완성이라면, 몸의 구원이야말로 기독교의 구원 이해에 있어 가장 본질적이고 핵심적인 요소라고 하겠다.

하지만 최근 신·구약성서의 전일론적 인간관의 재발견에도 불구하고

---

2 몸과 마음의 관계와 관련된 창발과 하향식 인과 작용의 개념에 대해서는 Philip Clayton, *Mind and Emergence: From Quantum to Consciousness* (Oxford: Clarendon, 2004), 5-7을 참고하라.

많은 그리스도인들은 아직도 심신 이원론적 인간 이해에서 벗어나지 못하고 있으며, 그 결과 몸과 영혼을 아우르는 성서의 통전적 전인 구원 개념을 이해하는 데 어려움을 겪고 있다. 대다수의 그리스도인들은 여전히 인간 이해와 구원 이해에 있어 상대적으로 몸을 무시하거나 간과하는 경향이 있다. 오늘날 우리는 성서적 인간론 및 성서적 구원론의 복원을 위해서라도 인간의 몸이 지닌 신학적 중요성을 다시금 강조할 필요가 있다. 이러한 때에 우리는 인간을 심신 일원체로 보는 신·구약성서의 전일론적 인간 이해를 바탕으로 인간의 정신 작용이 뇌의 활동에 의존하고 있다고 하는 인지신경과학의 통찰을 적극적으로 수용할 필요가 있다. 이러한 과학적 통찰은 최근 성서적 인간론의 재조명과 더불어 그리스도인들이 서구의 고전적 철학 전통에서 비롯한 심신 이원론적 인간 이해를 벗어나는 데 적지 않은 도움을 줄 것이다.

결론적으로 우리가 방법론적 자연주의와 형이상학적 자연주의 간의 구분에만 유념할 수 있다면, 인간의 몸과 마음 사이의 긴밀한 상호 관계를 실증적 연구를 통해 밝혀주는 인지신경과학의 최근 성과가 기독교 신학을 비롯한 인문학 일반의 영혼(정신) 개념을 무의미하게 하지 못할 것이다. 그런 점에서 최근 인지신경과학의 발전을 지나치게 경계할 필요는 없다. 오히려 인지신경과학의 정당한 과학적 발견과 통찰마저 유물론 이데올로기를 덧씌워 정죄하지 않도록 주의해야 한다. 또한 우리는 신·구약성서의 전인론적 인간 이해의 관점에서 몸과 마음의 관계에 대한 최근의 과학적 통찰을 적극적으로 수용하면서, 인간의 몸을 경시해온 과거의 낡은 인간론을 비판적으로 극복함으로써 몸의 구원을 포함한 통전적 전인 구원 개념을 발전시키는 계기로 삼아야 할 것이다.

한편으로 생명과학의 한 분야인 고인류학이 밝혀내고 있는 초창기 인류의 모습은 전통적인 그리스도인들에게 당혹스러운 충격을 안겨준다. 사실 진화론을 중심으로 한 현대 생명과학이 오늘날 한국교회 그리스도인들의 일반적 신앙 정서를 거스르는 가장 중요한 지점은 지구의 오랜 나이에 대한 전제나, 인류와 다른 생물종들 간의 유사성을 강조하는 공통 조상 이론이나, 개별 종의 특별 창조 교리를 부정하는 자연선택 이론이 기반한 자연주의적 전제가 아니다. 필자가 볼 때, 그리스도인들을 가장 당혹스럽게 만드는 생명과학 이론은 아담의 존재와 인간 타락의 역사성에 대한 전통적인 신념을 부정하는 듯한 인류의 기원에 관한 설명인 것이다.

로마 가톨릭교회는 1950년대 이후 진화론이 제기하는 다양한 신학적 도전에 진지하게 응답하기 위한 부단한 노력을 기울여왔다. 그전까지만 해도 가톨릭교회는 진화론을 비롯한 근대주의 사상을 적대시했었다. 하지만 1950년 교황 비오 12세(Pius XII)는 "인류의 기원"이라는 제목의 회칙을 통해 기독교와 진화론 간에 근본적인 모순이 없음을 선언했다. 다만 인간 몸의 기원과 달리 인간 영혼의 기원 문제는 진화론적 관점과 달리 하나님의 특별 창조라는 관점에서 이해했다.[3] 이 회칙의 내용은 최근까지도 로마 가톨릭교회의 공식적 입장을 대변하고 있다. 한편 진화론과 관련해서 인간 영혼의 기원 문제에 더하여 로마 가톨릭교회를 곤혹스럽게 하는 또 다른 주제는 인류의 조상인 최초의 인간 아담을 둘러싼 역사성 및 원죄의 유전에 대

3 Pope Pius XII, "*Humani Generis*" (1950), §36. 회칙 전문은 http://w2.vatican.va/content/pius-xii/en/encyclicals/documents/hf_p-xii_enc_12081950_humani-generis.html[2019년 8월 5일 접속]에서 확인할 수 있다.

한 문제였다.[4] 일찍이 1920년대에 피에르 테야르 드 샤르댕(Pierre Teilhard de Chardin)은 진화론적 세계관의 관점에서 한 쌍의 부부가 모든 인류의 공통 조상이 됨을 부정하고 창세기 3장에 기록된 타락 이야기에 대한 보편주의적 해석을 주장했다. 하지만 원죄에 대한 보편주의적 해석을 통해 전통적인 원죄 교리를 뒤집은 테야르의 사상은 아직까지도 가톨릭교회 안에서 수용되지 않고 있다.

한편으로 오늘날 과학자들은 지난 반세기 동안 이루어진 고인류학 분야의 놀라운 발전에 힘입어 인간이 약 500만 년 전에 영장류에서 갈라져 나왔다는 사실에 있어 상당한 의견 일치를 보이고 있다.[5] 이것은 창세기 2장과 3장에 기록된 아담과 하와의 이야기를 최초 인간의 역사적 타락에 대한 이야기로 보는 전통적 견해를 폐기하는 것처럼 보인다. 이 때문에 과학을 존중하는 일군의 사람들은 인류의 기원에 관한 기독교 전통의 관점을 현대 과학의 관점으로 대체하려고 하지만, 이것은 단순히 역사적 차원으로 환원될 수 없는 기독교 전통의 심오한 진리를 간과하는 우를 범하는 것이다. 다른 한편으로 이제까지 대다수의 한국교회는 전통적인 관점을 고수하기 위해 과학자들 간의 일치된 견해를 맹목적으로 배척하고 정죄해왔다. 그러나 이러한 전략은 과학 시대를 살아가는 다음세대의 신앙을 북돋우기보다는 오히려 위축시킬 우려가 있다. 과학 시대의 기독교 신학은 인간의 타락 문제가 현대 과학과의 진지한 대화를 모색하는 모든 그리스도인에게 난제가 된다는 사실을 솔직히 인정하는 동시에, 과학자들의 일치된 견해를 거부

---

4 Pope Pius XII, "*Humani Generis*" (1950), §37 참고.

5 인류의 기원과 역사에 관한 최근의 과학적 논의에 대해서는 이상희, 윤신영 지음, 『인류의 기원』(서울: 사이언스북스, 2018)을 참고하라. 최근에는 고인류학을 역사의 한 부분으로 다루는 연구가 많이 등장하고 있다. Yuval Noah Harari, *Sapiens: A Brief History of Humankind,* 유발 하라리 지음, 조현욱 옮김, 『사피엔스-유인원에서 사이보그까지, 인간 역사의 대담하고 위대한 질문』(서울: 김영사, 2015)의 제1부 참고.

하거나 기독교의 신앙고백적 전통을 폐기하는 대신 그들의 목소리에 귀를 기울이면서 전통의 충실한 확장을 모색할 필요가 있다.[6]

인간중심주의 세계관의 붕괴 이후

진화론을 필두로 현대 자연과학의 발전은 인간의 운명과 창조의 목적에 대해서도 새로운 성찰을 가능하게 한다. 인간중심주의의 편견은 단순히 현재의 우주 속 인간의 위상에 대한 판단에 그치지 않고, 궁극적으로 하나님의 창조의 목적을 인간의 구원에서 찾는다. 하지만 오늘의 자연과학적 통찰은 이러한 인간중심주의의 편견에 대한 재고를 요청하고 있다.[7]

서구의 중세기와 심지어 종교개혁 시대까지도 인류가 창조세계에서 중심적 위치를 차지한다는 것을 의심한 사람은 거의 없었다. 그러나 근대 이후 자연과학의 주목할 만한 발전에 힘입어 그러한 인간 중심적 사고는 여러 측면에서 도전에 직면하게 되었다. 그러한 도전 중 다음 네 가지 사항은 매우 결정적이다. 지구 중심에서 태양 중심으로 우주론 패러다임의 변화, 지구상에 출현한 생명의 역사에 대한 진화론적 설명, 현재의 인간 종이 다른 형태의 지능을 가진 생명체에 의해 대체될 수 있음을 암시하는 트랜스휴머니

---

6 최근 번역 출간된 『인간의 타락과 진화』는 인류의 기원에 관한 과학적 탐구가 제기하는 도전에 대응하는 새로운 신학적 전략을 제시한다. William T. Cavanaugh and James K. A. Smith, eds., *Evolution and the Fall*, 윌리엄 T. 카바노프, 제임스 K. A. 스미스 엮음, 이용중 옮김, 『인간의 타락과 진화』 (서울: 새물결플러스, 2019).

7 고든 카우프만(Gordon Kaufman)은 서양 기독교 전통이 그 신학적 사고의 내적 구조에 있어 고칠 수 없을 만큼 인간 중심적이라고 생각한다. Gordon Kaufman, "The Concept of Nature: A Problem for Theology," *Harvard Theological Review* 65 (1972): 337-66. 한편 카우프만의 주장에 대해 샌트마이어는 매우 설득력 있는 역사적 논증을 펼친다. Paul Santmire, *The Travail of Nature: The Ambiguous Ecological Promise of Christian Theology* (Philadelphia: Fortress, 1985).

스트들의 전망, 마지막으로 인간 종의 불가피한 멸종에 대한 과학적 예측 등, 이러한 네 가지 사항은 전통적인 인간중심주의의 견해를 포기하거나, 적어도 그것을 급진적으로 재해석하도록 우리에게 도전장을 내밀고 있다.

고대의 인간중심적 우주관에 대한 최초의 과학적 도전은 코페르니쿠스 혁명으로부터 시작되어, 우주론의 패러다임이 지구 중심에서 태양 중심으로 옮겨가는 과정을 통해 제기되었다. 태양 중심의 새로운 우주론은 지구와 인류를 우주의 중심으로부터 멀리 옮기면서, 과거의 인간중심적 세계관을 상당 부분 침식했다. 이후 지난 20세기에 접어들어 태양계가 우리 은하계의 가장자리에 있다는 사실과, 전체 우주 가운데 우리 은하계 외에도 수천억 개의 다른 은하가 존재한다는 사실이 밝혀짐으로써, 우주 속 인간의 위상에 대한 겸손한 시각이 더욱 힘을 얻게 되었다.

찰스 다윈(Charles Darwin)의 『종의 기원』에서 시작된 진화생물학의 발전은 인간이 다른 생명체와는 구별되는 독특한 존재라는 생각에 또 다른 치명타를 안겼다. 인간은 이제 가장 단순한 생명 형태(공통조상)로부터 우연(유전적 돌연변이)과 법칙(자연선택)의 조합을 통해 오랜 시간에 걸쳐 진화한 생명체로부터 최근에 출현한 종으로 이해된다. 진화생물학자들에 따르면 공통조상으로부터 유래한 인간과 다른 생물들 사이에 공통점이 너무 많으므로 순전히 생물학적인 기초 위에서 인간의 독특성을 주장하는 것이 현재로서 불가능하지는 않지만 극히 어려워졌다고 한다.[8]

진화생물학에서 한 걸음 더 나아가, 우주의 역사에서 태양이 폭발하기까지 앞으로도 50억 년 정도가 더 남았음을 고려할 때, 어쩌면 호모 사피엔스는 지구상에서 생물학적 진화의 마지막 단계가 아니라 아주 초기 단계

8 Ian Barbour, *Religion and Science: Historical and Contemporary Issues* (New York: HarperCollins, 1997), 59-61.

에 출현했다고 볼 수도 있다. 게다가 오늘날 인간의 진화는 과학기술로 인해 점차 가속화되고 있다. 포스트휴머니스트들은 지금의 인간 능력을 월등히 뛰어넘어, 현재의 기준으로 보았을 때 도저히 인간이라고 할 수 없는 미래 존재의 출현 가능성을 논하는데,[9] 이러한 미래 존재에 대한 비전은 인류가 생물학적 진화의 마지막 단계에서 등장한 가장 진보된 생명체라는 생각을 위협한다.

이 모든 과학적 도전에 더하여, 장차 인간의 멸종을 피할 수 없다고 예견하는 천체물리학의 우주 미래 전망은 우주의 궁극적 의미를 인간의 역사에서 찾았던 전통적인 견해에 대해 의문을 제기함으로써 고대적 인간중심주의 세계관에 결정적인 타격을 가한다. 오늘날 과학의 예측에 따르면 인류의 미래는 영원하지 않을 것이다. 오히려 인류의 역사는 필연적으로 끝이 있다고 하겠다. 오늘날 인류의 운명은 과학기술의 발전을 이용한 테러나 과학기술 자체의 오류를 포함하여 과거보다 훨씬 더 큰 위험에 처해 있다.[10] 아마도 인류는 현명한 판단과 관리를 통해 핵전쟁이나 환경 파괴로 인한 멸종의 위기를 극복할 수 있을 것이다. 그렇지만 인류를 포함하여 지구상의 모든 생명체는 (머나먼 미래의 일이긴 하지만) 50억 년 뒤에 있을 태양의 폭발 이후에는 살아남지 못할 것이다. 혹시라도 인류가 우주 식민지 개척을 통해 태양의 폭발 이후 다른 행성에서 살아남게 된다 하더라도, 냉혹한 엔트로피 법칙 때문에 끝없이 팽창하는 우주의 열 죽음을 피할 길은 없다.[11] 요컨대

---

9 Humanity Plus, "Transhumanist FAQ," http://humanityplus.org/philosophy/transhumanist-faq/ (2019년 7월 31일 접속)에 소개된 '포스트휴먼'(posthuman)의 정의를 참고하라.

10 Martin Rees, *Our Final Hour: A Scientist's Warning: How Terror, Error, and Environmental Disaster Threaten Humankind's Future in This Century — On Earth and Beyond* (New York: Basic Books, 2003), 188.

11 Fred Adams and Gregory Laughlin, "A Dying Universe: The Long Term Fate and Evolution of Astrophysical Objects," *Reviews of Modern Physics* 69 (1997), 337-

어떤 경우이든 순수하게 과학적 근거에서 인류의 영원한 미래에 대한 소망을 찾는 것은 무익한 시도로 보인다.

창조의 목적

한마디로 말해서, 현대 과학의 발전은 인간이 우주의 중심에 위치한다는 생각, 인간이 다른 생물과 구별되는 특별한 존재라는 생각, 인간이 모든 생명체 중에서 가장 진보된 생명체라는 생각, 우주의 궁극적인 의미가 인간 역사에서 발견된다는 생각 등 고대로부터 내려오는 인간 중심적 편견을 하나씩 무너뜨렸다.

혹자는 인간중심주의 세계관의 붕괴가 하나님께서 창조세계와 관계 맺으시는 역사의 중심에 인간이 있다고 믿는 기독교 신앙을 심각하게 위협한다고 주장한다. 인간중심주의 편견에 대한 현대 과학의 도전에도 불구하고 과연 기독교가 계속 존속할 수 있을까? 인간중심주의 세계관이 붕괴된다면 기독교 신앙 체계 전체가 거짓으로 드러나게 되는 것은 아닌가? 이러한 질문에 대해 필자는 기독교 전통에서 한동안 무시되어온 창조 중심의 패러다임을 복원함으로써, 기독교 신앙이 처음부터 인간 중심적 신앙이 아니라 하나님 중심적 신앙이었음을 강조하고자 한다.

그리스도인들은 죄인을 구속하시는 하나님만이 아니라 온 세상을 창조하시고 구원하시는 하나님에 대한 믿음을 고백한다. 이와 관련해서 우리

372는 우주의 먼 미래에 대한 현대 과학의 논의를 정리하고 있다. 또한 William Stoeger, "Scientific Accounts of Ultimate Catastrophes in Our Life-Bearing Universe," in *The End of the World and the Ends of God: Science and Theology on Eschatology*, eds. John Polkinghorne and Michael Welker (Harrisburg: Trinity Press International, 2000; 『종말론에 관한 과학과 신학의 대화』, 대한기독교서회 역간), 19-28을 보라.

는 현대 신학자들의 도움을 받아 창조와 구원의 관계를 새롭게 이해할 필요가 있다. 기독교 신앙의 여러가지 전통적인 신학적 표현이 인간 조건을 주로 도덕적 죄의 관점에서 이해하고 그러한 비참한 상태로부터 인간을 구속하고 구원하는 그리스도의 사역에 초점을 맞추어온 것을 필자도 인정한다. 이러한 구속 중심의 신학 패러다임에 따르면, 창조는 단지 하나님께서 인간을 구원하시는 역사를 펼치기 위한 무대로 이해되고, 따라서 신학적 논의에서 뒤로 물러나게 된다. 하지만 오늘날의 다수의 삼위일체 신학자들, 생태신학자들, 성서신학자들, 과학신학자들은 구속 중심의 패러다임에 대한 대안으로 창조 중심의 신학 패러다임을 발전시키고 있다. 이 패러다임에 따르면 창조는 하나님께서 세계 안에서 또한 세계와 함께 펼쳐가시는 삼위일체 하나님의 경륜적 사역 가운데 가장 포괄적인 지평으로 이해된다. 즉 죄인을 위한 그리스도의 구속 사역은 삼위일체 하나님이 이끌어가는 창조 프로젝트의 궁극적 목표가 아니다. 하나님의 창조 프로젝트는 모든 피조물이 삼위일체 하나님의 영원한 삶에 참여하는 새 창조에서 완성될 것이다. 이렇듯 구속 대신 창조가 신학적 사고의 근본 틀을 형성하게 된다면, 기독교 신앙은 인간중심주의적 편견으로부터 자유롭게 될 것이다.

삼위일체 하나님의 창조 프로젝트에서 우리 인간은 하나님께서 창조하신 수많은 생명체 가운데 하나에 불과하다. 하나님이 인간과 관계하시는 역사는 오직 하나님이 전체 창조세계와 관계하시는 역사의 한 부분으로서 펼쳐진다. 로버트 존 러셀(Robert John Russell)의 표현을 사용하자면, 우리 인간을 포함해서 모든 피조물은 종말론적 동반자로서 삼위일체 하나님께서 창조라는 위대한 프로젝트를 완성하실 종말론적 미래를 함께 고대하고 있다.[12]

---

12 Robert John Russell, "Five Attitudes Towards Nature and Technology from a Christian Perspective," *Theology and Science* 1, no. 2 (October 2003), 149-59.

창조의 종말론적 완성을 향해 나아가는 이 지난한 여정에서 인간 종의 멸종이 일어난다고 해도, 그것은 다른 생물종의 멸종과 마찬가지로 삼위일체 하나님의 창조 프로젝트가 실패했음을 의미하지 않을 것이다. 왜냐하면 하나님의 창조 프로젝트의 성공은 생명이 지금의 모습으로 먼 미래까지 지속하는 데 있는 것이 아니라, 하나님께서 창조하신 모든 피조물이 구속적으로 변형되어 하나님의 영원한 삶에 참여하는 것에 있기 때문이다.

인간의 운명

지금까지 나는 기독교 신앙에서 창조자 하나님에 대한 믿음이 구속자 하나님에 대한 믿음보다 더 근본적이고, 삼위일체 하나님의 창조 프로젝트가 인간의 구속보다 더 큰 비전 곧 모든 피조물이 삼위일체 하나님의 영원한 삶에 참여하는 미래를 목적으로 하고 있으며, 삼위일체 하나님의 경륜을 통한 종말론적 완성을 향해 나아가는 과정에서 인간은 다른 피조물의 지배자가 아니라 그들의 동반자임을 강조했다. 그렇다면 하나님께서 창조하신 많은 피조물 가운데 인간이 특별한 지위 혹은 역할을 맡았음을 시사하는 성경 구절은 어떻게 해석할 수 있을까? 하나님께서 우리 인간에게 특별한 관심을 갖고 계신다는 생각을 그리스도인들이 계속 고수할 수 있을까? 만약 그렇다면, 그러한 생각의 근거는 어디에서 찾을 수 있을까?

하나님의 창조세계에서 인간이 특별한 위치를 차지한다는 생각과 관련해서 전통적인 신학자들은 대개 하나님의 형상(창 1:26-28) 개념에 호소하면서 이것이 인간을 다른 피조물과 구별되는 독특한 존재로 만든다고 주장한다. 여기서 하나님의 형상은 주로 이성이나 자유의지 등 인간의 고유한 특질이라는 관점에서 이해되거나, 다른 피조물에 대한 다스림 내지 청지기직 등 인간의 고유한 기능 또는 역할의 관점에서 이해되었다. 하지만 앞에서 간략하게 언급한 현대 과학의 도전을 고려할 때, 하나님의 형상에 대한 이러한 전통적인 해석에 따라 인간이 다른 피조물과 구별되는 독특한 존재라는 생각을 현대인들에게 설득력 있게 입증하는 데에는 한계가 있다.

하지만 필자가 볼 때, 하나님께서 예수 그리스도 안에서 많은 피조물 가운데 인간이 되셨다는 성서의 증언(요 1:14; 빌 2:6-11)은 하나님께서 우리 인간을 향해 특별한 관심을 갖고 계신다는 기독교 사상의 확실한 토대를 제공할 수 있다. 사실 신약성서는 하나님의 형상 개념을 주로 기독론적 관점에서 정의한다. 신약성서에 따르면 예수 그리스도는 보이지 않는 하나님의 참된 형상이다(골 1:15; 롬 8:29). 이러한 의미에서 하나님의 형상은 예수 그리스도 안에서 선취된 인간의 종말론적 운명을 가리킨다. 하나님의 형상에 대한 이러한 기독론적이고 종말론적인 해석은 하나님께서 창조세계와 관계하시는 경륜적 역사에서 인간이 차지하는 특별한 위치에 대한 그리스도인들의 믿음에 확고한 토대가 된다. 이러한 맥락에서 필자는 판넨베르크의 다음과 같은 주장에 전적으로 공감한다.

> 우리는 오직 영원하신 아들이 사람으로 성육신하신 사건의 빛 아래에서만 피조물들이 창조자와 맺는 관계가 그 최상의 궁극적인 실현을 인간 안에서 발견한다고 말할 수 있다.…우리 인간 본성의 관점에서 볼 때, 우리가 이러한 독특성을 주장할 수 있는 것은 오직 영원하신 아들이 성육신하신 그 사람과 우리가 같은 종에 속하기 때문이다.[13]

인간이 그물망처럼 긴밀하게 상호 연결된 창조세계의 한 부분이라는

---

13 Wolfhart Pannenberg, *Systematic Theology*, vol. II, 175-176.

사실을 고려할 때, 우리는 예수 그리스도 안에서 이루어진 하나님의 성육신을 하나님께서 하나의 피조물이 되셨다는 견지에서 포괄적으로 해석할 수도 있다.[14] 그렇지만 이러한 포괄적인 해석조차도 하나님께서 피조물이 되실 때 숱한 피조물 가운데 인간을 선택하셨다는 성서의 증언을 무효화하지 못한다. 하나님께서 외계 생명체 등 다른 피조물로 성육신하실 가능성을 우리가 완전히 배제할 수는 없다손 치더라도, 필자가 보기에 하나님께서 인간이 되셨다는 성서의 증언은 인간이 하나님께 (배타적인 의미는 아니라 할지라도) 매우 특별한 존재임을 보여주기에 충분하다. 그러므로 우리는 인간의 역사가 하나님의 창조세계 안에서 특별한 위치를 차지한다고 분명하게 말할 수 있다. 더 나아가 만약 우리가 예수 그리스도 안에서 이루어진 하나님의 성육신을 창조의 궁극적인 목적을 선취하는 종말론적 사건으로 이해한다면, 인간 역사가 하나님의 위대한 창조 프로젝트 안에서 궁극적 의미를 지닌다고 고백하는 믿음도 얼마든지 가능하다. 인간이 하나님의 창조 프로젝트에서 특별한 위치를 차지한다고 믿는 기독교의 확신은 인류의 미래를 향한 희망의 근거가 된다. 예수 그리스도 안에서 인류를 향한 하나님의 긍정은 하나님이 인간 역사가 허무하게 끝나도록 내버려두지 않을 것이며, 선하신 하나님이 인간 역사를 궁극적으로 완성시키실 것이라는 희망을 품게 한다.

하지만 인류의 미래를 향한 기독교적 희망이 반드시 인류의 역사가 무한정 지속될 것이라는 기대를 가리키지는 않는다는 점을 우리는 기억할 필요가 있다. 사실 인류 역사의 궁극적 완성은 그리스도의 천년왕국과 같이 미래 어느 시점에 이루어질 수 없다. 왜냐하면 이미 죽은 사람들이 과거에 그대로 남아 있는 상태에서는 진정한 의미에서 인간 역사의 완성은 있을 수

14 이 점과 관련해서 필자는 Colin Gunton, *Christ and Creation* (Paternost, 2005)의 제2장에 들어 있는 논의에서 통찰을 얻었다.

없기 때문이다. 이 점에서 죽은 자들의 부활이라는 상징은 인류의 미래에 대한 기독교의 희망을 가장 생생하게 포착하고 있다. 부활한 몸들이 영생을 누리는 새 창조세계에 대한 기독교의 희망은 지금 우리 눈에 펼쳐진 인간 역사가 언젠가는 종식될 것을 내포하고 있다. 그리고 인간 역사의 종말에 대한 이러한 생각이 인류의 멸종에 관한 과학자들의 예측과 일치하지는 않아도 공명한다는 사실은 흥미롭다.

한편 인간 역사가 언제 어떻게 끝날 것인지는 여전히 열린 질문으로 남아 있다. 캐스린 태너(Kathryn Tanner)는 이에 대해 다음과 같이 적절하게 지적한다. "과학은 고유한 힘에 내맡겨진 세계의 운명을 정확하게 묘사하지만, 우리가 세계의 고유한 작동 원리로부터 당연하게 기대할 수 있는 미래의 방향을 변경시키거나 극복하는 신적 활동의 영향은 전혀 고려하지 않고 있다."[15] 이와 관련해서 인간 역사의 종말에 관한 시나리오를 예측하려는 시도는 바람직하지 않다. 현재와 같은 모습의 인간 역사가 종식될 것이라는 희망 외에 그리스도인들은 인간의 미래에 대해 (낙관적이든 비관적이든) 순진한 생각을 자제할 필요가 있다. 창조자 삼위일체 하나님께서 인간을 향해 특별한 관심을 갖고 계신다는 확신은 오늘날 인류의 멸종에 관한 과학자들의 예측에 따른 성급한 절망을 극복할 수 있는 토대가 된다. 반면에 인간의 죄성에 대한 기독교의 예리한 통찰은 인간 역사가 점진적으로 진보하다가 마침내 스스로 완성에 이르게 될 것이라는 전망을 불가능하게 한다.

요컨대 기독교 창조 신앙은 창조세계의 중심이 인간이 아니라 삼위일체 하나님임을 선언하는 동시에, 하나님께서 창조세계와 관계하시는 역사에서 인간이 매우 특별한 존재임을 긍정한다. 삼위일체 하나님께서 창조 프

15 Kathryn Tanner, "Eschatology Without a Future," in *The End of the World and The Ends of God*, ed. Polkinghorne and Welker, 222–223.

로젝트를 완성하시는 그날 하나님의 특별한 관심을 받는 인간은 다른 피조물과 더불어 하나님의 영원한 삶에 동참하게 될 것이다.

맺는말

책을 마무리하면서 나는 스스로 이런 질문을 던진다. 과연 나는 전능하신 아버지, 유일하신 하나님, 천지의 창조자에 대한 신앙고백을 나의 삶 속에서 온전하게 살아내고 있는가? 나는 오직 하나님 한 분만을 두려워하며 그분에게 순종하고 있는가? 나는 어떠한 시련과 위협 앞에서도 전능하신 아버지의 섭리를 믿고 용기를 내고 있는가? 나는 하나님의 형상으로 지음 받은 모든 형제자매를 사랑으로 섬기고 있는가? 나는 하나님께서 창조하신 선한 세계를 책임 있게 돌보고 있는가?

지난 세기 말 세계교회협의회의 신앙과직제위원회는 『세계교회가 함께 고백해야 할 하나의 신앙고백』이라는 의미 있는 문서를 펴냈다.[1] 이 문서는 니케아-콘스탄티노플 신조(381)를 통해 세계교회가 고백하는 사도적 신앙에 대한 에큐메니컬한 해석을 담고 있다. 이 문서는 창조자 하나님에 대한 신조의 첫 번째 항목을 해석하면서, 과학과 관계된 무신론과 세속주의의 도전 외에도 우상과 거짓 신들, 다른 종교들, 자연과 인간 세계 속의 악의 존

1 World Council of Churches, *Confessing the One Faith*, 세계교회협의회 엮음, 이형기 옮김, 『세계교회가 함께 고백해야 할 하나의 신앙고백』 (서울: 한국장로교출판사, 1996).

재, 이신론과 범신론, 생태계 파괴의 현실 등 오늘날 창조 신앙을 위협하는 다양한 도전을 언급한다.

본서에서 나는 주로 과학 시대를 염두에 두고 성서와 기독교 전통의 창조론을 확장하고 심화시키는 과제에 집중했다. 하지만 앞서 신앙과직제위원회의 문서가 적절하게 지적하듯이, 오늘날 기독교 창조론에 대한 도전은 과학적 세계관으로부터만 오지 않는다. 따라서 오늘날의 창조론자들은 과학 시대의 도전 외에도 맘몬을 우상으로 섬기는 물신주의, 하나님의 형상으로서 창조된 인간의 존엄을 해치는 다양한 폭력, 지구 환경의 파괴로 인한 기후 위기 등의 도전 앞에서 창조 신앙을 자신의 삶 속에서 살아내야 할 뿐 아니라 이를 통해 창조 신앙을 입증해야 할 과제를 안고 있다.

이러한 때에 한국의 그리스도인들이 어쩌면 본질적이지 않는 이유 때문에 분열되고 서로 갈등하는 모습을 보이는 것은 참으로 안타까운 일이 아닐 수 없다. 이제는 다양한 생각을 가진 이 땅의 모든 창조론자가 창조자 하나님에 대한 하나의 신앙고백 안에서 서로 하나가 되고, 또한 이 신앙고백을 위태롭게 하는 모든 위협에 맞서 함께 힘을 모아야 할 때라고 생각한다. 이 일에 본서가 조금이나마 기여할 수 있기를 기대하고 소망한다.

부록:
진화론은
무신론의 근거가
될 수 없다

생명과학의 진화론은 지구상에 출현한 생명 현상의 기원과 역사를 자연선택과 유전자 변이의 조합이라는 메커니즘을 통해 포괄적으로 설명하는 이론으로서, 오늘날 대다수의 과학자들이 인정하는 과학 이론이다. 진화론은 천문학·지질학·물리학 등 인접 자연과학에서 발견한 결과들과 공명할 뿐 아니라, 다양한 지층에서 발견되는 화석들에 대해서도 가장 정합적인 설명을 제공하고 있으며, 현재도 계속되고 있는 생명 현상의 변화 과정을 설명하고 예측하는 데 있어 가장 탁월한 모델을 제공하고 있다.[1]

그렇다면 지구상의 생명 현상에 대한 진화론의 설명이 신의 존재 및 속성에 관한 신학적 물음과 무슨 상관이 있는 것일까? 일부 무신론자들은 진화론으로부터 신이 없다는 결론을 이끌어낸다. 대표적인 예로 19세기를 다윈의 세기로 규정한 미국의 작가 로버트 그린 잉거솔(Robert Green Ingersoll, 1833-1899)은 찰스 다윈(Charles Darwin)의 진화론이 인간의 완벽한 창조, 에덴동산의 존재, 뱀의 유혹, 타락의 역사성, 원죄와 속죄 교리 등 정통 기독교

---

1 진화론이 설명능력·예측능력·반증가능성 등의 관점에서 오늘날 최선의 생물학 이론이라는 주장에 대한 간략한 소개를 위해서는 Ted Peters and Martinez Hewlett, *Can You Believe in God and Evolution: A Guide for the Perplexed* (Nashville: Abingdon, 2006), 15-20을 보라.

의 기초를 무너뜨렸으며, "모든 지성인의 마음에서 정통 기독교의 마지막 흔적마저 제거해 버렸다"고 주장했다.[2] 과연 진화론은 진정 기독교 신앙과 양립 불가능한가? 다윈의 진화론은 신이 없다는 것을 증명했는가? 진화론은 필연적으로 무신론을 함축하는가? 진화론을 인정한다면 무신론자가 될 수밖에 없는가?

기계론적 생명 이해와 무신론

무신론의 역사는 근대 과학 혁명보다 더 오래되었다. 하지만 과학 혁명 이후 새로운 형태의 무신론, 소위 과학적 무신론이 등장했다. 과학적 근거에 호소하는 무신론의 역사 역시 19세기 진화론의 등장 이전으로 거슬러 올라간다. 근대 과학의 발전은 한편으로는 자연의 비신화화를 선포한 기독교 창조 신앙의 토대 위에서 가능한 일이었지만, 기계론적 자연 이해의 발전과 더불어, 자연 세계의 과정 속에 개입하는 초월적 존재자에 대해 의구심을 갖게 했다. 생명과학의 영역에 국한해서 생각한다면, 과학 혁명이 야기한 기계론적 세계관이 생명 이해에도 적용되면서 생명의 초자연적 근원에 대한 의심에 과학적 근거를 제공하기 시작했다.[3] 근대 과학 혁명의 본산인 영국에서 전통적인 기독교 신론과 구분되는 이신론이 발전한 것은 근대 과학 혁

2 Robert Green Ingersoll, *The Works of Robert Green Ingersoll*, vol. 2 (New York: Dresden Publishing, 1900), 356-359. 원문 검색: https://archive.org/details/worksofrobertgin2inge/page/356 (2019년 7월 31일 접속).

3 근대 과학의 기계론적 자연 이해의 근저에 종교개혁이 있다는 흥미로운 주장에 관해서는 다음을 보라. Jacques Roger, "The Mechanistic Concept of Life," in *God and Nature: Historical Essays on the Encounter Between Christianity and Science*, eds. David Lindberg and Ronald Numbers (Berkeley: University of California Press, 1986; 『신과 자연』, 이화여자대학교출판부 역간), 279.

명 이후 기계론적 세계관의 발전이라는 역사적 맥락에서 이해 가능하다. 이신론은 초자연적 존재자의 활동을 세계의 시작지점으로 밀어버림으로써만 가능한데, 이것은 어찌 보면 성서적인 하나님 이해보다 무신론적 세계관에 더 가깝다고 하겠다.[4]

그럼에도 19세기까지 기독교 사회 안에서 성서의 권위는 대단한 것이었고, 무신론자들이 쉽사리 목소리를 높일 수 없었다. 심지어 지구의 역사와 관련하여 창세기에 근거한 모세 지질학이 오랫동안 큰 영향력을 발휘했고, 19세기에 들어서야 모세의 권위로부터 해방된 지질학이 본격적으로 그 모습을 드러내기 시작했다.[5] 19세기 성서해석학 분야에서 역사비평이 성서의 문자가 가진 전통적 권위에 도전했다면, 비슷한 시기에 과학 분야에서는 지질학 연구의 발전이 창세기에 근거한 전통적 지질학에 도전장을 내밀고 있었다. 특히 찰스 라이엘(Charles Lyell)의 균일설은 지구의 과거 역사에서 초자연적 존재에 의한 격변의 가능성을 배제하면서 순전히 기계론적(혹은 과학적) 관점에서 지구의 역사를 재구성할 수 있는 토대를 마련했다.[6] 한편으로 19세기 유럽 사회는 자연에 대한 기계론적 이해에 근거한 무신론적 주장 외에도, 인간 역사에 대한 유물론적 이해에 근거한 무신론적 주장 또한 등장했다. 루트비히 포이에르바흐(Ludwig Feuerbach), 카를 마르크스(Karl Marx), 프리드리히 니체(Friedrich Nietsche) 등 독일의 철학적 거장들이 공개적으로

---

4 에른스트 마이어는 최근의 생명 이해를 가리켜 대체로 기계론적(물리주의적) 환원론과 생기론적 이원론을 극복한 창발적 유기체론이라고 부른다. Ernst Mayr, *This is Biology: The Science of the Living World*, 에른스트 마이어 지음, 최재천 외 옮김, 『이것이 생물학이다』 (서울: 바다, 2016), 21-47 참고.

5 Martin J. S. Rudwick, "The Shape and Meaning of Earth History," in *God and Nature: Historical Essays on the Encounter Between Christianity and Science*, eds. David Lindberg and Ronald Numbers (Berkeley: University of California Press, 1986), 312-313.

6 James R. Moore, "Geologists and Interpreters of Genesis in the Nineteenth Century," in *God and Nature*, eds. Lindberg and Numbers, 328 참고.

종교(기독교)를 비판하면서 무신론적 주장을 펼쳤다.

다윈은 무신론자였는가?

다윈은 젊은 시절 윌리엄 페일리(William Paley)의 『자연신학』(*Natural Theology*)을 탐독하였고, 비록 아버지의 권유에 따른 것이기는 하지만 신학부에 잠시 몸을 담기도 했다. 다윈이 어린 시절부터 기독교 전통에서 자란 것은 분명하다. 하지만 말년의 다윈은 더 이상 전통적인 기독교 신앙을 갖고 있지 않았다. 그리고 그 중간 시기에 다윈의 진화론적 사고는 성숙에 이르게 되었던 것이다. 비록 단편적 사실의 나열이기는 하지만, 여기서 우리는 다윈이 생명의 진화에 대한 학문적 연구를 진행하는 가운데 전통적인 기독교 신앙을 버리게 되지 않았을까 추정할 수 있다. 실제로 여러 진화생물학자들은 진화론이 다윈을 무신론자 혹은 적어도 불가지론자가 되게 하였다고 주장한다.

몇몇 과학자들은 다윈의 출간되지 않은 연구 노트를 분석한 다음에 다윈이 유물론자로서 일종의 무신론자였음에 틀림없다고 주장한다. 대표적인 예로 에른스트 마이어(Ernst Mayr)는 다윈이 비글호 탐험을 마치고 돌아온 뒤 얼마 지나지 않아 1836-39년에 기독교 신앙을 잃어버린 것으로 보인다고 추정한다. 비록 다윈이 아내와 동료들의 마음을 다치지 않게 하려고 공식적인 출판물에서는 이신론적 표현을 종종 사용하기는 했지만, 그의 개인 연구 노트는 그가 유물론자 곧 무신론자가 되었음을 암시한다고 마이어는 주장한다.[7] 스티븐 제이 굴드(Stephen Jay Gould) 역시 다윈의 연구 노트에

---

7 Ernst Mayr, "Darwin and Natural Selection," *American Scientist* (May 1977), 323.

대한 분석을 통해서 다윈이 진화 자체보다 훨씬 더 이단적인 사상을 갖고 있으면서도 그것을 공개적으로는 노출하기를 두려워했다는 증거를 찾을 수 있다고 본다. 굴드는 다윈이 갖고 있던 사상에 철학적 유물론이라는 이름을 붙인다. 이것은 물질이 모든 존재의 질료이며, 모든 정신적·영적 현상은 물질의 부산물이라는 생각이다.[8]

하지만 적어도 『종의 기원』 초판(1859)이 나올 때까지만 해도 다윈의 신학적 입장은 이신론에 가까웠다고 말할 수 있다.[9] 앞서 살펴보았듯이 다윈은 『종의 기원』에서 자연선택 이론과 특별 창조 이론을 의도적으로 대조하면서 자신의 이론을 주장하고 있다. 한편으로 자연선택의 지도 아래 점진적 변이의 누적을 통한 진화의 과정에 대한 이론을 전개할 경우에는 대체로 기계론적 생명 이해를 지지하는 듯이 보이며, 그런 점에서 다윈의 입장이 유물론적 세계관에 더 부합하는 듯 보였으리라고 짐작할 수 있다.[10] 하지만 특별 창조 이론에 대한 다윈의 비판이 곧 유신론에 대한 부정 혹은 무신론에 대한 지지를 의미하지는 않았다. 오히려 다윈은 『종의 기원』에서 찰스 킹즐리(Charles Kingsley)가 보내온 서신의 내용 중 일부를 인용하며 변이와 자연선택의 원리를 포함하는 포괄적 설계 개념을 수용할 여지를 남겨 두었다.[11] 또한 다윈은 『종의 기원』 결론부의 다른 곳에서 각각의 종이 독립적으로 창조되었다기보다 모든 종들이 창조주가 물질에 새겨놓은 법칙에 따라 출현했다고 보는 것이 더 고상하다는 의견을 피력한다.

---

8 Stephen Jay Gould, *Ever Since Darwin* (New York: Norton, 1977), 24.

9 Ian Barbour, *Religion and Science: Historical and Contemporary Issues* (New York: HarperCollins, 1997), 239.

10 찰스 다윈의 진화론에 대한 독일 유물론자들의 찬사에 관해서는 다음을 보라. Claude Welch, *Protestant Thought in the Nineteenth Century*, vol. 2, *1870-1914* (New Haven: Yale University Press, 1985), 197-198.

11 Charles Darwin, *The Origin of Species*, 6th ed. (New York: Penguin, 2005), 498.

> 가장 탁월한 저자들은 각각의 종이 독립적으로 창조되었다는 견해에 전적으로 만족하고 있는 것으로 보인다. 내 생각에는 과거와 현재 세상에 살고 있는 생명체들의 출현과 멸종이 개별 생명체의 출생과 죽음을 결정하는 것과 동일한 제2원인에 의한 것이라고 보는 것이 창조주가 물질에 새겨둔 법칙들에 관해 우리가 알고 있는 것에 더 잘 부합한다. 모든 존재자를 특별한 창조로 보기보다는 실루리아기[제6판에서는 '캄브리아기'로 수정]의 첫 번째 퇴적층이 쌓이기 오래 전에 살았던 소수의 존재자들로부터 나온 일련의 후손들로 볼 때, 그것들이 나에게는 더 고상하게 보인다.[12]

존 헤들리 브룩(John Hedley Brooke)은 1859년 당시 다윈의 입장을 잘 요약해서 설명하고 있다.

> 1859년 다윈의 입장은 기독교적이지도 무신론적이지도 않았다. 그가 종국적으로 갖게 된 불가지론의 뿌리는 그의 서신 속에서 찾아볼 수 있지만, 다윈은 우주에 법칙을 부과하는…신을 주저 없이 언급하였다. 다윈은 계시의 권위는 부정하였지만 여전히 자연법칙이 스스로를 설명할 수 없다고 믿었기 때문에, '이신론자'라는 단어가 『종의 기원』이 출판된 당시 다윈을 가장 잘 대변한다. 그의 논증의 핵심 주장은 새로운 종이 어떻게 기원하느냐를 설명하는 데 기적이 필요하지 않다는 것, 그가 자주 사용하는 표현에 따르면 '독립된 창조 행위'가 없었다는 것이다.[13]

---

12 Darwin, *On the Origin of Species* (London, 1859), 488-489; *The Origin of Species*, 6th ed., 506.

13 John Hedley Brooke, "Genesis and the Scientists," in *Reading Genesis after Darwin*, eds. Stephen C. Barton and David Wilkinson (Oxford: Oxford University Press, 2009), 98.

다른 한편으로 『종의 기원』 초판 이후 다윈의 종교적 입장에 다소간의 변화가 있었던 것으로 보인다. 말년에 이른 다윈 자신의 말에 따르면, 때때로 흔들리는 그의 생각을 그나마 가장 잘 대변하는 입장이 이신론보다는 불가지론이었다. 다윈은 1879년에 쓴 한 서신에서 다음과 같이 자신의 종교적 입장을 서술하고 있다.

> 나 자신의 견해가 무엇인지는 나 외에 다른 사람에게는 아무런 의미가 없는 질문입니다. 당신이 질문한다면 나는 나의 판단이 종종 흔들리고 있다고 말하겠습니다.…내가 가장 많이 흔들릴 때에도 나는 하나님의 존재를 부정한다는 의미에서 무신론자가 된 적은 결코 없습니다. 대체로(그리고 나이가 점점 더 들어가면서 더욱 더), 하지만 항상 그런 것은 아니고, 불가지론자가 나의 마음 상태를 가장 정확하게 묘사하고 있다는 생각을 합니다.[14]

비슷한 맥락에서 다윈은 『자서전』에서 이렇게 기록하고 있다. "만물의 시작의 신비는 우리가 해결할 수 없는 문제다. 나로서는 불가지론자로 머무는 데 만족할 수밖에 없다."[15] 요컨대 다윈이 자연선택 이론을 발전시키면서 전통적인 특별 창조 교리를 비판하였지만 그럼에도 결코 무신론자가 되지 않았다는 다윈 자신의 고백은 자연선택을 통한 진화론이 유물론적 무신론

---

14 Francis Darwin, ed., *Charles Darwin: His Life Told in an Autobiographical Chapter, and in a Selected Series of his Published Letters*, new ed. (London: John Murray, 1902), 55. 원문 검색: https://archive.org/details/b21294872/page/54 (2019년 8월 1일 접속).

15 Nora Barlow, ed., *The Autobiography of Charles Darwin 1809-1882* (London: Collins, 1958), 94. 원문 검색: https://archive.org/details/darwin-online_1958_autobiography_F1497/page/n95 (2019년 8월 1일 검색).

을 필연적으로 함축하는 것은 아니라는 점을 내포한다.[16]

다윈 시대의 진화무신론자들

그렇다면, 다윈의 영향을 받은 당시의 진화론자들은 어떠했을까? 그들 중 신실한 그리스도인들도 있었을까? 다윈과 같이 불가지론을 선택한 사람은 얼마나 될까? 아니면 다윈과 달리 진화론을 근거로 공개적으로 무신론을 지지한 사람은 얼마나 될까? 우선 다윈의 이론을 가장 가까이에서 접하고 긍정적으로 수용하던 저명한 학자 중에 신실한 그리스도인이 있었다는 사실을 상기할 필요가 있다. 가장 대표적인 예는 19세기 미국의 대표적인 식물학자 아사 그레이(Asa Gray)이다. 그는 다윈의 진화론이 목적론적 개념과 반드시 충돌할 필요가 없다고 보았다.[17] 한편으로 다윈의 불독이라고 불렸던 토머스 헉슬리(Thomas H. Huxley)는 그레이와 달리 당시 영국의 기성 교회와 상당한 갈등을 빚었으며, 그 과정에서 종교 권력에 맞서 과학의 진리를 대변하는 대표적인 인물로 자리 잡았다.[18]

---

16 다른 한편으로, 다윈이 무신론자가 되지 않았다 하더라도 전통적인 의미에서 기독교인이 되기를 그쳤다는 사실을 기억할 필요가 있다. 에른스트 마이어에 따르면 다윈은 진화론적 사고가 깊어지면서 점차 전통적인 기독교 신앙으로부터 멀어지게 되었던 것으로 보인다. Ernst Mayr, *Toward a New Philosophy of Biology: Observations of an Evolutionist* (Cambridge: Harvard University Press, 1988), 170 참고.

17 Asa Gray, *Darwiniana: Essays and Reviews Pertaining to Darwinism* (New York: Appleton, 1889), 379. 원문 검색: https://archive.org/details/darwinianaessays00grayuoft/page/378 (2019년 8월 5일 접속).

18 A. Hunter Dupree, "Christianity and the Scientific Community in the Age of Darwin," in *God and Nature: Historical Essays on the Encounter Between Christianity and Science*, eds. David Lindberg and Ronald Numbers (Berkeley: University of California Press, 1986), 362-363.

사실 다윈이 사용한 불가지론자라는 표현은 헉슬리가 만들어낸 용어였다. 헉슬리 역시 스스로를 불가지론자라고 불렀다.[19] 헉슬리 자신의 말을 인용하면, 과학과 종교 간의 적대감을 거짓으로 만들어 낸 사람들은 "과학의 어떤 한 분야를 종교와 혼동하는 근시안적인 종교인들"과 "과학이 명확하게 지적으로 이해 가능한 영역만을 다룬다는 사실을 망각하는 마찬가지로 근시안적인 과학자들"이었다.[20] 여기서 헉슬리의 입장은 그레이의 입장과 그렇게 많은 차이를 보이지 않는다.

하지만 우리는 헉슬리가 과학과 종교 사이의 양립 가능성을 주장한 이유가 그레이의 그것과 다르다는 사실을 기억할 필요가 있다. 그레이의 관심이 다윈의 이론을 기독교 안에 포용하는 데 있었다면, 헉슬리의 관심은 다윈의 이론을 기독교로부터 분리시키는 데 있었기 때문이다. 19세기 영국 사회에서는 여전히 성직자들이 대학 교수 임명 권한 등을 행사하면서 과학 분야에서도 큰 영향을 미치고 있었다. 이러한 상황에서 헉슬리는 과학자들을 성서와 전통과 성직자의 권위로부터 해방시키는 일에 헌신했고, 그로 인해 오늘에 이르기까지 다윈의 진화론이 반종교적 이미지를 갖게 하는 데 적잖은 영향을 미쳤다. 데이빗 윌킨슨(David Wilkinson)에 따르면 "1864년 헉슬리와 다른 9명의 사람들이 사회의 세속화를 목표로 X-클럽을 결성했다. 여기서 과학과 종교 사이의 갈등이라는 가설이 생겨났고, 오늘에 이르기까지 지속적으로 큰 영향을 미치고 있다."[21] 요컨대 헉슬리 자신은 과학과 신

---

19 Thomas H. Huxley, *Science and Christian Tradition* (New York: Appleton, 1895). 239. 원문 검색: https://archive.org/details/sciencechristian1895huxl/page/238 (2019년 8월 1일 접속).

20 Thomas H. Huxley, *Science and Hebrew Tradition* (London: Macmillan, 1893), 160-161. 원문 검색: https://archive.org/details/in.ernet.dli.2015.177311/page/n171 (2019년 8월 1일 접속). Brooke, "Genesis and the Scientists," 101; Welch, *Protestant Thought in the Nineteenth Century*, 197 참고.

21 David Wilkinson, "Genesis 1-3 and the Modern Science," in *Reading Genesis after*

학 사이에 근본적인 갈등이 있다고 보지 않았는지 모르지만, 그의 말과 행동은 실제로 대중의 마음속에 다윈의 진화론이 기독교 신앙과 화해할 수 없는 갈등 관계에 있다는 인상을 깊이 심어주었다.[22]

한편으로 유럽의 여러 다른 나라들에서 다윈의 이론은 유물론적 사상과 보다 쉽게 결합되었던 것으로 보인다. 클라우드 웰치(Claude Welch)에 따르면 독일에서는 『종의 기원』이 출간되기 이전부터 유물론적 사상이 널리 퍼져 있었고, 루트비히 뷔히너(Ludwig Büchner)와 칼 포크트(Carl Vogt)를 비롯하여 적지 않은 유물론자들이 다윈의 저서에서 자신들의 입장을 지지하는 근거를 발견했다. 특별히 19세기 독일의 대표적인 진화론자였던 에른스트 헤켈(Ernst Haeckel)은 기독교에 적대적인 주장을 매우 강하게 내세우며 다윈주의를 독일 사회에 전파하기 위해 애썼다. 하지만 여기서 주목할 것은 다윈주의 자체가 유물론과 무신론 운동의 출발점이 된 것이 아니라, 이미 다윈과 별개로 전개되고 있던 유물론과 무신론 운동이 다윈의 이론을 새로운 무기로 삼았다는 사실이다. "다윈주의는 진화론과는 거의 관계가 없는 이유 때문에 반종교의 상징이 될 수 있었다."[23]

Darwin, eds. Stephen C. Barton and David Wilkinson (Oxford: Oxford University Press, 2009), 132.

22 이와 관련해서 경험과학을 신뢰할 만한 지식의 유일한 원천으로 보는 철학적 입장으로서 토머스 헉슬리가 주장한 과학적 자연주의(scientific naturalism)는 사실상 무신론적 이데올로기에 상응한다. Ronald Numbers, "Science without God: Natural Laws and Christian Beliefs," in *The Nature of Nature: Examining the Role of Naturalism in Science*, eds. Bruce L. Gordon and William A. Demski (Wilmington: ISI Books, 2011), 62 참고.

23 Claude Welch, *Protestant Thought in the Nineteenth Century}*, vol. 2, *1870-1914* (New Haven: Yale University Press, 1985), 197-98.

최근의 진화무신론자들

19세기 이후 많은 무신론자들은 다윈의 이론이 무신론을 지지하는 매우 결정적인 과학적 근거를 제시했다고 주장한다. 하지만 우리는 다윈 시대만이 아니라 최근까지도 대표적인 생물학자들 중에 무신론자들뿐 아니라 신실한 종교인들도 있다는 사실을 잊지 말아야 한다. 1930년대 다윈의 자연선택 이론을 다시금 확증하며 신다윈주의 종합을 이루는 데 결정적인 기여를 한 로널드 피셔(Ronald Fisher)와 테오도시우스 도브잔스키(Theodosius Dobzhansky)는 모두 신실한 그리스도인이었다.[24] 하지만 20세기 저명한 생물학자들 가운데 자크 모노(Jacques Monod), 프란시스 크릭(Francis Crick) 등 무신론을 주장하는 사람들이 없었던 것은 아니다.[25] 또한 20세기 후반부터 21세기로 접어들면서 종교(기독교)를 공격하며 무신론을 주장하는 과격한 생물학자와 생물철학자 들의 목소리가 예사롭지 않게 커지면서 오늘날 일반 대중에게 큰 영향을 미치고 있다. 이 점에서 한국사회도 예외가 아니다. 그렇다면 이 진화무신론자들은 도대체 무슨 근거에서 생물학적 진화론이 무신론을 지지하거나 입증한다고 주장하는 것일까? 이 단락에서 우리는 최근의 대표적인 진화무신론자 세 사람의 논리를 차례로 살펴보려고 한다. 그 세 사람은 리처드 도킨스(Richard Dawkins), 대니얼 데닛(Daniel C. Dennett), 데

---

24 Michael Ruse, *Can a Darwinian be a Christian?*, 마이클 루스 지음, 이태하 옮김, 『다윈주의자가 기독교인이 될 수 있는가?』(서울: 청년정신, 2002), 32-33.

25 테드 피터스와 마르티네즈 휼릿은 진화무신론자들의 대표적인 예로 프란시스 크릭, 리처드 도킨스, 대니얼 데닛, 리처드 르원틴Richard C. Lewontin) 등을 소개한다. Peters and Hewlett, *Can You Believe in God and Evolution?* 23. 존 호트는 스티븐 제이 굴드도 실제로는 무신론자였다고 생각한다. John Haught, *God After Darwin: A Theology of Evolution* (Westview, 2001), 26. 국내 생물학자로는 김웅진 역시 계몽된 사회에서는 종교가 더 이상 필요하지 않다고 주장한다. 김웅진 지음, 『생물학 이야기-다윈에서 뇌과학까지 생물학의 모든 것』 (서울: 행성B, 2015), 415n32.

이비드 바라쉬(David Barash)다.

리처드 도킨스

오늘날 진화무신론의 대표자는 단연코 리처드 도킨스다. 그의 영향력은 영국과 미국만이 아니라 전 세계에 미치고 있으며, 우리나라도 예외가 아니다. 널리 회자되고 있는 그의 말을 인용하면, "다윈은 지적으로 완성된 무신론자가 되는 일을 가능하게 만들었다"는 것이다.[26]

도킨스는 언젠가 자신이 언제부터 무신론자가 되었는지 설명한 적이 있다.[27] 도킨스는 9살 무렵 세상에 존재하는 수많은 종교들에 대해 생각하면서 자신이 그리스도인으로 자란 것이 순전히 우연이었다는 깨달음을 얻고 나서부터 무신론에 대한 생각을 갖기 시작했다고 한다. 당시 그는 모든 종교가 다 옳을 수는 없으며, 아마도 그중 어떤 종교도 옳지 않을 것이라고 생각했다고 한다. 후일 그는 생명 현상의 복잡성과 아름다움을 깨닫고 일종의 범신론으로 기울어졌다가, 16살이 되었을 무렵 "다윈주의가 신들을 대신할 만큼 충분히 크고 충분히 고상한 설명을 제공해 준다"는 사실을 처음 깨닫고, 그 후로 무신론자가 되었다고 스스로 고백한다. 이 자서전적 이야기는 다윈의 진화론이 도킨스 자신의 무신론적 사고를 뒷받침하는 결정적 근거가 되었음을 밝히고 있다.

도킨스는 진화론이 내포하고 있는 철학적 함의가 전통적 유신론의 신념을 논박한다고 확신하고 있으며, 지난 수십 년 동안 여러 가지 방식을 통

---

26 Richard Dawkins, *The Blind Watchmaker*, 리처드 도킨스 지음, 이용철 옮김, 『눈먼 시계공』 (서울: 사이언스북스, 2017), 29. 도킨스의 이 말에 공감하는 이들 중에는 국내에서 몇 안 되는 공개적 무신론자인 장대익도 포함된다. 신재식·장대익·김윤성 지음, 『종교전쟁』 (서울: 사이언스북스, 2009), 53.

27 Richard Dawkins, "You Ask The Questions," *Independent* (February 20, 2003); http://www.arn.org/docs2/news/dawkinsquestions022303.htm (2018년 4월 29일 접속).

해 자신의 이러한 확신을 누구보다도 강력하게 피력해왔다. 필자가 보기에 도킨스의 유신론 비판은 크게 세 가지로 구분되는 측면에서 살펴볼 수 있다. 먼저 그는 지적설계 형태의 전통적인 창조설을 고수하는 종교인들에 대해서는 진화론의 핵심 내용을 파악하지 못한다고 비판하고, 다음으로 진화론과 종교가 서로 독립된 영역에 속한다고 보는 스티븐 굴드의 비중첩 교도권 입장에 대해서는 지적으로 정직하지 못하다고 지적한다. 마지막으로 진화론과 유신론이 양립 가능하다고 믿는 유신진화론에 대해서는 일관성이 없다고 지적한다. 이 중 첫 번째 비판이 도킨스의 진화무신론에서 가장 핵심적인 주장을 담고 있다.

첫째로 전통적 창조론에 대한 도킨스의 비판은 다윈과 마찬가지로 종의 기원 및 생명의 기원과 관련하여 윌리엄 페일리식의 설계 및 특별 창조 이론을 겨냥하고 있다. 도킨스는 "자연선택의 결과인 생물은 마치 숙련된 시계공이 있어서 그가 설계하고 고안한 것 같은 인상을 준다"는 사실을 인정한다. 하지만 그는 이것을 "설계의 환상"이라고 부른다.[28] 왜냐하면 다윈의 자연선택 이론은 윌리엄의 시계공이 숙련된 시계공이 아니라 눈먼 시계공이라는 사실을 밝혀주었기 때문이다. "만약 자연선택이 자연의 시계공 노릇을 한다면, 그것은 **눈먼** 시계공이다."[29]

『눈먼 시계공』에서 도킨스의 핵심 주장은 이 눈먼 시계공이 흔히 진화론의 결정적인 약점이라고 지적되는 유기체의 구조나 형태상의 복잡성을 충분히 만들어낼 수 있다는 것이다. 도킨스는 통계학적으로 거의 불가능한 복잡성이라고 할지라도 오랜 시간에 걸친 누적적인 자연선택에 의해 충분히 설명될 수 있음을 강조한다.[30]

---

28 도킨스, 『눈먼 시계공』, 51.

29 도킨스, 『눈먼 시계공』, 27-28.

30 도킨스, 『눈먼 시계공』, 43.

> 우리는 지금까지 생물이 우연히 생겨나기에는 너무 훌륭하게 설계된, 있을 법하지 않은 존재라는 사실을 살펴보았다. 그렇다면 생물은 어떻게 존재하게 되었을까? 이 물음에 대한 정확한 답, 즉 다윈의 답은 우연히 생겨날 수 있을 만큼 충분히 단순한 원시 형태에서 생물이 시작해서 점진적으로 한 걸음씩 변화하였다는 것이다. 점진적 진화 과정에 있는 각각의 연속적인 변화는 '그 앞의 것과 비교할 때' 우연히 생겨날 정도로 충분히 단순한 것이었다. 그러나 최초의 출발점과 최종 산물의 복잡성을 비교하면 전체 과정은 우연일 수 없다. 변화의 축적 과정은 선택적이고 차별적인 생존을 통해 유도되었다. 이 장(3장)의 목적은 근본적으로 무작위적이지 않은 과정인 '누적적인 자연선택'의 힘을 보여주려는 것이다.[31]

사실 누적적인 자연선택의 힘에 대한 도킨스의 강조는 다윈이 이미 『종의 기원』에서 누차 강조한 내용이다. 당시에 다윈 역시 도킨스와 마찬가지로 페일리의 『자연신학』을 염두에 두고 있었다. 페일리 식의 자연신학에 대한 도킨스의 비판의 논리는 보다 최근에 환원 불가능한 복잡성이나 특화된 복잡성을 주장하는 지적설계론에 동일하게 적용된다. 지적설계를 주장하는 학자들은 누적적인 자연선택의 힘만으로는 생물의 복잡한 구조와 형태 및 기능을 충분히 설명하지 못한다고 주장하면서 도킨스(와 근원적으로는 다윈)의 핵심 주장을 근본적으로 부정하고자 하지만, 도킨스는 그들의 주장이 진화론의 핵심 내용을 제대로 파악하지 못했기 때문에 생겨난 것이라고 응답한다.[32] 결국 2005년 미국 도버 판결에서 있었던 지적설계에 대한 냉혹한

---

31 도킨스, 『눈먼 시계공』, 85.

32 도킨스는 정크 DNA 등 자연 세계 내에서 발견되는 불완전한 설계의 사례들을 지적설계론을 논박하는 또 다른 증거로 제시한다. Richard Dawkins, *A Devil's Chaplain* (Boston: Houghton Mifflin, 2003; 『악마의 사도』, 바다출판사 역간), 99.

판결 이후 도킨스는 더욱 큰 목소리를 낼 수 있게 되었다.[33]

사실 자연신학 및 지적설계에 대한 도킨스의 비판은 (다윈의 경우와 마찬가지로) 종의 기원을 초자연적 존재의 독립적 창조 활동의 결과로 설명하는 특정한 창조설에 대한 논박과 궤를 같이한다. 하지만 도킨스는 여기서 한 발 더 나아가 인류의 기원 문제를 언급하면서 로마 가톨릭교회의 인간 특별 창조 이론을 비판한다.

> (가톨릭 교회에 따르면) 쉬운 말로 해서, 호미니드의 진화 과정 속에 하나님이 개입해서 이전의 동물 계통에 인간 영혼을 주입하는 순간이 있었다. 그것은 언제 일인가? 100만년 전? 200만년 전? 호모 에렉투스와 호모 사피엔스 사이? 구(舊) 호모 사피엔스와 호모 사피엔스 사피엔스 사이? 당연히 돌발적인 주입이 필요하다. 그렇지 않으면, 근본적으로 인간 종에만 배타적인 가톨릭 윤리의 기초가 되는 구분선이 사라질 것이다.…가톨릭 윤리는 호모 사피엔스와 나머지 동물 왕국 사이에 커다란 간극의 존재를 요청한다. 그러한 간극은 근본적으로 반(反)진화적이다. 연대기 상에서 불멸하는 영혼의 갑작스러운 주입은 과학 영역 안으로의 반진화론적 침입이다.[34]

그뿐 아니라, 도킨스는 전통적인 설계 및 특별 창조 이론에 대한 비판에 이어 오늘날 생명과학이 밝혀낸 자연주의적 진화 역사의 맹목적성은 어

---

33 Richard Dawkins, "Inferior Design," *The New York Times* (July 1, 2007), https://www.nytimes.com/2007/07/01/books/review/Dawkins-t.html?pagewanted=print (2018년 4월 14일 접속). 흥미롭게도 이 글에서 도킨스는 도버 논쟁에서 마이클 비히의 지적 설계론에 반대했던 "신실한 그리스도인"인 케네스 밀러(Kenneth R. Miller)를 언급하고 있다.

34 Richard Dawkins, "You Can't Have It Both Ways: Irreconcilable differences?" *Skeptical Inquirer* (July 1999), 62-64; http://home.wlu.edu/~whitingw/dawkins.pdf (2018년 4월 22일 접속).

떤 선한 목적을 가진 창조주의 존재 자체를 부정한다는 주장에까지 나아간다.

> 다윈이 발견했고, 현재 우리가 알고 있는 맹목적이고 무의식적이며 자동적인 과정인 자연선택은 확실히 어떤 용도를 위해 만들어진 모든 생물의 형태와 그들의 존재에 대한 설명이며, 거기에는 미리 계획한 의도 따위는 들어 있지 않다. 자연선택은 마음도, 마음의 눈도 갖고 있지 않으며 미래를 내다보며 계획하지도 않는다. 전망을 갖고 있지 않으며 통찰력도 없고 전혀 앞을 보지 못한다.[35]

여기서 도킨스는 진화의 메커니즘으로서 자연선택에 대한 과학적 설명에 가치 판단이 들어간 용어들을 교묘하게 섞고 있다. 당연히 자연은 인간과 달리 인격적 존재가 아니다. 다윈이 『종의 기원』에서 자연선택이라는 표현을 글자 그대로 마치 자연이 의식적으로 무언가를 선택할 수 있다는 뜻으로 이해하지 말아야 한다고 강조할 때 그는 이 점을 분명히 했다. 그런데 도킨스는 이 점에서 다윈과 달리 과학적 설명과 가치 판단을 명확하게 구분하기보다는 오히려 과학적 설명으로부터 가치 판단을 이끌어낸다. 그뿐 아니라, 그는 이러한 판단을 우주의 근본 속성에까지 확대해서 적용한다. "우리가 관찰하고 있는 우주는 그 기저에 **설계**도 없고, **목적**도 없고, **선**도 **악**도 없고, **다만 맹목적이고 무감정한 무관심**만 있다고 가정했을 때 우리가 기대할 수 있는 속성들을 정확히 그대로 갖고 있다."[36] 요컨대 지구상의 모든 유기체를 창조한 눈먼 시계공은 어떠한 계획도, 목적도, 전망도, 통찰력도 없고,

---

35 도킨스, 『눈먼 시계공』, 27-28.

36 Dawkins, *River out of Eden: A Darwinian View of Life* (New York: Basic Books, 1995; 『에덴 밖의 강』, 동아출판 역간), 133.

선과 악에 대해서도 아무런 생각이 없다. 도킨스에 따르면 우주의 근본적인 맹목적성은 전통적 종교가 주장하는 선한 신의 존재를 부정하는 가장 결정적인 증거 가운데 하나다.

도킨스가 전통적인 설계 이론 및 특별 창조 이론을 비판할 때 대체로 전통적인 유신론자를 염두에 두고 있었다면, 도킨스의 진화무신론이 지닌 또 하나의 중요한 측면은 과학과 종교를 분리시켜서 종교의 고유한 영역을 주장하는 이들을 향해 비판을 가하는 것이다. 사실 페일리식의 자연신학이나 마이클 비히(Michael Behe)와 윌리엄 뎀스키(William Demski)식의 지적설계 이론은 창조설의 한 형태이므로 그것이 논박된다고 해서 창조론 전체가 무너져 내리거나 초월적 존재에 대한 종교적 신념이 근본적으로 부정되는 것은 아니다. 단적인 예로 스티븐 굴드가 주장하는 과학과 종교 간의 비중첩 교도권 사상에 따르면, 종교는 과학과 전혀 별개의 영역에 속하기 때문에 과학적 근거에서 종교에 대한 판단을 내릴 수 없다. 말하자면 과학적 무신론 혹은 진화무신론은 자체 모순을 안고 있는 용어이다. 하지만 도킨스는 굴드의 이러한 주장에 대해 지적으로 정직하지 못하다고 비판한다.

> 보다 일반적으로, 굴드와 다른 많은 사람들이 하는 것처럼 종교가 과학의 영역 밖에 멀리 떨어져 도덕과 가치의 문제에만 스스로를 제한한다고 주장하는 것은 전적으로 비현실적인 일이다. 초자연적 존재가 있는 우주는 그러한 존재가 없는 우주와는 근본적으로 그리고 질적으로 전혀 다른 종류의 우주일 것이다. 그 차이는 불가피하게 과학적 차이다. 종교가 어떠한 존재에 대한 주장을 한다면 그것은 과학적 주장을 의미한다. 당신은 그것을 따로 가질 수 없다.[37]

---

37 Dawkins, "You Can't Have It Both Ways," 62-64.

비중첩 교도권을 겨냥한 도킨스의 비판에는 기적 개념이 그 핵심에 자리하고 있다. 도킨스에 따르면, 기적은 자연 세계의 통상적 흐름을 거스르는 사건을 말하며, 기적에 대한 주장은 과학적 주장에 해당한다.[38] 도킨스의 논리를 간략하게 풀어 쓰면 다음과 같다. 초자연적 존재가 있는 우주에는 반드시 과학적으로 입증 가능한 기적이 나타나야 한다. 하지만 우리가 살고 있는 우주에는 그러한 기적이 없다. 따라서 초자연적 존재는 없다. 따라서 과학과 종교의 비중첩 교도권을 내세워 과학으로부터 독립적인 종교를 말하는 사람은 기적을 포기해야 한다는 것이 도킨스의 생각이다. 굴드가 비중첩 교도권을 내세우며 기적을 믿지 않는 종교(miracle-free religion)를 변호하지만, 이것은 예배당이나 기도 방석에서 종교를 실천하는 유신론자들 대다수로부터 인정을 받지 못할 것이고, 오히려 그들을 크게 낙담케 할 것이라고 도킨스는 주장한다.[39] 이와 관련하여 흥미로운 사실은 도킨스가 종교와 과학의 비중첩 교도권을 주장하는 이들보다 오히려 종교와 진화가 양립 불가능하다고 주장하는 창조설 주창자들에게 더 공감하고 있다는 점이다.[40] 요컨대 도킨스는 한편으로 과학적 진화론에 근거하여 자연주의적이고 유물론적인 세계관을 내세우며 창조설 주창자들을 비판하는 한편, 기적을 믿는 창조설 주창자들의 종교적 신념에 호소하여 종교와 과학의 영역 분리를 주장하거나 종교와 진화의 양립 가능성을 주장하는 유신론자들을 비판하는 셈이다.

---

38 Dawkins, *A Devil's Chaplain*, 150. 비슷한 맥락에서 도킨스는 "신의 존재 혹은 부재는 실제로는 그렇지 못하더라도 원칙적으로는 발견 가능한, 우주에 관한 과학적 사실"이라고 주장한다. Dawkins, *The God Delusion* (New York: Random House, 2006; 『만들어진 신』, 김영사 역간), 72-73.

39 Dawkins, *The God Delusion*, 84.

40 도킨스가 한 방송("Adventures in Democracy," March 8, 2010)에 출연해서 이러한 발언을 한 적이 있다. https://www.youtube.com/watch?v=YrII1vnNF6w (2018년 4월 24일 접속, 2:20-2:50의 영상을 보라).

대니얼 데닛

진화철학자 대니얼 데닛은 도킨스와 더불어 오늘날 가장 영향력 있는 진화 무신론자다. 데닛은 2007년에 쓴 논문 "무신론과 진화"[41]에서 진화론이 무신론을 지지한다는 주장의 근거를 제시하고 있다. 데닛이 제시하는 논증의 핵심을 한 마디로 요약하자면, 신 존재 증명의 대표적인 두 가지 방식(존재론적 증명과 목적론적 증명) 가운데, 진화론이 목적론적 신 존재 증명을 철저하게 논박했다는 것이다. 존재론적 신 존재 증명은 소수의 철학자들에게만 호소력이 있을 뿐이며, 대중들로부터 냉담한 반응을 얻을 따름이다. 결국 목적론적 신 존재 증명이 효과적으로 논박되고 나면, 신 존재에 대한 믿음은 그 정당성의 근거를 상실하고 만다는 것이다.

먼저 진화론이 설계로부터의 논증을 무력화시켰다는 데닛의 논리를 조금 더 구체적으로 살펴보자. 데닛은 먼저 설계 논증으로 대표되는 신의 효과를 통한 신 존재 증명 방법에 대해서 "무신론에 맞서는 모든 논증 가운데 확실히 가장 설득력 있으며 신에 대한 믿음을 입증할 것을 요구받는 사람이라면 언제 어디서나 이런 생각을 자연스럽게 갖게 된다"고 말하면서, 설계 논증의 의의를 다소 과장해서 포장한다.[42] 첫 눈에 보기에 자명한 듯 보이는 설계 논증의 설득력에 대한 데닛의 이러한 강조는 사실 설계 논증을 반박하며 상식을 거스르는 새로운 사상을 전개한 다윈에 대한 찬사를 늘어놓기 위한 발판에 불과하다.

> 다윈이 '낯선 방식으로 추론을 뒤집은 것'은 사실 새롭고 멋진 사고방식이었다. 이것은 데이비드 흄조차 버리지 못했던 직관적 사고방식을 완전히

---

41 Daniel Dennett, "Atheism and Evolution," *The Cambridge Companion to Atheism* (Cambridge: Cambridge University Press, 2007).

42 Dennett, "Atheism and Evolution," 135.

뒤엎어 버렸고, 인간 형태의 행위자가 가진 집중되고 앞을 내다보는 지성이 그저 아무런 생각이 없는 기계적 과정의 산물 중 하나로 출현했다는 새롭고 흥분되는 비전으로 그것을 대체했다.…다윈이 제시한 변화를 동반한 계통의 원칙 덕분에, 무정한 시험을 거친 이러한 설계 혁신들이 오랜 시간에 걸쳐 누적되고, 자연선택이라는 목적 없고 분산된 과정 외에는 어떠한 설계자도 갖지 않고서 놀랍도록 멋진 설계들을 만들어냈다.[43]

또한 데닛은 자연 속의 복잡한 설계를 완벽하게 설명하는 다윈의 진화론만이 아니라 자연 속에 초자연적 설계자에 의한 완벽한 설계 이론에 반하는 수많은 증거들을 제시하며 전통적인 설계 논증을 결정적으로 논박한다. 데닛은 구체적으로 척추동물 눈의 뒤집힌 망막, 모든 종에서 발견되는 거의 폐기되어 버려진 유전자와 흔적기관들, 자연의 과정에서 보이는 과도한 낭비와 잔혹함 등을 예로 들며, 만약 신이 이러한 것들을 설계했다면 그 신의 지성은 인간의 지성과 마찬가지로 매우 아둔하고 형편없을 것이라고 주장한다.[44]

다른 한편으로 데닛은 전통적 설계 논증에 대한 반대 증거가 늘어가는 것만큼이나 자연주의적 진화 메커니즘에 대한 증거가 날로 축적되고 있다는 사실을 강조한다.

진화의 메커니즘에 관한 우리의 이해가 자라남에 따라 설계 혁신들이 출현해서 분기해 나가는 유전체 나무에 접합되는 사건들의 역사적 순서에 대한 보다 더 세세한 기술이 가능하게 되었다. (진화의) 창조적 과정에 대해 방

43 Dennett, "Atheism and Evolution," 136.

44 Dennett, "Atheism and Evolution," 136-137.

> 대한 양의 예측이 지금 이루어지고 있고, 상호 지지하는 수천의 세부 내용이 그 안에 가득하고 그 사이에 어떠한 모순도 발견되지 않고 있다. 이 거대한 퍼즐의 조각들이 매우 빠른 속도로 자리를 찾아가고 있는 지금, 아직 해결되지 않은 세부 내용까지는 아니라 하더라도 그 전반적인 개요에 있어서는 이것이 모든 생명체가 우리가 관찰하고 있는 설계를 갖게 된 과정에 대한 참된 이야기라는 사실에 대해 어떠한 합리적 의심도 있을 수 없다.[45]

다시 말해서, 과거에 초자연적 존재의 개입을 통해서만 설명했던 빈 공간들을 자연주의적 설명이 빠르게 채워가고 있으며, 그런 점에서 데닛은 전통적인 창조론자들과 지적설계론자들의 주장이 비합리적임을 강조한다. 특히 뎀스키와 비히의 지적설계론에 대하여 생물학 내의 논쟁을 왜곡하고 확대해서 강조하는 한편, 신다윈주의 진화론에 도전하는 어떠한 실험 결과도, 화석 기록이나 유전체학이나 생물지리학이나 비교해부학 분야의 어떠한 관찰 자료도, 어떠한 이론적 통일 작업이나 단순화 작업도, 어떠한 놀라운 예측도 제시하지 못했다는 점을 지적하면서, 지적설계론은 "과학이 아니라 단지 선동에 불과하다"고 비판한다.[46]

> 풍성하고 세세하고 지속적으로 확장되는 진화 이야기와 크고 작은 모든 피조물을 창조한 하나님의 특색 없는 신비 사이에 다툼의 여지가 있을 수 없다. 이것은 자연의 기이한 일들로부터 하나님의 존재를 읽어낼 수 있다고 보았던 고대인들의 확신을 획기적으로 뒤집는 생각이며,…(설계 논증에 대한) 대안으로서 문자 그대로 수천 개의 예측 입증과 문제 해결을 통해 지

---

45 Dennett, "Atheism and Evolution," 137.

46 Dennett, "Atheism and Evolution," 137.

지를 받는 놀라운 설명 능력을 갖추고 있다.[47]

이러한 점에서 데닛은 다윈이 지적으로 완성된 무신론이 될 수 있는 길을 만들었다는 도킨스의 주장에 의견을 같이한다. 데닛에 따르면 진화의 과정 속 지성의 출현만이 아니라 최초 자기 복제 생명체의 출현 역시 위로부터 하나님이 내려준 선물이 아니라, 아무 생각도 없고 목적도 없는 힘들로부터 생겨난 것이다. 따라서 비록 생명이 출현하는 세부 과정에 대한 해명이 아직 충분하게 이루어진 것은 아니지만, 최초 생명의 기원은 더 이상 불가해한 신비의 문제가 아니며 따라서 그것을 설명하기 위해 더 이상 초월적인 신의 기적적 개입을 요청할 필요가 사라졌다. "생명이 시작되기 위해서 기적 곧 물리학과 화학의 고정적 법칙을 일시적으로 거스르는 사건이 있었음에 틀림없다는 확신은 과거의 모든 개연성을 상실하고 말았다."[48]

결국 생명의 기원과 역사에 대한 진화론적-자연주의적 이론은 종의 기원만이 아니라 지성의 기원, 생명의 기원을 위해서 신이 기적적으로 개입할 여지를 없애버렸다. 데닛은 이제 남은 신학적 가능성은 오직 이신론적 신 개념밖에 없다고 단언한다. 데닛은 다윈의 진화론이 등장한 직후부터 법칙을 만든 신(God the Lawgiver) 개념이 널리 퍼졌다는 사실을 지적한다.

다윈 스스로 이 매력적인 후퇴를 생각하고 있었다. 1860년에 미국의 자연학자 아사 그레이에게 보낸 편지에서 다윈은 이렇게 썼다. "나는 모든 것이 설계 법칙으로부터 비롯되었다고 보고 싶습니다. 다만 세부 내용은 좋은 것이든 나쁜 것이든 우리가 우연이라고 부르는 것의 작용으로 남겨두고서

47 Dennett, "Atheism and Evolution," 138-139.
48 Dennett, "Atheism and Evolution," 140.

말입니다."[49]

하나님은 자연선택의 법칙을 만드셨고 나머지 세부 사항은 자연선택이 결정하게 하셨다는 다윈의 생각은 전형적인 이신론적 사고다.

한편으로 데닛은 다윈이 질서(order)와 설계(design) 개념을 구분했다는 사실을 언급하면서 다윈의 이신론적 사고 속에는 목적론이 결여되어 있다는 사실을 예리하게 지적한다. 데닛에 따르면 다윈의 기본적인 생각은 "목적도 없고 생각도 없고 초점도 없는 물리학의 규칙성"만 있어도 결국에는 단순히 규칙성만이 아니라 "목적 있는 설계"가 출현하는 과정을 보여줄 수 있다는 것이다.[50] 다윈의 이론이 목적론에 치명타를 가했다고 카를 마르크스가 말한 것은 바로 다윈의 이러한 생각 때문이었다고 데닛은 주장한다. 간단히 말해서 "다윈은 목적론을 비목적론으로, 설계를 질서로 환원시켰다"는 것이다.[51] 그럼에도 처음에 가장 단순한 질서가 있었다면 그러한 질서를 부여한 초월적 존재를 생각할 수 있지 않을까? 이러한 질문과 함께 데닛은 생물학의 영역을 넘어 물리 우주론의 영역으로 넘어간다. 특별히 프리만 다이슨(Freeman Dyson)의 인류원리를 소개하면서 페일리식의 생물학적 설계 논증과는 다른 차원에서 우주론적 설계 논증이 대두하고 있다는 사실을 인정한다. 하지만 데닛은 다윈의 자연선택 원리를 우주론에까지 적용하면서, 리 스몰린(Lee Smolin)의 다중우주 가설이나 우주의 영원회귀 가설이 인류원리에 호소하는 우주론적 설계 논증을 효과적으로 논박할 수 있다고 본다.[52]

49 Dennett, "Atheism and Evolution," 140.
50 Dennett, "Atheism and Evolution," 141.
51 Dennett, "Atheism and Evolution," 141.
52 Dennett, "Atheism and Evolution," 144-146.

만약 우주가 장구한 시간 동안 무한히 다양한 '물리 법칙'을 시도하는 방식으로 구조화되어 있다면, 우리가 그토록 기이하게 미세 조율된 법칙을 가진 우주 속에 있다는 사실에 대해 어떤 특별한 의미가 있을 거라고 생각하는 것은 잘못이라고 말할 수 있다. 그러한 우주는 선한 의도를 가진 신의 도움이 있든 없든 상관없이 결국에는 생겨날 수밖에 없다.[53]

데닛에 따르면 이 지점에서 아직도 설명이 필요한 점이 있다면, 그것은 물리 법칙 안에서 우리가 보게 되는 어떤 고상함 내지 경이로움뿐이다.

결국 신이 모종의 추상적이고 무시간적인 미(美)나 선(善)의 원리로 비인격화되고 나면…신의 존재가 무언가를 어떻게 설명할 수 있을지 알기 어렵다.…(우주론까지 확장된) 다윈주의 관점은 어떤 모습으로든 간에 신이 존재할 수 없음을 입증하지는 못하지만 신이 존재한다고 생각할 만한 이유를 우리가 갖고 있지 않음을 입증한다. 이것은 (전제로부터 논리적 필연에 의해 모순되는 결론이 도출됨을 보여주는 논박 형식으로서) 고전적인 귀류법(*reductio ad absurdum*)은 아니지만, 그럼에도 신자들이 가질 수 있는 선택지를 터무니없을 정도로 최소한의 바닥으로 축소시키는 합리적 도전이다.[54]

결국 데닛은 신의 존재 자체를 부정하거나 신의 부재를 입증하는 어려운 방식을 택하기보다는, 신이 존재한다 하더라도 그 신은 아주 보잘것없는 존재임을 논증하는 방식으로 전통적 유신론을 공략한다. 데닛의 이러한 비

---

53 Dennett, "Atheism and Evolution," 146-147.

54 Dennett, "Atheism and Evolution," 147.

판은 진화론을 진지하게 받아들이는 유신론자들에게 그들이 어떤 신을 믿고 있는지에 대해 진지하게 고민하도록 촉구한다.

마지막으로 데닛은 최근 종교에 대한 진화론적 관점의 연구를 간략하게 언급하면서, 아마도 이러한 진화 사회과학적 연구가 무신론을 더욱 강화할 것이라고 전망한다. 즉 "진화생물학은 소위 신학의 계보학을 설명하는 틀을 제공함으로써 간접적으로 무신론을 지지한다"는 것이다.[55]

데이비드 바라쉬

필자가 볼 때, 진화생물학자인 데이비드 바라쉬는 진화론이 제기하는 신학적 문제를 도킨스와 데닛보다 훨씬 더 잘 이해하고 있다. 바라쉬는 "무신론과 다윈주의"라는 제목의 최근 논문에서 자신의 개인적인 이야기로 논의를 시작한다.[56]

> 나는 진화생물학자이자 무신론자다. 나에게 있어 그 둘은 긴밀하게 연결되어 있다. 나의 무신론은 진화생물학자로서 내가 받은 훈련과 신념에 의해 강화되고 있고, 나의 진화론은 나의 무신론을 지지하고 있다. 하지만 모든 사람에게 무신론과 진화론이 필연적으로 엮여 있는 것은 아니다. 따라서 무신론자 가운데 진화론을 이해하지 못하거나 받아들이지 못하는 사람이 있을 수도 있고,…어떤 것도 어떤 사람이 경건한 종교인인 동시에 진화론자가 되는 것을 막을 수 없다. 하지만 종교적 신앙과 진화 과학을 조화시키는 것은 어려운 일이다. 그것은 자유주의 신학자들로부터 얻게 되는 지혜와 미국 국립과학아카데미의 공식적 입장 모두와 일관성을 유지하는 것

55 Dennett, "Atheism and Evolution," 147.

56 David Barash, "Atheism and Darwinism," in *The Oxford Handbook of Atheism*, eds. Stephen Bullivant and Michael Ruse (Oxford: Oxford University Press, 2013), 414-431.

> 보다 훨씬 더 어려운 일이다. 요컨대 종교(여기서 나는 아브라함 전통의 유일신론적 신념 체계를 염두에 두고 있다)와 진화 과학이 공존하는 것은 가능하지만 상당한 대가를 지불해야만 가능한 일이다. 신자는 상대적으로 확신이 많이 결여된 상태에서 자신의 신앙을 실천하거나 자신의 과학을 품게 될 것이다. 혹은 과학에 종사하는 사람은 주류 신학과는 상당히, 아마도 돌이킬 수 없을 정도로 다른 신학을 따르게 될 것이다. 만약 우리가 이 책에서 제시된 무신론의 정의(신을 믿지 못하거나 믿기를 거부함)를 받아들인다면, 진화 과학 곧 다윈주의는 대체로 무신론을 조장하는 결과를 낳게 될 것이다. 반면에 소극적인 의미의 '신앙 없음'보다 더 적극적인 의미의 무신론 정의(신에 대한 적극적인 불신앙)를 우리가 받아들인다면, 진화론의 영향은 다소간 약화될 것이다. 왜냐하면 진화는 불신앙을 요구하기보다는 전통적인 신앙에 근본적인 차원의 도전을 제기하기 때문이다.[57]

요컨대 바라쉬는 진화론이 무신론을 입증하지는 않지만 전통 신앙에 큰 위협이 될 수 있음을 지적한다. 나는 바라쉬의 이러한 생각이 진화무신론자들의 주장 가운데 상당히 절제되고 균형 잡혀 있으며, 따라서 이에 대해 기독교 신학자들이 진지하게 고려할 가치가 있다고 생각한다.

바라쉬는 다윈주의가 종교적 신념에 제기하는 도전을 크게 다섯 가지 측면에서 분석한다. 첫째로 바라쉬에 따르면 진화론은 복잡성으로부터의 논증 곧 설계 논증을 무력화시키고 전통적인 자연신학에 대한 재고를 요청한다. 왜냐하면 "자연선택이 거의 무제한적인 복잡성을 가져올 수 있는 놀라운 능력을 갖고 있다는 사실이 거듭 밝혀졌기 때문이다."[58] 복잡성으로부

---

57 Barash, "Atheism and Darwinism," 414-415.

58 Barash, "Atheism and Darwinism," 417.

터의 논증이 폐기된다고 해서 그것이 곧 무신론을 입증하는 것은 아니지만, 적어도 "진화 과학은 이 특정한 논증을 배제함으로써 종교적 신념을 가진 사람들의 신앙을 지지하고 있던 강력한 기둥 하나를 제거해버렸다"는 것이다.[59]

둘째로 진화론은 인간의 독특성에 대한 확신을 약화시키고 인간중심주의적 사고로부터 전환할 것을 요구한다. 진화론자들에 따르면 "자연 세계는 생각도 목적도 없는 물리적 사건들의 결과로서 진화했으며, 인간은 (단지 하나의 종으로서만이 아니라 우리 각 개인도) 마찬가지로 본질적인 의미나 목적을 갖고 있지 않다."[60] 바라쉬는 진화에 대해 얕은 지식만 있어도 인간이 특별하다는 생각을 갖기 힘들 것이라고 보고, 진화론이 인간의 독특성에 대한 확신에 도전하는 것 역시 필연적으로 무신론을 함축하지는 않지만, 그것 때문에 종교적 신념을 유지하기가 더 힘들어질 수 있다고 주장한다.

셋째로 진화론은 인간의 도덕적 악 외에도 진화적 악의 존재를 깨닫게 하며 이로써 신정론의 심화를 가져온다. 오늘날 지배적인 종교적 관점에 따르면, 우리 인간을 비롯해서 모든 창조된 생명은 놀랍도록 잘 설계되어 있으며, 이것은 창조자의 선의와 능력을 보여주는 증거다. 하지만 진화론이 보여주는 실재의 모습은 이러한 종교적 신념과 충돌한다.

> 자연선택이 대체로 개연성이 적은 놀라운 작품(다른 무엇보다도 살아 있는 유기체는 놀라우리만큼 무작위적이지 않고 엔트로피가 낮다)을 만들기는 하지만, 그것은 필연적으로 실수도 하고 불완전하며 놀라우리만큼 지적이지 못한 엔지니어다. 그것은 소위 전지하고 전능한 창조자와는 비교도

59 Barash, "Atheism and Darwinism," 417.
60 Barash, "Atheism and Darwinism," 421.

> 할 수 없다. 아이러니하게도 진화의 어리석음과 비효율성(다수의 설계 오류)이야말로 물질적이고 전적으로 땅에 의존적인 진화의 속성을 가장 강력하게 보여주며, 그럼으로써 진화 과학이 종교적 신념에 제기하는 세 번째 중요한 도전이 된다.…진화 과학은 소위 우주를 창조하고 조직한 신적 존재가 능력이 부족하거나 완전히 심술궂거나 혹은 둘 다에 해당한다는 사실을 보다 명확하게 보여줌으로써 (신정론 문제가 종교적 신념을 오랫동안 괴롭혀 왔던) 상황을 더욱 악화시킨다.[61]

지금까지 살펴본 바라쉬의 세 가지 도전 곧 복잡성에 토대한 논증의 무력화, 인간의 독특성에 대한 확신의 약화, 신정론 문제의 심화 등을 필자는 '불경스러운 삼위일체'(unholy trinity)라고 부른다. 이 불경스러운 삼위일체의 관점에서 바라쉬는 스티븐 제이 굴드가 주장하는 과학과 종교 간의 비중첩 교도권 교리가 지적으로 일관성이 없다고 주장한다. 이것은 앞서 소개한 도킨스의 주장과 동일한 논리를 갖고 있다. 굴드에 따르면 과학은 사실에 관심을 갖고 종교는 규범에 관심을 갖는다. 하지만 바라쉬에 따르면 과학은 좀처럼 규범의 영역에 관여하지 않는 데 반해, 종교는 지속적으로 사실의 영역에 관여하기 때문에 굴드의 주장은 성립할 수 없다는 것이다.

> 종교는 지속적으로 자연 세계에 뛰어든다. (창세기에서 보듯이) 우주와 인간과 다른 유기체들의 문자적 의미에서의 기원과 같은 명확한 문제만이 아니라, (죽은 자에게 다시 생기를 불어넣고 물을 포도주로 바꾸는 등의 사례에서 보듯이) 과학의 가르침과 분명하게 모순되는 많은 구체적인 진술들과, 아울러 (영혼의 존재나 '초자연적' 존재 등의 사례에서 보듯이) 과학적

---

61 Barash, "Atheism and Darwinism," 422.

> 으로 공허한 진술들을 포함하고 있다. 비중첩 교도권 교리는 종교의 케이크도 먹고 진화 역시 삼키기를 원하는, 갈등을 싫어하는 경건한 종교인들에게 호소력을 갖고 있지만, 지적으로 일관성이 없다.[62]

마지막으로 바라쉬는 앞서 언급한 세 가지 신학적 도전에 더하여 종교에 대한 진화론적 설명에 따른 도전을 언급한다. 바라쉬는 이것을 '종교의 자연화' 혹은 '종교의 생물학화'라고 부른다. 바라쉬에 따르면 자연선택에 의한 진화는 "물리학과 달리 인간의 여러가지 신비 중에서 종교의 생물학적 기초를 찾는 데 유용한 도구를 제공한다."[63] 바라쉬는 한편으로 종교의 생물학적 기초에 대한 연구가 과학이 종교를 물리치는 결정적인 계기를 제공할지도 모른다고 전망하면서, 다른 한편으로 그러한 기대가 너무 섣부를 수 있다고 경계한다. 왜냐하면 "종교의 생물학적 진화가 아직 명확하게 밝혀지지 않았을 뿐 아니라, 종교가 그 드러나는 현상만이 아니라 진화적 원인에 있어서도 다양한 요소를 가지고 있을 수 있으므로 끝까지 명확하게 밝혀지지 않을 수도 있기 때문이다."[64] 아울러 그는 종교와 관련하여 다음과 같은 유보적 태도를 보이기도 한다.

> 하나 혹은 그 이상의 구체적인 유전자나 뇌의 영역, 호르몬 체계, 적응적 가치 등을 확정함으로써 '종교를 생물학화하는' 일이 결국 이루어진다 하더라도, 진화생물학은 종교인들이 진화 과학을 동시에 받아들이는 일을 보다 어렵게 만들 뿐이지 그것을 불가능하게는 하지는 못할 것이다.[65]

---

62 Barash, "Atheism and Darwinism," 427-428.

63 Barash, "Atheism and Darwinism," 429.

64 Barash, "Atheism and Darwinism," 429-430.

65 Barash, "Atheism and Darwinism," 430.

왜냐하면 진정한 종교인들은 종교의 자연화에 대해서 "다만 하나님께서 이른바 진화의 과정을 통해서 일을 성취해오신 과정을 보여줄 뿐이고 종교적 신념의 정당성을 침해하지는 않는다"고 말할 수 있기 때문이다. 이러한 점에서 바라쉬는 불경스러운 삼위일체와 마찬가지로 종교의 자연화 역시 다만 종교인들이 활용할 수 있는 논리 공간을 협소하게 만들 뿐이며, 무신론 과학자들에게 확실한 무기를 제공하지는 못할 것이라고 전망한다.[66]

진화무신론에 대한 논박

지금까지 살펴본 대표적인 진화무신론자들의 주장은 대체로 중복되는 면이 많이 있으므로 다음의 네 가지 범주로 요약할 수 있다. 첫째로 진화무신론의 가장 핵심적인 논리는 진화의 메커니즘에 관한 한 자연선택 이론이 탁월한 설명을 제공해주기 때문에 초자연적 존재에 의한 지적설계나 특별 창조 개념이 배제된다는 것이다. 진화무신론자들은 이것이 형이상학적 자연주의를 입증하거나 혹은 적어도 아주 보잘것없는 정도의 이신론적 신 이해만을 허용한다고 주장한다. 진화무신론자들은 대부분 이 점에서 굴드의 비중첩 교도권을 강하게 비판한다. 둘째로 진화무신론자들은 무작위적 변이와 자연선택의 결합으로 진행되는 진화 과정의 맹목적성과 더불어 생명의 진화 과정에 불가피하게 수반되는 죽음과 멸종, 악과 고통의 문제를 강조하면서, 이러한 진화 과정의 현실은 전능하고 선한 창조주에 대한 전통적인 유신론적 신념과 충돌되며, 따라서 진화론과 유신론은 양립할 수 없다고 주장한다. 셋째로 진화무신론자들은 전통적인 유신론이 지나치게 인간중심주의적 세

66 Barash, "Atheism and Darwinism," 430.

계관에 토대하고 있기 때문에 인간과 다른 동물 간의 유사성에 대한 생물학적 진화론의 통찰은 전통적 유신론의 체제를 근본부터 뒤흔든다고 주장한다. 넷째로 진화무신론자들은 진화생물학의 발전으로 인해 장차 종교의 진화론적 기원이 밝혀지게 되면 종교가 그 타당성을 잃게 될 것이라고 전망한다.

하지만 진화무신론자들이 내세우는 핵심 주장은 전통적인 유신론적 신념에 의미 있는 도전을 제기할 수는 있어도 유신론 자체를 반박하는 결정적인 근거가 될 수 없다. 사실 진화론이 무신론을 결정적으로 입증한다고 강변하는 일부 진화무신론자들의 급진적 주장은 바라쉬와 같은 여타 진화무신론자들에 의해서도 비판 받는다.

방법론적 자연주의에 대하여

진화무신론의 가장 큰 문제점은 과학적 연구에 수반되는 방법론적 자연주의와 과학의 영역을 넘어선 형이상학적 자연주의를 구분하지 못한다는 점이다. 17세기 과학 혁명 이후 현대 과학은 서구의 전통적인 유신론적 세계관과는 구분되는 나름의 세계관을 전제하고 있다. 흔히 이것을 자연주의적 세계관이라고 부른다. 이것은 자연 속에 마치 하나님이 없는 것처럼 보인다는 점에 착안하여, 자연의 과정 속에 (소위 기적이라고 불리는) 어떠한 초자연적 존재의 간섭도 객관적으로 존재하지 않는다고 보는 작업가설을 기본 바탕으로 하기 때문이다. 휘튼 대학의 철학 교수 폴 드 브리스(Paul de Vries)는 과학의 이러한 작업가설을 '방법론적 자연주의'라고 명명한다.[67] 간단히 말

67 폴 드 브리스(Paul de Vries)가 자신의 논문 "Naturalism in the Natural Sciences: A

해서 자연과학은 본질적으로 방법론적 자연주의를 전제하며, 이러한 방법론적 자기 제한을 통해 자연 세계에 대한 놀라운 이해를 발전시켰다. 하지만 자연과학의 비약적 발전이 자연과학의 탐구영역 밖에 초자연적 영역이 존재할 수 있는 가능성을 부정하지는 못한다. 과학적 탐구의 전제로서 '방법론적 자연주의'는 초자연적 존재가 실제로 존재하지 않는다고 주장하는 '형이상학적 자연주의'와는 구분되며, 전자로부터 후자가 필연적으로 도출되는 것도 아니다.

다시 말해서, 방법론적 자연주의는 자연 세계를 탐구하고 설명함에 있어서 초자연적 원인을 요청하지 않고 오직 자연적 원인만을 다루겠다고 결정한 자연 과학자들의 방법론적 자기 제한을 말한다. 현대 과학은 제한된 영역에서 제한된 방법을 통해 가능한 확실한 지식을 추구함으로써 현재와 같은 눈부신 성과를 거두고 있다. 결과적으로 현대 과학의 역사는 이러한 방법론적 자연주의가 얼마나 큰 성공을 거둘 수 있는지를 보여준다고 하겠다. 다른 한편으로 과학적 방법만이 참된 지식에 이르는 유일한 길이라고 주장하는 과학주의의 독단적 편견은 근대 과학을 성공으로 이끈 방법론적 자연주의의 원칙과 근본적으로 상충된다는 사실을 우리는 기억할 필요가 있다.

방법론적 자연주의는 초자연적 존재의 예측 불가능한 간섭을 부정한다기보다는, 자연 세계의 일관성과 자연 법칙의 보편성을 가정한다. 초자연적 존재를 부정하는 형이상학적 자연주의는 초자연적 존재를 상정하는 유신론

Christian Perspective," *Christian Scholars Review* 15-4 (Summer 1986), 390에서 '방법론적 자연주의'라는 문구를 처음으로 활자화된 형태로 사용하기까지의 간략한 배경과 이후 이 문구를 둘러싼 찬반 논쟁에 대한 간단한 소개와 관련하여 다음을 참고하라. Harry Lee Poe and Chelsea Rose Mytyk, "From Scientific Method to Methodological Naturalism: The Evolution of an Idea," *Perspectives on Science and Christian Faith* 59, no. 3 (Sep 2007), 213.

과 결코 양립할 수 없는 입장이다. 하지만 자연 세계의 일관성과 자연 법칙의 보편성은 창조주 하나님의 신실성에 대한 유신론적 신념과 공명한다는 점에서, 방법론적 자연주의는 유신론과 충분히 양립 가능하다. 역으로 하나님의 신실성에 대한 유신론적 신념이 자연 세계의 일관성과 자연 법칙의 보편성에 대한 생각을 지지함으로써, 방법론적 자연주의에 기초하여 현대 자연 과학이 발전하도록 하는 밑바탕이 되었다고도 말할 수 있다. 현대 과학의 전제가 되는 방법론적 자연주의는 무신론 과학자들의 주장과는 달리 무신론적 세계관을 내포하지 않으며, 무신론과 유신론을 막론하고 두 가지 형이상학적 입장에 대해 모두 열려 있다. 자연주의가 취하고 있는 이 두 가지 형태를 명확하게 구분할 수만 있어도 우리는 과학을 무신론의 근거로 끌어들이는 무신론 과학자들의 핵심 주장을 논박할 수 있다. 여기서 우리는 소위 과학적 무신론을 넘어서는 중요한 디딤돌을 발견한다.

진화무신론자들이 방법론적 자연주의의 전제 위에서 자연현상에 대한 자연주의적 설명 이론을 구축한 다음 그로부터 초자연적인 존재를 부정하는 형이상학적 자연주의를 이끌어내는 것은 순환논증의 오류를 범하는 것이라고 할 수 있다. 이언 바버는 다윈의 진화론을 옹호하는 토머스 헉슬리와 다윈의 진화론을 반대하는 보수적인 그리스도인 간의 논쟁을 회고하면서 "논쟁에 참여한 양편 모두 과학 이론으로서의 진화와 해석 철학으로서의 진화론적 자연주의를 구분하지 못했다"고 논평한다.[68] 이후 도킨스 등이 대변하는 진화무신론에 비판적인 신학자들은 거의 대부분 이러한 논리에 호소한다. 결론적으로 생물학적 진화론으로부터 무신론을 이끌어내는 진화무신론의 논리가 지닌 가장 결정적인 약점은 자연과학의 방법론적 자기 제한

68 Ian Barbour, *Religion and Science: Historical and Contemporary Issues* (New York: HarperCollins, 1997), 57.

의 일환인 방법론적 자연주의와 과학의 영역을 훨씬 넘어선 이데올로기적 입장으로서의 형이상학적 자연주의를 구분하지 않고 혼동하는 것이다.[69] 이 점에서 종교와 과학을 서로 간에 상이한 주제, 상이한 방법, 상이한 언어 등을 다루는 각각 독립된 영역으로 보는 관점은 매우 중요한 정당성을 지닌다.[70]

비중첩 교도권(NOMA) 비판에 대하여

요컨대 과학 이론으로서 진화론은 신의 존재 혹은 비존재에 대해서 어떠한 주장을 개진할 능력도 권한도 없다. 이 점에서 진화론은 유신론이나 무신론 등과 하등 상관이 없다고 하겠다. 하지만 유신론은 대부분 초자연적인 신의 존재에 대한 막연한 믿음 외에 보다 구체적으로 신의 속성 및 신과 세계의 관계에 대한 고유한 이해를 포함한다. 여기에 더하여 진화론이 설명하고 있는 세계가 다름 아닌 신이 창조한 세계의 일부라는 사실은 진화론과 유신론 간의 접촉 가능성 혹은 상충 가능성을 열어둔다. 그런 점에서 자연주의적 세계관을 강조하고 전통적인 기적 개념을 비판하며 과학과 종교의 비중첩 교도권을 거부하는 진화무신론자들의 주장은 일면 타당성을 지닌다고 하겠다.

---

69 프란시스 크릭, 자크 모노, 리처드 도킨스, 에드워드 윌슨 등 "갈등을 불러일으키는 새로운 예언자들"의 환원주의를 논박하는 다음 글을 또한 참고하라. Andrew Robinson, Michael Negus, and Christopher Southgate, "Theology and Evolutionary Biology," in *God, Humanity and the Cosmos*, 3rd ed., ed. Christopher Southgate (New York: T&T Clark, 2011), 180 이하.

70 종교와 과학 사이의 관계를 서로 독립적으로 이해하는 모델에 관해서 Barbour, *Religion and Science*, 84-89를 참고하라.

진화무신론자들이 굴드의 비중첩 교도권 사상에 대해 지적 일관성을 결여하고 있다고 한결 같이 비판하는 이유는 초자연적 기적을 배제하는 굴드의 종교 이해가 초자연적 기적을 믿는 일반 종교인들의 종교 이해와 큰 차이를 보이기 때문이다. 진화무신론자들은 여기서 전통적인 종교의 신 개념을 과학적 검증 혹은 반증이 가능한 하나의 과학적 가설로 보려고 하지만, 사실상 핵심 쟁점은 신의 존재 유무에 관한 것이 아니라 자연 세계 내 신의 구체적인 활동 방식에 관한 것이다. 왜냐하면 신의 존재 유무는 과학적으로 입증 혹은 반증이 불가능한 주제이기 때문이다. 한편으로 세계 내 신의 활동 방식과 관련하여 진화무신론자들은 진화론이 신의 초자연적 간섭을 통한 기적을 배제한다고 주장하는 반면에 전통적인 종교인들은 진화무신론의 틈새를 간신히 비집고 있는 이신론적인 신 이해에 만족할 수 없다.[71] 과연 진화론을 받아들이면서도 동시에 자연 세계 내 신의 활동을 인정하는 것이 가능할까? 이러한 질문은 종교와 과학이 서로 동일한 지평에 놓여 있는 것은 아니지만, 또한 서로 완전히 분리되어 있는 것도 아님을 암시한다.

이와 관련해서 아서 피콕(Arthur Peacocke)이 다양한 학문들 간의 관계를 위계적으로 파악하고 제시한 지식 체계 그림은 과학과 종교의 관계, 특히 유신론과 진화론의 관계를 이해함에 있어 굴드의 비중첩 교도권 교리보다 더 큰 도움을 줄 수 있다.[72] 피콕에 따르면 분과학문들의 위계질서에서 가장

---

71 근대 과학 혁명 이후 등장한 이신론의 신 개념이 전통적인 종교의 신 개념과 큰 차이를 보인다는 지적은 정당하다. "18세기에 등장한 이신론은…창조세계에 대하여 신실한 사랑의 관계 속에 있는 창조주 하나님에 대한 히브리적 혹은 기독교적 사상과 거의 닮은 점이 없다." Robinson, Negus, and Southgate, "Theology and Evolutionary Biology," 174.

72 Arthur Peacocke, "A Map of Scientific Knowledge: Genetics, Evolution, and Theology," in *Science and Theology: The New Consonance*, ed. Ted Peters (Boulder: Westview, 1988), 192에 나오는 학문 분야들 간의 관계 도표를 참고하라.

아래쪽에는 물리학이, 그리고 그 위로는 화학과 생물학 등이 위치한다. 그리고 위계질서의 가장 위쪽에는 철학, 형이상학, 신학 등이 자리한다. 분과학문들의 이러한 위계질서에서 아래쪽에 위치한 분과학문의 영역은 위쪽에 자리한 분과학문의 영역을 부분적으로 제한하기는 하지만 전적으로 결정하지는 않는다. 예를 들어 생물학의 세계는 물리학의 법칙으로 모두 설명되지 않는 고유한 여분의 영역을 갖고 있지만, 그러한 영역이 결코 물리학의 법칙을 어기는 것은 아니다. 이것을 생물학과 신학 간의 관계에 적용시키면, 신학의 연구 주제인 신과 세계의 관계는 생물학이 밝혀주는 생명 세계의 현실을 결코 거스르지 않으며 오히려 그것을 전제하고 있지만, 동시에 생물학만으로 설명될 수 없는 여분의 영역을 포함하고 있다. 이런 의미에서 진화론은 신의 속성 내지 신과 세계(특히 생명 세계)의 관계에 대한 기존의 유신론적 진술을 간접적인 방식으로나마 교정하는 역할(본서 18장의 논의를 참고할 것)을 수행할 수 있으며 또한 마땅히 수행해야 한다고 하겠다.

진화론은 무신론을 지지하지 않는다

결론적으로 생명과학에 속한 진화론으로부터 신의 존재 혹은 비존재를 추론해낼 수는 없다. 하지만 다윈의 진화론은 그전까지 사람들이 갖고 있던 세계관에 커다란 충격과 변화를 가져왔다. 다시 말해서, 진화론은 세계에 대한 새로운 통찰을 많이 제공했다고 하겠다. 필자의 입장에서 볼 때, 그중에는 무신론과 같이 정당치 못한 철학적 추론도 있지만, 생명의 진화 역사 속 초자연적 개입의 불필요성과 같이 의미 있는 철학적 성찰도 있다. 따라서 진화무신론에 대한 신학적 응답을 구상함에 있어 과학으로서 진화론과 진화론에 대한 철학적 성찰의 결과로서 진화론적 세계관을 구분하는 것만으로는 충분하지 않다. 진화철학의 모든 내용이 부당한 결론이라고 볼 수 없기 때문이다. 우리는 진화론에 대한 철학적 성찰로부터 정당한 것과 정당치 않은 것을 구분할 필요가 있다.

이러한 사실은 진화론과 기독교의 관계에 있어 중요한 함의를 지닌다. 왜냐하면 진화론에 대한 정당한 철학적 성찰은 창조론에 대한 그릇된 전이해를 교정하는 데 기여할 수 있기 때문이다. 마이클 루스(Michael Ruse)는 진화론과 기독교의 관계에 대한 일련의 논의를 마치면서 다음과 같은 말로 결론을 맺는다.

> 다윈주의자가 기독교인이 될 수 있을까? 그렇다! 다윈주의자가 기독교인이 되는 것이 항상 쉬운 일일까? 아니다. 그러나 인생을 살아가면서 가치 있는 것이 쉽다고 말하는 사람이 어디 있겠는가? 다윈주의자는 기독교인이 되어야 하는가? 아니다. 그러나 기독교인들을 이해하고자 노력해야 한다. 기독교인들은 다윈주의자가 되어야 하는가? 아니다. 그러나 그렇게 되려고 노력하지 않았다면 (만약 모든 유형의 진화론을 거부하였다면) 얼마나 많은 거짓을 말했는가를 깨닫고 하나님이 주신 달란트를 제대로 사용했는지 스스로 물어보아야 한다.[73]

반복해서 말하지만, 과학 이론으로서 진화론이 무신론을 정당화하거나 강화한다는 주장은 전혀 근거도 없고 설득력도 없다. 하지만 진화론에 근거한 정당한 철학적 성찰은 전통적 창조론에 중요한 신학적 문제들을 제기할 수 있다. 기독교 신학은 진화론과의 대화를 통해 한편으로는 예수 그리스도의 복음과 무관하게 무비판적으로 수용해왔던 구시대적 세계관의 잔재를

73 루스, 『다윈주의자가 기독교인이 될 수 있는가?』, 385.

청산할 필요가 있으며, 다른 한편으로는 세계 내 하나님의 계속 창조 활동에 대한 보다 역동적인 이해로 나아갈 수 있다.

창조론

과학 시대 창조 신앙

1쇄 발행 2019년 10월 24일
2쇄 발행 2019년 11월 26일

지은이 김정형
펴낸이 김요한
펴낸곳 새물결플러스

편 집 왕희광 정인철 박규준 노재현 한바울
정혜인 이형일 서종원 나유영 노동래
디자인 윤민주 황진주 박인미
마케팅 박성민 이원혁
총 무 김명화 이성순
영 상 최정호 조용석 곽상원
아카데미 차상희

홈페이지 www.holywaveplus.com
이메일 hwpbooks@hwpbooks.com
출판등록 2008년 8월 21일 제2008-24호
주 소 (우) 04118 서울시 마포구 마포대로19길 33
전 화 02) 2652-3161
팩 스 02) 2652-3191

ISBN 979-11-6129-126-0 03230

책값은 뒤표지에 있습니다.

이 도서의 국립중앙도서관 출판예정도서목록(CIP)은 서지정보유통지원시스템 홈페이지(seoji.nl.go.kr)와 국가자료공동목록시스템(nl.go.kr/kolisnet)에서 이용하실 수 있습니다. CIP2019041252